中国诗人易学与诗学续编

李瑞卿 著

中国社会科学出版社

图书在版编目（CIP）数据

中国诗人易学与诗学续编 / 李瑞卿著. -- 北京：中国社会科学出版社, 2024. 9. -- ISBN 978-7-5227-3822-2

Ⅰ. B221.5；I207.2

中国国家版本馆 CIP 数据核字第 20243WY989 号

出　版　人	赵剑英
责任编辑	郭晓鸿
特约编辑	杜若佳
责任校对	师敏革
责任印制	戴　宽

出　　版	中国社会科学出版社
社　　址	北京鼓楼西大街甲 158 号
邮　　编	100720
网　　址	http://www.csspw.cn
发 行 部	010-84083685
门 市 部	010-84029450
经　　销	新华书店及其他书店
印　　刷	北京明恒达印务有限公司
装　　订	廊坊市广阳区广增装订厂
版　　次	2024 年 9 月第 1 版
印　　次	2024 年 9 月第 1 次印刷
开　　本	710×1000　1/16
印　　张	25.75
插　　页	2
字　　数	349 千字
定　　价	139.00 元

凡购买中国社会科学出版社图书，如有质量问题请与本社营销中心联系调换

电话：010-84083683

版权所有　侵权必究

目 录

绪论 关于中国诗学易学阐释的论证 ……………………（1）
  一 易学阐释中的尺度、理性与审美 ………………（1）
  二 易学阐释的心——物结构 ………………………（8）
  三 易学阐释的规定性 ………………………………（12）

第一章 谈唯物史观与文艺思想研究 …………………（23）
  一 从物质现实与中国现实出发讨论文学
    艺术及其理论 ……………………………………（24）
  二 处理好马克思主义世界观与传统价值
    观念的关系 ………………………………………（25）
  三 从历史过程的整体性来思考问题 ………………（26）
  四 在科学的层面上寻找传统与现代的契合 ………（28）

第二章 《文心雕龙》意象论的易学阐释 ……………（31）
  一 易道模式与意象发生 ……………………………（32）
  二 意、象、言系统 …………………………………（39）
  三 "神"之用 ………………………………………（47）

第三章 刘勰文质论的建构模式解析 …………………（54）
  一 文质代变论及其模式 ……………………………（55）

二　文质衍生论 ································· (61)
　　三　文质的新形式——风骨 ······················· (67)

第四章　刘勰"数"论 ································· (73)
　　一　自然之道与"数" ····························· (74)
　　二　以"数"论文 ································· (78)
　　三　数理维度下的感物论 ·························· (86)

第五章　"横渠四句"的易学解读 ····················· (91)
　　一　何以有天地 ·································· (92)
　　二　心如何立 ···································· (95)
　　三　为生民立命 ·································· (102)
　　四　继往圣绝学，开万世太平 ······················ (106)

第六章　苏轼的象外之象及其显象赋形范式 ············ (110)
　　一　形象成而变化自见 ···························· (111)
　　二　随物赋形与自然之数 ·························· (115)
　　三　得之象外与化身 ······························ (124)

第七章　苏轼影论 ··································· (130)
　　一　影是什么 ···································· (130)
　　二　系风捕影之必然与可能 ························ (136)
　　三　如何看见庐山真面目 ·························· (142)

第八章　曾巩儒学及其文道关系 ······················· (147)
　　一　曾巩的学与道 ································ (148)
　　二　道德性命之学 ································ (157)

三　圣人精神及对欧阳修的塑造 ……………………… (166)
　　四　"两得"及其文道逻辑 …………………………… (172)

第九章　吴澄诗法论理路及诗法史蕴涵 ………………… (180)
　　一　有关法度与自然关系的讨论 ……………………… (181)
　　二　一切法度统摄于我心 ……………………………… (186)
　　三　尺寸古法的理由 …………………………………… (193)
　　四　艾南英与陈子龙的理论交锋 ……………………… (197)

第十章　李攀龙"无有拟之用"的模拟新逻辑 ………… (206)
　　一　李攀龙之"情"与反对"心术之微" ……………… (207)
　　二　视古修辞，宁失诸理 ……………………………… (213)
　　三　"无有拟之用"——模拟的新逻辑 ……………… (215)

第十一章　王世贞"意必副象"论及法度与情思新模式 ……… (218)
　　一　意必副象论 ………………………………………… (219)
　　二　法度与情思的易学模式 …………………………… (220)

第十二章　王世懋性灵观念及对七子派文学思想的突破 …… (227)
　　一　性灵与意气 ………………………………………… (227)
　　二　七子派旗帜下的逆反 ……………………………… (232)
　　三　越出儒家的边界 …………………………………… (238)

第十三章　谢榛意象论阐释 ……………………………… (242)
　　一　心性与立意 ………………………………………… (243)
　　二　气象与情景相因 …………………………………… (250)
　　三　由字法、句法而妙悟 ……………………………… (254)

第十四章 李贽的自我意识显现与新"化工"之美 ……（259）
  一 感从己出,发为真心 ……（260）
  二 一念之本心与真空 ……（269）
  三 饥饿于学与人人可以成圣 ……（272）
  四 触目兴叹,齐于造化 ……（276）

第十五章 王国维"以物观物"的前世今生及易学阐释新模式 ……（284）
  一 王国维论欲 ……（285）
  二 邵雍、叔本华的审美之路 ……（293）
  三 王国维的审美解脱之路 ……（298）
  四 "以物观物"与"以我观物"的来源问题及王国维易学阐释新模式 ……（302）
  五 自然与幻象 ……（320）

第十六章 章太炎"文学"观念 ……（327）
  一 反对兴会神旨 ……（327）
  二 榷论文学,以文字为准 ……（337）
  三 归本情性 ……（344）

第十七章 刘师培中国文学观念的易学阐释 ……（353）
  一 探源求证骈文正宗 ……（354）
  二 文学本体的易学阐释与文道合一论重构 ……（358）
  三 "象尽意论"与文质兼备之美 ……（365）
  四 "征实"与"饰观"的两端视域与易学进化论 ……（369）

第十八章 鲁迅对国民性与"知识阶级"的批判 …………（375）
　一 国民性批判 ……………………………………（376）
　二 对"知识阶级"的批判 ………………………（382）

主要征引书目 ……………………………………………（391）

后　记 ……………………………………………………（400）

绪论 关于中国诗学易学阐释的论证

本书名为《中国诗人易学与诗学续编》，续编是相对于正编而言，正编的名称是《中国诗人易学与诗学》。在正编的"绪论"与"后记"中，笔者论证了该书写作的理由与易道哲学内在肌理以及它在思想上存在的结构性缺憾。笔者曾有过这样的说法："诗歌也可以成为宗教或强权理性的破坏力量，但它如欲承担大任，就不能彻底叛背于道的逻辑，尽管诗歌与道之关系错综复杂"，"我们也发现，历史上曾经有评论家可以除掉易学思路，拓展新途，这种摆脱易学的想法也更值得探求"，以及"易道哲学本身是具有局限性的，它的先天不足或许在于它设想的有限的完美性，这使得其他类型的哲学与诗学乘虚而入"云云。显然，一方面似乎承认易道哲学在诗学中存在的必然性，另一方面又似乎感到了在诗学中推翻它的必要性，这种狐疑和矛盾未尝不是一种易道模式，这恰恰是我们思维上的宿命。到目前为止，在易学与诗学研究中令笔者困惑的问题依然是证明易学阐释及其在诗学研究中的合法性与可能性。分论如下。

一 易学阐释中的尺度、理性与审美

易学阐释是包含符号体系与具身实践的阐释。易道是宇宙世界的展开，人文之元肇自太极，易道既是自然也是人文，易道的自然是人文的自然，易道的人文是自然的人文，自然的人化、人化的自然均可纳入易道之中，因为易道也是实践之道。易学阐释在人的意识世界里所构建的文化范式也必然成为创化的模式，也即《系辞上》所谓"《易》与天地准"。韩康伯注曰"作《易》以准天地"①，即是说，"《易》与天地相准"②，在取法天地的同时，以数理模式建构符合自然理想的时空秩序与文化形式。甚至可以说，在易学视野下的自然观念、美学观念，已经内置了自然之数这一理性基因。因而，自然之数必然成为我们讨论中国诗学特质的重要文化前提。在手持圭尺的先王那里潜存着一个自足的数理体系，这一系统给科学测量以合法性和人文价值，它就是日用而不知的《周易》占卜体系。无论是"十五"，还是"五十五"，作为自然之数，在占卜中与人的认知和实践行为联结为一体。筮者通过数字来建立反映阴阳变化的模型与卦象体系，作为先天的量度，进行着细致入微的体察与审慎庄严的选择，以及辨析毫厘而又周密关联的阐释；企图通过确定的自然之数来衡量阴阳盛衰。而卦辞、爻辞中的经验性描述，在现实阐释中发挥类比功能，将数理带入经验世界，因而占筮者的行为和阐释得以进入易道变化中。《系辞上》曰："是故君子居则观其象而玩其辞，动则观其变而玩其占，是以自天佑之，吉无不利。""《易》与天地准，故能弥纶天地之道。仰以观于天文，俯以察于地理，是故知幽明之故；原始反终，故知死生之说。"在这个意义上，占筮者即是得自然之数、进行着具身认知、开物成务的圣人君子。人的主体性与自由在这一具有理性特质的实践活动中开展。法国学者汪德迈（Léon Vandermeersch）对中国占卜原理作出分析，提出了"占卜理性"的命题，他说："（中国的占卜——笔者注）图形、数字或代数均为代形，即根据同类计算人为制造的结构，以便揭示事物的真实结构。占卜思辨力图通过分析占

---

① 李学勤主编，（魏）王弼注，（唐）孔颖达疏：《周易正义》，北京大学出版社1999年版，第267页。

② 金景芳：《〈周易·系辞传〉新编详解》，辽海出版社1998年版，第25页。

卜所揭示的事物代性结构间的相似性,来确定真实不可见的结构之间的同源性。"① 此论诚是,即占筮行为的感性认知中先天地嵌入了数理结构。根据张政烺的研究,殷代已经出现了数卦模型②,堪称占卜科学理性、象征符号体系向数字理性过渡的标志③。当然,更为重要的是依据数理所建立的认知体系和价值体系,而在这一认知体系中并不排斥科学认知。

利用基本的数理来完成对宇宙世界、生命情感、审美境界的阐释,正是中国人的易学实践,其中的尺度是实践的结果,但更是一种特殊的模型。人们利用这一模型弥纶天地,完成对宇宙与生命的模仿和建构,将人与外物关联在一起。而在这一过程中,人对外物完成了认知,乃至探赜索隐,穷幽极微,开物成务。宗白华论证了西方数理与中国数理的不同,他认为,"西洋出发于几何学天文学之理数的唯物宇宙观与逻辑体系,罗马法律可以贯通,但此理数世界与心性界、价值界、伦理界、美学界,终难打通"④,而中国"哲学不欲与宗教艺术(六艺)分道破裂。'仁者乐道,智者利道'。道与人生不离,以全整之人生及人格情趣体'道'。《易》云:'圣人以神道设教',其'神道'即'形上学'上之最高原理,并非人格化、偶像化、迷信化之神"⑤,此种形而上学则是建立在观天象、察地理时发现的⑥。宗白华进一步区分了中、西两种哲学所依赖的数理类型,他说:

> "测地形"之"几何学"(原于埃及测地形之知识加以逻辑条理)为西洋哲学之理想境。"授民时"之"律历"为中国哲学

---

① [法]汪德迈:《中国思想的两种理性:占卜与表意》,金丝燕译,北京大学出版社2017年版,第78页。
② 张政烺:《论易丛稿》,中华书局2012年版,第26—38页。
③ [法]汪德迈:《中国思想的两种理性:占卜与表意》,金丝燕译,北京大学出版社2017年版,第63页。
④ 宗白华:《宗白华全集》(第1册),安徽教育出版社2008年版,第608页。
⑤ 宗白华:《宗白华全集》(第1册),安徽教育出版社2008年版,第586页。
⑥ 宗白华:《宗白华全集》(第1册),安徽教育出版社2008年版,第586页。

之根基点。中国"本之性情，稽之度数"之音乐为哲学象征，西洋"不懂几何学者勿进哲学之门"。……"天地位，万物育"是以"序秩理数"创造"生命之结构"。生命有条理结构，则器（文化）成立。（文章之器及机械之器。）①

宗白华在辨析中西数理以及论证中国哲学与宗教、人生、道德情感、艺术的一体性方面无疑是准确的，但因为他对中国数理的认知缺憾而不能深切其理。比如将"测地形"与"授民时"的数理活动割裂开来，将建立于几何、数学之上的科学的数理认知与中国传统的数理认知对立起来等。

对占卜活动及其中卦象体系、逻辑系统、数理模型构成的符号体系、意象言系统作出全面阐释的是成中英先生。他讨论了占卜与《易经》符号架构及意义的表达，探究"贞之五义"，论证"易占的本体诠释性"，他"将贞作为一个具有本体论和方法论多重功用的概念和范畴来理解和把握"②。"贞作为了解天地之道的方法论和本体论，是通过观的方式建立起来的。贞观，就是以观为贞、以贞为观的途径和准则。贞在一定意义上可以说是自然立法的方式，它使日月各当其位，从而使存在澄明其自身。……贞作为把握天下之动的原理，既是对宇宙本源的回归，同时也是了解宇宙的基本原理、方法和过程"③。成中英先生对"贞"作为占卜方法的探源式解读与在"元亨利贞"话语体系中的解读是具有创造性的。我们知道，李贽重新阐释"大哉乾元，万物资始"这一命题，消解了"天"与"圣人"的神话，并进一步推出"一元统天而万化生于身"的观点，旨在充分凸显人的个体性、具身性、实践性，将世界本体还原到个体自身。成

---

① 宗白华：《宗白华全集》（第1册），安徽教育出版社2008年版，第587页。
② 成中英：《占卜的诠释与贞之五义》，《易学本体论》（增订版），商务印书馆2020年版，第252页。
③ 成中英：《占卜的诠释与贞之五义》，《易学本体论》（增订版），商务印书馆2020年版，第253页。

中英先生以"贞"为本体阐释天地,在强调儒家性命的前提下,进一步凸显其贞观方法论,并将它回溯到人与外物以占卜方式初建关联的具体过程中。这一思想是充分认识到易学阐释中的数理因素与实践色彩的。笔者在理解这一话题时,更强调易学阐释中作为尺度的自然之数,以及它的具体的简易的应用与对自然天地的建构过程。当然,将自然之数作为数理具体之用与阐释尺度是在整体的易学阐释体系下进行的。我们的目的在于回到心物之间的原初的实践关系以行简易之道。

笔者将易学本体阐释归于自然之数层面,讨论了自然之数与儒家价值秩序及其诗学意义①,可谓在易学数理上的一点创造,一定程度上也对实践与审美中"度"的概念作出了中国式的诠释。我们只举一个苏轼易学阐释中的著名例证来说明。《书吴道子画后》说:"道子画人物,如以灯取影,逆来顺往,旁见侧出,横斜平直,各相乘除,得自然之数,不差毫末,出新意于法度之中,寄妙理于豪放之外,所谓游刃余地,运斤成风,盖古今一人而已。"②这是苏轼对吴道子绘画技术的解读,包括别具一格的透视方式与笔墨运行,而"得自然之数"意味着契入法度与获得妙理。同时,"得自然之数"并非指抽象的人道体验,而是"不差毫末"的观照描摹及运笔的絜矩,也即是说,"得自然之数"的前提是离不开认知与审美中嵌入的先天性尺度。这种在意识世界中衡量阴阳消长的尺度和意象就是自然化生的范型,使得艺术家的观察与描摹超出三维的立体空间而有了时间的维度,从而有了取象的多维可能。苏轼的易学阐释中清晰地说出了生命和艺术的本质,因为将生生不息如临其境地触及并给以表达才是真正的理性,对象外之象不懈地追逐才是真正的美感与自由。苏轼预设了一个永恒的类似于理念的幻影③,也提供了易

---

① 笔者有比较系统的论述,见李瑞卿《自然之数与儒家价值秩序及其诗学意义》,《国际儒学》2022 年第 1 期。
② (宋)苏轼撰,孔凡礼点校:《苏轼文集》卷 70,中华书局 1986 年版,第 5 册,第 2210—2211 页。
③ 李瑞卿:《苏轼影论》,《艺术学研究》2022 年第 5 期。

学阐释的可以落实到尺度、数理的具体途径，故而苏轼之"影"不在别处。笔者不知道除此之外是否有别的认知与审美方法，但唯一可以既能达到效果又能言说的方法或许仅在于此。迷狂与忘我固然可能是抵达理念性的现实或审美理想的途径之一，但又如何能在理论上得以证明呢！

儒家主张诗歌书写历史盛衰，社会治乱未尝不是易学阐释的结果，它将理性观念与系统的象思维都带入诗学中。其中象的显现与审美认知、人文化成是同步的，这一基本模式也就决定了在审美上不去寻找那虚玄的境界，以呈现于当下的事象为美。灌注于审美中的认知大略包含两个维度，一是对客观规律的探究，一是与之相随的易学阐释中的建构。创作主体在探究规律、鉴周日月、妙极机神的基础上摆脱因果而重建审美关系。与之同时，文成规矩，思合符契，文章及文章规矩的自然生成，作者的情思呈现为审美理想；自然之理、文章、法度、作者的情思都在自然化生中。这是刘勰对诗学易道阐释的结果，后代学者如郝经、李梦阳论证了法度与自则的同一性，其实在刘勰理论中已具雏形。郝经说："夫今之为文者，不必求人之法为法，明夫理而已矣。精穷天下之理，而造化在我。"[①] 李梦阳说："今人法式古人，非法式古人也，实物之自则也。"[②] 无论是"造化在我"还是"物之自则"，其实都是强调了"法度"的某种先天性以及自由情思与法度的一体性。而这种脱胎于易学阐释学的审美理性或知性介入诗学中，在本书中我们借助对王国维的考察探讨了这一话题。

易学阐释也是拒绝神秘化的，我们从张载易学、苏轼易学、李贽易学可以清晰地看到，在审美上也是如此。苏轼试图逃离易道"阴阳不测之谓神"的逻辑而重建新的自然观。苏轼在和陶《形影神三首》组诗中讨论到形、影、神关系问题，特别论证了影的真实存在，

---

① （元）郝经：《答友人论文法书》，李修生主编《全元文》卷123，江苏古籍出版社1999年版，第154页。
② （明）李梦阳：《答周子书》，《空同集》卷62，四库全书本。

而在生命中神只能是无法逃出自然之数的日常存在。苏轼在此否定了从有限之形而入神的逻辑，重建了新的自然与人生之境。在李贽的易学阐释中，他要拒绝一切的道理闻见，排斥顽空，成就生命存在与社会实践所构建的"真空"。李贽依然是凭借其易学建构其形而上学，并默认了其中的数理体系，否则他不会将抒发真感情而获得的审美境界称为"天工"。

本书对易学阐释中尺度的强调是有感于中国特殊的数理方式，且这种数理方式并不违背科学认知，它是中国诗学中的理性精神与法度规则，它也是特别的认知论与审美论。如何将其纳入中国式现代化诗学体系的构建过程乃是易学与诗学研究的当务之急。宗白华对"象"与"数"进行过精深的分析，比如：

> 象＝是自足的，完形，无待的，超关系的。象征，代表着一个完备的全体！
>
> 数＝是依一秩序而确定的。在一序列中占一地点，而受其决定。故"象"能为万物生成中永恒之超绝"范型"，而"数"表示万化流转中之永恒秩序。易，日月也，象如日月，使万物睹！亚里斯多德之"形式"。"象"为建树标准（范型）之力量（天则），为万物创造之原型（道），亦如指示人们认识它之原理及动力。故"象"如日，创化万物，明朗万物！（作者此处注释："静的范型是象，动的范型即道。"）[1]
>
> 象与理数，皆为先验的，象为情绪中之先验的。理数为纯理中的。"象"由仰观天象，反身而诚以得之生命范型。如音乐家静聆其胸中之乐奏。[2]

宗白华以其象数观念建构了属于自己的美学体系和诗学体系，堪

---

[1] 宗白华：《宗白华全集》（第1册），安徽教育出版社2008年版，第628页。
[2] 宗白华：《宗白华全集》（第1册），安徽教育出版社2008年版，第628页。

称中国诗学现代化中取得的重要成果，至今影响不衰。但宗白华的象数观念及其在易学阐释中建立的诗学逻辑则是需要重新反思的，比如，他对象与数机械、静态的分析与所谓永恒之超绝范型、永恒秩序的事先预设，都是违反易道实践精神的。

二　易学阐释的心——物结构

本书所谓"易学阐释"是在成中英的"易学本体论"及"本体的诠释研究"的基础上，并结合张祥龙对中国哲学的现象学讨论而形成的方法论或本体论。成中英说："我提出'易学本体论'，是以易学中的不易之体来界定人在经验与思维的统合中的所呈现的动态真实，也可以说给予了人的存在一个动力根源与价值的内涵。"[①]即对意识结构和生命存在进行易学的阐释，这是一种"在主体观感而深思的基础上统合人的生命主体与宇宙客体为一体，体现在人的整体创新的意识与理解之中"的本体的诠释研究[②]。成中英的易学本体论其实容纳了胡塞尔与海德格尔、伽达默尔等的现象学、阐释学观念，他不仅把认识问题转化为现象学问题，也将生命存在纳入现象学范畴来进行阐释，完成了易学本体论的系统论证。他论证了本体世界、形象世界、符号世界、心灵世界、行为（活动）世界等"易的五个世界及其整体理解"[③]，提出了"易的本体论的理解论"并进行了逻辑的分析[④]。特别是后者，一方面论证了"对物自身的理解与直观"，也即"对物自身的本体的理解"[⑤]；另一方面成先生将道佛无执论（化）的理解论纳入其易学本体阐释，他说："以易的本体论可以允许与包

---

① 成中英：《增订版自序》，《易学本体论》（增订版），商务印书馆2020年版，第1页。
② 成中英：《增订版自序》，《易学本体论》（增订版），商务印书馆2020年版，第3页。
③ 成中英：《增订版自序》，《易学本体论》（增订版），商务印书馆2020年版，第35—44页。
④ 成中英：《增订版自序》，《易学本体论》（增订版），商务印书馆2020年版，第33—34页。
⑤ 成中英：《增订版自序》，《易学本体论》（增订版），商务印书馆2020年版，第34页。

含无执的无执、无执的执、执的无执以及执的执的各种变异的变易,以成其广大精微的创造与和谐性。"① 此种对易学本体阐释中意识结构的剖析与文化综合是极有价值的,这也是对易学阐释的合法性的出色论证。张祥龙以现象学来阐释易学。正如他所言,他所讨论的现象学是广义的,包括海德格尔、萨特、梅洛-庞蒂、列维纳斯和德里达等,这种广义的现象学即是现象学的阐释学。张祥龙总结了现象学阐释中的"构成性""境域性":"'现象本身'或'事情本身'一定是构成着的或被构成着的,与人认识它们的方式,尤其是人在某个具体形势或境域中的生存方式息息相关。换言之,任何'存在'从根本上都与境域中的'生成'(Werden, becoming)、'生活'(Leben)、'体验'(Erleben)或'构成'不可分离。"② 以此为参照,张祥龙也论述了易学阐释学中的构成性与境域性特征,他说:"《易》的'二进制'的、充满了变易态势感的象数并没有导向一种贬低和脱离变易现象的'存在'论哲学,而是开启了一个不离现象与生成的、'极深而研几'的阴阳天道之学。"③ 显而易见,易学本体阐释所构成的是生生不息的生活世界,或"一种'屈伸相感'的时机智慧或浸透于变化之中的境域知识"④。所谓"极深而研几"以及成中英所谓"观"与"贞",都包含了认知、理性与价值确立,此种易道本体即是心物之间的生成、构成。任何物都是心之物,任何心都是物之心,心—物之间不可断裂的相互关系形成了理想的生活世界与境域。需要指出的是,心—物之间互藏其宅、绵绵不绝的阴阳对应、彼此感应、自由认知,结构性地决定了上述界域的产生。如果说胡塞尔、海德格尔的现象学阐释中的界域来自意识领域的直观或预设,那么易学阐释所生成的界域是可以在心—物的认知关系、实践关系中构成

---

① 成中英:《增订版自序》,《易学本体论》(增订版),商务印书馆2020年版,第35页。
② 张祥龙:《从现象学到孔夫子》(增订版),商务印书馆2011年版,第191页。
③ 张祥龙:《从现象学到孔夫子》(增订版),商务印书馆2011年版,第199页。
④ 张祥龙:《从现象学到孔夫子》(增订版),商务印书馆2011年版,第200页。

的，甚至可以说易学中的心物认知关系模式是获得直观、抵达现象界的唯一有迹可循的途径。在易学阐释中，自然的化生模式不仅发生在意识领域，而且发生在经验领域，由此种认知活动可以进入理想的界域。

中国古代的易学阐释中，一方面设置惚兮恍兮的自然或虚无，抑或以太虚为本体；另一方面以大化流行为本体。正如朱伯崑所论"以'理'为本体的内涵，进而提出'体用一原'说，将玄学派的本体论转化为理学派的本体论即理本论"①。此后，宋明哲学中的理学派、气学派、心学派都以"体用一原"为原则，建构本体论，从而构成理气合一、理中有象、象中有理、先天后天合一、无极太极"寂历同时"的本体与现象互相涵蕴的境域②。此种本体论中不能排斥格物致知，而在格物致知中也不能排除科学的认知，此种本体论中有着本体论承诺和理想性、普遍性的愿景，而发生于心—物间的认知关系足以生成新的乾坤世界。当然，我们不可否认，在漫长的封建社会中，易学阐释学专注于道德本体的建构，而忽略了对外物的客观认知活动与"真我"的自觉，但我们在晚明时代看到了易学阐释的变革，比如李贽和三袁。李贽排斥形而上学，在直面生命的实践中探求真谛；三袁希望逃离人的认知领域，破除意识而获得心与物的真正解放。

王国维否定了"理"的所谓客观性，将形而上之理当作幻影。他说："要之，以理为有形而上学之意义者，与《周易》及毕达哥拉斯派以数为有形而上学之意义同，自今日视之，不过一幻影而已矣。"③王国维的哲学反思是相当深刻的。他从"理"字语源学来探究其义，还原到心物之间，乃至还原到主观意识、心物之间。刘师培

---

① 朱伯崑：《中国哲学中的本体论原则》，成中英主编《本体与诠释：美学、文学与艺术》，生活·读书·新知三联书店2000年版，第150页。
② 朱伯崑：《中国哲学中的本体论原则》，成中英主编《本体与诠释：美学、文学与艺术》，生活·读书·新知三联书店2000年版，第149—160页。
③ 《王国维文集》第3卷，中国文史出版社1997年版，第260页。

绪论　关于中国诗学易学阐释的论证

"训理为分",认为"事事物物莫不有理""理可以分,故曰分理"①。《理学字义通释》中,刘师培穷究古籍,旁征博引,训诂"理"义之后,对"理"作出了新的阐释。刘师培所论之"理"是指心的析理能力与客观之理;他将"理"还原到心物关系中进行讨论,即"心理由物理而后起,物理亦由心理而后明"②,"理"因比较分析而凸显。刘师培以名学和科学阐释"心"与"理",同时又推重易简之理,以易学来阐释"心"与"理"。颇为有趣的是,王国维和刘师培在易学阐释中强调了"理"的主观性,将对真理的探求、认知以及自我的实现统一在一起。此种来自易学的诠释融合了科学认知、工具理性,旨在建立新的价值理性。而此种价值观念也必然是一种新的自然观念,因为它们被易道所范围。

讨论不同的心—物关系模式是本书的理论重心,我们旨在揭示诸多可能性,来丰富易学史、充实我们审美的方法论宝库。因而在写作中尽力选择可资分析的材料,把握不同研究对象、不同的心物关系模式的建构,并且特别关注其中的认知、理性乃至数理模式与尺度。我们深信自我的解放与新的自然境界的开掘是无法回避人对外部世界包括科学探索之内的理性认知的。在研究中我们发现,古代中国人一直在试图摆脱神秘主义,也一直在试图寻找"真我""真心"之所在,一直尝试想看清外物的本质究竟为何,虽然更多时候是倾向于将外物收编在和谐易道的网络中。但伴随着自我的绝对解放,更为纯粹的目光必然会聚焦于对外物的分析、发现、创造上,完整的生命与外部世界构成的实践关系将开出全新的历史。从李贽的易学阐释中我们发现了上述气质,这也启示我们易学阐释不是封闭的,而是开放的。我们将易学阐释学用于中国诗学的实践中,关注不同心—物模式及因此而形成的意识结构的诗学意义,关注自我意识和自然观念在文字形式中的

---

① 刘师培:《东原学案序》,《左盦外集》卷17,《刘申叔遗书》(下),凤凰出版社1997年版,第1759页。

② 刘师培:《刘申叔遗书》(上),凤凰出版社1997年版,第462页。

体现，关注在易学领域和诗学领域中不同的意—象—言模式，而特别需要付诸努力的是这样的诗学中的易学阐释是如何落实于语言文字的。

　　将易学阐释还原到心—物之间的目的在于突出主体的认知与实践，突出心物之间的社会历史与生命内容的生生之道。天工与自然作为易学阐释学的价值承诺始终范导着发生于心物之间的化生事实。而这里的天工与自然是中国人难以逃出的精神钢印。自然理想或自然之道依赖于自然规律，自然规律特指自然界的日月星辰运动轨迹以及与人构建的自然节律。在这一文化模式中，人与自然物、自然规律是一体的，人总是在天地之间以有形、有机的生命与众生同在。易学阐释视野下的自然大略有两种，借助王国维之语即：一是生生主义者，一是超出生生之外者。王国维说："盖吾中国之哲学皆有实际的性质，而此性质于北方之学派中为尤著。古代北方之学派中非无深邃统一之哲学，然皆以实用为宗旨。《易》之旨在于前民用，《洪范》之志在于叙彝伦，故生生主义者，北方哲学之唯一大宗旨也。苟无当于生生之事者，北方学者之所不道。故孔墨之徒，皆汲汲以用世为事。惟老庄之徒，生于南方，遁世而不悔，其所说虽不出实用之宗旨，然其言性与道，颇有出于北方学者之外者。"[①] 王国维以地理学解释的南北学术不同论并无充足的成立理由，但基于易学的"生生主义者"与"超出生生之外者"的区分其实反映了两种自然观。一是化生不息的自然，一是超出化生不息的自然。关于后者也可以理解为超绝或先于化生的虚无，准确地说，他是在化生的基础上设置了一个更加自由的空间。假如它是可以想象的，那么它就有无穷的可能，但它又无法逃离自然观念的投射。此外，我们在理解所谓生生不息的自然时，也不能忘记在建构心物关系、体现存在时的具身性与感性。

三　易学阐释的规定性

　　易学阐释是本体性的阐释，它阐释出的是本体，它的阐释也即是

---

① 谢维扬、房鑫亮主编：《王国维全集》第1卷，浙江教育出版社2009年版，第103页。

本体，阐释中的规定性即是完成易学本体阐释的方法或原则。成中英提出"易之五义"来诠释易本体哲学，它们是"生生源发义（彰显不易性）、变异多元义（彰显变易性）、秩序自然义（彰显简易性）、交易互补义（彰显交易性），以及和谐相成义（彰显和易性）"①。这是易学与易的含义，也是其自身规定性。我们由此出发，领会易的不易、变易、简易、交易、和易之精神，提出诗学的易学阐释三原则，暂名之为：一神两化、观物取象、意在句中。

"一神两化"的原则取自张载与苏轼的气化论思想。这一观念的建立本体地阐释了天地变化。化生与人神是一体两面，所谓神理即在事物的两两变化之中，这样也就消解了终极之理的神秘性，强化了理在事上的思想。《东坡易传》中苏轼以"出于一而两于所在"来解释天地变化之理由，他说："世之所谓变化者，未尝不出于一而两于所在也。自两以往，有不可胜计者矣。故在天成象，在地成形，变化之始也。"②"一而两"是变化的本性——这一点类似于张载"一故神，两故化"的气化思想③；"于所在"是指各得其所之意。"一而两"是精华与体质的二分与合一，显然避开了"神化"之本体，形成了对"神"的祛魅，重视事物之间的阴阳交互本身，当然也包括心物之间的感应、认知、彼此映照，因而必须承认我们的阐释本身是牢笼于一神两化的结构中的。在六十四卦体系中，卦与卦之间存在诸多化合类型。《周易·序卦》孔颖达正义曰：

> 其周氏就《序卦》以六门往摄，第一天道门，第二人事门，第三相因门，第四相反门，第五相须门，第六相病门。如《乾》之次《坤》、《泰》之次《否》等，是天道运数门也。如《讼》

---

① 成中英：《增订版自序》，《易学本体论》（增订版），商务印书馆2020年版，第14页。
② （宋）苏轼：《东坡易传》卷7，上海古籍出版社1989年版，第120页。
③ （明）王夫之：《张子正蒙注·参两篇》，王夫之《船山全书》，岳麓书社2011年版，第12册，第46页。

必有《师》,《师》必有《比》等,是人事门也。如因《小畜》生《履》,因《履》故通等,是相因门也。如《遁》极反《壮》,动竟归止等,是相反门也。如《大有》须《谦》,《蒙》稚待养等,是相须也。如《贲》尽致《剥》,进极致伤等,是相病门也。①

乾坤的先后次序反映天地化生的基本秩序,否极泰来是命运变化的基本规律,即体现所谓"天道运数"。相因、相反、相须、相病则概括了事物间可能存在的多种辩证关系。如果不是出于趋吉避凶的现实需要,上述关系都可以用在文本阐释中。此外,在卦象中爻与爻之间形成的乘、承、比、应、中等关系,以及卦变中的如旁通、互体、往来、消息、综卦等诸多变化可能,都是事物间两两关系的象征,也是我们易学阐释的基本结构。

作品的生成不离一神两化结构,它成为情志本体的形式时必然包含具体的事、象和意旨,我们解读它的意旨必然被其中的事、象结构所规范,个性化的解读是建立在对其整体意义的领会之上的,脱离整体的任意理解会被拒绝。比如杜甫《绝句》中"两个黄鹂鸣翠柳,一行白鹭上青天"两句,就应在易学两两化生的框架内对其进行解读,其意义至少包括:其一,显示了春天到来的必然的生机蓬勃之象;其二,鸟儿之间的呼应和鸣是春意盎然、天地交泰的象征;其三,体现了杜甫关注自然变化、社会盛衰治乱的儒家文学观念;其四,折射出杜甫立于天地间,在日常俯仰间体悟天理与人事的士人形象。再比如我们解读《石壕吏》时就应该在杜甫营构的军功与生命、战争与民生、官家与人民之间的矛盾关系中来解读,也应该从中看到父母丧子、幼儿失怙、女为寡妇、老翁逃役、老妪从军的伦理秩序崩溃的基本格局。其中灌注了杜甫的深刻体察与理性思考,那些结构性

---

① 李学勤主编,(魏)王弼注,(唐)孔颖达疏:《周易正义》,北京大学出版社1999年版,第334页。

的意象和典型性的事件构成了作品的意旨，他对时事的阐释结构也即是读者体悟作品的基本路径与构架，而有论者从中看到基层公务员强征兵役之辛苦则是一种任意解读，恰好走向了杜甫的反面。

作品的生成结构影响着读者的解读路径，这在中国诗歌史上是不可否认的事实。在解读此类作品的过程中，同情的理解依赖于敏锐的情感、深刻的心灵感悟、高远的社会历史意识，三者不可偏废。而我们所作的社会观察、历史判断、伦理思考也是基于文本中的事、象结构的，因而对作品的阐释即是首先以丰富而自由的感性去寻绎心物之际事、象的生成以及与之共在的作者的运思方式和意识结构。在这个意义上，读者的解读必然被其中的生生结构所规定，如果无视作为文本本体的此种一神两化模式，那么也就无视了作品本身。如对于刘禹锡《酬乐天扬州初逢席上见赠》意旨的解读就存在争议，有的认为是表达乐观精神，有的认为是悲观情绪，但我们发现诗歌在事、象结构上拒绝了情感的简单体认，他试图把人生状态整一地呈现出来，同时表达独特的思想发现与个性化的审美趣味。诗中写道："巴山楚水凄凉地，二十三年弃置身。怀旧空吟闻笛赋，到乡翻似烂柯人。沉舟侧畔千帆过，病树前头万木春。今日听君歌一曲，暂凭杯酒长精神。"与巴山楚水凄凉之地相对应的是二十三年被弃置的孤老之身；与在怀乡感旧空自吟叹相对应的是回家后的恍若隔世、人生如梦；与沉舟处千帆竞发相对应的是病树前依旧万木争春，这些事、象形成的对应结构，诸如艰辛、孤独、空幻、无常、有常等交错在一起，呈现了某种难以言说的人生本相。那么，我们在理解"今日听君歌一曲，暂凭杯酒长精神"一句时就一定被上述结构性的思想所晕染。

刘勰以易学阐释文学是全面而深刻的，他将情志与辞令作为文章生成的重要两极，所谓志气统其关键，辞令管其枢机。但二者又是一体的，堪称"一神两化"。"两化"即是情志与辞令之间，也即情志与单纯物象之间的感应、化生关系；"一神"即是创作的神思装填。这即是说，无论是情志感物抑或意象构成，乃至文意生成都是必然被纳入易学阐释之"一神两化"原则的。在《文心雕龙·隐秀》中，刘勰以易学中卦象的旁通、互体等来阐释"文外重旨"的生成模式：

> 夫心术之动远矣，文情之变深矣，源奥而派生，根盛而颖峻，是以文之英蕤，有秀有隐。隐也者，文外之重旨者也；秀也者，篇中之独拔者也。隐以复意为工，秀以卓绝为巧，斯乃旧章之懿绩，才情之嘉会也。夫隐之为体，义主文外，秘响傍通，伏采潜发，譬爻象之变互体，川渎之韫珠玉也。故互体变爻，而化成四象；珠玉潜水，而澜表方圆。①

为什么易学要进入文学理论是我们一直关注的问题，我们讨论了易学诗学的诸种可能，可以深刻体会到文学与易学二者存在相同的逻辑。如果阴阳的交错是世界之本体，那么文章作为交错也应该是阴阳的。张少康先生早在20世纪70年代就系统地讨论了创作中的形与神、假与真、一与万、虚与实、情与理、理与趣、情与景、意与势、文与质、通与变、风骨和辞采、法度与自然等一系列阴阳对应的命题，名之为"艺术表现的辩证法"，在先生的创作论构建中体现和拓展了"一神两化"的易学精神②。毛泽东《七律·人民解放军占领南京》是一首"元易诗"，也是一种"元易学"，在此我们竟然无法分辨其是诗还是易，它成为中华人文革故鼎新的典型象征。其诗曰："钟山风雨起苍黄，百万雄师过大江。虎踞龙盘今胜昔，天翻地覆慨而慷。宜将剩勇追穷寇，不可沽名学霸王。天若有情天亦老，人间正道是沧桑。"天翻地覆的革命从苍黄混沌处重新开始，人事与天地的沧桑巨变正是人间正道。作者将史诗般的历史巨变赋形于一首《易》诗，以《易》与诗再次开天辟地。

---

① （南朝梁）刘勰著，范文澜注：《文心雕龙注》（下），人民文学出版社1958年版，第632页。

② 张少康：《中国古代文学创作论》，北京大学出版社1983年版，第156—306页。

绪论 关于中国诗学易学阐释的论证

"观物取象"作为诗学的易学阐释的规定性,目的在于强调诗歌创作中"物"的客观性、对象性,以便维持心物之间的化生关系,并以自然境界为崇尚。"观物取象"是易学的本质特质之一,《系辞》中多有论述,比如:"是故易者,象也。象也者,像也"[①];"圣人有以见天下之赜,而拟诸其形容,象其物宜,是故谓之象"[②];"古者包牺氏之王天下也,仰则观象于天,俯则观法于地,观鸟兽之文,与地之宜,近取诸身,远取诸物,于是始作八卦,以通神明之德,以类万物之情"[③];"是故法象莫大乎天地,变通莫大乎四时,县象著明莫大乎日月,崇高莫大乎富贵"[④];"《易》有圣人之道四焉:以言者尚其辞,以动者尚其变,以制器者尚其象,以卜筮者尚其占"[⑤],等等。圣人仰观俯察,探赜索隐,取法天地自然,体察万物变化,建立八卦符号系统,进行类比推理,乃至错综其数,这是"观物取象"的主要内容。一方面是物理的探究,另一方面是以易学来范围天地。在此过程中,"物"必然是对象性存在,易道阐释就在心物之间。此种思想引入诗学中则是"拟容取心"。"拟容取心"是刘勰的话语,脱胎于"拟诸其形容,象其物宜","取心"即是"心取",也即是《神思》篇中的"物以貌求,心以理应"。这样的审美中,崇尚自然,重视外物。刘勰《物色》篇中专门讨论了如何见到事物本身,这个事物本身就是与心徘徊的"物色"。强调"物色"就是强调单纯的物,现象学意义上的物或意象,是在心物二而一、一而二的循环往复的阴阳关系中的物。《物色》篇说:"春秋代序,阴阳惨舒,物色之动,心亦摇焉。"[⑥]心与物的感荡与自然节律、阴阳变化是同步的,与外

[①] 李学勤主编,王弼注,孔颖达疏:《周易正义》,北京大学出版社1999年版,第303页。
[②] 李学勤主编,王弼注,孔颖达疏:《周易正义》,北京大学出版社1999年版,第274—275页。
[③] 李学勤主编,王弼注,孔颖达疏:《周易正义》,北京大学出版社1999年版,第298页。
[④] 李学勤主编,王弼注,孔颖达疏:《周易正义》,北京大学出版社1999年版,第289页。
[⑤] 李学勤主编,王弼注,孔颖达疏:《周易正义》,北京大学出版社1999年版,第283页。
[⑥] (南朝梁)刘勰著,范文澜注:《文心雕龙注》(下),人民文学出版社1958年版,第693页。

部自然化生相应的是发生于人之心灵内部的心物感应。当然，这种心物相交、相感是真正观照到物容、物理的一种新的自然境界的建立。《物色》篇有精确生动的描述："岁有其物，物有其容；情以物迁，辞以情发"，"是以诗人感物，联类不穷。流连万象之际，沉吟视听之区；写气图貌，既随物以宛转；属采附声，亦与心而徘徊"①。由此看出，在审美中，刘勰对物之形态面目的重视，物色是心的审美对象，但在审美中作为对象的物又以其自然的样式范导了心。在诸多易学诗学个案研究中，我们都可发现"观物取象"诗学方法的存在，并且也存在众多的方式，比如苏轼、杨万里、王安石、邵雍、王夫之等人就有专门的理论论述。对于物的重视，苏轼更有杰出的论述，他辨析物、形、象的目的就是在其诗学意象论中捍卫自然与物理。他在系风捕影地追求象外之象的超越性审美中却担心着意象成为幻象。

到晚明时代出现了新的意象论，以公安派、竟陵派为代表。"观物取象"的审美方法被"随感辄应""情与境会""以心摄境"所取代，其背后的逻辑是对物的疏离与对天地秩序、易道逻辑的超越。袁宏道"情与境会"论处理的是心识与相之关系②，其意象论已然超越儒家生生不息的界域，在虚相纷呈的境界中超然其上。唯识家则认为，万法唯识，一切感觉与意识所知觉到的相都可称为境。心识与相不离，根与尘不离；境相对于心不是他者，也不是真相，而是一种起于心识的幻象，是人的感受与意识。袁宏道在审美上如何"摄"与如何"会"正是唯识学的理路，这种会合既非自然而然，也非生天生地，更非修炼性命，而是即心即相，就是使情与境（因识而起的相）彼此超离显豁，即发挥感觉情识，融摄诸相，突破六识而见真

---

① （南朝梁）刘勰著，范文澜注：《文心雕龙注》（下），人民文学出版社1958年版，第693页。
② （明）袁宏道著，钱伯城笺校：《袁宏道集笺校》卷4，上海古籍出版社2008年版，第187—188页。

绪论　关于中国诗学易学阐释的论证

相。因而两者之关系，既非认知与被认知，也非彼此交融化生，而是破除六识，破除我相，破除我法二执，亲证唯识，企图在佛家智慧的光照之下重建意象世界。竟陵派钟惺、谭元春的诗学方法或审美方式延续三袁理路，他们的审美方式也抛弃了化生式的心物关系，转而建构为祛除心体遮蔽而显现妙明真心及真相的心物关系模式，从而获得"一情独往，万象俱开"的、祛除障碍、性灵开显、游于寥落之外的审美境界①。

　　在袁宗道的本体论中，以为天、地、人都在道中，人可化育天地，但其动力和本源又在道中，这就预设了一个超越于天、地、人之上的抽象之道。他在《读〈论语〉》中说："天地在虚空中，人在天地中，而虚空又在道中。虚空之在道中，若一泡之在大海耳，则天地与人又可知矣。然人又能包罗虚空，而位育天地。此非人之能，乃道者能耳。"②意谓天地在虚空中，虚空又在道中，虚空之于道如一泡在大海中；而人能包罗虚空，位育天地，都是道使之然。这就是说，人给予天地秩序与价值甚至可以包罗虚空，但是人需要超离于人的道来指引，从而悬置了超出人之"位育天地"功能的一个理。这就是说，袁宗道所谓"道"或"理"已然超出了"天地秩序"范围。至于袁宏道，他在万历二十五年作《与仙人论性书》，与吴观我讨论性命，以"天地不能载"的"真神真性"为本体③。袁宏道重建了依托佛家、超越易道的形而上本体。晚明人士对易学逻辑的超越是无法回避的事实，我们将诗学的易学阐释规定在重视物与自然境界之上是有所根据的。

　　"意在句中"作为诗学的易学阐释的规定性，它肯定了意—象—

----

①（明）谭元春：《汪子戊己诗序》，（明）谭元春著，陈杏珍标校《谭元春集》卷23，上海古籍出版社1998年版，第622页。

②（明）袁宗道著，钱伯城标点：《白苏斋类集》卷17，上海古籍出版社2007年版，第242页。

③（明）袁宏道著，钱伯城笺校：《袁宏道集笺校》卷11，上海古籍出版社2008年版，第490页。

言系统的存在，且认为意义通过语言可以表达。纵然在审美中、在心—物结构中形成美的现象，也即意象，但意象的构形和表达必然首先落实在语言上，且以句子的形式存在。我们可以借助维特根斯坦的图像理论来阐释这一话题。维特根斯坦图像论有两个动机，一是语言的意义一定要与表达式的真值有关；二是意义在先，即要求语言表达式或命题陈述句子必须在被确定为真的或假的之前就具有意义。维特根斯坦认为，只有在命题或句子层次上意义才出现，因为只有命题句才能构成有关实在的图像，语言以其自身逻辑形式来推衍出事实、对象。易学阐释视野下的意象和语句生成是必然的，因而一定是有意义的，且最终是对真实的表达。与维特根斯坦所谓"自身逻辑"不同，易学视野下的句子构成的"自身逻辑"中嵌入了易学逻辑，此种特殊的文化形式在句子赋形中发挥作用。刘勰在《章句》篇中讨论了篇、章、句之关系：

> 夫设情有宅，置言有位；宅情曰章，位言曰句。故章者，明也；句者，局也。局言者，联字以分疆；明情者，总义以包体：区畛相异，而衢路交通矣。夫人之立言，因字而生句，积句而成章，积章而成篇。篇之彪炳，章无疵也；章之明靡，句无玷也；句之清英，字不妄也：振本而末从，知一而万毕矣。①

刘勰认为，文章形式由字、句、章、篇四个基本单位构成，因字生句、积句成章、积章成篇，这是一个吟咏情性、应物斯感的文心显现的过程。在创作意识中，情志和语言是关键和枢机，文章的形成雷同自然之化生，情志和语言即是变化的乾坤。情志与意象付诸语言文字的过程也是安顿情感与组织辞令的过程，所谓"设情有宅，置言有位"。最基本的单位是句子，是情感与意义表达的一部分，句子形

---

① （南朝梁）刘勰著，范文澜注：《文心雕龙注》（下），人民文学出版社1958年版，第570页。

绪论　关于中国诗学易学阐释的论证

成命题形式被赋予意义时,就独立而出,形成界定与区分;章是"总义以包体"的组合单位,因为它整合和沟通了不同句子,而使情感与意义的表达更加畅明;篇的构建则是情感与意义的整体呈现。总之,情感与意义的表达建立在"意在句子中"之上并落实于语言文字,乃至结为篇章。文章形式发端于句子,是词汇的连接,也是意义的编织。刘勰《章句》篇表达了在联词造意中易学的逻辑:

　　寻诗人拟喻,虽断章取义,然章句在篇,如茧之抽绪,原始要终,体必鳞次。启行之辞,逆萌中篇之意;绝笔之言,追媵前句之旨:故能外文绮交,内义脉注,跗萼相衔,首尾一体。①

相对于整篇,章、句的发端中一方面要有"原始要终"的整体愿景,另一方面在排列组合上如同鱼鳞一般错落有致。文章肇始之时便埋藏了终篇之意的可能——其实是文章推进中通过与发端之辞的对照、对应而生成新意,这与"绝笔之言,追媵前句之旨"是同一道理。于是就形成了文辞交错绮靡、意义通达如同经脉灌注的文章。刘勰聚焦于文章整篇生成的有机性、合理性、整一性,它们的达成是在结构连缀与意义贯通中遵循了易道的逻辑。每一次的句子构形都会影响到整体篇章。

刘勰《章句》篇的易学逻辑或结构范式、组织肌理是颇具普遍性的。强调句子的辞令和意旨、强调意义表达必须通过文字形式的背后是其意—象—言模式,当然这一模式既是哲学的,也是文学的,刘勰完成了它从哲学领域进入诗学领域的论证。其中的"意"是诗人之意,也是圣人之意,它的表达成为神圣的使命,具有某种必然性,即我们的文字形式必须有一种表达的内容,或者说我们的文字形式就是表达的内容,尽管无法全部呈现但也必须穷力而追新。因而"意在句

---

①　(南朝梁)刘勰著,范文澜注:《文心雕龙注》(下),人民文学出版社1958年版,第570—571页。

中"在易学阐释中作为一种规定性的理由还在于对"圣人之意"的守护，因为这是中国古代诗学中的一个相当重要的传统，代表性诗学及其理论不胜枚举。自觉摆脱这种文化负荷，企求纯粹自我与绝对自由的想象应当从袁宗道那里开始，我们将其概括为"从意到念"的转型。

第一章　谈唯物史观与文艺思想研究

集中体现马克思唯物史观的文献，主要有三部：一是《1844年经济学哲学手稿》；二是《关于费尔巴哈的提纲》；三是《德意志意识形态》。《德意志意识形态》体现了马克思更加成熟的唯物史观。其中有这样的论述："这种历史观和唯心主义历史观不同，它不是在每个时代中寻找某种范畴，而是始终站在现实历史的基础上，不是从观念出发来解释实践，而是从物质实践出发来解释各种观念形态，由此也就得出下述结论：意识的一切形式和产物不是可以通过精神的批判来消灭的，不是可以通过把它们消融在'自我意识'中或化为'怪影''幽灵''怪想'等等来消灭的，而只有通过实际地推翻这一切唯心主义谬论所由产生的现实的社会关系，才能把它们消灭；历史的动力以及宗教、哲学和任何其他理论的动力是革命，而不是批判。"[1]

马克思强调人类历史的发展是一个过程，强调物质决定意识。他反对孤立地流连于"精神批判"中，主张用革命的方式推翻现实的社会关系，从物质实践出发来解释观念上的东西。上述深刻而精要的著名论断，对于我们进行文化反思、文学批评具有指导作用。

---

[1] ［德］卡·马克思、弗·恩格斯：《德意志意识形态》，《马克思恩格斯选集》第1卷，中共中央马克思恩格斯列宁斯大林著作编译局编译，人民出版社2012年版，第172页。

一　从物质现实与中国现实出发讨论文学艺术及其理论

马克思在《关于费尔巴哈的提纲》中提到："人的思维是否具有客观的真理性，这不是一个理论的问题，而是一个实践的问题。人应该在实践中证明自己思维的真理性，即自己思维的现实性和力量，自己思维的此岸性。"① 我们的思维如何触及到真理一直是理论与实践的难题。马克思的论断足以把我们从唯心论中解放出来，重新寻找真知之路。因而在研究中应当摆脱抽象的、形而上学的观念，深入社会关系、历史发端、文化肌理处作切实的思考；我们也应当探讨人类实践是如何在目的、意识和意志支配下能动地、自由自觉地活动的。比如论及前后七子的复古问题，作为研究者，就不能抽象地将其看作一个文化问题或美学问题，而是要深入研究复古派与唐宋派、性灵派在理论上的对峙所依赖的物质基础、阶级基础以及与之相关的思潮脉络。李梦阳的世界观、方法论，以及他那里所体现的儒家思想，都是渊源有自的，是根植于历史与现实的土壤的。如果孤立于文学或美学领域讨论其复古、品味其格调就是不全面的，甚至是不负责任的。李梦阳背后的一切经济、政治、文化力量促使他形成自己的思想体系，这是一种历史的力量；同样，与其流派角力的"唐宋派""公安三袁"也应被历史地评价，我们要看到冰山之下潜藏着的社会历史内容，而不是停留在审美趣味的冲突或龃龉之中。如果从现代的审美角度视之，似乎性灵论者优于复古派，但重视格调体制恰恰是七子派坚守的传统，也是中国文学的命脉。作为研究者，应该从表象性的观照深入到对社会历史的深刻体察中，审视文艺思潮的兴起与现实之联系，审视其文学精神与美学风尚中的历史逻辑、历史文化品格、个性特色。也只有这样，对于传统的研究才能是现实与当下的。如果从所谓纯粹美学的角度视之，"性灵说"似乎意味着思想的解放与进步，

---

① 《马克思恩格斯选集》第 1 卷，中共中央马克思恩格斯列宁斯大林著作编译局编译，人民出版社 2012 年版，第 134 页。

但将其放在整个思想史和历史中去评价时，可能要复杂得多。

同时，我们也要立足中国现实，特别是作为历史存在的文化、文学的现实。比如，我们讨论到文学观念时，就要避免完全套用西方现代以来的审美为核心的文学观念。在笔者看来，这是一种单调的文学观念，它甚至无视近代以来中国人在中西、古今文化交会处发展出的文学观念，从而窄化了文学的多种可能性。这种审美主义的盛行，掩盖了中国文学与艺术格调和美学上的多样性。所以，有必要立足中国当前现实和历史现实来重新思考文学观念这一话题，积极探索文学的多种可能性，发展出这个时代应该在场的先进的文学观念。

二 处理好马克思主义世界观与传统价值观念的关系

有学者在文章中认为："历史的评价尺度，则是从现实的人、现实的实践出发，即从处于特定历史条件下的人和实践出发，把特定历史阶段下的现实的人的生存需要作为评价人、社会和实践的合理性的尺度。"[1] 以人的现实生存需要为尺度作为历史的评价尺度，这是马克思主义的世界观。当我们遭遇文化内涵丰富的中国传统价值观念时，如何评价则是一个难题。一方面需要将传统价值观念的文化品格、内在理路呈现出来；另一方面也需要基于"人的现实生存需要"来创造性地对它进行评价或阐释。

比如"情性"这个概念，从《礼记·乐记》中就承认人具有某种本性，他是静的，是感物而动的。《乐记》说："人生而静，天之性也；感于物而动，性之欲也。物至知知，然后好恶形焉。好恶无节于内，知诱于外，不能反躬，天理灭矣。"[2] 意思是说，"人生而静"是天性，回到此种本性才是不违天理的；到刘勰这里也讲吟咏情性，

---

[1] 刘福森：《马克思哲学研究中的方法论问题——实践唯物主义与历史唯物主义之争的理论实质》，《现代哲学》2015年第4期。

[2] （汉）郑玄注，（唐）陆德明音义：《礼记》卷11，相台岳氏家塾本，上海古籍出版社2002年版，第250页。

《情采》篇曰："盖风雅之兴，志思蓄愤，而吟咏情性，以讽其上，此为情而造文也。"① 虽然注意外物所感发的丰富情感，但他还是要坚守"性情"的本质；陶渊明诗歌中表达的也是回归到情性的问题。对于这样一种特殊文化，我们需要呈现、解读，既要重视它的历史文化含量，更要重视产生它的物质基础、生产方式，也要对它进行历史的评价。章太炎先生也批驳了秦汉之际儒家五种人性论，他说："儒者言性者有五家：无善无不善，是告子也。善，是孟子也；恶，是孙卿也。善恶相混，是扬子也。善恶以人异，殊上中下，是漆雕开、世硕、公孙尼、王充也。"② 章氏提出了自己的人性论，与之相应，他在文学上强调"本情性，限辞语"③。这个"情性"固然有着强烈的个性色彩和复杂的文化内涵，但依然停留在旧哲学中。按照马克思主义的观点，人性不是抽象的，它体现着历史过程，我们需要在马克思主义的人性观的视域中辨析中国文艺思想史上的种种人性论以及审美情感论，并能给予时代性的审视和评价。

如何评价杜甫的文学成就与魏晋文学的价值？魏晋文学一直被视为典范，表达情性、辨名析理是其特点，所以从格调上来看，可谓达到了艺术的高峰，历代对它的推崇不无道理。杜甫也是一个典范，杜甫所表达的情感内容是丰富且深刻的。那么，杜甫与"魏晋"相较如何评价呢？历史上议论纷纭，如果能在唯物史观的视野中评价，或许我们就不会仅停留在审美层面上进行简单相较。

三 从历史过程的整体性来思考问题

在《德意志意识形态》中，马克思就断言"意识在任何时候都只能是被意识到了的存在，而人们的存在就是他们的现实生活过程"④，

---

① 范文澜：《文心雕龙注》（下），人民文学出版社1958年版，第538页。
② 章太炎撰，庞俊、郭诚永疏证：《国故论衡疏证》（上），中华书局2011年版，第792页。
③ 章太炎撰，庞俊、郭诚永疏证：《国故论衡疏证》（下），中华书局2011年版，第593页。
④ ［德］卡·马克思、弗·恩格斯：《德意志意识形态》，《马克思恩格斯选集》第1卷，中共中央马克思恩格斯列宁斯大林著作编译局编译，人民出版社2012年版，第152页。

恩格斯说："历史从哪里开始，思想进程也应当从哪里开始。"① 这就是说，意识是无法脱离实践过程的，逻辑是统一于历史过程的。当我们探索文学艺术规律及其范畴和概念时，就不能沉浸于孤立与唯心的学术象牙塔中。我们不仅要深入其内在肌理，条分缕析，探索知识体系的逻辑与架构，以及体系中的概念与范畴，而且更需要将它们放置在历史过程中来作出客观的观照。在中国古代文艺思想史研究中，对于一些理论概念，应当尽量将其置于中国文化体系与理论逻辑之中进行阐释，避免笼统的、经验性的解读。而克服泛文化的解读的重要法宝，就是不仅要精细地刻画理论的肌理与逻辑，更要将其纳入历史过程中，创造更为深刻的、现实的理论成果。长期以来，我们面对言意关系、文道关系、天人合一等理论与范畴时，往往纠结于话语的转换，试图从西方理论中找到一个相应的或者可以通约中西、古今的说法。事实上，触及其理论的逻辑与历史的实质更为重要。以论及"天人合一"为例，我们应当彻底放弃所谓话语转换，应当排斥朴素的个人体验与随性的解释，应当承认"天人合一"在不同的思想家和不同时代有着独有的逻辑与理路。这种独特性的形成是理论链条内的递进与深入，更是社会历史在意识领域内的反映。对于这一理论的真正理解不应当沉陷在纯粹的思辨、体验中，而要进入历史逻辑中，将其当作历史的一个过程来看待。也即恩格斯所谓"我们看到，采用这个方法时，逻辑的发展完全不必限于纯抽象的领域。相反，逻辑的发展需要历史的例证，需要不断接触现实"②。

---

① ［德］弗·恩格斯：《卡尔·马克思〈政治经济学批判　第一分册〉》，《马克思恩格斯选集》第2卷，中共中央马克思恩格斯列宁斯大林著作编译局编译，人民出版社2012年版，第14页。
② ［德］弗·恩格斯：《卡尔·马克思〈政治经济学批判　第一分册〉》，《马克思恩格斯选集》第2卷，中共中央马克思恩格斯列宁斯大林著作编译局编译，人民出版社2012年版，第16页。

四 在科学的层面上寻找传统与现代的契合

马克思的唯物史观并不是从一般的哲学世界观中推导出来的，而是建立在历史科学的基础上的。它发现了社会历史的一般规律，使人们对历史的认识具有了科学性。同样的道理，中国古代文艺思想的理论构建也需要科学知识。事实上，在中国古代文艺思想史资料中就存在着诸多科学因素，有时古人的诗意往往建立在精湛的理性思维，甚至科学思维基础之上，因而，有必要关注中国艺术发展过程中的科学内容或理性的内容。正如习近平总书记在党的十九大报告中指出："深入挖掘中华优秀传统文化蕴含的思想观念、人文精神、道德规范，结合时代要求继承创新，让中华文化展现出永久魅力和时代风采。"① 比如古代就是根据天道规律来制礼作乐的。我们能否通过引入古代科学内容来夯实古代文艺理论的阐释之途呢？比如苏轼在《书吴道子画后》中说："道子画人物，如以灯取影，逆来顺往，旁见侧出，横斜平直，各相乘除，得自然之数，不差毫末。出新意于法度之中，寄妙理于豪放之外。所谓游刃余地，运斤成风，盖古今一人而已。"② 这里的"出新意于法度之中"的审美自由，就是建立在数理基础上的，所谓"自然之数"实有所指。如果我们从科学或理性层面上去理解会更深刻、更全面、更切实。清代宫廷画家焦秉贞就在其绘画实践和理论上引入了数理测算，在科学的层面上完成了与现代透视法的理论融创。《国朝院画录》记载康熙帝肯定宫廷画家焦秉贞按"七政之躔度、五形之远近"作画，其中有胡敬按语："秉贞职守灵台，深明测算，会悟有得，取西法而变通之。圣祖之奖其丹青，正以奖其数理也。"③ 供职钦天监的焦秉贞以天文历法中的数理入画，

---

① 习近平：《决胜全面建成小康社会 夺取新时代中国特色社会主义伟大胜利——在中国共产党第十九次全国代表大会上的报告》，人民出版社2017年版，第42页。
② （宋）苏轼著，孔凡礼点校：《苏轼文集》卷70，中华书局1986年版，第2210—2211页。
③ （清）胡敬：《国朝院画录》（卷上），清嘉庆刻本。

同时又取西法而变通,以数理为中西会通点。焦氏所谓"以七政之躔度、五形之远近"就是以天文推步方法来确立事物间距、本身大小及其象征意义。这种测算关乎自然物理,具有某种科学性,引入画学,与以几何学、光学、解剖学为根基的透视法足可彼此相映,融通唯一。

《庄子·养生主》中"庖丁解牛"所描述的庖丁进入的"合于《桑林》之舞,乃中《经首》之会"境界,也是经过科学或理性洗礼的,其中有"是以十九年而刀刃若新发于硎"之句。"十九年"之数是来自十九年七闰的历法①,这是阴阳合历所得之数。十九年刀刃如新,标志着庖丁进入了刀刃与牛彼此不相害的自由境界,也象征着庖丁解牛过程中精微、科学的阴阳协调正是道通为一的技术前提。当我们解读庄子得道入神的境界时,关注其中蕴含着的科学因素,必然在融通之门中默然会心。

审美或心物关系问题,是中国古代文艺思想研究中的核心问题。我们也发明了诸多的理论模式来阐释此类问题,但有时只是素朴地进行哲学上的论证。显然,这样的理论形态是不能令人满意的。那么,是否可以从语言层面进入,借助认知语言学所涉及的心理逻辑机制、语言神经理论来解析审美过程与审美境界呢?——将虚无缥缈的主观感受落实在科学之上,也就意味着古今理论的贯通。

而从认知语言学角度来看,它在研究普遍性的语义理解、大脑与外界形成认知的同时,是否可以重视认知的文化差异性,将文化的历史积累或现实差异纳入研究的版图呢?传统的审美概念、情景关系、心物关系不该有任何理由拒绝当代更为缜密合理的解释。

更重要的是,认知语言学从建立在精神肉体分离基础上、重视大脑皮层抽象推理功能的离身认知(disembodied cognition)研究,到20世纪80年代转向了重视身体物理属性与心智相关性的具身认知

---

① 田小中、覃君:《"庖丁解牛"新解》,《重庆文理学院学报》2008年第2期。

（embodied cognition）研究，也即重视身体在语言认知中的重要作用。这种重视身体的认知与审美在实质上颇具一致性，这是值得我们去探索的领域。需要特别提及的是，具身认知与中国古代早期的审美精神高度一致。"近取诸身，远取诸物"（《易传·系辞下》），中国古人重视自身的体察与实行，表现出极强的理性主义气质。比如《诗经》中抒发感情总是要伴随着动作描写，从身上、身边来比类，而不去寻找漫衍无边、遥不可及的对象，以保持感知的真挚性与原发性。因而《诗经》中也有诸多即物感应的作品，比如《谷风》《芣苢》《卷耳》。它们的记述、抒情均是伴随着身体的具体行动滋生出来的，有本有原，真实不虚。这是中国文化中弥足珍贵的、濒临失传的精神文化遗产，它却能在当代语言认知理论中得到呼应。习近平总书记《在中国文联十大、中国作协九大开幕式上的讲话》中指出，艺术家要锻炼、培养自己的"思想的穿透力、审美的洞察力、形式的创造力"[1]。其中的"审美洞察力"，就是强调审美中的理性与科学认知，这是对现代审美理论的扬弃。

---

[1] 新华网，2016年11月30日。

第二章 《文心雕龙》意象论的易学阐释

刘勰意象概念涉及的理论问题主要有三个：其一，形神问题；其二，易学模式之下的意、象、言关系问题①；其三，"神用象通"问题。张少康先生在论及《文心雕龙》的构思与想象时，首先厘清的即是刘勰的形神论，他说："当我们深入考察刘勰这种'神思'论的哲学思想基础时，可以看到它仍然是以形神分离说的有神论思想作为其立论支柱的"②，"宗炳在《明佛论》中认为，神是始终不灭的，它虽然要藉形以生，但是，神与形合，乃是因缘会而有，所以虽合而并不同灭。宇宙万物之有神从根本上说是一样的，然而，神与形合的过程，则是随缘迁流，各不相仿，粗妙不同，故而就人来说，则有圣愚之别。神之游因缘会而与物合，故物正是'畅神'之工具耳！由于强调神不随形灭而灭，故可离形而遨游。所以，宗炳之'神思'论正是建立在形神分离说的基础上的。刘勰在这一点上和宗炳是完全一致的"③。

---

① 朱志荣《〈文心雕龙〉的意象创构论》一文讨论了《文心雕龙》中言、象、意的结构关系，他认为刘勰通过对《周易》和魏晋玄学等意象观的继承和改造，把意象问题放在言、象、意和道所组成的整体框架中加以探讨，发展了意象范畴的审美内涵。见《江西社会科学》2010年第1期。不过朱先生对言、象、意的结构模式是如何在易学框架下运行的并未明确揭示。
② 张少康：《刘勰及其〈文心雕龙〉研究》，北京大学出版社2010年版，第112页。
③ 张少康：《刘勰及其〈文心雕龙〉研究》，北京大学出版社2010年版，第113页。

正是基于形神分离的畅神观念，为刘勰的神思论、意象论提供了理论前提。形神问题在刘勰那里转化为创作中的复杂的心—物关系问题，刘勰以"拟容取心""物以貌求，心以理应"来阐释心—物关系，并在提出意象论时，我们发现刘勰引入了易道模式来建构心—物关系，在情志领域里建立起了自己的乾坤世界①。易学理论嵌入创作论的意义在于：其一，强化了"情志"或"意"的使命感，将道家或玄学家的"神"纳入儒学体系中；其二，不仅申发了自然外物的存在感，更重要者在于收编了"畅神"论中的自然物，而聚合为审美"意象"；其三，借助易学理论，在诗学领域渗入了意、象、言话语体系。

当然，刘勰神思论或意象论中遗留着佛学的一抹色彩。一方面，刘勰以易学模式来阐释传统比兴论，以建构情志与言辞之关系；另一方面，又将佛家"寂灭无心""万象并应"的玄妙智慧引入"神思"与"感物"的现场中，给创作主体提供了更为鲜活的思维动力，进一步丰富了其意象论繁复的思维谱系和文化肌理。

一 易道模式与意象发生

讨论刘勰意象论需要将其纳入易道模式中。易道模式是刘勰内置于创作过程中的处理心—物关系、言—意关系的核心话语形式。它给予"吟咏情性"以先天的本体地位，将语言表达、意象呈现与整个世界一体化，从根本上保证了创作过程与自然化生一样，产生的是一个新质的艺术的世界。刘勰《熔裁》篇说："情理设位，文采行乎其中。刚柔以立本，变通以趋时"，"情理"如同乾坤一样，是产生变化的前提，而情感的阴阳或刚柔是其根本，情采文字流行于其中。在此，不仅有乾坤定位、刚柔变化的观念，而且还强调变通趋时，具有

---

① 刘勰《神思》篇有"志气统其关键"，"辞令管其枢机"之喻，《熔裁》篇有"情理设位，文采行乎其中"之论，由此可见，刘勰是在情志领域建构其乾坤世界，以易学模型来阐释创作过程。下文有详细论述。

第二章 《文心雕龙》意象论的易学阐释

明显的易学"时位"观。"时"与"位"是《周易》中的观念,《系辞上》说:"天尊地卑,乾坤定矣。卑高以陈,贵贱位矣。动静有常,刚柔断矣。""天尊地卑"是乾坤定位的根据,而乾坤定位是易道流行的前提,在易道流行中体现出不同的时位关系,可以在卦象中的六爻表达出来,如《乾·彖》云:"大明始终,六位时成,时乘六龙以御天。"六爻各有位,也各有时机,时即是位,位也是时,但刘勰在创作中强调了"位"的发端,首先设置心体化生赖以启动的秩序感。

易道变化中的时和位不仅是时间与空间、时机与情态,其中还包含着浓厚的伦理观念。《系辞下》说:"刚柔者,立本者也。变通者,趣时者也。"也强调了爻位刚柔乃是易道之本。王船山有论:"阴阳具于太虚絪缊之中,其一阴一阳,或动或静,相与摩荡,乘其时位以著其功能,五行万物之融结流止、飞潜动植,各自成其条理而不妄,则物有物之道,人有人之道,鬼神有鬼神之道,而知之必明,处之必当,皆循此以为当然之则,于此言之则谓之道。"① 认为自然变化各成条理需要阴阳、动静在恰当的时位中发挥功能。刘勰重视情感时位变化——在不同的情势与时机之下重视心体的自由的同时,更重视心体如何返回到理想的初始秩序中。

具体而言,《熔裁》所谓"情理设位"是套用《周易·系辞上》之语:"天地设位,而易行乎其中。"金景芳说:"'天地设位而《易》行乎其中矣',这个'天地设位'不是指自然界中的天地,而是指《易》中的天地,亦即乾坤二卦。'《易》行乎其中'是指乾坤二卦的变化发展。"② 因为天尊地卑,乾坤两卦的关系就确定了,刘勰在此以《易》论文,将"情理"比作乾坤,"文采"比作变易,文采由情理的错综变化而来,这种对文采的描述是符合情理与文采的关系的,同时也给予情理以天然的合理性。既然有乾坤,必然有刚柔变

---

① (清)王夫之:《张子正蒙注》卷1,中华书局1975年版,第17页。
② 金景芳讲述,吕绍纲整理:《周易讲座》,广西师范大学出版社2005年版,第41页。

化，即刚柔相摩，八卦相荡，《周易·系辞下》曰："刚柔者，立本者也。变通者，趣时者也。"韩康伯注："立本况卦，趣时况爻。"①金景芳说："每一卦六爻，有位有德。初二三四五上是位。阳爻阴爻是德。阳爻是刚，阴爻是柔，这是立本。穷则变，变则通。变通了，那就是趣时。"②卦的根本从刚柔、阴阳而来，其中有变化，有变化必然有时间性，所以《周易略例》有论："夫卦者，时也。爻者，适时之变者也。"刘勰之"刚柔以立本，变通以趋时"思想直接来源于此，他借助《周易》结构来讨论文采的生成与变化。那么，在刘勰观念中什么是刚柔呢？郭晋稀注："《体性》：'气有刚柔'，是刚柔本指气而言的。又'风趣刚柔，宁或改其气'，是作者认为气之动在文辞中则为风情。"③刘勰巧妙地将《周易》模式中抽象的刚柔之性与实在的刚柔志气结合，一语双关，既借用了《周易》理性模式，也引入了志气刚柔等诗学内容。情理设位是文采得以产生的本原，而在产生过程中又有刚柔之气作为行文运思之根本，就如同易变中刚柔阴阳为卦的根本一样；而在此过程中也存在着变通趋时，就好像六爻在卦变的时间之内各适其变。

这种处理情志和辞令关系的易学模式在《神思》篇中也运用得颇为突出，并成为"意象"发生的基本机制。《神思》篇曰："神居胸臆，而志气统其关键；物沿耳目，而辞令管其枢机。枢机方通，则物无隐貌；关键将塞，则神有遁心。"在构思中，需要调节志气、驱使辞令，志气统辖关键，辞令管制枢机，两者都是重要因素。"枢机"原指门的转轴，在门打开的过程中，它是不停地转动的；"关键"原指门闩，门闩开启时枢机运动，门闩关闭时枢机无效，可见门闩又是枢机之本，用以表达志气和辞令的作用及两者关系是确切的。因为志气直接与思想情感相关，辞令则发生在志气发动之后。刘

---

① （魏）王弼撰，楼宇烈校释：《周易注校释》，中华书局2012年版，第246页。
② 金景芳讲述，吕绍纲整理：《周易讲座》，广西师范大学出版社2005年版，第62页。
③ （南朝梁）刘勰著，郭晋稀注译：《文心雕龙》，岳麓书社2004年版，第323页。

第二章 《文心雕龙》意象论的易学阐释

勰借用门户开合来表达情理变化、文采流行的理论前提是"门户开合",这是一个易道之喻。韩康伯注"天尊地卑,乾坤定矣"曰:"乾坤,其易之门户,先明天尊地卑,以定乾坤之体。"① 可见,将乾坤变化比作门户开合也有先例②。具体而言,有门必然有门闩,也有门转,门闩以开合为用,可以比喻刚柔阴阳;门转以旋转为用,可以比喻六爻的变通,也就是说,以门可以比喻易变道理。刘勰"关键""枢机"之论沿袭于此。另外,"枢机"与"辞令"相关也是渊源有自,《周易·系辞上》中有"言行,君子之枢机",韩康伯注曰:"枢机,制动之主。"③ 即"枢机"是言语行为发动或默处的关键。

刘勰《神思》篇所建构的"易道模式"足以使"神与物游","物无隐貌",然后,"使元解之宰,寻声律而定墨;独照之匠,窥意象而运斤",即情志与外物感动,而有意象和辞令纷至沓来。这也是"情理设位,文采行乎其中"的另一种说法(《熔裁》)。所谓声律、辞令、文采与意象又是同时共在的,因为刘勰讨论"道"本体,"象"即是"道"的原初呈现。《原道》篇曰:"玄黄色杂,方圆体分;日月叠璧,以垂丽天之象;山川焕绮,以铺理地之形。"即是说道以"象"的形式出现和存在;论及人文时,刘勰说:"人文之元,肇自太极,幽赞神明,易象惟先。"(《原道》)即是说,神明或道通过易象来体现,易象是人文话语产生的最初源头,所以,刘勰将创作中文采流行的过程上溯到意象之发生也是其理论的内在逻辑。当然,刘勰创作论中的"意象"发生也带上了易学的色彩。刻镂自然、比兴情思、组织辞令都蕴含着易学的理性精神与观照智慧。《比兴》篇中有"依微拟议"之论。其文曰:"故比者,附也;兴者,起也。附理者,

---

① (魏)王弼撰,楼宇烈校释:《周易注校释》,中华书局2012年版,第232页。
② 朱熹、吴澄都以"机"论易道变化,朱熹有"太极者,本然之妙也;动静者,所乘之机也"之论[(宋)黎靖德编,王星贤点校:《朱子语类》卷九十四,中华书局1986年版,第2370页。]吴澄有"太极无动静,动静者气机"之论(吴澄《答王参政仪伯问》,《吴文正集》卷二,四库全书本)。这里的"机"都有开关之意。
③ (魏)王弼撰,楼宇烈校释:《周易注校释》,中华书局2012年版,第239页。

切类以指事，起情者，依微以拟议。起情故兴体以立，附理故比例以生。"这里的"附理"与"依微"都指"意"之表达，"切类指事"与"依微拟议"，都与刻画物象有关，刘勰在此灌注的是易学阐释系统中的意、象、言逻辑。从文的发生角度来讲，主张依微取象，情貌兼备；从主体情志表达方面而言，就是以形象来喻写事理意义，所谓"兴之托喻，婉而成章，称名也小，取类也大"。①

刘勰将比兴论阐释为"拟议"说，其易学逻辑非常清晰，《比兴·赞》说："诗人比兴，触物圆览。物虽胡越，合则肝胆。拟容取心，断辞必敢。攒杂咏歌，如川之涣。"②"拟容取心"化自"拟诸形容"。"拟诸形容"出现在《系辞》中，《系辞上》曰："圣人有以见天下之赜，而拟诸其形容，象其物宜，是故谓之象。"圣人立象是在窥测天下奥秘的前提下，观物取象的结果，其基本原则便是"拟诸其形容，象其物宜"，也就是说，既获取外物形态，也表达其规律性，从而让天下之赜表达出来。这是一个圣人体悟而见理、由理而感物/象物的过程。孔颖达《周易正义》曰："'圣人有以见天下之赜'者，赜谓幽深难见，圣人有其神妙，以能见天下深赜之至理也。'而拟诸其形容'者，以此深赜之理，拟度诸物形容也。见此刚理，则拟诸乾之形容；见此柔理，则拟诸坤之形容也。'象其物宜'者，圣人又法象其物之所宜。若象阳物，宜于刚也；若象阴物，宜于柔也，是各象其物之所宜。六十四卦，皆拟诸形容，象其物宜也。"③ 此论诚然，卦象的产生至少有三个元素，一是天下至理，二是物之形貌，三是物之所宜，也即物之规定性。在这里，"形容"和"物之所宜"相对于"至理"是象征性的，是"至理"的表达。《周易·系辞上》："拟之而后言，议之而后动，拟议以成其变化。""拟"是指立象，

---

① （南朝梁）刘勰著，范文澜注：《文心雕龙注》"比兴"，人民文学出版社1958年版，第601页。

② （南朝梁）刘勰著，范文澜注：《文心雕龙注》"比兴"，人民文学出版社1958年版，第603页。

③ 李学勤主编：《周易正义》，北京大学出版社1999年版，第274页。

"议"是指系辞,"拟议"就是立象后用言语表达思想,也即语言和卦象共同构成了话语,圣人借以尽变化之道。可见,"拟议"的目的还在于贯通天地之幽微。刘勰以"拟容取心"来阐释比兴,将易学中的意、象、言之间的逻辑巧妙地嵌入诗学体系中,无论是比还是兴,均可看作触物圆览,起情附理,断辞必敢的过程。

刘勰《隐秀》篇也以易道模式来阐释意象问题。正如张少康先生所认为的,刘勰《隐秀》论受"《周易》象征方法的启发"[①]。确实如此,刘勰以易道模式重新建构了复义与秀象之间的相互关系。《隐秀》篇说:"夫隐之为体,义主文外,秘响旁通,伏采潜发,譬爻象之变互体,川渎之韫珠玉也。故互体变爻,而化成四象;珠玉潜水,而澜表方圆。""旁通""互体"是易学术语,表达卦象的变化关系,《周易·乾·文言》曰:"六爻发挥,旁通情也。"后来"旁通"是指两个阴阳爻完全相反的卦之关系,如《比》卦与《大有》卦旁通,《小畜》卦与《豫》卦旁通;而"互体"是指《易》卦上下两体相互交错取象而成之新卦,如《观》为《坤》下《巽》上,取其二至四爻则为《艮》,三至五爻则为《坤》,刘勰借助"旁通"与"互体"所描述的卦变可能,来比喻文外义旨的多重交互。"夫心术之动之远矣,文情之变深矣"(《隐秀》),意谓文外重旨是"心术之动"后的产物,而"心术之动"后,与之伴随的是作为"关键"的"辞令"的涌现,这个辞令/语言是本体性的,它先天地存在于文意、意象的生成过程中,这也就是刘勰注目"义主文外""文外重旨"的重要原因。换句话说,让潜在的丰赡的语言意蕴自然化生、交错变化乃是文章大道,也正是在这样的易变中,才有"万虑一交"的逸响秀句或意象超拔而出,正如解卦过程中推导卦变、拓展思理界域是为了获得显豁的真谛一般,这也即《隐秀·赞》中所说的:"深文隐蔚,余味曲包。辞生互体,有似变爻。言之秀矣,万虑一交。动

---

① 张少康:《刘勰及其〈文心雕龙〉研究》,北京大学出版社2010年版,第216页。

心惊耳,逸响笙匏。"

《情采》篇有"五情发而为辞章,神理之数也"之论,"五情发"是"心"体发动的状态,是"心"体之用,心体情用而成就易道,符合神理之数。不过,刘勰在强调情感自由、与道偕行的同时,也将伦理观念渗透其中,即所谓"若择源于泾渭之流,按辔于邪正之路,亦可以驭文采矣"(《情采》),特别强调性情的邪正善恶之分,为创作领域展开的易道变化注入秩序和伦理。这虽然讨论的是《情采》与易道关系,但与意象也不无关联。另外,刘勰在《丽辞》篇通过易学思想论证了文章对偶修辞的先天必然性。《丽辞》曰:"造化赋形,支体必双;神理为用,事不孤立。夫心生文辞,运裁百虑,高下相须,自然成对。"在刘勰看来,作为造化和神理的体现,任何事物都是两两相生、不相孤立的,文章修辞作为心体之表现也是如此,有韵偶行体现着情感世界中的乾坤变化。《丽辞》篇讨论的是辞令问题,但从构形抒情的角度讲就是意象问题,足以成为《神思》篇之补充。

刘勰意象论是根植于其易学理论的,他创造性地将情志、辞令纳入易道模式中,将文学世界看作在一定伦理秩序和自由天地之下的自然化生,而在这一化生过程中又渗透着感物体道的理性色彩。因此,这就决定了刘勰意象的加工方式和哲学底蕴的独特的文化气质,与西方形象或意象的形成方式判然有别。正是在易道模式中讨论意象,其实也就不言自明地自证了意象在创作中的必不可少,而且它的存在应该与语言、意旨同生共长[1]。基于这样的意象论,刘勰的美学追求也必然不是象外之意、缥缈之境,而是风骨或隐秀。

---

[1] 赵宪章在其《"文学图像论"之可能与不可能》一文中说:"文学作为语言艺术就是语言的图像化,语言的图像化就是语言艺术化的主要表征;这也就意味着,文学作为语言艺术,必然是通过'语象'而不是通过'概念'和世界发生联系。"见《山东师范大学学报》2012年第5期。

二　意、象、言系统

将意、象、言关系作为哲学问题进行专门讨论，大概自王弼始。王弼《周易略例·明象》说："夫象者，出意者也。言者，明象者也。尽意莫若象，尽象莫若言。言生于象，故可寻言以观象；象生于意，故可寻象以观意。意以象尽，象以言著。故言者所以明象，得象而忘言；象者所以存意，得意而忘象。犹蹄者所以在兔，得兔而忘蹄；筌者所以在鱼，得鱼而忘筌也。然则言者，象之蹄也；象者，意之筌也。是故，存言者，非得象者也；存象者，非得意者也。象生于意而存象焉，则所存者乃非其象也；言生于象而存言焉，则所存者乃非其言也。然则忘象者，乃得意者也；忘言者，乃得象者也。得意在忘象，得象在忘言。故立象以尽意，而象可忘也；重画以尽情，而画可忘也。"① 按照王弼的观点，言者明象，象乃尽意，言生于象，象生于意，意、象、言之间存在着圣意或圣道得以表达的一个符号链条。但是，他在这里将象看作意的表达工具，将言看作象的表达工具，故而认为，意无法存于象，象无法存于言，欲得真意必须抛弃工具，就如得兔忘蹄、得鱼忘筌一般，因此，他提出了"得意在忘象，得象在忘言"的理论。在王弼看来，不落言象之筌的意是独立的，也是无法言说的，只有忘言不辩，才能接近真旨。这可以看作王弼对"立象尽意"说的解读，其目的在解除卦象及其所象征万象与世界之联系，超越具体事理而直接进入言外与象外的玄理。

不能否认王弼将意、象、言关系作为哲学问题来讨论对刘勰存在的影响，但是，刘勰所阐释的言、象、意关系与王弼大异其趣。刘勰承认易道中的意、象、言阐释模式。《原道》篇曰："人文之元，肇自太极，幽赞神明，易象为先。庖牺画其始，仲尼翼其终。而《乾》、《坤》两位，独制《文言》。言之文也，天地之心哉！若乃

---

① （魏）王弼撰，楼宇烈校释：《周易注校释》，中华书局2012年版，第284—285页。

《河图》孕乎八卦,《洛书》韫乎九畴,玉版金镂之实,丹文绿牒之华,谁其尸之？亦神理而已。"这段文字内涵丰富,分两个层次。其一,圣人幽赞神明、庖牺画卦、仲尼十翼（包括系辞、文言）构成的意、象、言符号体系中象可表达意,言可阐释象。其二,神理、《河图》、《洛书》、玉版金镂、丹文绿牒（文字符号）也构成了意、象、言的阐释体系。总之,刘勰所理解的"文"本身就是内蕴了《周易》意、象、言体系的存在。那么,重视语言文字的神圣性与象征性就在情理之中了。

刘勰通过易学模式来规范构思行文方式,处理志气和辞令之关系,其意象就是在类似于易变模式的诗学活动中形成的有意的象,因为体现了意（情志）并通过象来表达,所以叫意象。而这一意象又是与语言同步的。"意象"一词的成立有赖于刘勰阐释的意、象、言关系。本体地讲,"道"或"心体"由"象"来体现或其初始状态即是"象";从主体角度而言,文章构形经由"意授予思,言授于意"的过程（《神思》）,而运思、修辞也是"规矩虚位,刻镂无形"的兴"象"方式。但是,我们从这种诗化的意、象、言关系模式中,不难发现《周易》意、象、言模式的内核。因为当刘勰将构思行文过程建构为易道变化模式时,其意、象、言关系模式也必然笼罩在易学的光晕之中。那么,这一系统或模式会对刘勰的意象论产生什么样的影响呢？作为刘勰意象论的潜体系,有必要澄明其本质,辨析其肌理。

《周易》中的意、象、言系统是卦象系统、话语系统,也是教化系统,更是语言与行动的机制。一方面具有某种神圣和使命的遗迹,另一方面又内蕴着理性的内容。《系辞上》有言:"子曰:'书不尽言,言不尽意;然则圣人之意,其不可见乎？'子曰:'圣人立象以尽意,设卦以尽情伪,系辞焉以尽其言,变而通之以尽利,鼓之舞之以尽神。'"这是出现在《系辞》中的"立象尽意"说,实际上在整个《周易》中都贯穿了这一思想。其核心内容是:"意"具有神圣性与理性;言、象、意一体,"象""言"共同完成对"意"的阐释;这一阐释系统具有天然的合理性。《周易》意、象、言系统的这些文化基因在刘勰的意、象、言诗学话语系统中隐性存在并衍化变形。

首先,圣人之意具有的神圣性和理性在刘勰诗学中得以延续和贯彻。在《系辞》建立的意、象、言系统中,存在着所谓圣人"意",并且强调圣人之意与天象数理的密切关系,即所谓圣人"仰以观于天文,俯以察于地理,是故知幽明之故"(《系辞上》),"天地变化,圣人效之。天垂象,见吉凶圣人象之"(《系辞上》),等等。同时,也指出圣人对人间万象的理性把握,即所谓观象于天,观法于地,"近取诸身,远取诸物"(《系辞上》)——一方面"通神明之德,类万物之情"(《系辞下》);另一方面又能"范围天地",曲成万物,在模仿自然大化的前提下为天地立法。此种圣人的使命和事功,体现出对政教合一的政治期待。"立象以尽意"是历史的必然,也是圣人之使命。《系辞》中的这一体系是占卜体系、教化体系,更是易道本体的现实内容。《系辞上》云:

> 圣人设卦观象,系辞焉而明吉凶,刚柔相推而生变化。是故吉凶者,失得之象也。悔吝者,忧虞之象也。变化者,进退之象也。刚柔者,昼夜之象也。六爻之动,三极之道也。是故君子所居而安者,易之序也。所乐而玩者,爻之辞也。是故君子居则观其象而玩其辞,动则观其变而玩其占。是以自天祐之,吉无不利。

圣人设卦观象,观其吉凶悔吝,玩其辞占,这一整体过程就是一个与天地同步的易道过程。作为易道主体,圣人在与自然天地、人事物理的互动中建构生生不息的世界。刘勰《原道》篇有"道沿圣以垂文"之论,强调了圣人在人文教化与文道推行中的使命,文心、道、文一体化地存在。在《征圣》篇中表彰圣人德行文章,所谓

"征圣"就是要以圣人为验证。圣人之功在于陶铸性情、礼乐教化，而圣人的思想情感则在文辞中得以表现；他们无论是政治教化，还是出处进退、修身养性，都离不开文章，而圣人之文是其"鉴周日月，妙极机神"的结果。在刘勰《文心雕龙》中诗人吟咏情性，不仅是感物而动的诗人情怀，更有着"鼓天下之动者存乎辞"的圣人情怀[1]，在写气图貌、比兴文字的过程中，诗人之情志都体现着某种理性的精神，"拟容取心"[2]，"物以貌求，心以理应"[3]，这些理念指引诗人们要忠实描述自然、体察万物，同时要如同圣人探赜索隐、立象尽意一般，借助意象来展现事理。

其次，《周易》意、象、言系统的一体性，影响着刘勰对意、象、言关系的建构以及他在言—意关系方面的理论思考。成中英先生在其《易学本体论》中精彩地论述了《周易》的象数系统，他说："《系辞传》上下可说是综合了名言、象象、文言所做的大系统性的诠释。在《系辞传》发生之前，我认为有《说卦》、《序卦》和《杂卦》，它们都是对易象和易数所做的整体考察。"[4] 他认为，《系辞》属于后起，但与《说卦》《序卦》《杂卦》依然构成了一体化的意、象、言系统，共同完成着对世界的阐释。《易》中之象可称作易象，主要包括卦象、爻象以及卦爻辞中涉及的种种物象，他们构成一个意、象、言的系统。《易·系辞上》说："圣人有以见天下之赜，而拟诸其形容，象其物宜，是故谓之象。"此处的"象"当指表达圣人之意的卦象与语言符号系统，圣人可以设卦观象，神道设教。江永在其《河洛精蕴·卦象考》中对卦爻辞中所涉及的易象作了系统整理，分为天文类、地理类、人道类、人品类、人事类、身体类、饮食类、衣服类、宫室类、器用类、

---

[1] 李学勤主编：《周易正义》"系辞上"，北京大学出版社1999年版，第293页。
[2] （南朝梁）刘勰著，范文澜注：《文心雕龙注》"比兴"，人民文学出版社1958年版，第603页。
[3] （南朝梁）刘勰著，范文澜注：《文心雕龙注》"神思"，人民文学出版社1958年版，第495页。
[4] 成中英：《易学本体论》，北京大学出版社2006年版，第73页。

国典类、师田类、运动类、植物类、杂类等诸多类卦象[1]。分类固然未见得全部合理，但表达了将整个世界纳入象数体系的愿望。汉代易学家很早就将《周易》中的象数与天象、气候变化紧密地联系在一起。杨万里在易学上再一次论证了意、象、言的一体性，他说："君子学易者，因辞求象，象不能外乎辞，因象求道，道不能外乎象。"[2] 显然，强调了道不外象、辞外无象、因辞求象的言、象、意彼此依存的阐释路径——这里的"道"也即"意"；并在其《易论》中对意、象、言系统作出了精彩的阐释[3]。尚秉和在《周易尚氏学》中更是将这一观念推向极端，他以象说易，"首释卦爻辞之从何象而生，辞与象之关系既明，再按象以求其或吉或凶之故，还易辞之本来"，"易辞皆观象而系"[4]。尚秉和先生在寻找辞与卦爻象的对应关系时，主要是通过建立物象与卦爻象的象征关系来完成的。尚氏网罗种种对应关系，形成了一个颇为完备的解释群组，来证明《周易》意、象、言系统的一体性。当刘勰将文、道、文心、神理当作世界之本体时，其文心与道、文、神理本来就是一体的；当这一思想进入创作论并形成意象论时，意象就是意、象、言的结合，就是在情志、情理形成的乾坤中生生不已的具体存在。它可以指单一的比兴之象，也可以指整篇文章中全部的形象系统，但都借助语言表达出来。

《总术》篇说："执术驭篇，似善弈之穷数"，刘勰以弈棋为喻来说明驭文有术，而且需要穷极其变，掌握其数。他说："夫善弈之文，则术有恒数，按部整伍，以待情会，因时顺机，动不失正。数逢其极，机入其巧，则义味腾跃而生，辞气丛杂而至。"与其说刘勰是以弈术，倒不如说是以易道来处理辞气、义味以及情感、外物之间的关系。他在这里试图以易道模式"因时顺机，动不失正"地建构诗

---

[1] （清）江永著，冯雷益整理：《河洛精蕴》，九州出版社2011年版，第120—172页。
[2] （宋）杨万里：《诚斋易传》卷十七，四库全书本。
[3] 笔者有详细论述，参李瑞卿《杨万里"去词去意"论发微》，《文学遗产》2013年第2期。
[4] 尚秉和：《周易尚氏学·说例》，见尚秉和《周易尚氏学》，中华书局1980年版，第1页。

学中的意、象、言关系，而使三者一致和谐。《物色》说："是以诗人感物，联类不穷，流连万象之际，沉吟视听之区；写气图貌，既随物以宛转；属采附声，亦与心而徘徊。"在这段文字中，同样体现出诗人俯仰天地之间，与万物感应，并试图用语言将万物形貌与精神，也即意象，笼圈条贯于笔端的信心。"情以物迁，辞以情发"①，不只是诗人与外物形成感应关系，而且是一种与世界为一的、彼此创生的易道关系，成就的是意—象—言系统。

基于这样的理论根基，刘勰在处理言—意问题时，并没有落入玄学家的老套，相反，他是个语言本体论者，在创作过程中，语言即是诗心也即是诗道，他以语言来表达情志呈现和建构这个世界万物。《章句》曰："设情有宅，置言有位；宅情曰章，位言曰句。"刘勰认为，"章"和"句"作为文章中的基本单位是安顿情感和言语的空间，而它们的渐次生成与人情感的表达是时刻同步、由微而著的，即"夫人之立言，因字而生句，积句而成章，积章而成篇"②。而刘勰也非常精彩地描述了语言和意义彼此相依的亲密关系，其文曰："启行之辞，逆萌中篇之意；绝笔之言，追媵前句之旨：故能外文绮交，内义脉注，跗萼相衔，首尾一体。"③因为文意与言辞是在交错中同生共长的，所以，必然是一体的。另外，在《情采》篇中也表达了对辞藻与情志同步关系的理论努力，《情采》曰："夫能设模以位理，拟地以置心，心定而后结音，理正而后摛藻，使文不灭质，博不溺心，正采耀乎朱蓝，间色屏于红紫，乃可谓雕琢其章，彬彬君子矣。"④意思是说，情志是辞令表达的前提，"心""理"或情志定位以后，才可

---

① （南朝梁）刘勰著，范文澜注：《文心雕龙注》"物色"，人民文学出版社1958年版，第693页。
② （南朝梁）刘勰著，范文澜注：《文心雕龙注》"章句"，人民文学出版社1958年版，第570页。
③ （南朝梁）刘勰著，范文澜注：《文心雕龙注》"章句"，人民文学出版社1958年版，第570—571页。
④ （南朝梁）刘勰著，范文澜注：《文心雕龙注》"情采"，人民文学出版社1958年版，第539页。

"结音""摘藻",并于行文中遵循文质彬彬的美学理想。而在《熔裁》篇,刘勰为情志、事类、辞令,也即意、象、言建构起一个近乎科学的关系模式,以避免"辞采苦杂""委心逐辞"的言意矛盾①。其文曰:"凡思绪初发,辞采苦杂,心非权衡,势必轻重。是以草创鸿笔,先标三准:履端于始,则设情以位体;举正于中,则酌事以取类;归余于终,则撮辞以举要。"②"履端于始""举正于中""归余于终"是指古人制定历法时,推定朔旦、平气、置闰的方法,因为古代中国通用的是阴阳合历,上述方法目的在于调整太阳和月亮之关系,故而计算非常精密。刘勰在此以历法为喻,体现了他对意、象、言一体化关系的理性思考和阐释。

由此看来,在言意关系方面,刘勰是主张以言尽意的。需要指出的是,《周易》的意、象、言阐释系统中的"言不尽意"并非抽象地讨论言—意问题,这与庄子的"不可以言传"、魏晋玄学中的"言不尽意"是截然不同的,更不能将"立象以尽意"与后代学者基于"言不尽意"的"诗意地说"或"负的方法"等同起来。赵建章等认为:"从冯友兰到当前的学者都把'不可说'解释为不能通过日常语言或逻辑语言来言说,而认为对不可说的东西可以诗意地说或采用'负的方法'去说","意识和思想是语言的建构,而不是在语言之前已经存在的现成物。'言不尽意'论暗示存在一种私有语言,但脱离公共语言规则的私有语言并不能产生意义。"③ 此论切中"言不尽意"论之弊端。在诗学上,如果企求以"诗意"的语言来表达一种"不尽"的"意",这极可能是一种幻象,是将表达思想的现实困难寄托于一种诗意表达,是一种可以达到心理满足的替代,是提前交付了读者所谓不尽之意,

---

① (南朝梁)刘勰著,范文澜注:《文心雕龙注》"熔裁",人民文学出版社1958年版,第543页。
② (南朝梁)刘勰著,范文澜注:《文心雕龙注》"熔裁",人民文学出版社1958年版,第543页。
③ 赵建章、赵迎芳:《"言不尽意"论的传统误区及出自语言哲学观的修正》,《文艺理论研究》2017年第4期。

而不是历经语言和思想的辛勤跋涉后的无限审美空间。"言不尽意"作为一种诗学观念无可厚非，但如果将其当作中国诗学的图腾，视若珍宝并悉心呵护，就是舍本逐末了。《周易》中的意、象、言系统对中国诗学的影响是极具正面意义的，它内蕴着强烈的表达意志和情感，贯穿了观物取象、体察吉凶的理性意识，而这种意志、情感抑或理性与"象"和"言"是一体的。在刘勰诗学中表现得尤其突出。

最后，意、象、言阐释系统背后还存在一个数学和逻辑模型。从上述论证中可以发现刘勰对意、象、言系统是颇为笃信的，这源于他对易道中的意、象、言阐释体系的信赖与坚守，这一体系作为一个文化模式内置于刘勰的哲学与诗学，而易道模式也是刘勰重要的带有理性色彩的方法论。尽管刘勰没有去证明易道模式中具有的某种科学性，但他坚信以易道模式运思是符合"大道"规律的。在《文心雕龙》多个篇章中都反复出现"数"的理念，这个"数"就是指存在于文章或存在于创作过程中的某种定律或规律。《神思》篇鉴于"情数诡杂，体变迁贸"，主张"至精而后阐其妙，至变而后通其数"，即是通过精妙入神的创作实践而入于文道。《体性》篇则通过数"八"厘定出八种典型的风格，意谓"八体"正如八卦一样存在着无穷的变化可能，在研习这些文章风格时，提出"八体虽殊，会通合数，得其环中"的数理方法①。所谓"会通合数"就是在自然之数中协调其阴阳之数。《情采》篇则直接认为文章的生成是神理之数，其文曰："五色杂而成黼黻，五音比而成韶夏，五性发而为辞章，神理之数也。"《章句》篇则将文体变化与人类情感的周期或规律（所谓"情数运周，随时代用"）相联系②。《养气》篇则讲"性情之数"，《通变》篇则有"文理之数"的说法。

---

① （南朝梁）刘勰著，范文澜注：《文心雕龙注》"体性"，人民文学出版社1958年版，第506页。

② （南朝梁）刘勰著，范文澜注：《文心雕龙》"章句"，人民文学出版社1958年版，第571页。

现代易学研究证明，阴阳二分、爻位六布、变易而成的六十四卦，可以建立起一个完美的表达阴阳变化的数学模型，而这样的阴阳变化是可以比类宇宙中的盛衰流变的。关于卦序的排列，中国现当代著名的逻辑学家沈有鼎先生的《周易序卦骨构大意》《周易卦序分析》两篇短文从逻辑学角度深刻剖析了卦序骨构与建构原则，是关于《周易》卦序科学意义上的研究①。有学者也论述了卦序的科学性，认为"易卦是一类古老而又神奇的符号，可以有种种解释。采用内涵格解释，把卦的交错和交综解释成内涵格中的代数运算，由此引出错综不变组的概念并用于分析周易卦序结构②。"关于《周易》中的象数哲学体系，有不少论者给出了有力的论证，有论者说："《周易》对于客观世界的认识有着一个完整的图式，其基本结构是象数，其中象是认知经验的形象化和象征化，数是形象和象征符号的关系化以及在时空位置上的排列化以及应用化与实用化。"③，即是说《周易》通过一系列数字及图示的进入，与象一体，模仿宇宙变化的过程，并将这一过程导向了理想化的、数理化的境地。一言以蔽之，易道哲学中的意、象、言系统具有先天的合理性。

三 "神"之用

刘勰"意象"论的提出可谓天才式的理论建构，其文化内涵深潜繁复、谱系交错，不仅囊括了感物吟志的比兴之象，也将情志变化、心物感应纳入生生不息的易象逻辑中，以《周易》的意、象、言模式来阐释并构建形象、遣词造句的创作过程。《神思》篇《赞》语中以"神用象通，情变所孕"，描绘了情志变化、心神发用、神与物游而意象翩然的创作情景。那么，在比兴或感物过程中，"神"之用该如何解释呢？在刘勰这里，"神"之用具有哲学意味与文化内

---

① 沈有鼎：《沈有鼎集》，中国社会科学出版社2006年版，第271—273页。
② 张清宇：《周易卦序结构分析》，《毕节学院学报》2011年第9期。
③ 倪南：《易道象数之维的图式结构》，《孔子研究》2004年第3期。

涵。我们不禁要问,"神"从何而来?

　　刘勰意象论的提出有其历史的必然性。刘勰"比兴"合称,是因为"比"与"兴"都可称为"喻";而"兴"与"比"又有分殊,比义或比类建立在相似性之上,而兴不必形似,引起相关的联想也可,这是毛公、郑玄已有的看法①。确实如此,刘勰区分比兴,称之为"比显而兴隐",但又将二者都纳入"情""理"与外物的关系之中。"比"即是"附理",也是"切类以指事"——以类似的事物为喻,强调"写物以附意"②;而"兴"则是微妙的感发和比喻,故曰"兴者,起也","起情者,依微以拟议","兴之托喻,婉而成章"。但无论是"比"还是"兴",刘勰以"触物圆览""拟容取心"来阐释。即在创作过程中强调"心""物"二分,突出诗人窥测物理、表达情志的本性,认同诗人之意与外物的融合,更体现了以语言、意象自觉构建精妙逼真的诗意世界的理论勇气。刘勰对比兴论的继承和发扬,使其在创作中必然转向对"物"与"意象"的关注。

　　不过,与此同时,刘勰将感物兴情放置在了一个更加突出主体意志与理性的审美模式中,他在传统心物感应论的基础上,又突出着超然物外的主体情思。《物色》篇中认为心物之感随阴阳变化乃是自然而然,即"春秋代序,阴阳惨舒,物色之动,心亦摇焉"。这一观念与《礼记·乐记》、陆机《文赋》中的感物而动一脉相承,但此处的"物色"指"以自然物为主的可闻可见之物"③,《物色》篇曰:"诗人感物,联类不穷,流连万象之际,沉吟视听之区;写气图貌,既随物以宛转;属采附声,亦与心而徘徊。"意思是说,诗人以"写气图貌"为要务,目的在于模拟自然物的情状,正如文中所说,"'灼灼'状桃花之鲜,'依依'尽杨柳之貌,'杲杲'为日出之容,'瀌瀌'拟

---

① 毛《传》、郑《笺》都是以"喻"释"兴",都认为"兴"的位置灵活多变,章章处处皆可"兴"。参见鲁洪生《论郑玄〈毛诗笺〉对兴的认识》,《文学遗产》2006年第1期。
② (南朝梁)刘勰著,范文澜注:《文心雕龙注》"比兴",人民文学出版社1958年版,第601页。
③ 杨明:《文心雕龙精读》,复旦大学出版社2007年版,第195页。

第二章 《文心雕龙》意象论的易学阐释

雨雪之状……",即规模物色形状,以达到"情貌无遗"的境地;而在求得"形似"的同时,重视情志的表达,即所谓"吟咏所发,志惟深远;体物为妙,功在密附"。需要指出的是,刘勰感物并停留在"情貌"兼备中,他还凸显了超拔的主体追求。他一方面强调心物往来,彼此酬答的一体性——"情往似赠,兴来如答"①;另一方面又强调心物互动结束后的情思意愿,即所谓"物色尽而情有余"。因而,在刘勰感物论中,心与物彼此委蛇,但又超然于自然物之上,披上了玄学与佛学的色彩。他的感物观念中可见到支遁的影子,但他又超越了这影子,显示出自己别样的光泽。

支遁有"物物而不物于物"之论,刘勰感物观念中的玄学色彩与之颇为类似,其佛学观念与支遁也有异曲同工之妙。据《世说新语·文学》刘孝标注引,支遁有《逍遥论》:"至人乘天正而高兴,游无穷于放浪,物物而不物于物,则遥然不我得,玄感不为,不疾而速,则逌然靡不适。此所以为逍遥也。若夫有欲,当其所足,足于所足,快然有似天真。犹饥者一饱,渴者一盈,岂忘烝尝于糗粮,绝觞爵于醪醴哉?苟非至足,岂所以逍遥乎?"② 这是以虚无之心的"玄感不为"来阐释逍遥至足。在其《大小品对比要钞序》中则提出一套"无其所以无,忘其所以存"而通向绝对无心的路径③,也正是因

---

① (南朝梁)刘勰著,范文澜注:《文心雕龙注》"物色",人民文学出版社 1958 年版,第 693—695 页。

② (南朝宋)刘义庆著,(南朝宋)刘孝标注,余嘉锡笺疏:《世说新语笺疏》(修订本),上海古籍出版社 1993 年版,第 220 页。

③ (清)严可均校辑:《全上古三代秦汉三国六朝文》,中华书局 1958 年版,第 2366 页。《大小品对比要钞序》:"夫般若波罗密者,众妙之渊府,群智之玄宗,神王之所由,如来之照功。其为经也,至无空豁,廓然无物者也。无物于物,故能齐于物,无智于智,故能运于智。……理冥则言废,忘觉则智全。若存无以求寂,希智以忘心,智不足以尽无,寂不足以冥神,何则?故有存于所存,有无于所无;存乎存者,非其存也;希乎无者,非其无也。何则?徒知无之为无,莫知所以无,知存之为存,莫知所以存,希无以忘无,故非无之所无,寄存以忘存,故非存之所存。莫若无其所以无,忘其所以存,忘其所以存,则无存于所存,遗其所以无,则忘无于所无。忘无故妙存,妙存故尽无,尽无则忘玄,忘玄故无心。然后二迹无寄,无有冥尽,是以诸佛因般若之无始,明万物之自然。"

· 49 ·

为"无有冥尽",方能有般若智慧;"诸佛因般若之无始,明万物之自然",这是以佛学的空寂来阐释玄学中的虚无智慧。确实如此,支遁还讲色、空,《妙观章》曰:"夫色之性也,不自有色,色不自有,虽色而空。故曰,色即为空,色复异空。"① 正如汤用彤先生所言,支遁讲即色空理,"盖为《般若》'本无'下一注解,以即色证明其本无之旨"②。由此可见,这里的"本无"与玄学家的"本无"是有区别的。

刘勰《灭惑论》中也体现了"寂灭无心"而有"玄智秘照"的佛学理论。他说:"至道宗极,理归乎一;妙法真境,本固无二。佛之至也,则空玄无形而万象并应,寂灭无心而玄智弥照。幽数潜会,莫见其极;冥功日用,靡识其然。"③ 与支遁的不同之处在于,刘勰不仅承认"寂灭无心"而有智慧,而且强调了"佛之至"时,因其"空玄无形",必然有"万象并应"的胜境。需要指出的是,刘勰以宗极于一的"至道"观念来阐释佛家境界,却又保留了宗教气息(关于儒佛融合,谢灵运在《辨宗论》中业已完成④),故而,这里的"万象"之应与"至道""真境"的关系不仅是"理一分殊"的体用关系,而且存在着佛家"神道无方,触象而寄"的神秘色彩⑤。

---

① (清)严可均校辑:《全上古三代秦汉三国六朝文》,中华书局1958年版,第2366页。
② 汤用彤:《汉魏两晋南北朝佛教史》,北京大学出版社1997年版,第183页。
③ (南朝梁)释僧祐撰,李小荣校笺:《弘明集校笺》,上海古籍出版社2013年版,第427页。
④ 谢灵运:《辨宗论》融合孔、释,开辟新论。其文曰:"同游诸道人,并业心神道,求解言外。余枕疾务寡,颇多暇日,聊伸暱来之意,庶定求宗之悟。释氏之论,圣道虽远,积学能至,累尽鉴生,方应渐悟。孔氏之论,圣道既妙,虽颜殆庶,体无鉴周,理归一极。有新论道士以为,寂鉴微妙,不容阶级,积学无限,何为自绝?今去释氏之渐悟,而取其能至;去孔氏之殆庶,而取其一极。一极异渐悟,能至非殆庶。故理之所去虽合各取,然其离孔、释远矣。"(见李运富编注《谢灵运集》,岳麓书社1999年版,第305—306页)该段文字中包括了顿悟、渐悟,以及儒佛思想之间的彼此会通观念。
⑤ 慧远:《万佛影铭并序》,(清)严可均辑:《全上古三代秦汉三国六朝文》(三),中华书局1958年版,第2403页。

第二章 《文心雕龙》意象论的易学阐释

行文至此，我们可以知道，刘勰感物观念或其心物关系模式的思想内涵是极其丰富的，它是在漫长的历史过程和复杂的思想交融中形成的。它叠印着儒、玄、佛的思想因素。其中佛至（神理）而万象并应是其心物关系的一个层面。而这一逻辑可以在创作中置换为"神用象通"。那么，这个"神"如何而来？有必要在形神论的背景与刘勰的哲学体系的视野下来观察此问题。根据李小荣的研究，汉晋之际，《牟子理惑论》说明了佛教神不灭思想与中土思想无二；晋宋之际《正诬论》、罗含《更生论》、郑道子《神不灭论》、惠远《形尽神不灭论》，都主张神不灭论。接着有何承天与宗炳的论争。何承天主张形生则神生，形灭即神灭；宗炳有《明佛论》《神不灭论》与之论难。到齐梁之际，范缜主张神灭论，沈约、萧琛、梁武帝均有反驳，刘勰则有《灭惑论》，主张神不灭。① 刘勰认为《三破论》是"辞体鄙拙""委巷陋说"②，也批驳道家之说，其文曰："夫佛法练神，道教练形。形器必终，碍于一垣之里；神识无穷，再抚六合之外。明者资于无穷，教以胜慧；暗者恋其必终，诳以仙术。"③ 意谓修炼佛法可以神识无穷，而道家仙术，依赖饵药，形器必终。刘勰还描绘了神通变化、灵应感会的状态，《灭惑论》曰："神化变通，教体匪一；灵应感会，隐现无际。若缘在妙化，则菩萨弘其道；化在粗缘，则圣帝演其德。夫圣帝菩萨，随感现应，殊教合契，未始非佛。"④ 圣帝、菩萨可以随感现应，"缘应而像现"，也因为"隐现无际"，所以借像以显示真谛便随时成为可能。如果说支道林注重寂灭与色空观念，那么，刘勰重视在空玄无心之下的智慧产生以及万象并

---

① 李小荣：《〈弘明集〉〈广弘明集〉述论稿》，巴蜀书社2005年版，第486—561页。
② （南朝梁）释僧祐撰，李小荣校笺：《弘明集校笺》，上海古籍出版社2013年版，第415页。
③ （南朝梁）释僧祐撰，李小荣校笺：《弘明集校笺》，上海古籍出版社2013年版，第416页。
④ （南朝梁）释僧祐撰，李小荣校笺：《弘明集校笺》，上海古籍出版社2013年版，第426页。

应的状态。

刘勰的形神分离与佛至象应之观念进入诗学创作之中，就超越了原有的感物论，也丰富了其心物关系的易学模式，可谓形成了中国感物论的重大变局。那么，在理论上刘勰又是如何弥合佛学色彩之"神"与玄理、儒道的呢？根据张少康先生统计，"神理"一词在《文心雕龙》中出现七次，"刘勰所说的'神理'显然与此不同，而是一种哲学和宗教意义上的'神理'，它与'道'的含义实际上是一致的，指的是一种事物内在的本质与规律，而它又是由神明所启示给人类的"①。确实如此，作为有神论者，受佛教思想的影响，刘勰"神理"具有神秘性，但是，它又是儒、道、佛哲学理论会通的结果。刘勰佛学色彩的"神"与易学中的"阴阳不测之谓神""成变化而行鬼神"融合为一，称之为"神理"毫无违和之感，从而将神秘感应的宗教体验与易道变化之神彼此呼应，并且纳入易道的数理精神中（比如《情采》篇有"神理之数"、《神思》篇有"玄智弥照，幽数潜会"的说法），使"神理"概念天然地具有神通感应能力与数理精神。

刘勰意象论中的传统感应论、易学模式、佛学因素构成了其审美的文化形式，成为王国维所谓"第二形式"之美②。王国维强调美的形式中的形式化或文化模式，来补足审美距离说、审美非功利论是现代美学史上的中国话语。不过，这样的审美文化品质可能在后现代者的美学视野中是无法看到的。后现代美学试图消解生活与艺术的界限，强调"物性"以及其背后的生产过程和情境，比如"达达主义将废弃物和画面拼贴在一起。以'物品'充当艺术品摧毁了本雅明

---

① 张少康：《刘勰及其〈文心雕龙〉研究》，北京大学出版社2010年版，第67页。
② 这里借用王国维在《古雅之在美学上之位置》中对"古雅"之美的描述，古雅之美是美经过其第二形式而愈增其美，具有独立的价值。其文曰："夫然故古雅之致存于艺术而不存于自然。以自然但经过第一形式，而艺术则必就自然中固有之某形式，或所自创造之新形式，而以第二形式表出之。即同一形式也，其表之也各不同。"姚淦铭、王燕编：《王国维文集》第三卷，中国文史出版社1997年版，第32页。

所说的传统艺术品的韵味，消除了艺术品与生活的距离，以及观众的静观态度"，"戴维斯反对把艺术视为静态的、固定的'物'的载体，认为它是一种动态的、由创造性的施为活动体现出来的'过程'"①，等等，显然对静观式、文化观照式的古典审美是一种挑战和超越。但刘勰意象论中所蕴含的复调式的文化模式依然昭示着人类精神、情志、格调的高度，依然具有普遍的价值，而"意象"作为表达人类与世界之哲学关系、审美关系、艺术关系的概念，始终立足在人类与世界的初始性遭遇中，具有无比的活力。

---

① 汪正龙：《艺术与物性——对海德格尔引发的一个争论的考察》，《文艺理论研究》2018年第1期。

第三章 刘勰文质论的建构模式解析

有论者认为，先秦两汉的文质范畴与礼乐命题一起组成了思想史上具有逻辑起点意义的元范畴，即是说礼乐与文质和"三才"（天、地、人）之间有着神秘而神圣的关联，"礼乐所营造的社会政治结构和等级秩序因缘于天地"，"文质范畴，从根本上看亦是天地人关系的具象化"①，此论诚是。可以说，先秦两汉时期以"三才"论、阴阳说建构了礼乐与文质，赋予其天然的合理性与变化机理。正如扬雄《太玄·文》云："天文地质，不易厥位"，《白虎通义·三正》也云："质法天，天法地，故天为质，地受而化之，养而成之，故曰文。"正是在文质与天地借助阴阳变化模式的彼此阐释中使天地自然披上了文质内涵，同时使文质范畴成为天地自然中的基本精神结构，当然，它既可以是伦理道德概念，也可以是历史哲学概念，以文质变化来阐释历史进程②。文质范畴后来演变为文学与美学的范畴，特别是魏晋时期文质之论尤为繁荣。刘勰对文质论进行了新的建构，一方面，文质范畴从历史哲学概念置换为文学史概念，他从文质递变的角度来观照文学演进；另一方面，刘勰在易学模式与形神论框架下来阐释文质

---

① 夏静：《文质原论——礼乐背景下的诠释》，《文学评论》2004年第2期。
② 这些存在于《礼记·表记》："孔子曰：'虞夏之质，殷周之文，至矣。虞夏之文，不胜其质；殷周之质，不胜其文；文质得中，岂易言哉？'"董仲舒《春秋繁露·三代改制质文》："王者之制，一商一夏，一质一文；商质者主天，夏文者主地，春秋主人。"

论。在这里，文质论虽然被置于阴阳模式中，但它成为情性的展开，文质范畴已经成为一个承载着传统精神又有着独特内蕴的文学、美学概念。

一 文质代变论及其模式

文质递变论在汉代意识形态与思想史建构中充当着非常重要的角色。刘勰将文质这一根本性观念极其自然地运用到了文学评论中，他说："时运交移，质文代变。"① 以文质代变或消长来阐释文学的历史流变。《原道》篇曰：

> 自鸟迹代绳，文字始炳，炎皞遗事，纪在《三坟》，而年世渺邈，声采靡追。唐虞文章，则焕乎始盛。元首载歌，既发吟咏之志；益稷陈谟，亦垂敷奏之风。夏后氏兴，业峻鸿绩，九序惟歌，勋德弥缛。逮及商周，文胜其质，《雅》《颂》所被，英华日新。文王患忧，繇辞炳曜，符采复隐，精义坚深。重以公旦多材，振其徽烈，剬诗缉颂，斧藻群言。至夫子继圣，独秀前哲，熔钧六经，必金声而玉振；雕琢情性，组织辞令，木铎起而千里应，席珍流而万世响，写天地之辉光，晓生民之耳目矣。②

无论是《三坟》《五典》，还是唐虞文章，抑或经由孔子整理的六经，都是刘勰所说的"文"。这种"文"基于文字，乃是道的自然展现，属于天地之心。但不可忽视的是，刘勰在谈论文字之前，还预设了一个文化的模式，即所谓"人文之元，肇自太极，幽赞神明，《易》象惟先。庖牺画其始，仲尼翼其终。而《乾》《坤》两位，独

---

① （南朝梁）刘勰著，范文澜注：《文心雕龙注》"时序"，人民文学出版社1958年版，第671页。
② （南朝梁）刘勰著，范文澜注：《文心雕龙注》"原道"，人民文学出版社1958年版，第2页。

制《文言》。言之文也，天地之心哉！"① 这即是说，刘勰并不以为文字直接就是人文，而需文字与易象系统共同完成对道的阐释。由此也不难推论，刘勰上述文学史建构必然离不开讨论质文代变，而且在观照文质变化时就将其先天地规范在易道模式中。刘勰"文质代变"说具有特别的文化意蕴：其一，他的文学史建构贯穿了质文代变；其二，这种质文代变的阐释模式是易学的模式；其三，刘勰的质文代变是着眼于文字或文学层面的。

刘勰论"文"不离易象系统，把"文"自然而然纳入道中，成为一个与道同一的本体性概念，刘勰确实突出了"文"的特质，即它的"文明"性——"心生而言立，言立而文明"②。这里的"文明"就是光彩炳耀的意思，它也是文章的特质与美之所在。"文字始炳""焕乎为盛""英华日新""繇辞炳曜"等，是上述文学史的关键词。正是在对文学特质的有意建构中来谈论文质代变，文质论才自然地转换为一个文学概念，并且成为刘勰文学史书写的重要准则。《原道》篇中，从鸟迹代绳、文字始炳直至孔子文章，尽管仅仅明言商周时代"文胜其质"，但事实上一直在暗含着对文质隐显的细致体察，在此不一一胪列了。那么，何谓文？何谓质呢？刘勰实有所指，"文"与"英华日新""繇辞炳曜""斧凿群言""组织辞令"有关，而"质"则与"吟咏之志""勋德""徽烈""精义"等有关。

刘勰在《时序》篇将尧、舜、禹、夏、商、周、汉、魏、晋、宋、齐的文学变化也纳入文质变化的坐标之中。他说："时运交移，质文代变，古今情理，如可言乎！"③ "蔚映十代，辞采九变。枢中所

---

① （南朝梁）刘勰著，范文澜注：《文心雕龙注》"原道"，人民文学出版社1958年版，第2页。
② （南朝梁）刘勰著，范文澜注：《文心雕龙注》"原道"，人民文学出版社1958年版，第1页。
③ （南朝梁）刘勰著，范文澜注：《文心雕龙注》"时序"，人民文学出版社1958年版，第671页。

动,环流无倦。质文沿时,崇替在选。"①"文变染乎世情,兴废系乎时序,原始以要终,虽百世可知也。"② 在"时运交移"的历史波涛中,文学也相应地发生着异常复杂的更替,刘勰以深邃的识见和精湛的文笔刻画出了不同朝代或不同时期的文学风貌,同时在这文学通变的叙述中依然围绕了文质递变的主线。比如,唐尧盛德,而有野老郊童之歌;虞舜之时,有熏风之美作,则是源于"心乐而声泰";周王化淳,则有《邠风》乐而不淫;而齐楚"艳说",则笼罩《雅》《颂》——这与《辨骚》篇称骚体"乃雅颂之博徒,而辞赋之英杰也"类似;到汉代成哀之时,辞人九变,"大抵所归,祖述《楚辞》",即文章由淳厚而转向了艳丽③。到光武中兴之后,渐靡儒风,所谓"华实所附,斟酌经辞"④,此时的文学,华实相生;建安时期则出现了"志深而笔长""梗概而多气"的文学风貌,可以说,在这段时期,应该是文学的高潮,情感深沉而言辞充沛,若以文质论,可谓文质相副;到西晋,是"晋虽不文,人才实盛"的时代,虽然居处末世,人未尽才,但依然出现了"结藻清英,流韵绮靡"的一批文章之士⑤,若以文质论,文胜其质;到东晋有元帝司马睿"披文建学"、明帝司马绍"雅好文会"、简文帝司马昱"微言精理""澹思 浓采"⑥,不过,这个时期的文章,"练情于诰策,振采于辞赋"⑦,重视

---

① (南朝梁)刘勰著,范文澜注:《文心雕龙注》"时序",人民文学出版社1958年版,第675页。
② (南朝梁)刘勰著,范文澜注:《文心雕龙注》"时序",人民文学出版社1958年版,第675页。
③ 关于这一点,刘勰在《宗经》篇是持负面看法的,他说:"是以楚艳汉侈,流弊不还。正末归本,不其懿欤?"而宗经是去侈归本的正途。
④ (南朝梁)刘勰著,范文澜注:《文心雕龙注》"时序",人民文学出版社1958年版,第673页。
⑤ (南朝梁)刘勰著,范文澜注:《文心雕龙注》"时序",人民文学出版社1958年版,第674页。
⑥ (南朝梁)刘勰著,范文澜注:《文心雕龙注》"时序",人民文学出版社1958年版,第674页。
⑦ (南朝梁)刘勰著,范文澜注:《文心雕龙注》"时序",人民文学出版社1958年版,第674页。

"微言精理"①，也可算作文质彬彬的文学时代。当论及"皇齐"之世文学时，刘勰认为太祖、世祖、文帝、高宗"并文明自天，缉熙景祚"②，而当时皇帝更是"文思光被，海岳降神，才英秀发"③，从而将齐朝文学描述为超越周汉、比肩唐虞的典范。其理由，一是文明自天，天然地附着了神圣性；二是既能才英秀发又具经典礼章，这也正是文质双美的原因所在。事实上，刘勰在隐含地贯穿文质线索的过程中，也向我们透露出重视文辞、宗归经典、崇尚儒风是使文章走向文质兼备的门径。

文质概念在刘勰的文学史叙述中还被抽象为基本的美学观念。刘勰《通变》篇用文、质，或与文、质相反、相近的词语简洁地概括出不同时代的文学风貌：

> 是以九代咏歌，志合文则。黄歌"断竹"，质之至也；唐歌在昔，则广于黄世；虞歌《卿云》，则文于唐时；夏歌"雕墙"，缛于虞代；商周篇什，丽于夏年：至于序志述时，其揆一也。暨楚之骚文，矩式周人；汉之赋颂，影写楚世；魏之篇制，顾慕汉风；晋之辞章，瞻望魏采。榷而论之，则黄唐淳而质，虞夏质而辨，商周丽而雅，楚汉侈而艳，魏晋浅而绮，宋初讹而新。从质及讹，弥近弥澹，何则？竞今疏古，风味气衰也。④

文、缛、丽、淳、辨、雅、艳、浅、绮、讹、澹、质是刘勰描述文学时代风貌的词汇，它们以文质相副为理想准绳，分寸十足地刻画

---

① （南朝梁）刘勰著，范文澜注：《文心雕龙注》"时序"，人民文学出版社1958年版，第674页。
② （南朝梁）刘勰著，范文澜注：《文心雕龙注》"时序"，人民文学出版社1958年版，第675页。
③ （南朝梁）刘勰著，范文澜注：《文心雕龙注》"时序"，人民文学出版社1958年版，第675页。
④ （南朝梁）刘勰著，范文澜注：《文心雕龙注》"通变"，人民文学出版社1958年版，第519—520页。

了质文代变的文学审美风尚,尽管属于感性的把握,却辨析毫厘、细致入微。刘勰在此也指出了"从质及讹、弥近弥澹"的整体颓势,不过,这是可以借助"还宗经诰"的通变良方得以解决的,即所谓"还宗经诰。斯斟酌乎质文之间,而隐括乎雅俗之际,可与言通变矣"①。文质不仅是评价历史的准绳,而且还是创造历史的枢纽,斟酌于文质,就是通向文学的理想风格。

由此看来,文质兼备的确是刘勰建构文学史的一条红线,尽管刘勰的文学史建构中也将文学源头上溯到唐尧虞舜甚至黄帝那里,显然黄歌"断竹"、虞舜《卿云》并未达到文质兼善,但这并不影响他对文质兼备理想的诉求。一方面,文学征于圣,以孔子文章为典范,以"情信而辞巧"为秉文之金科②,将孔子看作"远称唐世""近褒周代"的集大成者,所谓"圣文之雅丽,固衔华而佩实者也"③,从而将文章的神圣性与质文并重绾合在一起;另一方面,刘勰又借易道模式,将文质变化当作一种永恒的律动——它或许开始于"质之至",但并不一定要回到"质之至",而是在求得质文双美的历史过程中。

"时运交移,质文代变"是历史的必然,质文代变是永恒的过程,但绝不会因永恒的变化而失去质文兼备这一理想形态。刘勰在质文问题上固然有"从质及讹,弥近弥澹"的感慨④,但从他的通变观可知,文运不会不复,"文理之数"永无穷尽之时,所谓"非文理之数尽,乃通变之术疏耳"⑤。换句话说,孔子衔华佩实的文学理想具

---

① (南朝梁)刘勰著,范文澜注:《文心雕龙注》"通变",人民文学出版社1958年版,第520页。
② (南朝梁)刘勰著,范文澜注:《文心雕龙注》"征圣",人民文学出版社1958年版,第15页。
③ (南朝梁)刘勰著,范文澜注:《文心雕龙注》"征圣",人民文学出版社1958年版,第16页。
④ (南朝梁)刘勰著,范文澜注:《文心雕龙注》"通变",人民文学出版社1958年版,第520页。
⑤ (南朝梁)刘勰著,范文澜注:《文心雕龙注》"通变",人民文学出版社1958年版,第519页。

有着现实实现的可能。综合《通变》和《时序》中所论，我们会发现刘勰以易道模式来阐释文质论。首先，变文之数无方，文质之变也同理。《通变》："夫设文之体有常，变文之数无方""名理有常，体必资于故实；通变无方，数必酌于新声；故能骋无穷之路，饮不竭之源。"刘勰所说文学通变是在雅与俗、文与质之间的斟酌其事，也是循环相因、承继与新创。虽然文学通变具体而微，关涉修辞细节，但刘勰在此从理论上论证了文章之变包括质文代变的无限性与循环性。他说："莫不相循，参伍因革，通变之数也。""赞曰：文律运周，日新其业。变则可久，通则不乏。趋时必果，乘机无怯。望今制奇，参古定法。"[①] 显然是将文学通变纳入了易道模式中，不仅承认了文章有其自身规律且循行不已，而且说明通变的天然性与必要性，且这一变化是阴阳变化、参伍因革，在参定古法的框架之下，乘机而行，趋时而变。

归根到底文学之变、文质变化的决定因素是人，对此，刘勰在《时序》篇从理论上进一步说明。他说："枢中所动，环流无倦。质文沿时，崇替在选。"即在与世推移的无倦不息的变化中，文质的兴盛与废弛在于人的选择。只要能原始要终，则百世可知，文质代变的主动性完全可以掌握在人的手中。所谓"枢中"，也即是枢机，以此来比喻易道变化中阴阳开合；乘机、趋时、沿时，就是易道变化的时位观念。《神思》篇曰："神居胸臆，而志气统其关键；物沿耳目，而辞令管其枢机。枢机方通，则物无隐貌；关键将塞，则神有遁心。""关键"与"枢机"之喻并非仅出于日常经验，而是内含理性内容。王弼注"天尊地卑，乾坤定矣"曰："乾坤，其易之门户。"将乾坤变化比作门户开合是有先例的。"枢机"一词出现在《周易·系辞下》中："言行，君子之枢机。"王弼注："枢机，制动之主。"即"枢机"是言语行为发动或默处的关键。在文学通变中，人作为

---

① （南朝梁）刘勰著，范文澜注：《文心雕龙注》"通变"，人民文学出版社1958年版，第521页。

主体也是如此。另外，时与位是《周易》中的观念，《系辞上》说："天尊地卑，乾坤定矣。卑高以陈，贵贱位矣。动静有常，刚柔断矣。""天尊地卑"是乾坤定位的根据，而乾坤定位是易道流行的前提，在易道流行中也体现出不同的时位关系，可以通过卦象中的六爻表达出来，如《乾·彖》云："大明始终，六位时成，时乘六龙以御天。"六爻各有位，也各有时机，时即是位，位也是时。那么，在处理文质关系上，刘勰认为文学史过程是可以用质文代变来概括的，而文质兼备作为理想范式并非与现实隔绝，只要主体乘机趋时，控制文运枢纽，这一理想是完全可以再现的。刘勰通过易学模式建构了他独特的质文代变论。

二 文质衍生论

刘勰文质论的兴起与当时文辞奢靡的潮流不无关系。《序志》篇批评了当时的文学风气，他说："辞人爱奇，言贵浮诡，饰羽尚画，文绣鞶帨，离本弥甚，将遂讹滥。"[1] 即"不满当时不少作品文有余而质不足"的时弊[2]。因此，刘勰论文归本经典，征乎圣人，"情信而辞巧，乃含章之玉牒，秉文之金科矣"，"然则圣文之雅丽，固衔华而佩实者也"，倡导文质彬彬的文学风貌[3]。正如张少康先生所说，"'衔华而佩实'是刘勰提出的一个对文学作品的内容和形式关系的基本要求"[4]，文质概念成为刘勰衡定文学的重要准绳。不难举出很多的例证，如《史传》篇："唯陈寿三志，文质辨洽，荀张比之于迁固，非妄誉也"；《颂赞》篇："马融之《广成》《上林》，雅而似赋，何弄文而失质乎"之论；《书记》篇："观此四条，并书记所总：或事本相通，而文意各异，或全任质素，或杂用文绮：随事立体，贵乎

---

[1] （南朝梁）刘勰著，范文澜注：《文心雕龙注》，人民文学出版社1958年版，第726页。
[2] 王运熙：《文质论与中国中古文学批评》，《文学遗产》2002年第5期。
[3] （南朝梁）刘勰著，范文澜注：《文心雕龙注》"征圣"，人民文学出版社1958年版，第16页。
[4] 张少康：《刘勰及其〈文心雕龙〉研究》，北京大学出版社2010年版，第170页。

精要"，同样是以文质论文。此外还有《才略》"文质相称"、《诸子》"墨翟、随巢，意显而语质"、《奏启》"辞质而义近"、《议对》"虽质文不同，得事要矣"、《知音》"篇章杂沓，质文交加"等，均以文质兼备为准。

不可否认，刘勰文质论渊源有自，非其独创，他将文质论作为一个基本的理论用于文学史建构与具体的文学批评时，直接继承了汉代以来的作为历史哲学观念的文质论。刘勰文质论也直接继承和建构了孔子文质论，《文心雕龙·征圣》篇所征之圣即是以孔子为代表人物，理论上也援引夫子之语。但更重要的是，刘勰将文质论内嵌于文学创作中，在文学形式生成的过程中也不忘对文质关系的协调处理。前文已论，质文代变是历史必然，但每个人在质文关系中都可乘机趋时、秉执枢纽，那么，在造语遣词中处理文质关系就是自然而然的事情，也只有在文章的发端、构形中斟酌文质才是其华实相衔的驭文之术，刘勰从而将文质论嫁接到了其形式论之中，在形式的展开中求得文质相应。

刘勰文章的形式展开或文章构形的实质又是什么呢？《原道》说："故形立则章成矣，声发则文生矣。"如果说，"形"是架构，那么，章即是架构的形式化；如果说"声"是单指某种声波响动，那么声文就是指协调动听的声音。刘勰认为，只要有形必然成章，声音散发一定能成律吕之音，这是自然之道。其理论意义在于可以树立构形中即有美的命题。其实，《原道》篇以易学模式讨论文道就已经蕴含了这一观念："夫玄黄色杂，方圆体分，日月叠璧，以垂丽天之象；山川焕绮，以铺理地之形：此盖道之文也。"[①] 刘勰的本体论引入易学思想，《周易·系辞上》说："天尊地卑，乾坤定矣。卑高以陈，贵贱位矣。动静有常，刚柔断矣。方以类聚，物以群分，吉凶生矣。在天成象，在地成形，变化见矣。是故刚柔相摩，八卦相荡。鼓

[①] （南朝梁）刘勰著，范文澜注：《文心雕龙注》"原道"，人民文学出版社1958年版，第1页。

之以雷霆，润之以风雨。日月运行，一寒一暑。"① 这是讨论宇宙的发生论也是本体论，《系辞》以天地秩序的存在作为自然化生的根据。不过，刘勰在天地之前又预设了"玄黄色杂，方圆体分"的先天根据，透露着玄学的意味，阴阳变化是其动因，但将自然化生的根据上溯到玄黄混沌与方圆分立中而不是在"天尊地卑"的框架内。换句话说，刘勰明确地倡明了"形"的重要性，强调的是自然之道。有的人将玄黄解释为天地颜色，方圆释为天地形状，这样就将形色变化局限在具体的天地空间内，无法构成自然本体论了，这是不符合原义的。在刘勰看来，自然之道表现为"日月叠璧"，表现为"山川焕绮"，而且体现在一切动物植物、山石河流中，其过程也是形态展开的过程。此种本体论是刘勰特色的易学观。

这一观念进入文学生成领域，文学的生成即变成了自然情性的演化过程，情性可以脱离陈旧的天人感应思想，获得本体的自由，创作的过程就成为情性在自然秩序中的展开和构形。《神思》曰："神居胸臆，而志气统其关键；物沿耳目，而辞令管其枢机。"② 描述了创作入神的过程，志气与辞令是行文的关键或枢纽，文章在"物以貌求，心以理应"的理念与表象结合的审美中展开。《比兴》赞曰："诗人比兴，触物圆览。物虽胡越，合则肝胆。拟容取心，断辞必敢。"文章之生成、审美之展开是在"拟容取心"的模式中完成的，"拟容取心"出自《周易·系辞》，其中有"圣人有以见天下之赜，而拟诸其形容，象其物宜，是故谓之象"的说法，刘勰将这一哲学概念引入审美创作中，突出其心物合一、感性与理性合一的观念。关于这一点康德有论："审美（感性）理念是想象力的一个加入到给予概念之中的表象，这表象在想象力的自由运用中与各部分表象的这样一种多样性结合在一起，以至于对它来说找不到任何一种标志着一个

---

① 李学勤主编：《周易正义》，北京大学出版社1999年版，第257—259页。
② （南朝梁）刘勰著，范文澜注：《文心雕龙注》"神思"，人民文学出版社1958年版，第493页。

确定概念的表达，所以它让人对一个概念联想到许多不可言说的东西，对这些东西的情感鼓动着认识能力，并使单纯作为字面的语言包含有精神。"① 表象多样性结合就是构形问题，如何组合却语焉不详，或许在康德看来，唯有逃离组合模式才是自由的组合，但要获得自由恰恰不能在无秩序中进行。既能自足于自身又同时富有秩序的表象组合，刘勰是借助易变模式达到的。

刘勰心物之间的审美关系被笼罩在数理的模式中，心中乾坤为"文"的独立地位与创作的自由提供可能，也保证着审美形式与自然符合，体现着某种理性精神。杨明说："'神用象通，情变所孕'二句，是借用《周易》的观念谈作家构思"；"刘勰说'神用象通'，乃是借用《周易》的观念为喻而谈作家构思"②。笔者从易学中的时位角度作了较为详细的解释③，认为《神思》篇志气与言辞的关系是关键和枢纽的关系，立关键就是乾坤定位，动枢纽就是重视时位观念。《熔裁》篇阐明了情理和文采的动态关系，其文曰："情理设位，文采行乎其中。刚柔以立本，变通以趋时。""情理设位，文采行乎其中"是套用《周易·系辞上》语："天地设位，而《易》行乎其中。"金景芳说："'天地设位而易行乎其中矣'，这个'天地设位'不是指自然界中的天地，而是指《易》中的天地，亦即乾坤二卦。'《易》行乎其中'是指乾坤二卦的变化发展。"④ 因为天尊地卑，乾坤两卦的关系就确定了，刘勰在此将"情理"比作乾坤，"文采"比作变易结果，文采由情理的错综变化而来。

情理与文采的关系其实也是志气或情志与辞令的关系，也从根本上决定着文质的关系，这样就将文质是否能相称相副落实在具体的情感与辞令层面上。有必要研读《情采》篇。"心术既形，英华乃赡"

---

① [德]康德：《判断力批判》，邓晓芒译，杨祖陶校，人民出版社2002年版，第161页。
② 杨明：《文心雕龙精读》，复旦大学出版社2007年版，第108—109页。
③ 李瑞卿：《心体的时位关系——〈文心雕龙〉的"文"生成论》，戚良德主编：《儒学视野中的〈文心雕龙〉》，上海古籍出版社2014年版。
④ 金景芳讲述，吕绍纲整理：《周易讲座》，广西师范大学出版社2005年版，第41页。

是《情采》所说的主旨,即是情性形式化为文采的话题。刘勰在讨论情性形式化过程中也引入了文质衍变,从文质角度来观照形式化过程或康德审美理论中所说的"表象"结合过程。"夫水性虚而沦漪结,木体实而花萼振,文附质也。虎豹无文,则鞟同犬羊;犀兕有皮,而色资丹漆,质待文也。"① 文质相待是自然之理,也是自然物应有的状态,无论是水之沦漪还是木之花萼都是在其或虚或实的质性中呈现出来的。敷写文字也如是:"若乃综述性灵,敷写器象,镂心鸟迹之中,织辞鱼网之上,其为彪炳,缛采名矣。"② 缛采之文来于性灵,也即"五性发而为辞章,神理之数也"③。在理论上,一方面,刘勰论证了文采是情性之展开;另一方面,又在这一展开的过程中留意于文质变化,强调文质附乎性情——《情采》篇有"研味孝老,则知文质附乎性情"之论。如果说刘勰的文质递变论贯穿于对整个文学史过程的观照中,那么,他的文质衍变论即是嵌入了文章生成论或形式论中。

具体而言,刘勰文质相副的路径最终落实在辞令与情感上,这在理论上毫无疑问是成立的,文质衍变与情采变化是同步,言意表达是同步。这里需要强调的是,刘勰的文质衍变论中,强调了情感的伦理性问题。《情采》篇说:"文采所以饰言,而辩丽本于情性。故情者,文之经;辞者,理之纬;经正而后纬成,理定而后辞畅,此立文之本源也。"④ 他将情感与辞令当作行文的经纬,确定经纬是立文之本,那么,这经纬之间的关系是什么呢?刘勰更明确的说法是:"夫能设模以位理,拟地以置心,心定而后结音,理正而后摛藻,使文不

---

① (南朝梁)刘勰著,范文澜注:《文心雕龙注》"情采",人民文学出版社1958年版,第537页。
② (南朝梁)刘勰著,范文澜注:《文心雕龙注》"情采",人民文学出版社1958年版,第537页。
③ (南朝梁)刘勰著,范文澜注:《文心雕龙注》"情采",人民文学出版社1958年版,第537页。
④ (南朝梁)刘勰著,范文澜注:《文心雕龙注》,人民文学出版社1958年版,第538页。

灭质，博不溺心，正采耀乎朱蓝，间色屏于红紫，乃可谓雕琢其章，彬彬君子矣。"①意谓文不灭质、彬彬之盛的文风来自于在"设模位理""拟地置心"的情变框架内的创作模式，这也即是《熔裁》篇所说的"情理定位"的易变模式，《情采》篇进一步把情理划定在"清""正"范围内，"若择源于泾渭之流，按辔于邪正之路，亦可以驭文采矣"，②刘勰是通过斟酌于清浊和邪正的自由选择来完成的，也即是说，这里通向文质彬彬的情感伦理性并非狭隘的道德伦理。

辞令与情感是密切相关的，情感的定位是文辞的前提条件，而文辞的发动也是情感枢机，在情感辞令方面，刘勰有着诸多精彩深刻的理论，他以宗经为准绳。《宗经》篇说："故文能宗经，体有六义：一则情深而不诡，二则风清而不杂，三则事信而不诞，四则义直而不回，五则体约而不芜，六则文丽而不淫。扬子比雕玉以作器，谓五经之含文也。夫文以行立，行以文传，四教所先，符采相济。迈德树声，莫不师圣，而建言修辞，鲜克宗经。是以楚艳汉侈，流弊不还。正末归本，不其懿欤？"③"楚艳汉侈"从文质角度来看，弊端在于文采华靡，所以提倡归本五经，信守"六义"以期情深、风清、事信、义直、体约、文丽。在此涉及情感、事理、文体、文气等方面，但依然可以总归到在情理辞采方面以经典为本，最终达到文质彬彬的文学理想。而这种理想又不仅是修辞领域的，它来自于儒家"文行忠信"的人生准则，来自刘勰"文以行立，行以文传"的文道合一观：也即"建言修辞"与"迈德树声"的并行不悖。文质关系在刘勰这里表现为文章与道德的关系问题，然后，被他置换为辞令与情感、情理的关系问题，从而，文质衍变论进入修辞领域并贯穿创作过程。而道德与辞采的结合这一传统命题在刘勰这里通过情性变易来完成。情性成为刘勰文论中非常重要的概念，情性中和是道德的理想境界，情性

---

① （南朝梁）刘勰著，范文澜注：《文心雕龙注》，人民文学出版社1958年版，第538页。
② （南朝梁）刘勰著，范文澜注：《文心雕龙注》，人民文学出版社1958年版，第538页。
③ （南朝梁）刘勰著，范文澜注：《文心雕龙注》，人民文学出版社1958年版，第23页。

生发则是创作的开始。情性作为一个重要的中介出现于刘勰《文心雕龙》中，这与刘劭《人物志》不无关系。

三 文质的新形式——风骨

文质彬彬、文质相副、文质相称都是用以描述文质兼备的文学风貌的，作为美学的概念是脱胎于道德与文辞并重的儒家传统文化模式的。刘勰文质论不仅作为一种历史哲学观念用于概括文学历史中的文质代变，而且运用于具体的创作引导中并落实在情感与辞令关系上。刘勰情感与辞令之间建构的化生模式或易道模式同步于文质衍变模式。他将文质兼备这一审美观念了无痕迹地过程化、具象化——落实到辞令层面，可谓寓无形于有形，赋抽象于具象，这在理论上是高妙的也是意义深远的。从先秦以来儒家一直捍卫着的文质概念，在刘勰这里成为意蕴丰赡的美学概念、文学概念。刘勰文质兼备的实现是通过文质衍变来完成的，是置于情性与辞令的二元化生模式中落于实处的。那么，实处在哪里呢？除了落实在语言上、落实在一种阴阳模式上，文质之美还能有什么样的形式来盛纳呢？以书法为例，当我们以阴阳变化模式来解释书法原理并以其来完成书法作品的时候，是否还想到书法线条本身还应该是某种具象而不是抽象为阴阳符号，退一步讲，即使被抽象为阴阳符号，在其变化过程中难道可以抹杀具象之空间？王羲之《书论》有言："每作一字，须用数种意，或横画似八分，而发如篆籀，或竖牵如深林之乔木，而屈折如钢钩；或上尖如枯秆，或下细若针芒；或转侧之势似飞鸟空坠，或棱侧之形如流水激来。"[1] 一个字中有数种意，那就是在"侧""勒""努""趯""掠""啄""磔"等基本笔画的运行流程中展示创作者的意态情思，在一点一画的过程和结果中都蕴含着复杂的心理内容。从创作者的角度看，浓郁的情感、细致幽微的思想，都通过字的独特形式展示出

---

[1] 上海书画出版社、华东师范大学古籍整理研究室编：《历代书法论文选》，上海书画出版社1979年版，第28页。

来，每一个字甚至每一笔都成为生命灌注体，它是形象，更是心象。从被表现客体的角度来看，字的形态气质也离不开外界事物，或类行云，或类流水，或似孤峰峭壁，或类枝叶扶苏，无不展现着那自然的勃勃生机、栩栩情状。

此种艺术精神也同样存在于刘勰的审美理路中。当情感内容体现为审美形式时，一方面受制于阴阳化生模式，另一方面是无法离开具体的物象的。"触物圆览"（《比兴》）、"拟容取心"（《比兴》）、"物以貌求，心以理应"（《神思》）。这些创作观念与审美方式都蕴含着易道的变化模式，也特别留意于对物象的描摹与写照。《物色》曰："是以诗人感物，联类不穷，流连万象之际，沉吟视听之区。写气图貌，既随物以宛转；属采附声，亦与心而徘徊。"① 《明诗》曰："观其结体散文，直而不野，婉转附物，怊怅切情，实五言之冠冕也。"② 那么，对于物象的图写只是"体物为妙，功在密附"③ 的描摹刻画吗？生动的自然外物触发人心，"物色相召，人谁获安"，"情以物迁，辞以情发"④，也注定了创作者需要将那种自然的生命姿态以及与自然委蛇而得的情思物理元气淋漓地呈现出来，且能保持文质兼备的审美品格。虚实结合的境界与情景交融的理想模式或许都可以使创作者达到上述要求，但在实际运用中则容易流于空洞或抽象，因为如何虚实相生、情景交融本身则是难题。我们需要在相生或交融的形式之下找到一种可供支撑的有机形式。

刘勰还将情感或情理（志气）与辞令二元要素放置在仿生构形中。所谓仿生构形，在这里指文章的形式生成模仿了人的形体与精神，使文章组织形式与人的形神机体具有同构关系。他将文章的生成

---

① （南朝梁）刘勰著，范文澜注：《文心雕龙注》，人民文学出版社1958年版，第693页。
② （南朝梁）刘勰著，范文澜注：《文心雕龙注》，人民文学出版社1958年版，第66页。
③ （南朝梁）刘勰著，范文澜注：《文心雕龙注》"物色"，人民文学出版社1958年版，第694页。
④ （南朝梁）刘勰著，范文澜注：《文心雕龙注》"物色"，人民文学出版社1958年版，第693页。

第三章　刘勰文质论的建构模式解析

与人的身体组织构成对应关系。《体性》篇曰:"才力居中,肇自血气。"① 即将文章的构形与人的才性、气质联系在一起,重视气之刚柔。《熔裁》曰:"百节成体,共资荣卫,万趣会文,不离辞情。"② 所谓荣卫,即营卫。荣,通营,指营气与卫气。据李经纬、邓铁涛《中医大辞典》:"营气和卫气的合称。两气同出一源,皆水谷精气所化生。营行脉中,具有营养周身的作用;卫行脉外,具有捍卫躯体的功能。"③《素问·举痛论》:"喜则气和志达,荣卫通利,故气缓矣。悲则心系急,肺布叶举,而上焦不通,荣卫不散,热气在中,故气消矣。……炅则腠理开,荣卫通,汗大泄,故气泄。"④ 总之,荣指血的循环,卫指气的周流,《熔裁》篇将情与辞的交融化合比作了荣气与卫气对身体骨节的交合作用。《章句》曰:"外文绮交,内义脉注。"⑤《附会》曰:"义脉不流,则偏枯文体。"⑥ 在此,将文义比作血脉,文义一贯就如同人体有血脉的灌注一样,是保证文章机体润泽有采的重要因素。而在《附会》篇则将文章比类人体,以人之形神骨骼气脉来比类文章各要素,其文曰:"必以情志为神明,事义为骨髓,辞采为肌肤,宫商为声气。"⑦ 相比在情志和辞令间讨论文章生成,仿生构形的引入,丰赡了构形层面,也拓展了创作过程中的审美维度。《养气》篇则曰:"夫耳目鼻口,生之役也;心虑言辞,神之用也。率志委和,则理融而情畅;钻砺过分,则神疲而气衰:此性情之数也。"⑧ 刘勰将心志言辞当作心神发用,而中和的性情或心神可以使情理通畅,从而进入类似于易道变化的行文过程中。

---

① (南朝梁) 刘勰著,范文澜注:《文心雕龙注》,人民文学出版社1958年版,第506页。
② (南朝梁) 刘勰著,范文澜注:《文心雕龙注》,人民文学出版社1958年版,第544页。
③ 《中医大辞典》编辑委员会:《中医大辞典·基础理论分册》,人民卫生出版社1982年版,第273页。
④ 吴昆:《黄帝内经素问吴注》,明万历三十七年刻本,第252页。
⑤ (南朝梁) 刘勰著,范文澜注:《文心雕龙注》,人民文学出版社1958年版,第571页。
⑥ (南朝梁) 刘勰著,范文澜注:《文心雕龙注》,人民文学出版社1958年版,第651页。
⑦ (南朝梁) 刘勰著,范文澜注:《文心雕龙注》,人民文学出版社1958年版,第650页。
⑧ (南朝梁) 刘勰著,范文澜注:《文心雕龙注》,人民文学出版社1958年版,第646页。

上述所谓仿生构形包含血气、经脉、神明、骨髓、肌肤、声气等层面，文学作品俨然形神合一的有机体。需要指出的是，这一有机体是情志辞令的生成物，是心物感发的有机体，但也可以看作情性在语言领域里的仿生性展开。刘劭《人物志》将情性当作人的"性"与"形"的根本：

> 盖人物之本，出乎情性。情性之理，甚微而玄，非圣人之察，其孰能究之哉！凡有血气者，莫不含元一以为质，禀阴阳以立性，体五行而著形。苟有形，质犹可即而求之。凡人之质量，中和最贵矣。中和之质，必平淡无味，故能调成五材，变化应节。是故观人察质，必先察其平淡，而后求其聪明。聪明者阴阳之精，阴阳清和则中睿外明。圣人淳耀，能兼二美。知微知章，自非圣人莫能两遂。故明白之士，达动之机而暗于玄虑，玄虑之人，识静之原而困于速捷，犹火日外照不能内见，金水内映不能外光。二者之义，盖阴阳之别也。若量其材质，稽诸五物，五物之征亦各著于厥体矣。①

意谓血气之人的质、性、形是在阴阳五行模式内生成并存在的。"人之质量，中和最贵"，中和之性以其平淡无味而能呈现五材之形，金、木、水、火、土五种物质特征也必然呈现在人的身体上。"其在体也，木骨、金筋、火气、土肌、水血五物之象也"②，即人体的骨骼与木相应，筋与金相应，火与气相应，土与肌相应，水与血相应，在此基础上，将仁、义、礼、智、信五德分别对应于骨、筋、气、血、肌等五种身体组织，而表现在外貌上则有九种特征，正如刘昺注

---

① （南朝宋）刘劭著，梁满仓译注：《人物志·九征第一》，中华书局2014年版，第13—16页。
② （南朝宋）刘劭著，梁满仓译注：《人物志·九征第一》，中华书局2014年版，第18页。

所说的："人物情性、志气不同，征神见貌，形验有九。"① 刘劭将人体与德行纳入阴阳五行的阐释体系中，界定了人的躯体的成型及德行分主具有着必然性或某种合理性。刘勰沿袭了这一思想，他在《原道》中有论："惟人参之，性灵所钟，是谓三才。为五行之秀，实天地之心。"② 指出人是阴阳五行化育的结果，虽然并未建立躯体的骨、筋、气、血、肌等不同躯体组织与五行的对应关系，但不难发现，刘勰对于人的躯体的组织形态是非常重视的。刘勰将文学组织比拟为躯体组织具有深刻的理论内涵，其文质理想不仅通过情志、辞令的二元模式来观照，而且还可以借助更为具象的结构组织来体察与落实。显然，这是非常高明的，刘勰一方面坚守了文质之美，另一方面在追求这一种美时，依然可以落在具体形式上，而不会去制造缥缈的神境。刘勰建构着"神思"过程，但并不以"神"为皈依，他给文质之美找到了那个时代新的形式——"风骨"。有论者认为，"风骨"高度体现了刘勰文质观的最高理想，代表了刘勰文质观的最高审美追求，也是其文质观的精髓所在③，这是颇有见地的。

"风骨"一词具有肌体性，可以具象性地刻画文学之美，"风骨"也有其抽象性，作为美学概念形容文学艺术的风格之美。风骨，指文章风力（气）和骨鲠（体骸）。《风骨》篇《赞》曰："情与气偕，辞共体并。"④ 风力跟情感有关，但风力不是情感；骨鲠与语言有关，但也不能指称为语言，"风骨"与情志和辞令有关，它为情志/辞令的形式化过程提供了一种不同于易道变化的新的导引模式，更准确地说，刘勰将"风骨"这一仿生构形嵌入了阴阳模式中。《风骨》曰："是以怊怅述情，必始乎风，沉吟铺辞，莫先于骨。故辞之待骨，如体之树骸；情之含风，犹形之包气。结言端直，则文骨成焉；意气骏

---

① （南朝宋）刘劭著，梁满仓译注：《人物志·九征第一》，中华书局2014年版，第13页。
② （南朝梁）刘勰著，范文澜注：《文心雕龙注》，人民文学出版社1958年版，第1页。
③ 张颖：《〈文心雕龙〉文质观新探》，《文学前沿》2008年第1期。
④ （南朝梁）刘勰著，范文澜注：《文心雕龙注》，人民文学出版社1958年版，第514页。

爽，则文风清焉。若丰藻克赡，风骨不飞，则振采失鲜，负声无力。"① 似乎在创作中存在着比"情"更加微妙的"风"，也存在着比"辞"更加微妙的"骨"；"情"含"风"，"辞"待"骨"，就好像情志与言辞在文章生成过程中必然被纳入"风骨"的形式中。刘勰这里的"风骨"形式就成为形式的形式。这种形式的达成同样来源于内心的刚健充实，正如《风骨》篇所说："是以缀虑裁篇，务盈守气，刚健既实，辉光乃新，其为文用，譬征鸟之使翼也。"②"使文明以健，则风清骨峻，篇体光华。"③ 按照这一逻辑不难判定，文章的风神骨峻也即是文章的文质彬彬。当然，"风骨"所内蕴着的文质彬彬已经被打上了特殊的印记。

刘勰从仿生构形的角度来讨论文章的形式和美，以血气、经脉、神明、骨髓、肌肤、声气为喻，使形式构成更为具象与生动，仿佛找到了外界物象与文学意象的中介，与其理论中的阴阳变化模式形成了构形论或形式论的复调。风骨是具象的、肌体性的，却也是抽象的。这种抽象性表现为他对形骸/风神的有力的、二元化的概括，并且追溯了风骨形成与情志/言辞之关系。关于"风骨"的讨论，张师少康先生已经非常全面、深入，笔者的上述论述其实是从仿生构形的角度来印证张先生观点的正确性。张先生说："我们认为，把风骨理解为文学作品中的精神风貌美，风侧重于指作家主观的感情、气质特征在作品中的体现；骨侧重于指作品客观内容所表现的一种思想力量。"④ 确实，风骨之美只是文质之美的新的形式，它是情志/辞令的一种构形，同时，也是情志/辞令形式化的导引，而并不直接对应于情志或辞令。

---

① （南朝梁）刘勰著，范文澜注：《文心雕龙注》，人民文学出版社1958年版，第513页。
② （南朝梁）刘勰著，范文澜注：《文心雕龙注》，人民文学出版社1958年版，第513页。
③ （南朝梁）刘勰著，范文澜注：《文心雕龙注》，人民文学出版社1958年版，第514页。
④ 张少康：《刘勰及其〈文心雕龙〉研究》，北京大学出版社2010年版，第143页。

第四章　刘勰"数"论

中国古代文学或哲学中,"道"的理论价值不可忽视,以现代哲学观念视之,"道"既有形而上之意味,同时又有实践内容。其背后与之血肉相连的深厚的社会历史内容和思想价值体系在当代人的视野中必然是意蕴深长的,同时,与"道"相关的方法论也呈现出特有的逻辑与理路,也必然丰富人们的思考方式。更值得给予阐释的是,尽管我们的"道"论纷纭不一,但"道"不仅具有形而上性质,而且它与现实本来是一体的,它就是个实在①,正如张岱年先生所说:一方面,"实在世界为永续的变化之流,可谓道化;此外,在此变化之流中,有普遍恒在之规律,可谓之道理"②。我们先不论张先生这一观念的正确性,但他所谓"道",其实接近于易道。易道是实在,承认存在着道理,而且设置了一个可以通过"数"衡量甚至抵达的理想境界。它以数学模型为思考范式,沟通了实际与理性,或者说,"数"是道理的表达方式之一。既然承认道理之存在,那么,以"数"来表达似乎也是一种必然。进一步追问"数"可以表达自然(必然),可以表达自由吗?现以《文心雕龙》为个案作出探讨。

---

① 张岱年说:"以道指最高实在,即谓实在即是历程。"见《张岱年全集》第1卷,河北人民出版社1996年版,第441页。
② 张岱年:《张岱年全集》第1卷,河北人民出版社1996年版,第441页。

一 自然之道与"数"

《文心雕龙》讨论文道与文术，既有形而上的追问也有技术上的讲求，同时，对于"数"观念也是非常重视的。而这个"数"又是不离于道的"数"，可谓道数合一；此外，刘勰论文推源其道，堪称道文一体，那么，刘勰之道、文、数之关系又是如何呢？其实，刘勰在讨论文的本质时，不离"数"之维度，他说："人文之元，肇自太极，幽赞神明，《易》象惟先。"① 意谓太极与易象是人类文章或文字的本源，人文与象数先天地具有不可分割性；而河图洛书、丹文绿牒这些数理系统按照刘勰的论述，又是来自"神理"的启示，也即道的启示："玉版金镂之实，丹文绿牒之华，谁其尸之？亦神理而已。"② 刘勰建构了道—文—数一体的话语系统。

不难发现，刘勰是以易学来阐释其道论的。《原道》说："夫玄黄色杂，方圆体分；日月叠璧，以垂丽天之象；山川焕绮，以铺理地之形，此盖道之文也。"③ 这是源自易学观念的自然化生论，但此处的本体论、宇宙论与《系辞》中的原旨不同，刘勰没有将道之本源和宇宙之展开的原因归结为"高卑定位"的秩序存在④，而是将道的本体与宇宙化生的动因归为"玄黄色杂"。此处玄黄不应解释为"天"与"地"，天地的存在是"方圆体分"之后的事情了。这就是说，刘勰在天地之先预设了"玄黄色杂"的存在，他加入了元气论的元素，这可看作刘勰在易学本体论方面的特点。梁武帝在阐释"天尊地卑"句时⑤，在本体论、宇宙观方面与刘勰也为同道，认为

---

① （南朝梁）刘勰著，范文澜注：《文心雕龙注》"原道"，人民文学出版社1958年版，第2页。
② （南朝梁）刘勰著，范文澜注：《文心雕龙注》"原道"，人民文学出版社1958年版，第2页。
③ （南朝梁）刘勰著，范文澜注：《文心雕龙注》，人民文学出版社1958年版，第1页。
④ 《周易·系辞上》："天尊地卑，乾坤定矣。卑高以陈，贵贱位矣。动静有常，刚柔断矣。"见李学勤主编，（魏）王弼注，（唐）孔颖达疏《周易正义》第7卷，北京大学出版社1999年版，第257页。
⑤ 梁武帝有论："《系辞》云，易有太极，是生两仪。元气已分，天地设位，清浮升乎上，沈浊居乎下，阴阳之以而变化，寒暑用此而相推。辨尊卑贵贱之道，正内外男女 （转下页）

"天地设位"在逻辑上是"元气已分"之后的事情，而具有伦理和价值意义的天地与人文礼仪则是圣人式的仰观俯察之后才存在的。当然，刘勰将这种易学观更推之文章，所谓"两仪既生矣。惟人参之"，于是"心生而言立，言立而文明，自然之道也"①。《周易·系辞上》中天地与易道为一，易道不在天地之外，而《原道》篇和梁武帝《天象论》中，易道之发端在元气之分处，因而在逻辑上似乎先于天地、人文，如此的理论建构，张扬了自然精神，这其实也是刘勰诗论中对自然崇尚的理论根源。

由此可见，刘勰以自然之道作为最高的本体，这里的自然之道也是刘勰所阐释的易道，一方面，强调其以自然元气为发端，自然元气先于天地、人文的理论特质；另一方面，刘勰认为自然之道包罗天地之道、人文之道、圣人之道。有论者否定刘勰"自然之道"，认为"自然之道"与儒家圣人之道龃龉不合，认为"自然之道"只是个普通名词，意谓"自己如此"②"自自然然的道理"等③，这是不符合刘勰的理论实际的。虽然刘勰依循儒家圣人之道，建构道—圣—文—体的文道系统，但其思想的内核不离易道。"自然之道"很早就出现在王弼那里，王弼注老子"为道日损"曰："道谓自然之道，日损者，情欲文饰日以消损。"④而在《黄帝阴符经》中"自然之道"在逻辑上是先于天地之道的，其文曰："自然之道

（接上页）之宜，在天成象，三辰显曜；在地成形，五云布泽。斯昏明于昼夜，荣落于春秋，大圣之所经纶，以合三才之道。清浮之气，升而为天。天以妙气为体，广远为量，弥覆无所不周，运行来往不息。一昼一夜，圆转一周。张覆之广，莫能际其边际；运行之妙，无有见其始终。不可以度数而知，不可以形象而譬，此天之大体也。"见于（唐）瞿昙悉达《开元占经》（上），九州出版社2012年版，第16—17页。

① （南朝梁）刘勰著，范文澜注：《文心雕龙注》"原道"，人民文学出版社1958年版，第1页。

② 徐复观：《〈文心雕龙〉浅论之一：自然与文学的根源问题》，《中国文学论集》，九州出版社2014年版，第355页。

③ 陈伯海：《〈文心〉二题议》，《文心雕龙学刊》（第2辑），齐鲁书社1984年版，第125页。

④ （魏）王弼注：《老子道德经》，清古逸丛书本。

静，故天地万物生。天地之道浸，故阴阳胜。阴阳相推，而变化顺矣。"① 刘勰的"自然之道"足以兼容以上二者，但同时包孕了圣人之道，这就是刘勰的"道"的内涵与逻辑。

刘勰在《原道》篇有"神理"，它与所谓"道""自然之道"虽然不是同一概念，但属于同构关系，通过易学理路建构了它与自然之道同一而殊异的关系，也即是说，"神理"有其神秘性，但其归根于自然之道。《系辞上》曰："生生之谓易，成象之谓乾，效法之谓坤，极数知来之谓占，通变之谓事，阴阳不测之谓神。"② 易道是乾坤变化的生生之道，其中包含"极数知来"的占卜活动，以及"通变"的行事实践，这样的阴阳变化神妙莫测可以通神。这即是说，"神理"与实在的自然之道本为一体，神秘性只是一种变化现象。刘勰"神理"论可容纳佛学因素，其"神不灭论"可在易学中得到解释。少康先生说："他（刘勰——笔者注）在《文心雕龙》中讲的'神理'，既包含有'自然之理'的方面，又带有神秘的色彩"③，诚哉斯言。

自然之道在根本上是《河图》、《洛书》、"玉版金镂"、"丹文绿牒"存在的理由，而《河图》《洛书》等以数的形式显现了"神理"与自然之道，可以说，数的变化与神理以及"道"与自然之道即是一体的。而这里的"数"并不是作为理念的数，与古希腊毕达哥拉斯学派认为的"事物是由数构成"之论不同④，它总是与人的行动和存在密切联动的，即"《河图》孕乎八卦，《洛书》韫乎九畴"⑤，无

---

① （宋）朱熹：《阴符经考异》，四库全书本。此书伪托黄帝之名，但论者以为或魏晋人作或是南北朝人作，深于道论，杂以易学与道家思想。
② 李学勤主编，（魏）王弼注，（唐）孔颖达疏：《周易正义》第7卷，北京大学出版社1999年版，第271—272页。
③ 张少康：《刘勰及其〈文心雕龙〉研究》，北京大学出版社2010年版，第69页。
④ （美）撒穆尔·伊诺克·斯通普夫、詹姆斯·菲泽：《西方哲学史》（第七版），丁三东等译，中华书局2005年版，第12页。
⑤ （南朝梁）刘勰著，范文澜注：《文心雕龙注》"原道"，人民文学出版社1958年版，第2页。

论是文王据图画八卦，还是大禹依书制定九畴，都是历史的一个实践过程，因而，刘勰的"数"与自然之道，一方面是个超越的客观存在，另一方面也是人的理想存在；一方面"数"与自然之道是一种必然，另一方面也是人的自由。

我们可从《系辞》中看到人与自然之道及数的特殊关系。自然之道和数是人观察、体验、揭示的客观规律，但并未停留在对象性认知中，而是纳入易道实践中，《系辞上》曰：

> 圣人有以见天下之赜，而拟诸其形容，象其物宜，是故谓之象。圣人有以见天下之动，而观其会通，以行其典礼。系辞焉以断其吉凶，是故谓之爻。言天下之至赜，而不可恶也。言天下之至动而不可乱也。拟之而后言，议之而后动，拟议以成其变化。①
>
> 夫易，圣人之所以极深而研几也。唯深也，故能通天下之志。唯几也，故能成天下之务。唯神也，故不疾而速，不行而至。②

这里的易道实践指的是圣人式的主体性观照、认知、行事，并在此基础上建立卦象系统，建构意—象—言的易学模式，观察吉凶悔吝、阴阳盛衰，然后付诸日常行动与礼乐教化，以"通天下之志""成天下之务"。这是《系辞》中"穷理尽性以至于命"的哲学观念，也类似于赵汀阳先生所说的"事情存在论"③，即在具体的及物当事中寻求存在的意义和价值。而如何及物与当事在易学中存在具体的方

---

① 李学勤主编，（魏）王弼注，（唐）孔颖达疏：《周易正义》第7卷，北京大学出版社1999年版，第274—275页。
② 李学勤主编，（魏）王弼注，（唐）孔颖达疏：《周易正义》第7卷，北京大学出版社1999年版，第285页。
③ 赵汀阳说："关于事的世界的存在论不去仔细盘问'何物存在'的约束条件，也不去苦苦追问'在世之在'（bing-in-the-world）的精神危机，而去追问'在事之在'（existing-in-the-facts）的创造性和未来性。"赵汀阳：《第一哲学的支点》，生活·读书·新知三联书店2017年版，第210页。

法论，其中包含数理的方法。《系辞》中占筮方法的基本原理，就是以数字变化及数学模型来模拟自然化生，演示人与自然的关系模式。其文曰："大衍之数五十，其用四十有九。分而为二以象两，挂一以象三，揲之以四，以象四时，归奇于扐以象闰。五岁再闰，故再扐而后挂。"① 每一个卦象成立，基于数字，根据数字的阴阳来确立阳爻与阴爻，以及其中的变爻。而在占卦中形成的6、7、8、9这些数字正好反映事物的阴阳消长，阴阳消长端倪却是在"分而为二"处，也就是说，一分为二而成的阴阳状况与人不无关系，当阴阳盛衰以数表达时，即是天、地、人的实际情况的某种象征。这一数字模式中应该包含三个基本原则。其一，存在一个定数，因为有定数存在，为象征阴阳消长提供恒量基础。其二，企图以占筮过程演示日月运行中的阴阳平衡，阴阳合历、五年两闰是其天文历法基础。将自然化生置于天地时空中来考量和解决问题的方法论原则颇为合理，既重视理性或数理，又具有经验内容。其三，占筮过程中有时机因素进入，因而其过程在本质上又是变易的。错综其数可表达自然之道的极尽变化，即"参伍以变，错综其数，通其变，遂成天下之文；极其数，遂定天下之象"②。以上基本原理应该是我们理解刘勰"数"论的理论背景。

二 以"数"论文

数是自然之道的表达，也是技进乎道、在易道变化中极尽其变的尺度。此种哲学观念被刘勰引入文学理论中，从而将文道落实到更为具体的数理考量之中。因而，"数"一方面指在情感、风格、通变、技术方面必然存在的某种理想的规律或规则；另一方面是指在具体创

---

① 李学勤主编，（魏）王弼注，（唐）孔颖达疏：《周易正义》，北京大学出版社1999年版，第279—280页。
② 李学勤主编，（魏）王弼注，（唐）孔颖达疏：《周易正义》，北京大学出版社1999年版，第279—284页。

作中感事及物时得以进入艺术境界的、顺时而变的技术尺度。如果说前者是必然，后者即是自由。从人文的先天本质来讲，文不离数，《原道》说：圣人"莫不原道心以敷章，研神理而设教，取象乎《河》《洛》，问数乎蓍龟，观天文以极变，察人文以成化；然后能经纬区宇，弥纶彝宪，发挥事业，彪炳辞义"。[1] 圣人文章"彪炳辞义"，但它来源于对天文、人文的观察与教化，来源于"研神理而设教"，而这些认知、教化又落实在取象《河》《洛》与问数蓍龟的数理过程中，并在此过程中，借助阴阳的定数与变数来模拟阴阳变化，借以比类人事。这样的数理判断与比类思维应用于历史社会逻辑究竟是否具有科学性尚需证明，但其中包含着一定的科学因素和理性精神。从情感本体的角度来看，辞章之产生也是情性之必然，《情采》曰："故立文之道，其理有三：一曰形文，五色是也；二曰声文，五音是也；三曰情文，五性是也。五色杂而成黼黻，五音比而成韶夏，五性发而为辞章，神理之数也。"[2] 所谓"神理之数"，也即是自然之道的意思，但在此，刘勰以数理言之，三五其数，定数之中内含了无穷变数。从言情写物的行文技术来看，刘勰认为"术有恒数"，《总术》曰："是以执术驭篇，似善弈之穷数；……若夫善弈之文，则术有恒数，按部整伍，以待情会，因时顺机，动不失正。数逢其极，机入其巧，则义味腾跃而生，辞气丛杂而至。"[3] 以弈论文的实质依然是以易论文或以数论文，围棋之理即是易理与易数。以黑白子比类阴阳变化、对弈中形势变化无非是彼此消长，弈棋行为也是在定数中演示着无穷变化。最后，在创作中每个创作者都要面对"思无定契，理有恒存"的境况[4]，创作行为本身即是易道与大化的一部分，以心应物，变迁不穷，如何进入理归乎一的境界是创作者的艺术追求，因

---

[1]（南朝梁）刘勰著，范文澜注：《文心雕龙注》，人民文学出版社1958年版，第2—3页。
[2]（南朝梁）刘勰著，范文澜注：《文心雕龙注》，人民文学出版社1958年版，第537页。
[3]（南朝梁）刘勰著，范文澜注：《文心雕龙注》，人民文学出版社1958年版，第656页。
[4]（南朝梁）刘勰著，范文澜注：《文心雕龙注》"总术·赞"，人民文学出版社1958年版，第657页。

是之故，刘勰强调了在遵循"时位"观念基础上的穷极其变，所谓"因时顺机""数逢其极"。

文道与易道的一体性，是刘勰以数论文的前提，但绝非以哲学理念来比附文学的观念与方法，它也是文学的内在要求。数理进入文学思维中，进一步丰富了创作主体的思考维度。刘勰将情理志气与言语辞令当作文学创作的关键和枢机，但并不意味着创作的自由完全来自创作者的情感和语言自由，也不意味着创作主体的理性即是其主观考量的结果，事实上，刘勰讨论文气时也一直在避免主观血性之气，而是以刚柔、正邪论之，其原因就在于，他以对自然的崇尚为艺术的底色。而"数"的维度的引入，对于克服情志和语言方面的唯我论是必不可少的。刘勰《声律》篇讨论文章的声律问题，认为讲求声律，"可以数求，难以辞逐"。这里的"数"指"协调声律的方法"——"作者可以考究，别人不能用文辞相告"[1]，因而，对"数"的讲求，即是指对音律度数、发音方法、声调变化的遵循，也就是说，声律本于人声，言语文章当中乎律吕，而要达到合律则需要一套科学的方法与技术，须落实在"数"的层面上，即所谓"吹律胸臆，调钟唇吻"[2]。言语文章的声律与情感有关，可谓肇自血气，但依然要遵循音律度数，而音乐中的节律与大自然的节律是同一的，在这个意义上，音律度数即是自然之数的一种形式。

文学创作中情感的把控与辞藻的斟酌在某种程度上也离不开"数"的准则，刘勰已经认识到主观情感的天然的偏向性，即《熔裁》篇所谓"凡思绪初发，辞采苦杂，心非权衡，势必轻重"，为避免在创作中"委心逐辞"，主张"术"与"数"的介入，他所标举的"三准"即是在理性方面的努力。他说："是以草创鸿笔，先标三准：履端于始，则设情以位体；举正于中，则酌事以取类；归余于终，则

---

[1] 吴林伯：《〈文心雕龙〉义疏》，武汉大学出版社2013年版，第621页。
[2] （南朝梁）刘勰著，范文澜注：《文心雕龙注》"声律"，人民文学出版社1958年版，第554页。

撮辞以举要。"① 刘勰将历法中平气推闰的数理引入文学理论中,讨论文字草创阶段情志、事类、举要的基本原则及内在关系。"履端""举正""归余"出自《左传·文公元年》。其文曰:"先王之正时也,履端于始,举正于中,归余于终。"②"履端"就是推步历法时,要找到历元,正义曰:"步历之始以为术之端首,谓历之上元必以日月之全数为始,于前更无余分,以此日为术之端首,故言'履端于始'也。"③ 比如《历术甲子篇》的元年就无大小余,这部历法开始于甲寅岁、甲子月、甲子日夜半子时 0 点合朔冬至。中国传统历法属于阴阳合历,历法的开始象征着日月运行的同时开始。但是太阳与月亮的运行周期是不同的,前者大约 356 又 1/4 日,后者大约是 354 日,一年相差 11 又 1/4 日,如果要想让月亮周期(朔望)与岁实协调,就需要闰月。古代很早就要三年一闰或五年两闰,到大约春秋之后"四分历"编制时,在处理日月周期、置闰方面已经遵守十九年七闰的规律了。"四分历"把时间分为章、蔀、纪、元,一章是十九年,一蔀是四章,一纪二十蔀,一元三纪。十九年七闰,则一年四季与月亮周期是可以吻合的。七十六年一共是九百四十月,二十蔀为单位,两万七千七百五十九天,乘以二十,再除以六十,就没有余数了。阳历冬至时刻与阴历入朔要完全协调,还要乘以三(轮回三次),即一千五百二十年乘以三是一元(四千五百六十年)。这是整体上考虑到日月周期关系来置闰的。而在归余置闰之前,需要平气。一个回归年中可分为二十四个节气,其他节气都可推出,每个节气相隔是 15 又 7/32 天,在阴阳合历中,以朔望月为基础,按照大小月来类推,有的 30 天,有的是 29 天,而每个月要有两个节气,其中一个

---

① (南朝梁)刘勰著,范文澜注:《文心雕龙注》"熔裁",人民文学出版社 1958 年版,第 543 页。
② (周)左丘明传,(晋)杜预注,(唐)孔颖达正义,浦云忠等整理:《春秋左传正义》,北京大学出版社 1999 年版,第 18 卷,第 484 页。
③ (周)左丘明传,(晋)杜预注,(唐)孔颖达正义,浦云忠等整理:《春秋左传正义》,北京大学出版社 1999 年版,第 18 卷,第 485 页。

称为中气，两个中气的间距大概是 30 又 14/32 日。于是，就可能出现有的月份没有中气，无中气就需要置闰。"举正于中"，就是举中气以正之。而"归余于终"，是指最终累积为闰月，以协调阴阳，在历法上反映太阳与月亮运行的完美协调。刘勰《熔裁》篇引入历法中的法则与数理，出色地阐释了文字草创阶段情志、事类、举要之间的复杂而又清晰的交错关系，无论是情志还是用事都要落实到举要层面，无论是遣词还是事类最终目的还是要表达情志。"设情位体"为文章的展开设立了乾坤，"酌事取类"综合条贯来反映核心的内容，而"撮辞举要"就是对情理、事理通体衡量后的结果。如果说《熔裁》篇的整体意旨是"櫽括情理，矫揉文采"①，那么"三准"的提出就是在草创阶段对情理文辞的斟酌。刘勰认为，文章是在情理设置的乾坤模式中，类似于易道的展开，即"情理设位，文采行乎其中。刚柔以立本，变通以趋时"②，那么，在规范剪裁时，也要注意权衡其中情理文辞的阴阳关系，故而《熔裁·赞》曰："篇章户牖，左右相瞰。辞如川流，溢则泛滥。权衡损益，斟酌浓淡。芟繁剪秽，弛于负担。"③ 刘勰"三准"论引入历法数理（其中有阴阳），正是针对这一实际预先设置的数理的应对与变化模式。

以上是从"数"之于文学、情感、文术的必然性和创作中的理性控制而言，不过，刘勰"数"论中更多的是，在文学创作中强调情感、风格、正变、结体方面的极尽其数的变化与创造。刘勰有"情变之数""情数""性情之数""会通合数""通变之数"等有关数的命题，如《神思》之"情数诡杂，体变迁贸"④、《明诗》之"铺观列代，而情

---

① （南朝梁）刘勰著，范文澜注：《文心雕龙注》"熔裁"，人民文学出版社 1958 年版，第 543 页。
② （南朝梁）刘勰著，范文澜注：《文心雕龙注》"熔裁"，人民文学出版社 1958 年版，第 543 页。
③ （南朝梁）刘勰著，范文澜注：《文心雕龙注》"熔裁"，人民文学出版社 1958 年版，第 544 页。
④ （南朝梁）刘勰著，范文澜注：《文心雕龙注》"神思"，人民文学出版社 1958 年版，第 495 页。

变之数可监"①、《章句》之"情数运周，随时代用"②、《养气》之"性情之数"③、《附会》之"篇统间关，情数稠迭"④ 等。他确认了个人性情抑或人类共情、历史节律有其自身规律与必然性，而且自身规律和必然性与其自身的复杂性和变化有关，于是在其文论中就特别重视数变，如《体性》"数穷八体""会通合数"⑤、《通变》"参伍因革，通变之数" 等⑥，即在重视变化的必然性的同时，强调变化的自由与创造。所谓数变是以数来恒定或阐释变化过程，在易学中落实到具体的占筮之数，而在刘勰文论中只能存其精神，将难以言状的文学思维置于易学的思维模式中。《神思》："若情数诡杂，体变迁贸。拙辞或孕于巧义，庸事或萌于新意；视布于麻，虽云未贵，杼轴献功，焕然乃珍。至于思表纤旨，文外曲致，言所不追，笔固知止。至精而后阐其妙，至变而后通其数，伊挚不能言鼎，轮扁不能语斤，其微矣乎！"⑦ 神思中的言意问题是刘勰关注的，他将这一问题纳入易学的意、象、言关系模式中，超越了王弼的言不尽意论，如何构成意象与表达意义成为刘勰的理论目标。文章的生成是"情数"所致，所谓"神用象通，情变所孕"⑧，因而作为创作者就要"至精""至变"，

---

① （南朝梁）刘勰著，范文澜注：《文心雕龙注》"明诗"，人民文学出版社1958年版，第67页。
② （南朝梁）刘勰著，范文澜注：《文心雕龙注》"章句"，人民文学出版社1958年版，第571页。
③ （南朝梁）刘勰著，范文澜注：《文心雕龙注》"养气"，人民文学出版社1958年版，第646页。
④ （南朝梁）刘勰著，范文澜注：《文心雕龙注》"附会"，人民文学出版社1958年版，第652页。
⑤ （南朝梁）刘勰著，范文澜注：《文心雕龙注》"体性"，人民文学出版社1958年版，第505—506页。
⑥ （南朝梁）刘勰著，范文澜注：《文心雕龙注》"通变"，人民文学出版社1958年版，第521页。
⑦ （南朝梁）刘勰著，范文澜注：《文心雕龙注》"神思"，人民文学出版社1958年版，第495页。
⑧ （南朝梁）刘勰著，范文澜注：《文心雕龙注》"神思"，人民文学出版社1958年版，第495页。

会通其数。"至变"与"通其数"其实是同步的,刘勰将言意关系的建构放在了易道变化中,同时纳入情理、体制、辞令、用事等元素,不去专注于局部的巧拙新旧,而是在整体上成就艺术的胜境。在此以"杼轴献功"作比,如同"枢机"之喻,借以比类创作过程中连绵不绝、条分缕析的类似于易道模式的文学思维。

在结体方面,刘勰强调"缀思之恒数"①,即是彰明如何统理诸种关系与因素,弥纶为一的结体艺术。《附会》曰:"何谓附会?谓总文理,统首尾,定与夺,合涯际,弥纶一篇,使杂而不越者也。若筑室之须基构,裁衣之待缝缉矣。夫才量学文,宜正体制:必以情志为神明,事义为骨髓,辞采为肌肤,宫商为声气;然后品藻玄黄,摛振金玉,献可替否,以裁厥中:斯缀思之恒数也。"② 所谓"附会",就是要求写作中须总贯文理,首尾呼应,确定取舍,弥合边际,以达到"杂而不越"的多样性统一。它是在端正体制的前提下交错辞藻与情理,在阴阳模式中形成有机的结构和风骨兼备、形神合一的文章形式,也即是说,辞藻与情理需要在文章形成的过程中各就其位,变化成形。正如《附会》所说:"是以附辞会义,务总纲领,驱万途于同归,贞百虑于一致。使众理虽繁,而无倒置之乖;群言虽多,而无棼丝之乱;扶阳而出条,顺阴而藏迹,首尾周密,表里一体,此附会之术也。"③ 面对头绪万端的情理和辞令,需要知晓易变的数理,刘勰主张"贞百虑于一致"。这一思维方法,出自《周易·系辞下》,即"天下同归而殊途,一致而百虑",统其纲领是众理归一的方法,但必然以精密的分析和归类为前提,因而尺度的把握、情理的辨析、逻辑的斟酌就是必不可少的,用刘勰的话说,所谓"无倒置之乖"

---

① (南朝梁)刘勰著,范文澜注:《文心雕龙注》"附会",人民文学出版社1958年版,第650页。
② (南朝梁)刘勰著,范文澜注:《文心雕龙注》"附会",人民文学出版社1958年版,第650页。
③ (南朝梁)刘勰著,范文澜注:《文心雕龙注》"附会",人民文学出版社1958年版,第651页。

"无棼丝之乱""扶阳而出条"之属。事实上，也只有在思辨的基础上，才能首尾周密，表里一体。因为刘勰对"数"的强调，可将文道和文术进一步落实在具体的易道思维中。

文学是情变的产物，它与创作个体的情思感触有关，也与整个人类社会中的情感潮流有关，它可以反映社会世情，记录历史，并形成自身的思想、情感与艺术传统，因而，文学从诞生之日开始，就需要在新与旧、正与变中沿革因创，顺道而行。刘勰《通变》篇即讨论到文学的变革与创新问题，其焦点则在雅俗、文质的维度上，即"斟酌乎质文之间""檃括乎雅俗之际"[1]。同时，明确了通变的必然性，即"文律运周，日新其业。变则可久，通则不乏"[2]，而"趋时必果，乘机无怯。望今制奇，参古定法"是通变的基本方法。在此，刘勰指出了古与今的交会、新制与古法的融合需要趋时而作，乘机而为，而"会通""适变"是其认知方法[3]，这些都体现了易道智慧。在进一步的理论推演中，刘勰同样落在"数"的层面，他认为"设文之体有常，变文之数无方"[4]，意谓文章生成过程中有常有变，有相对稳定的体制，也有变化多端的形式。"文理之数"是永远无穷的，通变之术即是在于穷极"文理之数"。刘勰曰："参伍因革，通变之数也。"[5] 通变中的穷极其数，就是《系辞上》中的"参伍以变，错综其数。通其变，遂成天下之文；极其数，遂定天下之象"[6]。那么，

---

[1]（南朝梁）刘勰著，范文澜注：《文心雕龙注》"通变"，人民文学出版社1958年版，第521页。

[2]（南朝梁）刘勰著，范文澜注：《文心雕龙注》"通变·赞"，人民文学出版社1958年版，第521页。

[3]（南朝梁）刘勰著，范文澜注：《文心雕龙注》"通变"，人民文学出版社1958年版，第521页。

[4]（南朝梁）刘勰著，范文澜注：《文心雕龙注》"通变"，人民文学出版社1958年版，第519页。

[5]（南朝梁）刘勰著，范文澜注：《文心雕龙注》"通变"，人民文学出版社1958年版，第521页。

[6] 李学勤主编，（魏）王弼注，（唐）孔颖达疏：《周易正义》第7卷，北京大学出版社1999年版，第284页。

什么是"参伍以变,错综其数"呢?"参伍以变"最初当指三辰五星,圣人仰观俯察以观照天地间星辰变化,反映在数理层面上就是天文历法,抽象而言就是阴阳之道。古代圣人将这种哲学和科学知识引入占筮的数学模型时,"参伍以变"就主要指易学中的数理运算,而"错综其数"就是其重要的方法,即孔颖达正义所谓"交错总聚其阴阳之数"①,在具体操作上以"分二揲四"等方式来演示阴阳变化以及通过观察爻位和各种变卦方式来全方位地体察宇宙变化。刘勰通过"数"概念来引入易学中的方法论,形象而准确地阐释了文学通变论。此外,《体性》篇论及风格变化时,并不将个人性情、学养、才气直接对位于文学风格,而是引入了"数"的概念,限定为八体,"总其归途,则数穷八体"②,只要"会通合数",在理论上就可以囊括诸多风格与"亚风格",他将理论本身放置在一种开放的、变化的场域中。《文心雕龙》的篇目数也合乎大衍之数,这样的设计也似乎使每个篇目进入易变之中,使整本著作成为开放的、常新的话语体系。

三 数理维度下的感物论

刘勰以自然之道为本体,此自然之道是个实在,这是刘勰对易道创造建构的结果。因而刘勰之道也即是易道,自然之数或神理之数是易道的数理表达,但这个数理又不是孤立的形式,而是与人的占卜行为及实践过程融于一体的。在感物吟志的审美过程中,刘勰所建构的心物关系凸显了易道特征,比如,"比兴"在刘勰这里阐释为"拟容取心"③,"神思"则被阐释为"志气统其关键""辞令管其枢机"的

---

① 李学勤主编,(魏)王弼注,(唐)孔颖达疏:《周易正义》第7卷,北京大学出版社1999年版,第284页。
② (南朝梁)刘勰著,范文澜注:《文心雕龙注》"体性",人民文学出版社1958年版,第505页。
③ (南朝梁)刘勰著,范文澜注:《文心雕龙注》"比兴",人民文学出版社1958年版,第603页。

类似易变的过程①。刘勰的易学阐释由于对数理观念的标举，首先强化了对自然的必然规律的体认；其次，将对外物的体察与描摹渗入了度量意识，强化了对外物形式的关注；最后，将主体的生命意识、性情特质、审美倾向与外物体系性地关联起来，因为主体意识中的数理体系决定了认识的体系，捍卫了儒家感物观念与价值观念。在《物色》篇中集中地反映了上述观念。

刘勰自然之道的本体论与宇宙观是同构的，自然之道的变化本身就是其本体，它与易道本体论的不同之处在于，设置了天地之外的境界，体现了对自然的崇尚。这个自然是超越于自然界的变化的，它不是我们所理解的自然界的自然。刘勰的自然是自然之道，我们理解的自然界则是自然之道的表现，自然界的本源是自然之道，自然界则是一个现象界，不过，它表现了自然的必然性——在此表现为"春秋代序，阴阳惨舒"，即阴阳有其盛衰与四时有其秩序，而且内蕴着感动万物的元素及其物色。《物色》曰："春秋代序，阴阳惨舒，物色之动，心亦摇焉。盖阳气萌而玄驹步，阴律凝而丹鸟羞，微虫犹或入感，四时之动物深矣。若夫珪璋挺其惠心，英华秀其清气，物色相召，人谁获安？"②在刘勰的理论视野中，感物的发生不仅取决于人的主体性，还客观地存在着因阴阳与四时变化而起的自然律动与自然形色之美，即所谓珪璋之美，芳华之清气是本来存在的，它们并不因为人的意识存在才被感知。

既然物色是一种客观存在，在人心感物的审美过程中，所见之物色固然与人心有关，外物要染上主体色彩，但是主体需要尊重那种客观存在的自然之美。"岁有其物，物有其容。情以物迁，辞以情发"③，

---

① （南朝梁）刘勰著，范文澜注：《文心雕龙注》"神思"，人民文学出版社1958年版，第493页。
② （南朝梁）刘勰著，范文澜注：《文心雕龙注》"物色"，人民文学出版社1958年版，第693页。
③ （南朝梁）刘勰著，范文澜注：《文心雕龙注》"物色"，人民文学出版社1958年版，第693页。

在心—物的互动关系中，刘勰充分考虑到了物色的自在性。"写气图貌，既随物以宛转；属采附声，亦与心而徘徊"①，在此并不否认审美主体的介入，但它对外物的形式本身给予竭力呈现，而主体对物的态度中又不乏对物理的绎取。其文曰："故'灼灼'状桃花之鲜，'依依'尽杨柳之貌，'杲杲'为出日之容，'瀌瀌'拟雨雪之状，'喈喈'逐黄鸟之声，'喓喓'学草虫之韵。'皎日''嘒星'，一言穷理；'参差''沃若'，两字穷形：并以少总多，情貌无遗矣。"② 这些描摹之词是具有指实性的，利用语言，或拟容拟声，或拟状拟韵，竭尽所能地欲将情貌与物理高度概括出来。这种写实性的获得从方法论上来说颇为曲折。一方面重视"体物为妙，功在密附"③，做到写物与言情的兼善；另一方面刘勰考虑到"物有恒姿，而思无定检，或率尔造极，或精思愈疏"的复杂情况④，即因思维和表达的不确定性而造成的写物困境，所以，刘勰期望于"因方以借巧"，即因袭前人成规，借鉴其技巧，并在此基础上"即势以会奇，善于适要"⑤。也即是说，刘勰在兴会感物时，不仅感触鲜活的自然物，也需要会通经典中业已存在的自然；不仅动用个人的观照技术，也需要古人的审美方法，而唯有精微地审择才能抵达更加真实的艺术境界，因此，刘勰谨慎地动用数理意识和方法。"会奇"不是获得"新奇"之意，"会奇"当指"归奇"，即是占筮中的综汇阴阳之数，在天文学上则是平气置闰。因为创作主体需要冷静地忖

---

① （南朝梁）刘勰著，范文澜注：《文心雕龙注》"物色"，人民文学出版社1958年版，第693页。
② （南朝梁）刘勰著，范文澜注：《文心雕龙注》"物色"，人民文学出版社1958年版，第693—694页。
③ （南朝梁）刘勰著，范文澜注：《文心雕龙注》"物色"，人民文学出版社1958年版，第694页。
④ （南朝梁）刘勰著，范文澜注：《文心雕龙注》"物色"，人民文学出版社1958年版，第694页。
⑤ （南朝梁）刘勰著，范文澜注：《文心雕龙注》"物色"，人民文学出版社1958年版，第694页。

度折中，所以有"人兴贵闲"之论，其文曰："是以四序纷回，而人兴贵闲；物色虽繁，而析辞尚简；使味飘飘而轻举，情晔晔而更新"①。需要特别留心者在于，"人兴贵闲"不能孤立地理解为"寄心闲远"②，而是指在与物兴会中，不仅专执于情思，而且还要幽数潜会，面对繁杂物色"析辞尚简"，辨析入微。此外，刘勰还以"参伍以变"作为通变的方法，即"参伍以相变，因革以为功"，目的即在于引入数理的方法来应对复杂的审美过程，以获得自然的形式。

　　刘勰数理观念不仅渗入物色刻画中，而且参与人与物的共在关系中，其中人在价值判断、生命感发时，总是与吉凶悔吝、善恶是非联系在一起，而这一过程是离不开数理尺度的。《周易·系辞上》说："圣人设卦观象，系辞焉而明吉凶，刚柔相推而生变化。是故吉凶者，失得之象也。悔吝者，忧虞之象也。变化者，进退之象也。刚柔者，昼夜之象也。……是故君子居则观其象而玩其辞，动则观其变而玩其占。是以自天祐之，吉无不利。"③ 孔颖达正义："两事并言，失得别明轻重，变化别明小大。"④ 圣人、君子通过建构的数理模型与外部世界成为一体，借助量化形式和变化苗头，在人与世界的彼此往来中体察精微，成就天人之间的理想场域。这就是说，刘勰感物论中的情感因素中内置了自然之数这一理想尺度，其审美自由的获得也是在具体的生命体验与思索的过程中抵达此种天人合一境界的。从阐释角度而言，刘勰言情感物过程中的视界融合是开放而有历史与文化纵深的，其最终结果是落实在对辞令的精心控制之上。如《比兴》曰：

---

　　① （南朝梁）刘勰著，范文澜注：《文心雕龙注》"物色"，人民文学出版社1958年版，第694页。

　　② 黄侃著，吴方点校：《文心雕龙札记》"附录骆鸿凯撰《物色》"，中国人民大学出版社2004年版，第226页。

　　③ 李学勤主编，（魏）王弼注，（唐）孔颖达疏：《周易正义》第7卷，北京大学出版社1999年版，第261—264页。

　　④ 李学勤主编，（魏）王弼注，（唐）孔颖达疏：《周易正义》第7卷，北京大学出版社1999年版，第263页。

"诗人比兴，触物圆览。"① 这种"圆览"就是圣人式的观照或阐释。《征圣》曰"夫鉴周日月，妙极机神，文成规矩，思合符契……故知繁略殊形，隐显异术，抑引随时，变通适会，征之周孔，则文有师矣。"② 文章在某种程度上是圣人与宇宙世界彼此交流阐释的产物，或者明理，或者博文，或者一字褒贬，婉而成章，但都是凭借思维和语言在"抑引随时，变通适会"中完成的。在此阐释中，因为有数理意识的进入和在行为中的及物意识，在人与世界形成的理想的共在形态中，主体不是形而上的主体，而是在共在中个性化的存在，它与客体形成"情往似赠，兴来如答"的审美关系。也就是说，在人与物的情感交融中也没有陷入主体的专断，而是形成了崭新的创生态势，"物色尽而情有余"③，物我相接而又物我各得自由。

---

① （南朝梁）刘勰著，范文澜注：《文心雕龙注》"征圣"，人民文学出版社1958年版，第603页。
② （南朝梁）刘勰著，范文澜注：《文心雕龙注》"征圣"，人民文学出版社1958年版，第15页。
③ （南梁梁）刘勰著，范文澜注：《文心雕龙注》"物色"，人民文学出版社1958年版，第694页。

第五章 "横渠四句"的易学解读

张载以兴复三代为理想，以回归儒家原始经典、恢复儒家礼仪教化为职志。他躬行实践井田制与儒家古礼，复兴儒学并建立了自己的学说体系。《正蒙》《横渠易说》中的本体论、宇宙观、心性论、圣人观念，体现了其学术个性与理论创造力，著名的"横渠四句"则集中蕴含了上述哲学与政治学观念。其中"为天地立心"句，意蕴深刻，堪称"四句"之枢纽，值得详尽阐释。

中国古代哲学中所谓"道"有其形而上性质，但又是兑现于现实的，因而论道之时，必然无法避开"天"与"地"。这"天""地"不仅是物理意义与自然意义上的存在，更代表着价值与秩序。这与中国的"道前"哲学不无关系，在人们讨论道之前，存在着基于天象与帝庭体系的上帝崇拜和与之相应的意识形态。《周易·系辞》中所说的易道残留着一定的"道前"观念，易道是在天地范围之内的变化流行，而风、云、雷、电是其变化的实际内容，道与天地本是一体。《老子》曰："道可道，非常道；名可名，非常名。无名，天地之始，有名，万物之母"（一章）；①"故道大，天大，地大，人亦大。域中有四大，而人居其一焉。人法地，地法天，天法道，道法自然"（二十五章）②，即认为道先于天地，天地之前有道。《庄子》

---

① （宋）苏辙：《道德真经注》，四库全书本，第1页。
② （宋）苏辙：《道德真经注》，四库全书本，第34页。

在道与天地之关系上与《老子》无二。张载"为天地立心"中所谓"天地"与易道哲学中的"天地"是一路的，张载的"道"就在天地之内，天地的变化就是"道"，这是与佛、道不同的本体论和宇宙观。"为天地立心"所建立的秩序就是现实的秩序与价值体系，这也是张载学说与佛、道之学的分野。当然，张载有其具体的逻辑和独特的理路来说明宇宙变化与天地生成，他将神化之变规范在天地界域内，但又不立"神体"，主张返入太虚。

一 何以有天地

张载以太和为本体。《正蒙·太和》篇曰："太和所谓道，中涵浮沉、升降、动静相感之性，是生氤氲、相荡、胜负、屈伸之始。"[1]张载把阴阳变化之理引入其本体论，"浮沉""升降""动静"是其中所涵之性。太和就是太虚，它与形器、气、神之关系，张载有论。

首先，太和相对于形器，它是本体，即"未有形器之先，本无不和，既有形器之后，其和不失，故曰太和"[2]。这就是说，太和在形器之先，形器在太和之后，但形器出现以后，太和依然是太和。至于"气"，是太和之"散疏""可象"者，清通不可象则是"神"，即所谓"散殊而可象为气，清通而不可象为神"[3]；"太虚无形，气之本体，其聚其散，变化之客形尔"[4]；"太虚不能无气，气不能不聚而为万物，万物不能不散而为太虚"[5]。上述文字是对虚、气关系的基本描述，总之，气是太虚的聚散、变化，太虚与气和万物为一体。太虚是本体，所有形器和"可象之气"与"不可象之神"，都是变化之"客形"。太虚、气、神是合一的，但又不是同一的。

其次，如果说太虚或太和是本体，它们的展开即是宇宙，张载从

---

[1] （宋）张载：《张载集》，中华书局1978年版，第7页。
[2] （清）王夫之：《张子正蒙注》卷1，中华书局1975年版，第1页。
[3] （宋）张载：《张载集》，中华书局1978年版，第7页。
[4] （宋）张载：《张载集》，中华书局1978年版，第7页。
[5] （宋）张载：《张载集》，中华书局1978年版，第7页。

两方面来阐释。其一，他认为太虚与天、气、性、心之关系是实与名之关系，但太虚这个"实"又是不可命名的。《正蒙·太和》篇曰："由太虚，有天之名；由气化，有道之名；合虚与气，有性之名；合性与知觉，有心之名。"① 即是说，天、道、性、心均本源于太虚，它们与人的命名有关。这种解释强调了太虚的先在性，并将人的存在内嵌入宇宙演化中。张载以易道哲学来阐释其宇宙论。他说："一物两体，气也；一故神，两故化，此天地之所以参也。地纯阴凝聚于中，天浮阳运旋于外，此天地之常体也。"② 张载解释了天地生成和两分的理由，王船山注"一物两体，气也"曰："氤氲太和，合于一气，而阴阳之体具于中矣。"③；注"一故神，张子自注：两在故不测"曰："此言天者，天之体也。聚而成形者谓之阴，动而有象者谓之阳。天包地外，地在天中，浑天之说如此。"④ 王船山在阐释中既有哲学解释，也有天文学的解释，在整体精神上是符合张载旨趣的。张载论及"天地常体"："地纯阴凝聚于中，天浮阳运行于外，此天地之常体也。恒星不动，纯系乎天，与浮阳运旋而不穷者也；日月五星逆天而行，并包乎地者也。"⑤ 这里的天与地，实指天体，以恒星（三垣二十八宿之经星）属天，七政属地，这是从物理学、天文学意义上来讨论。同时，天地作为价值秩序，天与地又有神物之别，"一故神，两故化"即是其本体规定。《参两》篇曰："地，物也；天，神也。物无逾神之理，顾有地斯有天，若其配然尔。"⑥ 可见，天并非神体，是因为气的屈伸变化而有不测之妙，无论是气还是神，都存在于被万物所资的关系中。《太和》篇曰："天地之气，虽聚散、攻取百涂，然其为理也顺而不妄。气之为物，散入无形，适得吾体；聚

---

① （宋）张载：《张载集》，中华书局1978年版，第9页。
② （宋）张载：《张载集》，中华书局1978年版，第10页。
③ （清）王夫之：《张子正蒙注》卷1，中华书局1975年版，第30页。
④ （清）王夫之：《张子正蒙注》卷1，中华书局1975年版，第31页。
⑤ （宋）张载：《张载集》，中华书局1978年版，第10—11页。
⑥ （宋）张载：《张载集》，中华书局1978年版，第11页。

为有象，不失吾常。太虚不能无气，气不能不聚而为万物，万物不能不散而为太虚。循是出入，是皆不得已而然也。"① 即是说天地二分乃气化的结果，它们一方面是物理实体的存在，另一方面是价值与秩序上的厘定。所谓天之神性，并未固化为神体，天地从太虚中生成和存在，在易道哲学视野下，易道就是天地之道。而在天与地之间，天又是先于地的。《参两》篇："地所以两，分刚柔男女而效之，法也；天所以叁，一太极两仪而象之，性也。"② 这是以叁天两地来阐释天地，太极两仪为一体两面，其数为三，这是天数，这是天性；而刚柔男女，其数为二，这是地法，在此，与《易传》中天尊地卑、高卑定位的天地秩序有所不同，张载的天包含了太极和两仪，可以说天就是本体。这一本体是与物无际的，地是在天的浑沦一气中凝结而成的。王船山注："在天者浑沦一气，凝结为地，则阴阳分矣"③、"太极有两仪，两仪合而为太极，而分阴分阳，生万物之形，皆秉此以为性。象者未聚而清，形者已聚而浊，清者为性为神，浊者为形为法"④。这样的解释是正确的。张载在太虚本体论和宇宙论中构建了天地境界，某种意义上太虚即是天地。天地有常体，太虚无体，那么，天地之无体即是太虚。

我们应当在神化与虚气之间来理解天地本体。张载的天地是儒家的天地，天地之外别无天地。"一故神两故化"的神化论对佛家寂灭论、道家长生论给予了有力的理论回击。张载说："彼语寂灭者往而不返，徇生执有者物而不化，二者虽有间矣，以言乎失道则均焉。"⑤ 张载以神化论阐释了宇宙大化的运行不止及其天地限度，也张扬了生而为人的存神尽性和与太虚为一的道德理性，从而避免佛、道之弊端。张载的神化论也是一种体用论，在阐释虚、气关系时，神化体用

---

① （宋）张载：《张载集》，中华书局1978年版，第7页。
② （宋）张载：《张载集》，中华书局1978年版，第10页。
③ （清）王夫之：《张子正蒙注》卷1，中华书局1975年版，第29页。
④ （清）王夫之：《张子正蒙注》卷1，中华书局1975年版，第29—30页。
⑤ （宋）张载：《张载集》，中华书局1978年版，第7页。

论避免老氏"有生于无"、释家"体虚空为性"的弊端。关于这一点，翟奎凤有论，但他在阐释体用论时，将神作为气化流行的动力因则是不准确的①。张载反对佛家"略知体虚空为性，不知本天道为用"②（《正蒙·太和篇第一》）的隔离体用，就是针对执着于虚空之性。同样的道理，"神化"并不体现为以"神"为主的特质。《神化篇》曰："神，天德，化，天道。德，其体，道，其用，一于气而已。"③ 这只是从不同层面来说"神化"，这个"一"无非也是一于气而已，固然不能将"一"等同于"气"，但也不必执着于所谓"神"体，而这个"一"又是依于"二"的，如《太和篇》所说："两不立则一不可见，一不可见则两之用息。"④ 这就是说，神与化、虚与气、一与两形成的体用关系中，体用彼此依存，不妨把这种形而上的本体看作中涵浮沉、升降、动静的"非实体主义"的本体⑤。因而，在解读张载神化、虚气之理路时需要避免神体化与唯物化⑥，这样也可回答二程、朱熹，以及后来的钱穆、张岱年等在理解张载太虚本体论上的困惑。

二 心如何立

张载哲学中内蕴易学中的圣人精神。因为致力于道统的重建，张载所弘扬的是儒家君子人格，他们有着圣人一般的抱负和能力，站立在天地之间，承担着历史责任并开创未来。"为天地立心"，即是在

---

① 翟奎凤：《神化体用论视域下的张载哲学》，《社会科学辑刊》2020年第5期。
② （宋）张载：《张载集》，中华书局1978年版，第8页。
③ （宋）张载：《张载集》，中华书局1978年版，第15页。
④ （宋）张载：《张载集》，中华书局1978年版，第9页。
⑤ 郭齐勇有论："中国哲学的基元范畴'五行''阴阳''气''道'和儒、释、道三家的形上学，不是西方前现代哲学的实体主义的，而是非实体主义的。"郭齐勇：《中国哲学史十讲》，复旦大学出版社2020年版，第3页。
⑥ 牟宗三《心体与性体》中倾向将太虚神体化，"体用圆融地说，则全神是气，全气是神"，见牟宗三《心体与性体》（上），上海古籍出版社1999年版，第434页。杨立华有所驳论，但他又似乎陷入了唯物化，将太虚解释为气化的一个阶段，见杨立华《隐显与有无：再论张载哲学中的虚气问题》，《中国哲学史》2020年第4期。

天地之间凸显人的主体性，以心性道德的创生来体证天道秩序。

张载解读《复卦》时言及"天地之心"，他说："大抵言'天地之心'者，天地之大德曰生，则以生物为本者，乃天地之心也。"①又说："天则无心无为，无所主宰，恒然如此，有何休歇？人之德性亦与此合，乃是已有，苟心中造作安排而静，则安能久！然必从此去，盖静者进德之基也。"② 张载的"天地之心"就是无心无为的生物之心，也是人之德性的归宿，在方法论上，反对造作，以静为本。此外，在《经学理窟·气质》中论及"天本无心"，与人之"立心""存心"③。天本无心，但生成万物之功需归功于天，这就是"天地之仁"，人也需常存此心，勤勉于事，复归自然，不得离开须臾，唯有保持常存不失，才能德业长进。牟宗三也是在人与天的交互中来阐释"为天地立心"。他说："天之所以为天，上帝所以为上帝，依儒家，康德亦然，须完全靠自律道德（实践理性所规定的绝对圆满）来贞定，此即张横渠所谓'为天地立心'也。"④ 此论诚然，但张载更有其独特的易学逻辑。

首先，张载"立心"是在天地之间的既不寂灭、也不留恋自然身体的安身立命之过程。张载"以《易》为宗，以《中庸》为体，围绕着宇宙本体与价值本体建立了一个完整的理学体系"⑤。确实如此，张载为我们证明了一个不同于佛、道的天地，指示人们如何在这天地中树立人性。他的太虚本体论为易学中"天尊地卑"的秩序形成提供了理论证明，其实也确证天地并非幻象，天地之前并没有所谓"无"的存在，而离开了人的存在也无法想象另有天地的孤立存在。张载讨论性与心说："合虚与气，有性之名；合性与知觉，有心之

---

① （宋）张载：《张载集》，中华书局1978年版，第113页。
② （宋）张载：《张载集》，中华书局1978年版，第113页。
③ （宋）张载：《张载集》，中华书局1978年版，第266页。
④ 牟宗三：《圆善论》，吉林出版集团有限责任公司2010年版，第101页。
⑤ 余敦康：《内圣外王的贯通——北宋易学的现代阐释》，学林出版社1997年版，第263页。

名。"① 所谓"合",就是"立心","立心"不是孤立地来讨论"心"之用,而是太虚本体论、宇宙论的展开,这是一个实践过程,其中包括建立一种区分于佛、道心性的,新的儒家心性论。

反对佛、道思想是理解张载"为天地立心"的前提,知晓张载建立太虚本体论、新的儒家心性论的历史文化背景,更能体会到他的文化人格之伟大和理论创造力之惊人。他敏锐地直指佛老之学的重大缺陷:

《正蒙·大心篇》:"释氏不知天命而以心法起灭天地,以小缘大,以末缘本,其不能穷而谓之幻妄,真所谓疑冰者与!"②

《正蒙·大心篇》:"释氏妄意天性而不知范围天用,反以六根之微因缘天地。"③

《正蒙·太和篇》:"诸子浅妄,有有无之分,非穷理之学也。"④

《正蒙·大易篇》:"《大易》不言有无,言有无,诸子之陋也。"⑤

以心法起灭天地、以六根因缘天地。这样的妄意天性,必然导致梦幻人世,而不知范围天地之用,也必然会离人性越来越远;至于议论有无,主张有生于无的自然论,必然将世界截分两橛,导致虚无主义。佛老之学不是穷理尽性之学,不是为天地立心之学,正如余敦康所说:"佛教以心法起灭天地,提出了种种似是而非的理论来论证天地虚幻不实,实际上是以空作为天地之心。困难之二来自道教的挑战。道教的宇宙论源于老子,老子提出了'天下万物生于有,有生

---

① (宋)张载:《张载集》,中华书局1978年版,第7页。
② (宋)张载:《张载集》,中华书局1978年版,第26页。
③ (宋)张载:《张载集》,中华书局1978年版,第26页。
④ (宋)张载:《张载集》,中华书局1978年版,第9页。
⑤ (宋)张载:《张载集》,中华书局1978年版,第48页。

于无'的理论，实际上是以无作为天地之心。"① 天地无心，但空无也绝不是天地之心，张载所立天地之心就在范围天地的穷理尽性之中。讨论天道性命不能为佛老的"恍惚梦幻"所掩，而应当以易道来范围天地。张载《正蒙·太和篇》说：

> 不悟一阴一阳范围天地、通乎昼夜、三极大中之矩，遂使儒、佛、老、庄混然一途。语天道性命者，不罔于恍惚梦幻，则定以"有生于无"，为穷高极微之论。入德之途，不知择术而求，多见其蔽于诐而陷于淫矣。②

儒家与佛老之区别在于承认天地之存在，在探赜索隐的基础上建立人性的天地、道德的本体、理想的境界。"立心"的过程即是一阴一阳的，既有道德建构，也存在认知与实践的易道过程，也就是《系辞上》所说的"《易》与天地准"。韩康伯注"作《易》以准天地"③，这个"准"是人与天地彼此相准，进而形成不同于佛老的自然观、性命观。从筮法上来看，一阴一阳之道是占筮和术数推算的前提和准则，阴阳变化通过数字得以表达，从而观占吉凶。人们以特定的自然之数为尺度，把客观对象放在确定的数量关系和数理模型中把握和认识，用"数"模拟和阐释生命世界中的时空秩序、因果关系、存在状态、发展趋势。更重要的是，这种阐释与具身认知的实践活动联系在一起，其结果是，建立了新的自然秩序、人文世界以及人的道德境界。

其次，张载的"立心"即是合性与知觉。这是《正蒙·太和篇》中所说的话。《周易·说卦》："和顺于道德而理于义，穷理尽性，以

---

① 余敦康：《内圣外王的贯通——北宋易学的现代阐释》，学林出版社1997年版，第280页。
② （宋）张载：《张载集》，中华书局1978年版，第8页。
③ 李学勤主编，（魏）王弼注，（唐）孔颖达疏：《周易正义》，北京大学出版社1999年版，第267页。

第五章 "横渠四句"的易学解读

至于命。"孔颖达疏曰："能穷极万物深妙之理，究尽生灵所禀之性。"① 孔颖达的解释突出了"穷理尽性"过程中的认知与心性发现。关于心性的讨论可以追溯到孟子。孟子主张人皆有不忍人之心，即怵惕恻隐之心，这种恻隐之心即是仁之端，仁必然要萌发为这个端，此端又可以最终发展为完善的仁。羞恶、辞让、是非之心作为义、礼、智之端，也是如此。"凡有四端于我者，知皆扩而充之矣，若火之始然，泉之始达。苟能充之，足以保四海；苟不充之，不足以事父母"②，而将此四端扩而充之，即是人性的实现，这也就是《尽心》中所谓"尽其心者，知其性也；知其性，则知天矣"③。张载所说的"合性与知觉"也即是尽心知性。张载又认为人性有湛一之性和攻取之欲的区别，"湛一，气之本；攻取，气之欲"④；人也有天地之性与气质之性的不同，即"形而后有气质之性，善反之则天地之性存焉。故气质之性，君子有弗性者焉"⑤。那么，张载的"立心"也即是返回到天地之性与湛一之性。可分两方面来说。

其一，张载主张穷神知化。《正蒙·乾称篇》："天人一物，辄生取舍，可谓知天乎？……大学当先知天德，知天德则知圣人，知鬼神。今浮屠极论要归，必谓死生转流，非得道不免，谓之悟道可乎？悟则有义有命，均死生，一天人，唯知昼夜，通阴阳，体之不二。"⑥强调先知天德，在与天为一的境界中确立人之位置，而不是企图逃离死生流转，以所谓悟道为归宿。《横渠易说·系辞下》曰："天人不须强分，《易》言天道，则与人事一滚论之，若分别则只是薄乎云尔。"⑦ 即主张不能割裂天、人，在天、人的一体性中来应物从事，

---

　　① 李学勤主编，（魏）王弼注，（唐）孔颖达疏：《周易正义》，北京大学出版社1999年版，第325页。
　　② 《孟子·公孙丑上》。
　　③ 李学勤主编，赵岐注，孙奭疏：《孟子注疏》，北京大学出版社1999年版，第350页。
　　④ （宋）张载：《张载集》，中华书局1978年版，第22页。
　　⑤ （宋）张载：《张载集》，中华书局1978年版，第23页。
　　⑥ （宋）张载：《张载集》，中华书局1978年版，第64页。
　　⑦ （宋）张载：《张载集》，中华书局1978年版，第232页。

· 99 ·

讨论天道。但是，天道既有不测之变，也有恒常之性，即《正蒙·天道篇》所谓"天之不测谓神，神而有常谓天"①，而圣人合乎天道的方法是无言、无心、无私、无为、无隐、诚信等，其文曰："天道四时行，百物生，无非至教；圣人之动，无非至德，夫何言哉！"②；"天不言而四时行，圣人神道设教而天下服。诚于此，动于彼，神之道与！"③；"天不言而信，神不怒而威；诚故信，无私故威"④；"'鼓万物而不与圣人同忧'，天道也。圣不可知也，无心之妙非有心所及也"⑤；"已诚而明，故能'不见而章，不动而变，无为而成'"⑥；"圣人有感无隐，正犹天道之神"⑦；等等。《正蒙·神化篇》也明确指出"无我而大"是穷神知化的方法，张载曰："神化者，天之良能，非人能；故大而位天德，然后能穷神知化"⑧；"无我而后大，大成性而后圣，圣位天德不可致知谓神。故神也者，圣而不可知"⑨。张载提出合乎阴阳之理，得运化之妙，与太虚合一，却又不着仁义之迹与治教之劳的、至高的道德境界。这一思路既重自然之理，也讲虚无之用，但最终是要落实在人心之上，即存神、存诚，张载曰："神不可致思，存焉可也；化不可助长，顺焉可也。"⑩

其二，张载立心之学还表现为"因物为心"与"合天心"，这是穷理尽心的独特思路。《张子语录下》："人本无心，因物为心。若只以闻见为心，但恐小却心。今盈天地之间者皆物也，如只据己之闻见，所接几何？安能尽天下之物？所以欲尽其心也。"⑪ "立心"是道

---

① （宋）张载：《张载集》，中华书局1978年版，第14页。
② （宋）张载：《张载集》，中华书局1978年版，第13页。
③ （宋）张载：《张载集》，中华书局1978年版，第14页。
④ （宋）张载：《张载集》，中华书局1978年版，第14页。
⑤ （宋）张载：《张载集》，中华书局1978年版，第14页。
⑥ （宋）张载：《张载集》，中华书局1978年版，第14页。
⑦ （宋）张载：《张载集》，中华书局1978年版，第15页。
⑧ （宋）张载：《张载集》，中华书局1978年版，第17页。
⑨ （宋）张载：《张载集》，中华书局1978年版，第17页。
⑩ （宋）张载：《张载集》，中华书局1978年版，第17页。
⑪ （宋）张载：《张载集》，中华书局1978年版，第333页。

德与天道的创造，也是及物的实践，为天地立心也必然落实在与物关联中。在与物关系中离不开感知，但张载告诫人们不能仅仅停留于闻见之上，而是要尽心穷理，在认知与实践中获得自由。张载所立之心并不是形而上的存在，也非思维实体，而是在天地万物之间的人的存在。张载发挥孟子尽心论，《正蒙·大心篇》曰："大其心则能体天下之物，物有未体，则心为有外。世人之心，止于闻见之狭。圣人尽性，不以见闻梏其心，其视天下无一物非我，孟子谓尽心则知性知天以此。天大无外，故有外之心不足以合天心。"① 大其心，就是体天下之物，不止于狭隘闻见，无一物非我，以无外之心合乎天心。张载接着提出"德行之知"，《正蒙·大心篇》说："见闻之知，乃物交而知，非德性所知；德性所知，不萌于见闻。由象识心，徇象丧心。知象者心，存象之心，亦象而已，谓之心，可乎？人谓己有知，由耳目有受也；人之有受，由内外之合也。知合内外于耳目之外，则其知也过人远矣。"② 他要超越闻见之知，超越心之虚象，"合内外于耳目之外"。这与其太虚本体论是一致的，其"立心"或穷理尽性的方法论奥妙也在这里。李泽厚说："张载所谓'为天地立心'，这在人类学历史本体论便不是理性道德的心，而是审美—宗教的心，也就是爱因斯坦讲的对宇宙的宗教情怀（cosmic religious feeling）。它不是'自然境界'的物欲主宰，也不是道德境界的理性主宰，而是理欲交融超道德的审美境界。从而它不是理性的宇宙论，而是人间的情本体，即人所塑建的自己的存在。"③ 李泽厚道出了张载"为天地立心"中因物为心的历史内容与穷神知化的、无限超越的天地精神。当然，其中精义依然需要回到张载的著述及其语境中体悟。

---

① （宋）张载：《张载集》，中华书局 1978 年版，第 24 页。
② （宋）张载：《张载集》，中华书局 1978 年版，第 24—25 页。
③ 李泽厚：《关于"美育代宗教"的杂谈答问》（2008 年），见刘再复《李泽厚美学概论》，生活·读书·新知三联书店 2009 年版，第 228 页。

三 为生民立命

龚杰认为,"'为生民立道',就是界定人应走的路、应循的理,也就是指什么是人,做人的标准是什么,并在此基础上深化了《四书》的人学思想"①。事实上,表现在人性那里的"道",必然与天命有关,天命落于人身即是性。"立道"固然是探究人应走的路与应循的理,但这种应然中蕴藏着必然,因而"立道"从根本上来讲即是"立命"。什么是命呢?命来源于"天"。天文家仰观天象俯察地理,了解日月的运行规律,建立了天文学,厘定方位和季节、节令,但同时,建立了帝庭体系,认为上帝居于天上,而人则要了解天命。因而,所谓命,其实就是天降于人的命令,不妨称为天命。殷商时代,认为气候变化、饥馑出现都与天命有关。这种思想保留在中国哲学中,到孔子哲学,有"五十而知天命"的说法,他不言怪、力、乱、神,罕言性与天道,那么这个天命是什么呢?

梁启超有言:"孔子所谓命,是指那自然界一定法则,不能拿人力转变者而言,他有时带说个天字,不过用来当做自然现象的代名词,并非像古代所说有意识的天。"② 即是说,天命是自然界的一定法则。卢雪昆说:"我们可以归结说,凡哲学上意指定然与当然者,亦即不受经验限制而具绝对普遍性和必然性者,皆以'天'表达之;因而'天'不是一个经验概念。仅从人的形而上的自然禀赋考论,'天'可表达统天地万物之超越根源而言之'最高者',以及可表达宇宙和人世间普遍的秩序与法则。"③ 我们承认"天命"或"天"是形而上的自然界与人世间的法则,但同时也需要指出,这一法则是由人自觉地建构而来的。面对自然和未知,人是有限的存在,但也有着无限的价值,人需要遵循自然规律,但人与自然注定是一体的,并在

---

① 龚杰:《张载评传》,南京大学出版社 2011 年版,第 83 页。
② 梁启超:《梁启超论儒家哲学》,商务印书馆 2012 年版,第 145 页。
③ 卢雪昆:《常道——回到孔子》,广西师范大学出版社 2016 年版,第 263—264 页。

此一体性中创立天地秩序。这也就是《周易》中所谓"易与天地准",即一方面探究自然规律,另一方面通过包括巫术理性在内的实践来建构自然。

《论语·子罕》曰:"子畏于匡,曰:'文王既没,文不在兹乎?天之将丧斯文也,后死者不得与于斯文也;天之未丧斯文也,匡人其如予何?'"(匡,地名,在今河南省长垣县西南;畏,受到威胁)① 公元前496年孔子从卫国到陈国,经过匡地,匡人曾受到鲁国阳虎的掠夺和残杀。孔子的相貌与阳虎相像,匡人误以为孔子就是阳虎,所以将他围困。孔子面对危难的人生困境,进行了对天命的思考,他将自己看作是文王的后继者,将个人的偶然遭遇和先王之教的流行结合起来,虽然承认了个人的某种有限性,但将个人与天命、先王之教联结为一,进而凸显了个人大无畏的担当精神。不难发现,孔子的天命观表现为:在承认个人局限的前提下,意识到一己的责任与使命,并在天人关系中开物成务,辉光日新。梁启超先生指出,孔子天命有"过于重视天行,不敢反抗"之弊端②,但忽视了孔子顺应天行、知其不可为而为之的生命意志。

牟宗三论命也反对命定主义,重视进德修业,他说:"'命'是个体生命与气化方面相顺或不相顺的一个'内在的限制'之虚概念","生"是个体存在于世界,不是命;个体的遭际比如幸福与不幸福,便是命。牟宗三认为"命""落在'个体生命与无穷复杂的气化之相顺或不相顺'之分际上"③,牟氏突出了"命"所指示的某种局限感,甚至将命解释为因气禀不同而出现的"命限之差"④,因而他在阐释孟子"立命"时,流露出消极的自然主义色彩。其文曰:"孟子说'夭寿不贰,修身以俟之,所以立命也'。这是说不论短命

---

① 牟宗三:《圆善论》,吉林出版集团有限责任公司2010年版,第104页。
② 梁启超:《梁启超论儒家哲学》,商务印书馆2012年版,第146页。
③ 牟宗三:《圆善论》,吉林出版集团有限责任公司2010年版,第105页。
④ 牟宗三:《圆善论》,吉林出版集团有限责任公司2010年版,第114页。

或寿考,皆不怀贰、携贰、心中摇动以改其常度,只尽其所当为以俟或夭或寿之自然之来临,这便是所依以确立命限一观念之唯一途径。"① 事实上,讨论"立命",即使不得不考虑到气禀因素,但更应当注重在"命限"之内的使命与担当。有论者说:"在张载这里,'立命',就是要显立天之所赋,显立天之所赋而来的人的本然正性,与基于此的践仁行义的人道,以期许天人合德的理想人格的达成与挺立,促成有序和谐理想生活世界的实现。可见,'立命'已涵盖'立道'的意蕴于其中。"② 此论诚然,所谓命限固然不可回避,但人之本然正性无论何种命限,必然存在;在历史实践中发挥人性,即是"立命"。

余敦康先生将"为生民立命"阐释为"履行道德义务""遏恶扬善成圣成贤""激发人的道德的自觉"的过程③,主要讨论性命理想④,但张载立命论主要是出于立足人之生命局限与特定社会立场而作的具有道德责任的躬身履践。人有天地之性与气质之性,从气质之性回到天命之性是个人的气质变化,即知"有命"而"必受命",这就是所谓"立命"。《正蒙·诚明篇》曰:

> 德不胜气,性命于气;德胜其气,性命于德。穷理尽性,则性天德,命天理,气之不可变者,独死生修夭而已。故论死生则曰"有命",以言其气也;语富贵则曰"在天",以言其理也。此大德所以必受命,易简理得而成位乎天地之中也。⑤

一方面,生而为人,各有禀赋,所以在生死寿夭方面命限不同;

---

① 牟宗三:《圆善论》,吉林出版集团有限责任公司2010年版,第106页。
② 王新春:《"横渠四句"的生命自觉意识与易学"三才"之道》,《哲学研究》2014年第5期。
③ 余敦康:《内圣外王的贯通——北宋易学的现代阐释》,学林出版社1997年版,第320页。
④ 余敦康:《内圣外王的贯通——北宋易学的现代阐释》,学林出版社1997年版,第308—335页。
⑤ (宋)张载:《张载集》,中华书局1978年版,第23页。

第五章 "横渠四句"的易学解读

另一方面，人有其自由意志，必然穷理尽性，以天德为性，以天理为命，成位乎天地之中。"成位"即是成性、成圣、成就功业与道德。张载注《周易·系辞上》"一阴一阳之谓道"说："一阴一阳是道也，能继继体此而不已者，善也。善，犹言能继此者也；其成就之者，则必俟见性，是之谓圣。"① 这种超越人之局限，在天地之间实现理想存在的生命实践就是"立命"。

张载的"立命"论基于其易学，因而体现了神圣的人格精神，这与他恢复儒家古学，发扬圣人精神，树立新的人格范式的学问抱负是一脉相承的。在此意义上，张载"立命"一定是"为生民"的，他重新阐扬了周朝的天命观。

赵汀阳对周朝天命观有非常好的见解，他认为，"周以德行重新定义了天命。这是一个意义深远的革命"②，周朝的此次神学革命带来了思想上的重大变化，主要表现为："以德行去重新定义享有天命的资格，这意味着天命可以变更"；"行为决定命运""未来不是预定的，而由人与天的互动而后定"；"对未来的重新理解建立了以历史性为核心的存在意识"；"周人意识到最能够直接证明德行的证据就是民心"③；等等。张载天命观中具有上述思想内容，其"立命"论有着强烈的实践精神和社会历史意识，并将其德行落实于民心，他在理论上给以自觉的确认。《正蒙·乾称篇》曰：

> 乾称父，坤称母；予兹藐焉，乃混然中处。故天地之塞，吾其体；天地之帅，吾其性。民吾同胞；物吾与也。大君者，吾父母宗子；其大臣，宗子之家相也。尊高年，所以长其长；慈孤弱，所以幼吾幼。圣其合德；贤其秀也。凡天下疲癃残疾、惸独

---

① （宋）张载：《张载集》，中华书局1978年版，第187页。
② 赵汀阳：《天下的当代性——世界秩序的实践与想象》，中信出版社2016年版，第92页。
③ 赵汀阳：《天下的当代性——世界秩序的实践与想象》，中信出版社2016年版，第90—104页。

鳏寡，皆吾兄弟之颠连而无告者也。于时保之，子之翼也；乐且不忧，纯乎孝者也。违曰悖德，害仁曰贼；济恶者不才，其践形，唯肖者也。知化则善述其事，穷神则善继其志。不愧屋漏为无忝，存心养性为匪懈。①

张载将伦理秩序和易之秩序进行比类，"民吾同胞，物吾与也"，概括了人与世界的特定关系。天地是万物父母，渺小的自我处于天地之间，那么，充塞于天地之间的就是"我"的形色之体，而引领统帅天地万物的，就是"我"的天然本性；民众是"我"的同胞，万物乃"我"同类；圣人君子将仁爱之生命和道德实践充满在天地间，即"知化则善述其事，穷神则善继其志"。由此看来，"为生民立命"具有天然的神圣性、民本倾向、圣人气质。

四　继往圣绝学，开万世太平

对于圣人观念的讲求及其人格理想的效仿是北宋前期重要的政治期许和文化图景。伴随着对儒家经典的重新发现，也伴随着重视儒家性命之学的复兴，以及新的儒家人格精神的建构，圣人意识得以倡导和发扬。儒家之道关乎经典文本、礼乐制度、日常履践，它从来不是空洞的抽象概念，它必然借助圣人君子得以传承和推行。与张载同时代的范仲淹、欧阳修、王安石、曾巩、苏轼等人都借助儒家经典，特别是《周易》，来发挥圣人精神，建构君子道德，推行先王之教，体证先圣学问，张横渠"继往圣之绝学"的理路即与《周易》有关。张氏注"易与天地准，故能弥纶天地之道"曰："言'弥纶''范围'，此语必夫子所造。弥者弥缝缀缉之义；纶者往来经营之义。易之为书与天地准。……圣人与人撰出一法律之书，使人知所向避，《易》之义也。"② 这即是说，易书与天地彼此相准，一方面对天地物

---

① （宋）张载：《张载集》，中华书局1978年版，第62页。
② （宋）张载：《张载集》，中华书局1978年版，第181—182页。

第五章 "横渠四句"的易学解读

理的探测，另一方面在此基础上为天地立法。而圣人即是撰出"法律"之书的主体，圣人之学就是与佛道之学不同的、以巫术理性探赜索隐且建立道德秩序的绝学。具体表现为，观察天文物理，而知阴阳变化、刚柔盛衰以及死生之说——这是一种由明而诚的天人合一之学，《周易·系辞上》曰："仰以观于天文，俯以察于地理，是故知幽明之故；原始以反终，故知死生之说。"张载注曰："其语到实际，则以人生为幻妄，以有为为疣赘，以世界为阴浊，遂厌而不有，遗而弗存。……儒者则因明致诚，因诚致明，故天人合一，致学而可以成圣，得天而未始遗人。"[①]王船山在《张子正蒙注·序论》中说："张子言无非易，立天、立地、立人，反经研几，精义存神，以纲维三才，贞生而安死，则往圣之传，非张子其孰与归！"[②]此论诚然。此外，张载继韩愈、石介等人之后梳理了一个圣学传承的道统，即以伏羲、神农、黄帝、尧、舜、禹、汤为物质生产、礼乐制度、价值规范的制作者，武王、周公、孔子则为继述者[③]。

相较于当时的佛老之学，儒学更为精微正大，张载是深有体会的。因而，"继往圣之绝学"的现实任务就是兴复儒学、反对佛老。张载《圣心》诗曰："圣心难用浅心求，圣学须专礼法修。千五百年无孔子，尽因通变老优游。"于此可见横渠先生直接孔子圣学的抱负，而求证圣心、修明礼法是儒家学问的门径。张载建立了一套非常谨严的儒家形而上学，讨论心性命理，履践礼乐制度，在学理上揭露佛、道之弊：

>《横渠易说·系辞上》："释氏之言性不识易，识易然后尽性，盖易则有无动静可以兼而不偏举也。"[④]

---

① （宋）张载：《张载集》，中华书局1978年版，第183页。
② （清）王夫之：《张子正蒙注》，中华书局1975年版，第4页。
③ 余敦康：《内圣外王的贯通——北宋易学的现代阐释》，学林出版社1997年版，第342页。
④ （宋）张载：《张载集》，中华书局1978年版，第206页。

《正蒙·中正篇》:"儒者穷理,故率性可以谓之道。浮图不知穷理而自谓之性,故其说不可推而行。"①

《正蒙·三十篇》:"三十器于礼,非强立之谓也。四十精义致用,时措而不疑。五十穷理尽性,至天之命;然不可自谓之至,故曰知。六十尽人物之性,声入心通。七十与天同德,不思不勉,从容中道。"②

《太和篇》:"天地之气,虽聚散、攻取百涂,然其为理也顺而不妄。气之为物,散入无形,适得吾体;聚为有象,不失吾常。太虚不能无气,气不能不聚而为万物,万物不能不散而为太虚。循是出入,是皆不得已而然也。"③

儒学是穷理尽性之学,张载反对浮屠之学不知穷理,妄意天性,具体而言,儒家以易学尽性,释家不识易而尽性。所谓以易尽性,就是在有无动静的变化中认知造化,理解生命,建构价值理想。正如孔子,其穷理尽性贯穿于人的生命始终,遵循中道,由日常礼乐之实践直至于"与天同德",生命即在当下,生活不在别处。气有聚散,理在其中,以神化为本体,但万物散而为太虚,不滞留为神体。这种太虚本体论反映于人性论,即是人立足天地之间发扬神圣之人性,并与天地合其德,建立人间的理想世界,也即所谓"为万世开太平"。

按照龚杰先生的考证,"太平"是汉代就提出来的,所谓太平就是安定和谐,也指人民的财富公平。北宋中期以后土地兼并严重,财富不均,为此恢复井田,均贫富;重建封建,适当分权;推行礼制,变法求新。④ 张载中进士后,先后任祁州(今河北安国)司法参军、云岩县令(今陕西宜川境内)著作佐郎、签书渭州(今甘肃平凉)军事判官等

---

① (宋)张载:《张载集》,中华书局1978年版,第31页。
② (宋)张载:《张载集》,中华书局1978年版,第40页。
③ (宋)张载:《张载集》,中华书局1978年版,第7页。
④ 龚杰:《张载评传》,南京大学出版社2011年版,第172—196页。

职。在做云岩县令时，办事认真，政令严明，处理政事以"敦本善俗"为先，推行德政，重视道德教育，提倡尊老爱幼的社会风尚，每月初一召集乡里老人到县衙聚会，常设酒食款待，席间询问民间疾苦，提出训诫子女的道理和要求，每次都召集乡老，反复叮咛到会的人，让他们转告乡民，他发出的教告流行乡里，为村夫、民妇、童子所接受。

毫无疑问，张载是推行儒家教化、谋求长久治道的实践家，其"为万世开太平"，在理论上也是可以证明的。"万世"指时间的久远或永恒，也指生命伦理空间的生生不已，这种太平气象又是在现实空间中可以实现的。正如前文所论，"一故神，两故化"，张载本体论上强调神化，但也强调返回太虚，始终重视物性，其"太虚"也即"天地"，这"天地"是价值秩序，也落实于物理空间，即"人鲜识天，天竟不可方体，姑指日月星辰处，视以为天"[①]。张载将易道模式引入自然化生与人事展开中，在论及天地秩序时，凸显主体与天地构成的物理关联性，《横渠易说·系辞上》说："不言高卑而曰卑高者亦有义，高以下为基，亦是人先见卑处，然后见高也。"[②] 论及人事社会时，以乾坤为父母，阐释血缘与伦理关系在现实空间中的延伸，张载力辟佛、道，构筑出一个真实不灭的世界。这个世界是可持续地趋向于永恒的理想世界。

[①] （宋）张载：《张载集》，中华书局1978年版，第177页。
[②] （宋）张载：《张载集》，中华书局1978年版，第177页。

第六章　苏轼的象外之象及其显象赋形范式

　　意象是中国诗学中非常重要的诗学命题，它存在于以意—象—言为一体的儒家诗学体系中。诗歌创作或诗学思考无法脱离"意象"这一普遍性概念，但中国诗学中的意象论却又有着深刻的哲学意蕴和独特的源流谱系。刘勰意象论可以说是对比兴论的发展，他在形神分离论、易道哲学、佛学视野下提出"拟容取心"[①]"物以貌求、心以理应"的取象原则[②]，也设置了以"志气/辞令"为乾坤的易道模式，即《神思》篇所谓"志气统其关键""辞令管其枢机"[③]，建构了意、象、言的诗歌生成模式，将易学阐释学与诗学完美地结合在一起，极富创造性地处理了诗歌创作中的心与物、神思与理性、语言与意象之间的关系问题。在杨万里的诗学体系中，也延续了意—象—言话语系统，提出"万象毕来"[④]，

---

　　① （南朝梁）刘勰著，范文澜注：《文心雕龙注》"比兴"，人民文学出版社1958年版，第603页。
　　② （南朝梁）刘勰著，范文澜注：《文心雕龙注》"神思"，人民文学出版社1958年版，第495页。
　　③ （南朝梁）刘勰著，范文澜注：《文心雕龙注》"神思"，人民文学出版社1958年版，第493页。
　　④ （宋）杨万里：《诚斋荆溪集序》，杨万里撰，辛更儒笺校：《杨万里集笺校》第六册，中华书局2007年版，第3260页。

"去词去意"等诗学方法与主张①,当然,这也是在《诚斋易传》《易论》的理论框架下建构的诗学逻辑。在意象论方面,作为杨万里之前导、刘勰之继承者,苏轼同样具有严谨的理论机理与天才式的创造性——以易道为理论基点,建构了象外之象论,并为我们提供了具有深刻文化意蕴的显象赋形范式。

一 形象成而变化自见

"意象"一词直接出现在苏轼《赠王仲素寺丞》中,其中有"苦恨闻道晚,意象飒已凄"之句②;在尺牍《与米元章二十八首》其二十二中,有"某昨日归卧,遂夜。海外久无此热,殆不堪怀。柳子厚所谓意象非中国人也"的说法③。"意象"在苏轼这里指身体与心理上的气象,堪称一种对人生状态的诗意表达,其间体现着冷静的自我观照。当然,在苏轼的诗学中,对于取象和"象外之象"是极其重视的,最为著名的论述是"诗中有画""画中有诗"④,即重视诗歌中的形象与画面感,重视绘画中的情感节奏与诗性意趣,企图以这种可触可感且意蕴深长的意象来创造艺术的境界,可谓苏轼典型的意象观。苏轼在《次韵吴传正枯木歌》中,描述了创作中"万象叠现,妙想无穷"的艺术体验,即"龙眠胸中有千驷,不独画肉兼画骨""东南山水相招呼,万象入我摩尼珠"⑤,张少康先生说:"艺术家必待胸中有万象叠现,然后驰骋神思,自有'妙想'之萌发"⑥,诚乃

---

① (宋)杨万里:《颐庵诗集序》,杨万里撰,辛更儒笺校:《杨万里集笺校》,中华书局2007年版,第六册,第3332页。
② (清)王文诰辑注,孔凡礼点校:《苏轼诗集》,中华书局1982年版,第三册,第751页。
③ 孔凡礼点校:《苏轼文集》,中华书局1986年版,第四册,第1781页。
④ 苏轼:《书摩诘蓝田烟雨图》,苏轼撰,孔凡礼点校:《苏轼文集》,中华书局1986年版,第五册,第2209页。
⑤ (清)王文诰辑注,孔凡礼点校:《苏轼诗集》,中华书局1982年版,第六册,第1962页。
⑥ 张少康:《苏轼的艺术创作论》,《古典文艺美学论稿》,中国社会科学出版社1988年版,第356页。

确论。至于如何将"万象"如系风捕影一般付诸笔墨，苏轼也提供了具体的技术与艺术方法。值得讨论的是，作为哲学家、艺术家的苏轼之意象论，不仅源自其创作实践或艺术感悟，而且还存在于其哲学体系的整体架构中，具有深刻而独特的思想内涵和强大而谨严的逻辑力量。

苏轼诗艺思想的整体结构与《东坡易传》中的哲学理路颇为一致，其哲学中的本体论、宇宙论、方法论投射在他的诗学中，形成了诸多重要的诗学命题，苏轼意象论也是如此。《东坡易传》虽是苏轼贬官黄州时开始撰写，后又不断修改直到生命垂危之际，但是，此书的写作却是继承父志而作——苏洵精研《太玄》欲作《易传》未成。可以说，易学是苏轼的家学，其政治思想、处世智慧、审美方法、诗学观念无不受易学影响。

在苏轼为《系辞》所作"传"中，表达了他个性鲜明的自然论和阐释观念，他以"象"论宇宙之生成，认为在自然化生时，以"象"予以显现。《系辞上》曰："是故刚柔相摩，八卦相荡。鼓之以雷霆，润之以风雨，日月运行，一寒一暑，乾道成男，坤道成女。"东坡传曰："天地之间，或贵或贱，未有位之者也，卑高陈，而贵贱自位矣。或刚或柔，未有断之者也，动静常，而刚柔自断矣。或吉或凶，未有生之者也，类聚群分，而吉凶自生矣。或变或化，未有见之者也，形象成，而变化自见矣。是故刚柔相摩，八卦相荡，雷霆风雨，日月寒暑，更用迭作于其间，杂然施之，而未尝有择也，忽然成之，而未尝有意也。"[①] 在苏轼看来，天地之间并不存在贵贱之位的先天安排者，只是因为卑高陈列，故而贵贱之分便自然而生。同样的道理，"刚柔"可自断，"吉凶"乃自生，至于"变化"之所以发生，也并不因为背后存在着驱动者与显现者，而是因为"形象"生成，而"变化"就自然呈现了。雷霆风雨、日月寒暑的更迭也不曾有选

---

① （宋）苏轼：《东坡易传》卷7，上海古籍出版社1989年版，第120页。

第六章 苏轼的象外之象及其显象赋形范式

择,乃是"未尝有意","忽然成之"。苏轼在承认秩序的前提下,提出了无意而成、"用息而功显"的宇宙论。苏轼论及乾坤、男女之道时说:"及其用息而功显,体分而名立,则得乾道者自成男,得坤道者自成女。夫男者,岂乾以其刚强之德为之,女者岂坤以其柔顺之道造之哉!我有是道,物各得之,如是而已矣。"① 即是说,乾坤之道自然产生,得乾道者自成男,得坤道者自成女;并非乾以刚强之德作用而成男,也不是坤以柔顺之道作用而成女。事物的生成亦然,一者是无意之道,一者是物自得之。这个道之本体并不是无本身,乃是无意于用,用息功显。

那么,前文所提及的"卑高""动静",乃至乾坤之道,又是如何而来呢?苏轼提出"一而两于所在"的说法。他在阐释《系辞》"在天成象,在地成形,变化见矣"时说:"天地一物也,阴阳一气也,或为象,或为形,所在之不同,故在云者明其一也。象者形之精华,发于上者也,形者象之体质,留于下者也。人见其上下,直以为两矣,岂知其未尝不一邪?繇是观之,世之所谓变化者,未尝不出于一而两于所在也。自两以往,有不可胜计者矣。故在天成象,在地成形,变化之始也。"② 这一思想整体看来依然是气化论,突出了化生过程中的气、物、形、象观念,但从根本上来说,都是"一而两于所在"的结果。"一而两"是变化的本性——这一点类似于张载"一故神,两故化"的气化思想③;"于所在"是指各得其所之意。在此,苏轼论证了气、物、形、象具有的先天的自足与自由,我们不妨又可称之为"象本论",即"象"的成就与变化就是易道本身。在易道方面,苏轼既没有抽象地以阴阳变化为本体,也没有以八卦相荡为本体,而是突出了象的自化;摄取了王弼注《易》中"无"的思想,

---

① (宋)苏轼:《东坡易传》卷7,上海古籍出版社1989年版,第120页。
② (宋)苏轼:《东坡易传》卷7,上海古籍出版社1989年版,第120页。
③ (明)王夫之:《张子正蒙注·参两篇》,(明)王夫之《船山全书》第12册,岳麓书社2011年版,第46页。

却消解其无本体论，强调无意之用，突出了"无我"的精神；吸收了张载的"一故神，两故化"的化生观念，但并未停留在太虚与心本体上，释卸了为"天地立心"的道德承诺，而绽放出生命主体的如水般活泼而自由的情性与趣味。

与其哲学思想相颉颃，苏轼诗学中的"初无定质"[①]"随物赋形"[②]，就是"我有是道，物各得之""形象成而变化见"等观念在诗学中的落实。此种以通透而深刻的哲学思想作为理论支撑的新的意象论，无疑是具有独特个性的，而在将道论与文论、意象论几乎可以合而为一这一点上，苏轼与刘勰之文道逻辑极具异曲同工之妙。另外，苏轼在宇宙论上重视"形""象"变化，这一思路，也导致了他以象释象的阐释观念。苏轼为"天地变化圣人效之，天垂象见吉凶圣人象之"作传曰：

> 天生神物，圣人则之，则之者，则其无心而知吉凶也。天地变化，圣人效之，效之者，效其体一而周万物也。天垂象，见吉凶，圣人象之，象之者，象其不言而以象告也。《河图》《洛书》其详不可得而闻矣，然著于《易》，见于《论语》，不可诬也。而今学者或疑焉，山川之出图书，有时而然也。魏晋之间，张掖出石图，文字粲然，时无圣人，莫识其义尔，《河图》《洛书》岂足怪哉！且此四者，圣人之所取象，以作易也。当是之时，有其象而无其辞，示人以其意而已。故曰："易有四象"，所以示也。圣人以后世为不足以知也，故系辞以告之，定吉凶以断之，圣人之忧世也深矣。[③]

[①]（宋）苏轼：《与谢民师推官书》，苏轼撰，孔凡礼点校：《苏轼文集》，中华书局1986年版，第四册，第1418页。

[②]（宋）苏轼：《自评文》，苏轼撰，孔凡礼点校：《苏轼文集》，中华书局1986年版，第五册，第2069页。

[③]（宋）苏轼：《东坡易传》卷7，上海古籍出版社1989年版，第133页。

苏轼承认自然变化中的不测之神，圣人因其无心而知吉凶；天地变化，圣人效仿，故能"体一而周万物"。具体而言，上天垂象而圣人象之，因为垂象无言，所以圣人必然借象以昭示神明变化，卦象之作就是圣人取象《河图》《洛书》而来。初创之时，有象无辞，但足以向人们显现道之真谛或圣人之意。而之所以系以卦爻辞，是因为圣人担心后世无法充分知晓其意。在此，苏轼凸显了"象"在易道中的核心地位，它显现变化之神，昭示吉凶之理；而从圣人角度而言，"象"或卦象又是显示无言真谛的方式。在阐释"立象以尽意"时，《东坡易传》说："圣人非不欲正言也，以为有不可胜言者，惟象为能尽之。故孟轲之譬喻，立象之小者也。"① 这里有两层意思，其一，立象可以尽不可胜言之意；其二，将孟子"譬喻"纳入立象尽意之传统中。这一思路若进入诗学或审美领域，"象"就成为创作或审美的核心要素，而且，"象"的昭示与仿效过程也即是"道"的过程。

二 随物赋形与自然之数

在哲学观念上，苏轼主张"象本论"，在诗学上，则重视意象论。正如少康先生的论断"苏轼强调'随物赋形'的目的在要求艺术形象的刻画应以合乎自然造化为最高标准"②，确实如此，苏轼一方面重视形象描摹，另一方面又在法度、数理上提出标准。我们可用"随物赋形"与合"自然之数"来描述其意象论特质，这将涉及在意象生成过程中的构形与尺度及两者的关系问题，在苏轼这里，自然数理的达成就是进入自然之道的途径，精密的数理追求为他的形象刻画和传神写照提供了技术前提。

"形象成，而变化自见"是苏轼的宇宙观之一，气、物、形、

---

① （宋）苏轼：《东坡易传》卷7，上海古籍出版社1989年版，第133页。
② 张少康、刘三富：《中国文学理论批评发展史》（下），北京大学出版社1995年版，第24页。

象中，其内在地具有的"一而两"的属性是自身变化的动因，"我有是道，物各得之"，也可从这一根本观念推导出来。而这一哲学观念在苏轼诗学中体现为"初无定质""随物赋形"。苏轼曰："所示书教及诗赋杂文，观之熟矣。大略如行云流水，初无定质，但常行于所当行，常止于所不可不止，文理自然，姿态横生。"① 即主张在无我的审美中使文章自然生成，在过程中呈现出丰富鲜活的姿态风格，如行云流水一般，遇物而化。《自评文》中也有类似文字：

> 吾文如万斛泉源，不择地皆可出，在平地滔滔汩汩，虽一日千里无难。及其与山石曲折，随物赋形，而不可知也。所可知者，常行于所当行，常止于不可不止，如是而已矣。其他虽吾亦不能知也。②

文章的触发与生成如同不择地而出的泉水，自由奔放、一日千里，生生不息、滔滔汩汩，自在无我。当遭遇山石时，便与物委蛇，随物赋形，而这个过程中，它是无知的，正因为无知无我，所以能与物俱化，成就新的样态和境遇，形成新的变化。当然，变化本身不离"自然"，故而又有着"常行于所当行，止于不可不止"的得道体验。"可知"的是，作为新的形式的文章本身的"行"与"止"，"不可知"者在于，"随物赋形"的心物遇合中，作者"用息功显"，在某种虚无的自由中而形象自现、变化自成。

无论是诗人还是画家，写气图貌或勾勒形色是在艺术创作中不可或缺的步骤，而如何看见外物之形貌，如何体验并摹写外物之形状则

---

① （宋）苏轼：《与谢民师推官书》，苏轼撰，孔凡礼点校：《苏轼文集》，中华书局1986年版，第四册，第1418页。
② （宋）苏轼：《自评文》，苏轼撰，孔凡礼点校：《苏轼文集》，中华书局1986年版，第五册，第2069页。

是一个严肃的艺术问题,也是哲学问题。在漫长的历史过程中,中国人建构着种种心物模式,来阐释他们与世界的关系,苏轼也建构了他在哲学与美学上的心物关系论。如何"赋形"?苏轼主张"随物",如何"随物"?他将这一过程阐释为"无为"和"自在"的与自然同化,这就一方面保证了穷形尽相的意象显现,另一方面也在这种显现中完成了物与"我"的新的关系的形成,而这种关系在苏轼看来是合乎自然的,也即创造的艺术境界合于自然之道。正如张少康先生所说:"形象描写的准则应当是'随物赋形'而'尽物之态',这样才能达到和自然同化的最高审美理想。"①

这样的取象构形方式中,不仅渗透着其《易传》哲学观念,而且也蕴含着佛道智慧,特别是《庄子》的"物化"观念。张少康先生论述了苏轼艺术构思中的物化思想,及与庄子"物化"论之间的关系②,发人深思。

"物化"一词出现在《庄子》中多处,如在《天地》《则阳》《知北游》《天道》《齐物论》《达生》等篇章中,其基本意义是指自然应物的人与外物关系的模式。而理想的"物化"则是《齐物论》中庄生梦蝶与《达生》中的"指与物化",这一"物化"所呈现的是泯却是非、消解彼此的道通为一的哲学与美学境界。《庄子·齐物论》说:"昔者庄周梦为蝴蝶,栩栩然蝴蝶也,自喻适志与!不知周也。俄然觉,则蘧蘧然周也。不知周之梦为蝴蝶与?蝴蝶之梦为周与?周与蝴蝶,则必有分矣。此之谓'物化'。"③庄周与蝴蝶截然为二物,在梦中却栩栩然为蝴蝶,而梦醒之后又不知是庄周梦蝶还是蝶梦庄周?这是勘破梦与现实界限、蝴蝶与人生之别的境界。其实,这是与物冥冥、消解自我的状态,但这一境界的前提又是周与蝴蝶

---

① 张少康、刘三富:《中国文学理论批评发展史》(下),北京大学出版社1995年版,第24页。
② 张少康、刘三富:《中国文学理论批评发展史》(下),北京大学出版社1995年版,第18—20页。
③ 陈鼓应注译:《庄子今注今译》,中华书局1983年版,第92页。

"必有分矣"的情形。可见,"物化"不仅需要物我合一,更需要物我有分,唯有如此,物与"我"才得自由。关于此处"物化"的解读林林总总,大多落于虚玄,当代有学者在其著作中对"物化"着墨较多,但将物化与所谓西方"对象化"模式对立起来,认为物化是"形骸俱释的陶醉和一念常惺的彻悟"[1],依然忽视了《庄子》齐物观念、物化论中的理性因素,而将庄子道境只看作精神与心理上的体验。这种观点在当下是颇具代表性的。

庄子所谓"物化"不是停留在精神层面的与道合一的假象,更多地具有实践精神,他总是基于肉体及其活动,来抵达道的境界。《达生》中的"物化"即强调其实操性,以身体对物的行动克服异质间距,超越物之障碍,直至解放身心而得道。其文曰:"工倕旋而盖规矩,指与物化而不以心稽,故其灵台一而不桎。忘足,屦之适也;忘要,带之适也;知忘是非,心之适也;不内变,不外从,事会之适也;始乎适而未尝不适者,忘适之适也。"[2] 这即是说,工倕画圆时,其心唯一,乃至手物两忘,所画之圆便自中规矩,这是其技入乎神的缘故,在此过程中,人心自由,忘却是非,可谓无心而为,一任自然,这就是"物化"。这个"自然"的境界是人与物,即心、手、笔共同达成的,它们一起进入了所谓的理想中的自然。"物化"就是在面对外物时的得道状态,无论是庄子还是苏轼,他们都认为得道的状态不仅是在心理领域,而且是在实践领域中。画圆这一行为是无心而运笔,手不知笔、笔不知手的过程,但不可忽略工倕长期以来的对外物的勘察和技术修炼。因而,"物化"同时又是一个实践行为,在其超越感觉理性的境界背后,累积着主体的认知和实践。

在这个意义上,得自然之数是"物化"的另一个侧面。苏轼引

---

[1] 郑开:《道家形而上学研究》(增订版),中国人民大学出版社2018年版,第99—100页。

[2] 陈鼓应注译:《庄子今注今译》,中华书局1983年版,第492页。

入庄子"物化"思想,足以进一步建构诗学中"随物赋形"时的心物模式,并有效摄入了技与道、自然与法度、感性与理性等重要话题。在此有必要关注苏轼《书晁补之所藏与可画竹三首》,其一曰:"与可画竹时,见竹不见人。岂独不见人,嗒然遗其身。其身与竹化,无穷出清新。庄周世无有,谁知此疑神。"[1]"嗒然遗其身"是创作者无心忘我的状态,也即是庄子《齐物论》中所谓"丧我",唯有如此,才能够"身与竹化",进入无穷的生生不息的艺术境界。这里的"身"指肉体和感觉,在肉体和竹子之间天然地存在着障碍,竹子是竹子,肉体是肉体,竹子的清新自然使画家心向往之,但这种审美又不仅仅停留在心理领域,而是要付诸笔端,落于纸面。首先竹子之美必须通过画家的感官,这种美欲落于纸上,又必须身心俱忘,在使用手笔的同时忘记手笔的存在,因而出现了心、手、笔墨、竹的合一,进入"疑神"的道境。在理论上讲,"疑神""丧我""物化"是同一的,"见竹不见人"乃至"嗒然遗其身",乃至"身与竹化","无穷出清新"是同一的。不过,这种同一性以身心分裂、心物分裂、身物分裂为前提,身、心、物的化合入神,建立在它们各尽其分的自由之上。只有如此,才能看见和体察到竹子的形态与神采,并能将其从竹子那里剥离出来,形成独立自由的意象,而这种自由也只能是画家给予的,他将自己的心神投射其中了。所以,在讨论"物化"时,我们需要深入体察《庄子·齐物论》中所谓"彼是莫得其偶,谓之道枢"[2],入于"道枢"即是可因应无穷,而"彼此是莫得其偶"是前提,万物之间包括人与物之间本身存在着彼此关系,这种关系导致各不自由,因而解脱彼此关系就是道通为一的前提,而如何解脱也是一个实践问题,不是心理问题或纯粹的哲学思辨问题。因而,我们在讨论"物化"状态下的心物合一时,尚需重视心与物的

---

[1] (清)王文诰辑注,孔凡礼点校:《苏轼诗集》,中华书局1982年版,第五册,第1522页。

[2] 陈鼓应注译:《庄子今注今译》,中华书局1983年版,第492页。

各自独立与自由，以及两者间的认知、实践、审美关系。

"物化"是道的境界，但离不开漫长的实践过程。"随物赋形"中体现着"物化"的智慧与境界，同样也离不开创作主体技艺经验的长期积累和对世界的探赜索隐。如何与物俱化，如何在心物关系中建立物与心的自由，如何将自然之道灌注于完美的艺术世界，还依赖于人与世界建立的某种理性关系。而这种理性，苏轼也称之为"自然之数"。

自然之数是"物化"的数理基础，因为"物化"既不是灵感也不是心理的幻境。苏轼《墨花》诗中有"造物本无物，忽然非所难。花心起墨晕，春色散毫端。缥缈形才具，扶疏态自完"之句①，在虚无为用的自然论的基础上，表达了意象显现后又需合乎自然的美学观念。如何能合乎自然？就是要知其"所以然"或是在认知与技艺上"妙算毫厘"。苏轼《李潭六马图赞》写道："六马异态，以似为妍。画师何从，得所以然。相彼痒者，举唇见咽。方其痒时，槁木万钱。络以金玉，非为所便。乌乎，各适其适，以全吾天乎？"②指出画面中意象自然而不失天性，并强调了在绘画过程中对"形似"和"得所以然"的重视。《子由新修汝州龙兴寺吴画壁》一诗，则写龙兴寺壁画波涛翻海的气势，如同变现而出的西方极乐世界，这种入乎其神的艺术境界，正是因为壁画的笔法"妙算毫厘"。其辞曰："人间几处变西方，尽作波涛翻海势。细观手面分转侧，妙算毫厘得天契。始知真放本精微，不比狂花生客慧。"③在苏轼看来，艺术家如此雄放地变现出意象的波涛之势，是因为他们"妙算毫厘"，触及精微之道，而所谓"妙算毫厘"，就是苏轼所谓"得自然之数"。

苏轼在《书吴道子画后》中引入"自然之数""逆来顺往"的

---

① （清）王文诰辑注，孔凡礼点校：《苏轼诗集》，中华书局1982年版，第四册，第1353页。

② （宋）苏轼撰，孔凡礼点校：《苏轼文集》，中华书局1986年版，第二册，第612页。

③ （清）王文诰辑注，孔凡礼点校：《苏轼诗集》，中华书局1982年版，第六册，第2027页。

第六章　苏轼的象外之象及其显象赋形范式

观念，以探究吴道子极尽其变于法度之中，又能超然入神的艺术奥秘。苏轼特别解释了吴道子在透视、构形方面的数理意识。这是近乎科学的造像技术，画家在透视中"逆来顺往，旁见侧出，横斜平直，各相乘除，得自然之数"①，即从不同的角度观察其象，虽然不同于文艺复兴以来画家如达·芬奇等的焦点透视，但绝对不是随性任意的散点透视，其透视点是在横斜平直等方向上的位移，其所获得的形象不是建立在几何、解剖学、光学之上的写照，而是画家与物象在远近与斜正、缩减与递增的变化关系中依循自然法度形成的形象。这一"形象"是重新生成的自足的"意象"，是画家"得自然之数"的结果。也即是说，技进乎道不离法度功夫，法度中的自然法度可落实于具体数理。

苏轼引《乾凿度》阐释"参伍以变，错综其数"，表达了阴阳之数，此消彼长交错变化但终"无不得十五"的观念②；苏轼还提到"一行"之学，通过对唐代僧一行筮法的考察，认为"阴阳之老少"取决于"三变"之中的"数"③。这体现了苏轼整体的"数"观念，即阴阳变化遵循自然之道，错综变化，自有定数。其中，穷极数变而极深研几属于圣人之道的一部分，苏轼因此重视"数"的运用，主张"数""道""神"相结合，且以"神"为主。他说："蓍有无穷之变，故其德圆而象知来之神，卦著已然之迹，故其德方而配藏往之智，以圆适方，以神行智，故六爻之义易以告也。"④ 圣人易道包含观察数变、体悟几微的卜筮过程，即是"神""智"结合、"以神行智"的神道设教、开物成务的实践行为。苏轼很好地解决了诗学中法度与神变的关系问题。如《盐官大悲阁记》也论及"度数"与求精逐妙之关系，

---

① （宋）苏轼撰，孔凡礼点校：《苏轼文集》，中华书局1986年版，第五册，第2210页。
② （宋）苏轼：《东坡易传》卷7，上海古籍出版社1989年版，第130页。
③ 参见李瑞卿《苏轼易学与诗学》，《文学评论》2013年第3期。
④ 此为苏轼为《系辞》"是故圣人以通天下之志，以定天下之业，以断天下之疑。是故蓍之德圆而神，卦之德方以知，六爻之义易以贡"句所作传文。（宋）苏轼：《东坡易传》卷7，上海古籍出版社1989年版，第131—132页。

他将"度数"看作艺术化境之根本①;《书李伯时山庄图后》中强调"其神与万物交,其智与百工通"的理智与入神兼得的艺术境界②;《净因院画记》中重视既能"曲尽其形",又能"至于其理"③。在此不一一赘述。

简言之,苏轼将艺术与人生的体道行为,包括意象创造,落实在了具体的"自然之数"上。随物赋形与得自然之数、无意而为与悟入精微、心领神会与体察手追成为苏轼诗学的一体多面。

"物化"的理想境界也是人性的自由之境,手工技术和理性有时是"物化"的中介,而并非其中的障碍。因为在工具与手的直接联动中,依然可以在劳作中回到那自然的节律。如庄子的"庖丁解牛"是物化、道通为一、审美自由的隐喻。庖丁在解剖过程中重视牛体的结构肌理、宇宙自然的秩序,并上升到了实践理性的层面,使自我回归到自然中,与物一体而成道境。如果说在物化中需要"有分",技术何尝不是抵达自由且"有分"的中介呢!工倕旋而成盖、自中规矩,是指与物化的结果,也从另一方面说明物化的自由中不离规矩与秩序。

李泽厚先生提出度本体论,可谓融贯古今中西的理论发现④。然而,机械技术与艺术或审美关系,恰是现代人无法摆脱而需要直面的时代性话题。起初工具技术产生深受人的情感、文化之渗透,技术只是人类的辅助性工具,某种意义上,艺术和技术并无严密界限。按照芒德福的说法,大约五千年前,一种单一的技术(monotechnics)开始出现,"由此也就出现了一种关于人的本性的新概念,在这种新概念中,强调的是对自然能量、宇宙和人的开发,而脱离了发展和繁殖

---

① (宋)苏轼撰,孔凡礼点校:《苏轼文集》,中华书局1986年版,第2册,第386—387页。
② (宋)苏轼撰,孔凡礼点校:《苏轼文集》,中华书局1986年版,第5册,第2211页。
③ (宋)苏轼撰,孔凡礼点校:《苏轼文集》,中华书局1986年版,第2册,第367页。
④ 李泽厚:《"自由的形式"与"度的本体性"紧密相关》,李泽厚著,马群林编:《从美感两重性到情本体——李泽厚美学文录》,山东文艺出版社2019年版,第7—13页。

第六章 苏轼的象外之象及其显象赋形范式

的过程"①。在机械时代，机械化的工具、技术及其组织似乎成为审美自由的反面。海德格尔在《技术的追问》中将现代技术本质规定为"集置"，他说："我们以'集置'（das Ge-stell）一词来命名那种促逼着的要求，那种把人聚集起来、使之去订造作为持存物的自行解蔽者的要求。"②"集置乃是那种摆置的聚集，这种摆置摆弄人，使人以订造方式把现实事物作为持存物而解蔽出来。"③ 在海德格尔的哲学分析中，我们看到"集置"将人类和事物促逼和摆置，人在集置的命运驱使下，订造、摆置自然，将事物变为持存物的同时，人自身也成为被摆弄者和持存物。为了脱离那种一致的尺度和单一的因果思维，海德格尔在集置的命运中发现"允诺"，将对技术的沉思与追问引入艺术领域。

如何处理集置与艺术或审美的关系问题，依然是难题，一方面是工业化的、被摆置的、被持存的体系或系统；另一方面则需要艺术和审美来接触那被迫的遮蔽，这恐怕不是个人意愿可以达成的。这多少显示出资本主义时代哲学家的无可奈何。其实，现代技术所带来的伦理困境，马克思早已有精彩的论述与解决之道。他在《机器的发展》一文中，强调了机器体系对生产过程的规定和影响，客观的生产机体是现成的存在于工人面前的物质生产条件。他说："在工场手工业中，社会劳动过程的组织纯粹是主观的，是局部工人的结合；在机器体系中，大工业具有完全客观的生产机体，这个机体作为现成的物质生产条件出现在工人面前。"④ 机器生产的分工和精细化趋向，决定着社会的分工与协作。完整的人正如掉入了一个机器的旋涡中，被机

---

① [美] 芒福德：《技术与人的本性》，吴国盛编：《技术哲学经典读本》，上海交通大学出版社2008年版，第502页。
② [德] 马丁·海德格尔：《演讲与论文集》，孙周兴译，生活·读书·新知三联书店2005年版，第18页。
③ [德] 马丁·海德格尔：《演讲与论文集》，孙周兴译，生活·读书·新知三联书店2005年版，第23页。
④ 马克思：《机器的发展》，吴国盛编：《技术哲学经典读本》，上海交通大学出版社2008年版，第87页。

器工业的各种生产线与零件制造的末梢所离析。

机器化的生产剥夺了人的主体性和自由,但机器与技术本身并无原罪,其根源是社会关系,因为"工业是自然界同人之间,因而也是自然科学同人之间的现实的历史关系"①。在资本主义的生产中人要获得自由和主体性,就要从根本上改变生产关系,停止异化劳动。其中,马克思论及"自由时间","从整个社会来说,创造可以自由支配的时间,也就是创造产生科学、艺术等等的时间"。②基于此,有论者提出了"审美生产主义"概念③,试图超越于审美消费主义和审美生态主义,超越于传统的理性——感性范式,重新建构审美生产主义。

机械生产与审美自由是可以兼容的,李泽厚在其实践哲学和美学中,以"宇宙——自然物质性的协同共在"秩序为归宿④。为了协调好社会发展与自然界之关系,李泽厚在主张人化自然的同时,时刻没有忘记"人的自然化"⑤。推崇庄子的"天人同构",倡导人类"超出自身生物族类的局限,主动地与整个自然的功能、结构、规律相呼应、相建构"⑥。在这个意义上,我们重新审视庄子、苏轼哲学中的自然论、自然之数以及二者之间的关联,建构中国当代的诗学话语是完全有可能的。

三 得之象外与化身

写于嘉祐元年(1056)的《王维吴道子画》一诗说:"吴生虽妙

---

① 中共中央马克思恩格斯列宁斯大林著作编译局:《马克思恩格斯全集》第42卷,人民出版社2016年版,第128页。

② 中共中央马克思恩格斯列宁斯大林著作编译局:《马克思恩格斯全集》第46卷,人民出版社2016年版,第381页。

③ 刘方喜:《"审美消费主义"批判与"审美生产主义"建构》,《文学评论》2007年第2期。

④ 刘再复:《李泽厚美学概论》,生活·读书·新知三联书店2009年版,第216页。

⑤ 李泽厚:《美的历程》(附《华夏美学》《美学四讲》),安徽文艺出版社1994年版,第315页。

⑥ 李泽厚:《美的历程》(附《华夏美学》《美学四讲》),安徽文艺出版社1994年版,第315—316页。

绝，犹以画工论。摩诘得之于象外，有如仙翮谢笼樊。吾观二子皆神俊，又于维也敛衽无间言。"① 苏轼以王维"象外"境界为自由高远的理想之境。不过，吴道子与王摩诘二者在苏轼理论视域中并无截然的鸿沟横亘其间，元丰八年（1085）写就的《书吴道子画后》则认为吴道子得自然之数，已经由技入道，渐臻神境。在苏轼看来，吴道子得自然之数，画工妙绝，可以将现实世界的诸种物象都付诸笔墨，以波涛汹涌、风雨雷电之势，呈现出宇宙万象。可以说吴道子所画之象，也属象外之"象"。那么，什么是"象外"呢？既然在苏轼的象本体哲学中，象的变化无穷尽，就无法为象外找到容身之空间，象外必然是在象内。离开意象去寻觅另一个幽眇恍惚之所在已经是不可能的了——苏轼虽然讲"无"，讲"物化"，但都是以之为用，换句话说，苏轼以佛老为用，其本体是儒家的。所谓"象外"就是审美主体与道为一、与物俱化的境界，而"得自然之数"、由"知"而"能"就是入道的具体门径，表现在绘画上，即指画家在应物写形的过程中超越写实，得"自然之数"而进精妙入神的状态。这是建立在理性的求索之上的进入本真之道的审美境界。画中之诗意，也正来于此，《跋蒲传正燕公山水》云："燕公之笔，浑然天成，粲然日新，已离画工之度数而得诗人清丽也。"②

但是，"得之象外"似乎是一种必然，如前文所述，苏轼持一种"象本论"，"象"处于氤氲变化中，由象而变，唯变以象存。再加之苏轼有"静故了群动，空故纳万境"的佛学观念③，佛至而"万象并应"的逻辑同样在苏轼审美中可以实现④，有着"真巧非幻影""中

---

① （清）王文诰辑注，孔凡礼点校：《苏轼诗集》，中华书局1982年版，第一册，第109—110页。

② 孔凡礼点校：《苏轼文集》，中华书局1986年版，第五册，第2212页。

③ （宋）苏轼：《送参廖师》，（清）王文诰辑注，孔凡礼点校：《苏轼诗集》，中华书局1982年版，第三册，第906页。

④ 刘勰《灭惑论》曰："至道宗极，理归乎一；妙法真境，本固无二。佛之至也，则空玄无形而万象并应，寂灭无心而玄智弥照。"（南朝梁）僧祐撰，李小荣校笺：《弘明集校笺》，上海古籍出版社2013年版，第427页。

有至味永"的审美自得①。苏轼在追求着美的永恒性,而这永恒性需首先建立在有着蓬勃生机的超出形似的意象层面,这意象也注定了无穷的变现可能,意象之追求必然且永远在"象外"。

得之象外的意象是精妙入神之象,是审美理想的实现。值得注意的是,苏轼在绘画理论中为摄取象外之象提供了具体的方法。如《文与可画筼筜谷偃竹记》曰:

> 故画竹必先得成竹于胸中,执笔熟视,乃见其所欲画者,急起从之,振笔直遂,以追其所见,如兔起鹘落,少纵则逝矣。与可之教予如此。予不能然也,而心识其所以然。夫既心识其所以然而不能然者,内外不一,心手不相应,不学之过也。故凡有见于中而操之不熟者,平居自视了然,而临事忽焉丧之,岂独竹乎!②

文中提到的"所欲画者"就是在意识中形成的审美意象,是超越于竹子物象本身及存在于人之意识之中的一般意象的,是在一刹那间形成的剥离了具体物与超离了人的主观意识的美的幻影。人与竹化,心手相应,这一过程就是道之流行,意象即是道本体的自由表现,在入乎道境的审美主体的感官中意象即稍纵即逝的幻影,这幻影是逃离外物的形式,也是审美主体心中的理想形式,因而这形式又不是物的形式,必是形式之外的形式,这形式固然是人心所欲画者,但已不为主观所囿,而是如飞出牢笼的自由之鸟,似乎得之于象外,似乎本身即是自然,这需要技艺精湛的艺术家在意象稍纵即逝时将其停留在笔墨之上。

---

① (宋)苏轼:《送参廖师》,(清)王文诰辑注,孔凡礼点校:《苏轼诗集》,中华书局1982年版,第三册,第906—907页。

② (清)王文诰辑注,孔凡礼点校:《苏轼文集》,中华书局1986年版,第二册,第365页。

第六章 苏轼的象外之象及其显象赋形范式

在《画水记》中，苏轼也同样强调了迅疾用笔的重要性，堪称摄取象外之象的精妙技术。"始知微欲于大慈寺寿宁院壁作湖滩水石四堵，营度经岁，终不肯下笔。一日，仓皇入寺，索笔墨甚急，奋袂如风，须臾而成。作输泻跳蹙之势，汹汹欲崩屋也。"[①] 对画家的速度感的重视，正是基于苏轼认同审美境界似乎存在可见的意象，它们在那里氤氲不已。如前文提到的《次韵吴传正枯木歌》中就指出了意象之无穷，而好的作品可以在动中取象，并以表现其生动自然为尚[②]；再如苏轼《书韩干牧马图》中就描述了画中之马的飞动意象，即"平沙细草荒芊绵，惊鸿脱兔争先后。王良挟策飞上天，何必俯首服短辕？"[③] 可见苏轼所谓取之象外，就是指凌轹群伦、灵动得神的形象思维。象外之象又与象外之意、传神境界存在一定关联。《次韵子由书李伯时所藏韩干马》曰："丹青弄笔聊尔耳，意在万里谁知之"[④]。《题文与可墨竹》曰："斯人定何人，游戏得自在。诗鸣草圣余，兼入竹三昧。时时出木石，荒怪轶象外。举世知珍之，赏会独予最。"[⑤] 这即是说，绘画意旨超出了一般意象形态而具有了诗一般的意境，也正是这样的思路，苏轼有"诗画本一律，天工与清新"之论[⑥]，企求诗与画互通无碍成为苏轼诗学的一种理想倾向。其《文与可画墨竹屏风赞》曰："诗不能尽，溢而为书。变而为画，皆诗之余。"[⑦] 在此不仅强调了德、文、诗、书、画的一体性，而且强调了诗之于书画的重要性。

[①] （清）王文诰辑注，孔凡礼点校：《苏轼文集》，中华书局1986年版，第二册，第408—409页。
[②] （清）王文诰辑注，孔凡礼点校：《苏轼诗集》，中华书局1982年版，第六册，第1961—1962页。
[③] （清）王文诰辑注，孔凡礼点校：《苏轼诗集》，中华书局1982年版，第三册，第723页。
[④] （清）王文诰辑注，孔凡礼点校：《苏轼诗集》，中华书局1982年版，第五册，第1504页。
[⑤] （清）王文诰辑注，孔凡礼点校：《苏轼诗集》，中华书局1982年版，第五册，第1439页。
[⑥] （宋）苏轼：《书鄢陵王主簿所画折枝二首》其一，（清）王文诰辑注，孔凡礼点校：《苏轼诗集》，中华书局1982年版，第五册，第1525—1526页。
[⑦] （宋）苏轼撰，孔凡礼点校：《苏轼文集》，中华书局1986年版，第二册，第614页。

诗、书、画创作都离不开意象，但是意象表达的符号形态存在差异，诗歌是语言的艺术，书画作品的形式与意义表达则借助线条与色块，不过诗书画三者在付诸笔墨之前都离不开意象思维。在苏轼理论中，"得之象外"是其诗、文、书画创作共同的审美方法与美学崇尚，表现在诗学审美中，就是在刘勰意象论的基础上，吸收庄子"物化"说，提出了自己的感物方式——随物赋形与物化，并强调创作中"系风捕影"式的意象摄取。《与谢民师推官书》中赞扬谢民师："求物之妙，如系风捕影，能使是物了然于心者，盖千万人而不一遇也。而况能使了然于口与手者乎？是之谓辞达。辞至于能达，则文不可胜用矣。"① "求物之妙"，既指对物的形貌与神采的把握，也指创作主体在审美中的自得了悟；所谓"了然于心"者，即是指心与物化的道的境界。在苏轼看来，本体世界即是象的世界，因而在审美中，需要用如系风捕影一般高超的手段将象外之象付诸语言，而唯有语言可以将意象表现出来，或者说在此过程中意象即是语言。苏轼"得之象外"的观念与司空图"象外之象"有一定关联。司空图《与极浦书》说："戴容州云：'诗家之景，如蓝田日暖，良玉生烟，可望而不可置于眉睫之前也。'象外之象，景外之景，岂容易可谈哉？然题纪之作，目击可图，体势自别，不可废也。"② 这里的"象外之象"与"景外之景"即是指超出一般物象形色的具有丰富内涵的审美意象或在阅读中还原而来的意蕴隽永的审美意象。司空图所描述的"蓝田日暖，良玉生烟"的诗家之景，正与苏轼所说的氤氲变化的象本体类似。实际上，苏轼在《书黄子思诗集后》中明确表示了对司空图"美常在咸、酸之外"的赞同③，我们不能排斥司空图对苏轼在意象论方面的影响。至于如何获得象外之象，获得什么样的象外之

---

① （宋）苏轼撰，孔凡礼点校：《苏轼文集》，中华书局1986年版，第四册，第1418页。
② 祖保泉、陶礼天笺校：《司空表圣诗文集笺校》，安徽大学出版社2002年版，第215页。
③ （宋）苏轼撰，孔凡礼点校：《苏轼文集》，中华书局1986年版，第五册，第2124—2125页。

第六章 苏轼的象外之象及其显象赋形范式

象,苏轼在理论上给出了学理充分的回答——在物化的、得自然之数的人道状态中,以迅疾入神的手法,摄取意象。

与司空图的"象外之象""景外之景""美常在咸、酸之外"不同,苏轼所谓"象外之象"不仅是对意味无穷的期许,也不仅是可以还原为生动鲜明的意象与情境,而且是潜藏着作者身影的意象,它们包含作者的意趣与生命精神,甚至是作者的化身。如《郭忠恕画赞》云:"长松挽天,苍壁插水。凭栏飞观,缥缈谁子。空蒙寂历,烟雨灭没。恕先在焉,呼之或出。"[1] 艺术品是作者生命的体现,在一幅画中流露画家的精神与格调实属自然,但是苏轼不止于此,他认为画家可以在画中"呼之欲出"——在接受过程中可以还原出画家的形象与神态。这样的说法,在理论上应该是成立的。按照苏轼的逻辑,在随物赋形的过程中心物合一、身与物化,纵然没有主观地渗入物象,但实际上在以无为用的审美中,主体已经存留于作品中了。郭忠恕画中"空蒙寂历,烟雨灭没"是本体的美之所在,必然包罗众象,而且是象外之象,如果进行审美上的还原,还原到意象形成之初——"烟雨灭没"之象中,仿佛见恕先象也是极可能的。因为在心物合一、身与物化的审美中必然可见创作主体的身影,而不仅是精神;也因为按照苏轼的理论,主体与外物的合一不仅是理性、情感与外物形式的合一,而且是在长期的体察、思索后,于刹那的全身心的具体动作中的完美呈现。

这一理论的诗学意义在于,意象的隐喻性是整体的,既通过意象可见情理与生气,也通过意象可见作者的意趣,但这意趣不是作者的主观情志,而是借助意象自然而然地弥漫而出的趣味。因此,意象的象征性意义趋于淡化,审美主体与外物之关系模式在苏轼这里发生了某种质的变化。

---

[1] (宋)苏轼撰,孔凡礼点校:《苏轼文集》,中华书局1986年版,第二册,第613页。

第七章 苏轼影论

一 影是什么

苏轼论文艺有"以灯取影""系风捕影"之论,"影"在苏轼那里是一个重要的存在。他所获取的不仅是艺术的幻影,而且是显象了的事物本质。"起舞弄清影"①,形体与影子同在,但影子似乎更为真实;"谁见幽人独往来,缥缈孤鸿影"②,那鸿影正是幽人的另一种存在。《记承天寺夜游》曰:"庭下如积水空明,水中藻荇交横,盖竹柏影也。何夜无月,何处无竹柏,但少闲人如吾两人者耳。"③竹与柏投射于月色空明,如藻荇交横,此种影像也只能在苏轼与友人的闲情逸致中偶然呈现,它或许被感知为幻象,但何尝不是一种本真,所谓"真巧非幻影"④。《登州海市》曰:"东方云海空复空,群仙出没空明中。荡摇浮世生万象,岂有贝阙藏珠宫。心知所见皆幻影,敢以耳目烦神工。"⑤这感官所见之幻影,其实并非与神工毫无干系。苏轼在《游金山寺》中,又有"非鬼非人竟何物"之问,其诗曰:"是时江月初生魄,二更月落天深黑。江心似有炬火明,飞焰照山栖鸟

---

① 邹同庆、王宗堂:《苏轼词编年校注》,中华书局2002年版,第173—174页。
② 邹同庆、王宗堂:《苏轼词编年校注》,中华书局2002年版,第275页。
③ (宋)苏轼撰,孔凡礼点校:《苏轼文集》(第五册),中华书局1986年版,第2260页。
④ (宋)苏轼撰:《送参寥师》,(清)王文诰辑注,孔凡礼点校:《苏轼诗集》,中华书局1982年版,第三册,第906页。
⑤ (清)王文诰辑注,孔凡礼点校:《苏轼诗集》,中华书局1982年版,第五册,第1388页。

惊。怅然归卧心莫识，非鬼非人竟何物？"① 江心之火、照山飞焰，惊动了黑暗中栖息的飞鸟，苏轼向这如影一般的神秘存在发出了追问。

因是之故，苏轼摄取形影、追踪意象的审美活动就不仅是勘察物理、领悟情思的过程，而且是叩问本质、探究真实存在的过程。如果说外周物理，内极才情即是儒者之道，苏轼为何还要思索、探究那虚无之影呢？那么，影是能被看见的本质或真实存在吗？苏轼在三首"和陶诗"中讨论到形、神、影关系问题，特别论证了影的真实存在。《和陶形赠影》曰：

> 天地有常运，日月无闲时。
> 孰居无事中，作止推行之。
> 细察我与汝，相因以成兹。
> 忽然乘物化，岂与生灭期。
> 梦时我方寂，偃然无所思。
> 胡为有哀乐，辄复随涟洏。
> 我舞汝凌乱，相应不少疑。
> 还将醉时语，答我梦中辞。②

开篇四句的宇宙观受庄子影响，施注曰："《庄子·天运》篇：'天其运乎，地其处乎，日月其争于所乎，孰主张是，孰维纲是，孰居无事推而行是？'"③ 意谓天地有常，日月运行不息，无论是天与地，还是日与月，其推移变化出于自然，各行其是，是其所是，彼此了无瓜葛，自化而已。既然大化如此，那么"我"（包括形与影）之物化，必然希冀逃离化生与寂灭，所谓"忽然乘物化，岂与生灭

---

① （清）王文诰辑注，孔凡礼点校：《苏轼诗集》，中华书局1982年版，第二册，第308页。
② （清）王文诰辑注，孔凡礼点校：《苏轼诗集》，中华书局1982年版，第七册，第2306页。
③ 《增补足本施顾注苏诗》（简称施注）宋景定补刊本，转引自杨松冀《苏轼和陶诗编年校注》，人民文学出版社2016年版，第242页。

期"。生，即自然化生；灭，即佛家所谓寂灭，这里的"物化"既取庄子之义，也有苏轼的发挥，它指泯却生死与一切界限的道通为一的"齐物"之化。不过，在物化中，形与影需彼此相因。而"我"唯有在梦中可以寂然无思、断绝哀乐，也唯有在醉舞中形影相应，入于庄周梦蝶一般的境界。梦与醉究竟能否真的与物俱化，该诗并未给以最终的回答，但超越生死与哀乐的形与影的自由与自在，则是苏轼所向往的。

在《和陶影答形》中，表达了形可以尽、影则不灭的思想。形可尽则落入化生，影不灭则是永恒，形与影的相因相肖与离析同样构成了对生灭的超越。因为影的存在，此种特别的"物化"才成为可能。在这首诗中，苏轼重新阐释了庄子"物化"观念，凸显了影之不灭与"无心因物"：

> 丹青写君容，常恐画师拙。
> 我依月灯出，相肖两奇绝。
> 妍媸本在君，我岂相媚悦。
> 君如火上烟，火尽君乃别。
> 我如镜中像，镜坏我不灭。
> 虽云附阴晴，了不受寒热。
> 无心但因物，万变岂有竭。
> 醉醒皆梦耳，未用议优劣。[1]

影子依附月与灯而显现，它与形彼此相肖；但妍媸在形，形之影又是超越于美丑的。形如火上之烟，火尽形乃别；影如镜中之像，镜坏影不灭；影附阴晴，却不受寒热；它无心因物，变化无尽。物的变化无穷，影的变化也无穷，而且并不随着形体与生命的消亡而寂灭。

---

[1] （清）王文诰辑注，孔凡礼点校：《苏轼诗集》，中华书局1982年版，第七册，第2307页。

影依赖形而存在，形在不断地消逝，影万变而不竭。苏轼将影从与形的相因、相肖中剥离出来，影成为一个"无心"的、永恒的、普遍的、存在。但影之于形的关系与神之于形的关系又是不同的：有形必有影，形尽影不灭，是苏轼的新理念；有形必有神，但形尽是否神不灭则是人们争论不休的哲学难题。

基于形与影的神又是如何存在的呢？陶渊明《神释》中，神的归宿是纵浪大化，不喜不惧，"应尽便须尽，无复独多虑"的自然人生[①]；苏轼《和陶神释》中，神之最终归宿则在脱离形、影的"无思无虑"中。不过，苏轼对神的阐释包蕴了更多的思想意涵。他指出了形与影的"无我"性与"因物"性，也指出形与影不能作为神的长久寄托之所，所谓"知君非金石，安得长托附"[②]；那么，神在何处？苏轼不仅否定了仙山与佛国，即"仙山与佛国，终恐无是处"[③]；而且也否定了陶公以诗酒忘忧而与神俱在之方式，因为人生有尽，依托于醉醒之间的生命禽合依然无法逃出自然之数，他写道："甚欲随陶翁，移家酒中住。醉醒要有尽，未易逃诸数。"[④] 这多少有些无奈，苏轼触破了陶公的自然假象，将神安顿在形体赴火、善恶焚去、无负载之劳、无攘寇之惧的无思无虑中，其诗曰："如今一弄火，好恶都焚去。既无负载劳，又无寇攘惧。仲尼晚乃觉，天下何思虑。"[⑤] 苏轼在此否定了从有限之形而入神的逻辑，他把神悬置于脱离形体与现实无干的虚无之中。

从上述三首诗中，可推出苏轼关于影的四个论点：其一，影可以离形去神而永久存在；其二，在生命中神只能是无法逃出自然之数的日常存在；其三，影是超越于神的本质；其四，人的醉与梦是形、神、影的自由、理想、现实的存在场域。苏轼和陶诗改写了陶渊明

[①]（晋）陶潜著，龚斌校笺：《陶渊明集校笺》，上海古籍出版社2011年版，第68页。
[②]（清）王文诰辑注，孔凡礼点校：《苏轼诗集》，中华书局1982年版，第七册，第2307页。
[③]（清）王文诰辑注，孔凡礼点校：《苏轼诗集》，中华书局1982年版，第七册，第2307页。
[④]（清）王文诰辑注，孔凡礼点校：《苏轼诗集》，中华书局1982年版，第七册，第2307页。
[⑤]（清）王文诰辑注，孔凡礼点校：《苏轼诗集》，中华书局1982年版，第七册，第2307页。

《形神影》的核心意旨，正如《形神影》序中所言，陶公是基于"惜生"观念，有感于生命困惑，而"极陈形影之苦，言神辨自然以释之"①，苏轼跨越了陶渊明的自然观，借着影的必然性、不灭性重新阐释形、神、影，构建他的自然观。

苏轼在哲学上的天才式的创造于此表现出来，他承认易道哲学中的自然之数与儒家伦理，甚至不否定所谓"神"的存在，但他又超越了这一疆域，向着更为深广的境界延伸拓展，当然这也不是佛、老哲学所能牢笼的。影接近于无，它是脱离物与形之后的存在。世上有物，有物必有形，有形必有影，那么，影就必然存在，纵然不被人们感知。苏轼找到了这样一个客观的存在无须太多的证明，使人们避开烦琐的、历时持久的神灭、神不灭之类的论争，而找到某种本质。所有形之影在离形以后是其形之影，但脱离形的无形之影存在着通融为一个影的可能，因而影是连续的也是普遍的。苏轼以影为本质的功劳类似于康德。本质的重要性在此我们不做展开性论述，暂且引用郑昕对康德的评价，他说："康德第一次证明现象里一定要有'什么'，是常住的，如果不是这样的话，则每个客观的时间决定不可能，于是每个经验也不可能。他不是由经验来证明常住的存在，而是由常住的现象去证明经验的可能性。此种证法，不是经验的，而是先验的，不从经验来证明什么，而所证明，却不离开经验，为经验可能的条件。"② 当然苏轼影本质与康德所谓本质是不同的，论证方法也全然不同，但它的出现和发用与康德"本质常住"观有异曲同工之妙，让人们知道："在现象里，一定要有'常住的'。"③ 苏轼影的本质性存在反过来可证明形与神作为经验性存在的可能性，凸显出形与神的变化性和现象性，也仿佛为形与神提供了超越天地的、茫无涯际的预设空间，让人感到其所建构的自然的永恒。苏轼的形、神、影观念与

---

① （晋）陶潜著，龚斌校笺：《陶渊明集校笺》，上海古籍出版社2011年版，第61页。
② 郑昕：《康德学述》，商务印书馆2011年版，第184页。
③ 郑昕：《康德学述》，商务印书馆2011年版，第183页。

陶渊明、白乐天存在一定关联，陶渊明《形神影三首》是其唱和对象，白居易则有《自戏三绝句》言及心身答问①，苏轼在《刘景文家藏乐天〈身心问答三首〉戏书一绝其后》中将自己与陶、白权衡，虽然该诗写在《和陶形赠影》《和陶影答形》《和陶神释》三首之前，但也极有参考价值。戏书曰："渊明形神自我，乐天身心相物。而今月下三人，他日当成几佛。"②苏轼道破陶渊明、白居易在哲学上的重要缺陷，前者限于自我，形、神、影只是出于一己意识；后者沦于彼此相物，而缺少"吾心"观念。在与前贤关于形、神、影的对话中，苏轼建立了独特的阐释体系，将容易流于任意妄想的"神"，一方面受限于作为常住本质的"影"，另一方面受限在易道变化的自然之数中——它神奇变化而在一定的"度"中。这好像是给"神"划出了界限，它依附于形，反向地通过一定的合度的思考与操作，从形那里可以得之，从而也保障了形的灵性。而离开形体的神与形、影了无瓜葛，超然于佛、道之外以及陶式的诗酒人生之外，虚无地在现实之外，也不再是神秘的存在。

在苏轼这里，人生的梦与醉是形、神、影自由会合的场域，唯有在这审美的、超功利的意识中，看见三者彼此的流转生灭，领悟到超出天地秩序的自然之境，从而确认人的绝对自由。这个自由在某种程度上是客观的、可能的。它来自了悟，依凭它，在时间的流逝中可以感知到作为本质之影的永恒存在。《后赤壁赋》写道：

> 时夜将半，四顾寂寥，适有孤鹤，横江东来，翅如车轮，玄裳缟衣，戛然长鸣，掠予舟而西也。须臾客去，予亦就睡，梦一

---

① 白居易《自戏三绝句序》："闲卧独吟，无人酬和。聊假身心相戏，往复偶成三章。"《心问身》："心问身言何泰然，严冬暖被日高眠。放君快活知恩否，不早朝来十一年。"《身报心》："心是身王身是宫，君今居在我宫中。是君家舍君须爱，何事论恩自说功？"《心重答身》："因我疏慵休罢早，遣君安乐岁时多。世间老苦人何限，不放君闲奈我何。"谢思炜：《白居易诗集校注》，中华书局2006年版，第2683—2684页。

② （清）王文诰辑注，孔凡礼点校：《苏轼诗集》，中华书局1982年版，第六册，第1818页。

道士，羽衣蹁跹，过临皋之下，揖予而言曰："赤壁之游乐乎？"问其姓名，俯而不答。呜呼噫嘻，我知之矣，畴昔之夜，飞鸣而过我者，非子也耶？道士顾笑，予亦惊悟。开户视之，不见其处。①

与其说这是一个神秘世界，不如说是苏轼自觉呈现的了悟以后的自然之境。借助梦的场域，苏轼看到了孤鸿、道士之间的某种联系，惊悟之后道士不见其处，化为乌有，但在这乌有之后，却是永恒之影。《赤壁赋》中所谓"不变者"，也即无尽的物与我。文中写道："盖将自其变者而观之，则天地曾不能以一瞬。自其不变者而观之，则物与我皆无尽也，而又何羡乎？且夫天地之间，物各有主。苟非吾之所有，虽一毫而莫取。惟江上之清风，与山间之明月，耳得之而为声，目遇之而成色。取之无禁，用之不竭。是造物者之无尽藏也，而吾与子之所共食。"② 从变易角度来看，天地不能一瞬；以不变观之，则物与"我"可以无尽。因为江上清风、山间明月，用之不竭，我与物何尽之有？这时的"我"已然超越了生死变化，仿佛永恒之影与清风明月同在。形、神、影观念在《后赤壁赋》与《赤壁赋》中艺术地呈现，破除了现实与虚幻、古与今、物与人等界限，带给我们一个象本体的世界，也创造了一个新的自然。苏轼《无名和尚传赞》曰："道无分成，佛无灭生。如影外光，孰在孰亡。如井中空，孰虚孰盈，无名和尚，盖名无名。"③ 此诗与苏轼艺术及人生境界同旨，可以参看。

二 系风捕影之必然与可能

苏轼将形神关系范围于天地之内，将影作为本质性的存在。如果说前者是变化，后者则是不变。形、神、影又是一体性的存在。影可

---

① （宋）苏轼撰，孔凡礼点校：《苏轼文集》，中华书局1986年版，第一册，第8页。
② （宋）苏轼撰，孔凡礼点校：《苏轼文集》，中华书局1986年版，第一册，第6页。
③ （宋）苏轼撰，孔凡礼点校：《苏轼文集》，中华书局1986年版，第二册，第639页。

呈现于一切形象，天然地被形象自有，它在现象的存在中不变，在自然中的量不增不减。虽然苏轼之影与康德之本质并不完全相同，但也有可比类之处。现象之变在苏轼那里是易道变化，影的本质性、永恒性的设置可以说在某种程度上赋予了变化之因果性和必然性以基础。而苏轼所谓变化即是易变，易变可以自证其合法性。如《东坡易传》中苏轼以"一而两于所在"来解释天地变化之理由，他说："天地一物也，阴阳一气也，或为象，或为形，所在之不同，故在云者明其一也。象者形之精华，发于上者也，形者象之体质，留于下者也。人见其上下，直以为两矣，岂知其未尝不一邪？繇是观之，世之所谓变化者，未尝不出于一而两于所在也。自两以往，有不可胜计者矣。故在天成象，在地成形，变化之始也。"① "一而两"是变化的本性——这一点类似于张载"一故神，两故化"的气化思想②；"于所在"是指各得其所之意。"一而两"是精华与体质的二分与合一，显然避开了"神化"之本体，形成了对"神"的祛魅。进一步而言，"一而两于所在"可阐释天地变化，但何以"精华"发于上、"体质"留于下，则只能由"吾心"主观给予，或只是易学的内在自洽，也即"易与天地准"——此本体论中的天地秩序是人所厘定的。正如郑昕引述康德语说："假若拿掉思维的主体，则整个的物质宇宙，即化为乌有。"③ 康德哲学中，时间、空间不是概念，而是先天纯直观，是现象的形式，"空间时间即在吾心之观念"④，易学中的天地秩序的厘定，类似于康德的作为先天直观的时空的确立，前者要比后者更为复杂，不仅有时位观念，还有诸多演绎的形式与范畴。易学纵然是苏轼思想的自由王国，但他并不安分于易学的樊篱，试图超越这一界限，破除定数。苏轼所谓影，正是可以超出天地、生死的一个本质，影成

---

① 苏轼：《东坡易传》卷7，上海古籍出版社1989年版，第120页。
② （清）王夫之：《张子正蒙注·参两篇》，《船山全书》，岳麓书社2011年版，第12册，第46页。
③ 郑昕引述康德语，见郑昕《康德学述》，商务印书馆2011年版，第91页。
④ 郑昕：《康德学述》，商务印书馆2011年版，第89页。

为最纯粹的理想。

正如前文所论及，苏轼之神，一是生命之外的虚无，一是存在现象界。在其哲学与美学中，神即是神理，是指可以借助理性知识与实践获得的自然之数或自然规律。而影的存在让苏轼无法止步或停留在得道式的自由中，特别是在艺术实践中，影既是形的附属现象，又是无远弗届的理想，可称为象外之象。它是必然的，也是可能把握的，在探究物妙的尽头或许可见惊鸿一瞥，其阐释可能性既在苏轼的易道方法中，又在易道之外。

苏轼的形、神、影论以及可与之呼应的易学方法落实在文艺创作中，不仅写气图貌、深入妙理，而且还有系风捕影之说[①]。系风捕影论建立在苏轼哲学理念之上，也来自流传久远的绘画技艺。光亮是最为公正的，形之阴影或理想之影都可以由之照射显现，借光摹影，可得其真。比如元代夏文彦在《图绘宝鉴》中记录了五代闺阁才女李夫人"墨竹"画法。李夫人月夜见窗外竹影婆娑，直接摹写于窗纸上。但笔者更倾向于认为此种技艺并非偶得，它以易道哲学为基础。中国绘画中对影像的运用，其实引入了一种全局的、动态的、数理的观照，可称其为"大易之眼"。苏轼《传神记》重视"传神写影"，他说：

> 传神之难在目。顾虎头云："传形写影，都在阿睹中。"其次在颧颊。吾尝于灯下顾自见颊影，使人就壁摹之，不作眉目，见者皆失笑，知其为吾也。目与颧颊似，余无不似者。眉与鼻口，可以增减取似也。传神与相一道，欲得其人之天，法当于众中阴察之。今乃使人具衣冠坐，注视一物，彼方敛容自持，岂复见其天乎？[②]

[①] 苏轼《与谢民师推官书》："求物之妙，如系风捕影，能使是物了然于心者，盖千万人而不一遇也。而况能使了然于口与手者乎？是之谓辞达。辞至于能达，则文不可胜用矣。"孔凡礼点校：《苏轼文集》，中华书局1986年版，第四册，第1418页。

[②] （宋）苏轼撰，孔凡礼点校：《苏轼文集》，中华书局1986年版，第二册，第401页。

第七章 苏轼影论

苏轼所引顾恺之论画"传形写影"在《世说新语》中作"传神写照"。"写影"与"写照"用字不同，意思相类，写影也是写照，照与光亮和影像有关。本段文字中苏轼叙述了肖像的方法，即灯下现影、就壁模拟，然后再作增减；写影如同相术，出其不意地窥见"其天"。灯下之影中必然有人之形、神，增减笔画，即是基于理性的技术性认知和呈现；得窥其天，则是绘画的终极目标。写形、传神乃至达到"复见其天"的目标，应该被理解为不同的审美阶段。《传神记》曰："南都程怀立，众称其能。于传吾神，大得其全。怀立举止如诸生，萧然有意于笔墨之外者也。"① 这里的"大得其全"，即"复见其天"，是写形、传神之后的终极理想，然而这"全""天"是永远不能通过绘画形式看见的。可以想见的是，"全""天"或许就是形、神、影观念系统中的影。苏轼对画者的评价也耐人寻味："怀立举止如诸生，萧然有意于笔墨之外者也"，意谓笔墨真谛需在笔墨之外求取，"天""全"只在笔墨之外。此笔墨之外，是笔墨之内以后的笔墨之外。

"系风捕影"的笔墨，在《书吴道子画后》一文中，其理、其形、其运动轨迹，显现得微妙而清晰。苏轼在理论上将瞬间取影过程化、技术化，对吴道子画法进行了完美的易学阐释：

> 道子画人物，如以灯取影，逆来顺往，旁见侧出，横斜平直，各相乘除，得自然之数，不差毫末，出新意于法度之中，寄妙理于豪放之外，所谓游刃余地，运斤成风，盖古今一人而已。余于他画，或不能必其主名，至于道子，望而知其真伪也。然世罕有真者，如史全叔所藏，平生盖一二见而已。②

---

① （宋）苏轼撰，孔凡礼点校：《苏轼文集》，中华书局1986年版，第二册，第401页。
② （宋）苏轼撰，孔凡礼点校：《苏轼文集》，中华书局1986年版，第五册，第2210—2211页。

苏轼引入"自然之数""逆来顺往"的观念，阐释了吴道子极尽其变于法度之中又能超然入神、寄妙理于豪放之外的艺术奥秘。"逆来顺往，旁见侧出，横斜平直，各相乘除，得自然之数"，表达了透视、构形等方面的数理意识与制作技术，这是基于易理及具身认知、实践理性的艺术活动。"如以灯取影"的显象流程正是得自然之数的过程。以灯取影也即观之以"明"，《庄子·齐物论》中有云"枢始得其环中，以应无穷。是亦一无穷，非亦一无穷也。故曰：'莫若以明'。"① "明"即是"道枢"，也是道通为一时的灵心，在苏轼的话语中它外化为错综变化、合乎规矩的审美之眼的运动轨迹，它完美地体现了易道逻辑。需要特别指出的是，此处"得自然之数"并未与达乎自然之道直接联系起来，原因在于"得自然之数"的艺术操作并不以出奇变化、精妙入神为至高的艺术理想，因而苏轼以"不差毫末"来强调"得自然之数"的合乎规矩。这是苏轼易学阐释中的务实、理性之处，换句话说，"出新意于法度之中，寄妙理于豪放之外"并非易道逻辑自动化、"阴阳不测"入神化的结果②，而是表达了来自审美主体的欲挣脱规矩的意志自由。基于法度而有新意，超出形神而有妙理，苏轼拒绝了易道逻辑可能带来的神秘性，而代之以向着本质之影无限接近的主体意志。苏轼《文与可画筼筜谷偃竹记》中也描述了对"影"的追逐："故画竹必先得成竹于胸中，执笔熟视，乃见其所欲画者，急起从之，振笔直遂，以追其所见，如兔起鹘落，少纵则逝矣。"③ 文中"所欲画者""所见者"，则是那本质之影，"所欲""所见"则凸显了来自审美主体的愿望。

因而，得之"象外"与超离"度数"是"系风捕影"的第二步。苏轼《王维吴道子画》诗曰："吴生虽妙绝，犹以画工论。摩诘得之

---

① （清）王先谦撰：《庄子集解》，中华书局1987年版，第15页。
② 《周易·系辞》："极数知来之谓占，通变之谓事，阴阳不测之谓神。"
③ （宋）苏轼撰，孔凡礼点校：《苏轼文集》，中华书局1986年版，第二册，第365页。

于象外，有如仙翮谢笼樊。吾观二子皆神俊，又于维也敛衽无间言。"①"得之象外"是至高的绘画境界，象可显形，甚至神理也可借象表达，那么，象外者唯有"影"是。相比于神或神理被笼罩在"醉醒要有尽，未易逃诸数"的逻辑中，超出象外之影正如同冲出"笼樊"的神鸟，体现了最高的自由。这也就是《跋蒲传正燕公山水》中所说的超出"画工度数"："燕公之笔，浑然天成，粲然日新，已离画工之度数而得诗人之清丽也。"②"影"正如潜藏着的理念，它的存在与规矩、度数形成了前所未有的张力，它取代了"神"或"神理"，也将个人意志自由与易道逻辑、形神论可能带来的神秘心理主义区隔出来。于是，度数之后，意则萌生。苏轼的"意"不再是任意，而是有了理性与自由的品质，并且被纳入可以表达的现象中。《净因院画记》中也涉及理与意之关系：

> 余尝论画，以为人禽宫室器用皆有常形。至于山石竹木，水波烟云，虽无常形，而有常理。常形之失，人皆知之。常理之不当，虽晓画者有不知。故凡可以欺世而取名者，必托于无常形者也。虽然，常形之失，止于所失，而不能病其全，若常理之不当，则举废之矣。以其形之无常，是以其理不可不谨也。世之工人，或能曲尽其形，而至于其理，非高人逸才不能办。与可之于竹石枯木，真可谓得其理者矣。如是而生，如是而死，如是而挛拳瘠蹙，如是而条达畅茂，根茎节叶，牙角脉缕，千变万化，未始相袭，而各当其处。合于天造，厌于人意。盖达士之所寓也欤。③

---

① （清）王文诰辑注，孔凡礼点校：《苏轼诗集》，中华书局1982年版，第一册，第109—110页。

② （宋）苏轼撰，孔凡礼点校：《苏轼文集》，中华书局1986年版，第五册，第2212页。

③ （宋）苏轼撰，孔凡礼点校：《苏轼文集》，中华书局1986年版，第三册，第367页。

此段文字论及绘画中的常形、常理，以及形式的错综变化，主张"曲尽其形"，至于其理，乃至"合乎天理，厌于人意"。苏轼以常形、常理为津梁，而入于"天造"与"人意"合一的审美境界中。由此苏轼在绘画理论上完成了由重神到重意的转变，因为"影"的引领，自由之"意"落实到现象中即生成个性十足的趣味。最理想的效果就类似于《郭忠恕画赞》中所描述者，其辞曰："长松挟天，苍壁插水。凭栏飞观，缥缈谁子。空濛寂历，烟雨灭没。恕先在焉，呼之或出。"① 苏轼从画中仿佛看见画者的意趣、身影，大概本质之影与纯我之影在此合二为一。

苏轼之"意"包含自然之理、人间情理，也包含个人的感知领悟。在绘画中的表现就是诗性，这个诗性并不是所谓纯粹感情，而是指一种抒情性、生命感。苏轼《和子由渑池怀旧》写道："人生到处知何似，应似飞鸿踏雪泥。泥上偶然留指爪，鸿飞那复计东西。老僧已死成新塔，坏壁无由见旧题。往日崎岖还记否，路长人困蹇驴嘶。"② 人生何似？天地就是一面镜子，那泥上指爪，类于人生之痕迹，那不计东西的鸿影或许超出影子之外，而往日崎岖、蹇驴嘶鸣、老僧新塔、坏壁旧题，种种人生沧桑漫溢于自然中。这正是"阅世走人间，观身卧云岭"般的感慨③。

三 如何看见庐山真面目

如何看见"庐山真面目"，也与苏轼对本质之影的追求有关，在阐明笔者观点之前，有必要评估内山精也的"真意说"与朱刚的"清净身"说。日本学者内山精也讨论了苏轼庐山之行来自宗教层面的必然理由、《题西林壁》诗禅偈性解释的可能性，不过，他基本否

---

① （宋）苏轼撰，孔凡礼点校：《苏轼文集》，中华书局1986年版，第二册，第613页。
② （清）王文诰辑注，孔凡礼点校：《苏轼诗集》，中华书局1982年版，第一册，第97页。
③ 苏轼：《送参寥师》，（清）王文诰辑注，孔凡礼点校《苏轼诗集》，中华书局1982年版，第三册，第906页。

定了这种可能。内山精也关注苏轼与陶渊明之间的关联,将庐山作为两者之间的特别中介,"至少,对当时的苏轼来说,把'庐山'置换为其他的山是不可能的"①,"苏轼的《题西林壁》是他置身于跟陶渊明相同的空间时,对陶渊明《饮酒二十首》其五提出的'真意',通过自问自答而最终作出的回答"②。但究竟如何是庐山真面目,苏轼究竟做出什么样的回答,"真意"与"庐山真面目"是同还是异则语焉不详。或许因为慕陶、学陶,只是体验"真意",正如作者所说:"因为处身于跟陶渊明在《其五》中所咏同一的空间之中,故苏轼本人对陶渊明'欲辩已忘言'的'真意'也试图追加体验,并力求以自己的语言将此境界表达出来。"③ 内山精也所理解的苏轼《题西林壁》是陶渊明思想、情趣、生活的异代回响,苏轼似乎只是重复陶渊明的"真意"。该诗写于元丰七年,此时苏轼《东坡易传》正在写作或基本完成,总之处于哲学思想发生巨变的时期,"真意"拷问在所难免,但重复陶公恐怕也未尽然。联系苏轼"渊明形神自我"的评陶诗,"只缘身在此山中"或许正是对陶渊明拘于自我的诘难,而到了海南时期,有关形、神、影的"和陶诗"已经自觉地超越了陶渊明原作中的形、神、影观念。鉴于此,笔者更倾向去揭示《题西林壁》中的"庐山真面目"是什么。

朱刚在其《苏轼十讲》中讨论到"庐山真面目",认为"与苏轼庐山之行始终伴随的一种思考,即对于'庐山真面目'的追问,以及由此引发的疑虑"④。朱刚并且以《赠东林总长老》作为一路思索"庐山真面目"的结果:"后者(《赠东林总长老》——笔者注)既然

---

① [日]内山精也:《传媒与真相——苏轼及其周围士大夫的文学》,朱刚等译,上海古籍出版社2013年版,第295页。
② [日]内山精也:《传媒与真相——苏轼及其周围士大夫的文学》,朱刚等译,上海古籍出版社2013年版,第327页。
③ [日]内山精也:《传媒与真相——苏轼及其周围士大夫的文学》,朱刚等译,上海古籍出版社2013年版,第327页。
④ 朱刚:《苏轼十讲》,上海三联书店2019年版,第182页。

说了'山色岂非清净身',就等于直接说出了什么是'庐山真面目'。"庐山之行,苏轼在思想上一路追问,根据胡仔《苕溪渔隐丛话》引录苏轼自述可证。其间苏轼与包括总长老在内的僧人有诗歌交流,始有《初入庐山》"要识庐山面,他年是故人",终有《题西林壁》"不识庐山真面目,只缘身在此山中"①。从"要识庐山"到"不识庐山",乃至有"身在此山"之叹,苏轼精神轨迹颇为明了。我们认为,上述作品可以看作悟道之诗,但不可因为示于僧人而称之为庐山诗偈。至于以"山色岂非清净身"来阐释"庐山真面目"则颇为牵强,一方面探讨苏轼的声色之悟,另一方面又将声色理解为"造物(自然)对具备感知力的人类的恩赐",同时将"庐山真面目"之问理解为泛泛的审美问题,朱刚说:"如何把握'庐山真面目'的问题,虽是从参禅的语境而来,但在苏轼的思考中,其性质实已转变为审美主体与审美对象的关系问题"②,并以"恍然大悟"或与庐山的亲近感来代替"庐山真面目"③,就显得随意任性了。

　　朱刚解读中存在的问题主要有两点:其一,以声色之悟或禅悟来解读"庐山真面目";其二,忽略了"只缘身在此山中"的意旨。出离此山,离开横看侧观的认知体察方式,才是看见"庐山真面目"的悟道方法,这涉及苏轼的易道与其对本质之影的追求。聚焦于苏轼的声色之悟,其实已经落入了南宋禅僧营造的禅化苏轼的话语中,疏离了苏轼的思想精蕴。《题西林壁》曰:"横看成岭侧成峰,远近高低各不同。不识庐山真面目,只缘身在此山中。"④ "不识庐山真面目"是在"横看成岭侧成峰,远近高低各不同"之后的感叹,"只缘身在此山中"则是对认知庐山方法的反思。这也就是说,看见"庐山真面目"的方式不能停止于"远近高低各不同"的认识层次上,

---

① (宋)胡仔:《苕溪渔隐丛话》卷39,第228页,清道光海山仙馆丛书本。
② 朱刚:《苏轼十讲》,上海三联书店2019年版,第199页。
③ 朱刚:《苏轼十讲》,上海三联书店2019年版,第199页。
④ (清)王文诰辑注,孔凡礼点校:《苏轼诗集》,中华书局1982年版,第四册,第1219页。

第七章　苏轼影论

前文讨论的吴道子画法、"系风捕影"之法，才是看见"庐山真面目"的本质方式。《书吴道子画后》中"以灯取影，逆来顺往，旁见侧出，横斜平直，各相乘除"①的数理式的观照方法，也即是《题西林壁》中的横看竖看。若停留于此，就落为画工，不达妙理，苏轼在审美悟道中引入易学数理，但又逃离了错综变化而自然有神的、人们惯用的易学逻辑，在规矩法度中完成了主体意识的超越。

在观照与审美中，苏轼试图重建自然，"身在此山"之感，是剥离"此山"，看见真山的必经阶段，看见真山的同时即重建了自然。这个真山即是"庐山真面目"，即使不考虑与陶渊明之关联，"真面目"也必然在庐山中求得，因为被看者是庐山，也即"真面目"不是普泛的佛清净身，而确实是"庐山真面目"。可以说，《题西林壁》是苏轼思想的一个隐喻。苏轼易学中以"象"论宇宙之生成，他说："或变或化，未有见之者也，形象成，而变化自见矣。"②"变化"之所以发生，也并不因为背后存在着驱动者与显现者，而是因为"形象"生成，"变化"就自然呈现了。参照《东坡易传》对"一阴一阳之谓道"的阐释，可以比较完整地理解其"形象"说：

> 阴阳果何物哉？虽有娄、旷之聪明，未有得见其仿佛者也。阴阳交然后生物，物生然后有象，象立而阴阳隐矣。凡可见者，皆物也，非阴阳也。然谓阴阳为无有，可乎？虽至愚知其不然也。物何自生哉？是故指生物而谓之阴阳，与不见阴阳之仿佛而谓之无有者，皆惑也。圣人知道之难言也，故借阴阳以言之，曰："一阴一阳之谓道。"③

物、象之显现即是"形象"，它依然是阴阳相交的产物和结果，

---

① 孔凡礼点校：《苏轼文集》，中华书局1986年版，第五册，第2210页。
② （宋）苏轼：《东坡易传》卷7，上海古籍出版社1989年版，第120页。
③ （宋）苏轼：《东坡易传》卷7，上海古籍出版社1989年版，第124页。

但"象立而阴阳隐",不能直接"谓之阴阳"。这也就意味着,将"形象"从显示盛衰、刚柔、吉凶的逻辑中解放出来,可以重新发现其存在意义。简言之,在苏轼"形象"中存在双重逻辑,既属阴阳变化又有自身存在内容。这一思想显然影响了苏轼的审美观念,看见"庐山真面目"依赖横看竖观、逆来顺往等絜矩之法或大易之眼,但只有这一途径并不能达成庐山面目的现象学还原。于此,显示了易道方法的有限性,苏轼在此基础上,追踪其影,求得象外之象,突破了易学逻辑,跨越了生灭观念,构建了崭新的自然境界。"庐山真面目"或许就是超离此山的幻影范导下的庐山的新的自然形式,它从易学的絜矩、陶公的真意、禅宗的清净身中超离出来而自成面目,它成为苏轼天才式的新自然思想的象征。在影的导引下,如何看见,如何让象外之象滋生于现实成为苏轼更为重要的美学与诗学话题。直到元符元年(1098)苏轼和陶《形影神三首》组诗的出现,更为这一艺术观念提供了极具创造性的、昭晰且辉赫的思想与意识逻辑。

第八章　曾巩儒学及其文道关系

在社会政治变革与思想震荡的潮流中，考察唐宋古文将能带来更为切实的答案，而对于曾巩思想与文学的认知也应当放置在这一历史过程之中。《宋史·曾肇传》中说："曾巩立言于欧阳修、王安石间，纡徐而不烦，简奥而不晦，卓然自成一家，可谓难矣。"① 曾巩在欧阳与荆公间自成一家是不争的事实——不局限于诗文风格，而且在学问德行方面都有突出的建树。同时，曾巩不仅"湛于经术，义理精微，意味悠长，自是有用之文"，而且可以"坐而言，起而行，不似书生弄笔，作画饼观"②，即将他的儒学与文章运用于政事与日常中。事实上，曾巩论学重视先王之道的要义、源流、法度，且能躬行实践，从而形成自己的学问规模。与之相应，其古文风貌也呈现出与众不同的深湛意蕴和质实醇厚的美学风格。曾巩不仅对"道"或"理"进行了形而上的思考，而且非常重视对圣贤传统及学问传统的守护，同时，在心物之间、天人之际又建构了内涵丰富的伦理观念，积极发扬"圣人"精神，形成了一种新的人格范式。值得关注的是，他将自己的学问体系渗透在古文理论与写作中，诠释出一种别样的文道关系，而在文章风格上与欧阳修、苏轼、王安石彼此辉映而卓然成家。

---

① （元）脱脱等撰：《宋史·曾肇传》，中华书局1985年版，第10396页。
② （清）孙琮：《山晓阁选宋大家曾南丰全集目序》，见李震《曾巩年谱》"附录"，苏州大学出版社1997年版，第459页。

一 曾巩的学与道

曾巩学有本源,讨论其道德性命之学、圣人观念,以及心物关系的处理方式,需要在其儒学谱系中来考察。曾巩是刻意在韩愈和欧阳修之间建立理论逻辑和学术传承链条的人物,他自觉地发扬韩愈仁义之道、先王之教、庶几境界,自觉地拓展和完善韩愈所勾勒的儒学统绪,并将欧阳修纳入这一体系中,树立为道德与教化的、圣人式的人间典范。

曾巩在《先大夫集后序》中述其家学:"方五代之际,儒学既摈焉,后生小子,治术业于闾巷,文多浅近。是时公虽少,所学已皆知治乱得失兴坏之理,其为文闳深隽美,而长于讽谕,今类次乐府已下是也。"① 所谓"皆知治乱得失兴坏之理"即是儒学的修养和功夫,即是在显示社会盛衰、风俗流变的现象中体察幽微之理。因为儒家认为"道"即是社会现实中的现象和规律,它不是超出天地之外的抽象之理——显然这是与佛家和道家不同的思路,因而对于一个儒者来说,观察风俗、知晓民情、教化百姓、移风易俗的社会历史实践即是其"道"之真谛,这也即是曾巩家学的核心所在。因而曾巩表彰乃祖"勇言当世得失"的儒者情操②,而在《王平甫文集序》中肯定王平甫以才高见世,学问敏捷,"明于是非得失之理为尤详"③。

其一,曾巩论学重视儒家统绪,认为"学之有统,道之有归"。《新序目录序》曰:

> 古之治天下者,一道德,同风俗。盖九州之广,万民之众,千岁之远,其教已明,其习已成之后,所守者一道,所传者一说

---

① (宋)曾巩撰,陈杏珍、晁继周点校:《曾巩集》卷12,中华书局1984年版,第194页。
② 《先大夫集后序》,(宋)曾巩撰,陈杏珍、晁继周点校:《曾巩集》卷12,中华书局1984年版,第194页。
③ (宋)曾巩撰,陈杏珍、晁继周点校:《曾巩集》卷12,中华书局1984年版,第201页。

第八章 曾巩儒学及其文道关系

而已。故《诗》《书》之文，历世数十，作者非一，而其言未尝不相为终始，化之如此其至也。当是之时，异行者有诛，异言者有禁，防之又如此其备也。故二帝三王之际，及其中间尝更衰乱、而余泽未熄之时，百家众说未有能出于其间者也。及周之末世，先王之教化法度既废，余泽既熄，世之治方术者，各得其一偏。故人奋其私智，家尚其私学者，蜂起于中国，皆明其所长而昧其短，矜其所得而讳其失。天下之士各自为方而不能相通，世之人不复知夫学之有统、道之有归也。先王之遗文虽在，皆绌而不讲，况至于秦为世之所大禁哉！

汉兴，六艺皆得于断绝残脱之余，世复无明先王之道以一之者。诸儒苟见传记百家之言，皆悦而向之。故先王之道为众说之所蔽，暗而不明，郁而不发。而怪奇可喜之论，各师异见，皆自名家者，诞漫于中国。一切不异于周之末世，其弊至于今尚在也。自斯以来，天下学者知折衷于圣人，而能纯于道德之美者，扬雄氏而止耳。如向之徒，皆不免乎为众说之所蔽，而不知有所折衷者也。[①]

长篇援引此段文字是必要的，至少可以从三个层次来分析。首先，曾巩认为，先王之道废弛是周代以后的事情，此后秦代罢黜不讲，汉儒心悦于传记百家之言而不明先王之道，若复儒道需要回溯到周代以前。其次，曾巩认为，古代治世存在一个普遍的儒道，所谓可以"一道德，同风俗"，《诗》《书》等经典，虽然累世而成，作者不一，但也能"相为始终"，其间存在统一之理。其潜在逻辑是，求儒道于儒家经典是可能的。最后，先王之道存在一个传承的谱系，扬雄是"折衷于圣人""纯于道德之美"的代表人物。曾巩在《王容季文集序》中简单勾勒了儒道传承谱系。他说："世既衰，能言者益少，

[①] （宋）曾巩撰，陈杏珍、晁继周点校：《曾巩集》卷11，中华书局1984年版，第176—177页。

承孔子者,孟子而已。承孟子者,扬子而已。扬子之称孟子曰:知言之要,知德之奥。若扬子则亦足以几乎此矣。其次能叙事,使可行于远者,若子夏、左丘明、司马迁、韩愈,亦可谓拔出之材,其言庶乎有益者也"①,即能言者有孔子—孟子—扬雄;叙事者则是子夏—左丘明—司马迁—韩愈。在《上欧阳学士第一书》中勾勒了孔子—孟子—荀子—韩愈的传承脉络:

> 夫道之难全也,周公之政不可见,而仲尼生于干戈之间,无时无位,存帝王之法于天下,俾学者有所依归。仲尼既没,析辨诡词,骊驾塞路,观圣人之道者,宜莫如于孟、荀、扬、韩四君子之书也,舍是臜矣。退之既没,骤登其域,广开其辞,使圣人之道复明于世,亦难矣哉。②

先王之道是学者可以依归的,而且其法度足以传承,但是,先王之法又是充满悲剧色彩的,几千年来几人而已。就是在这封信中,曾巩将欧阳修纳入这一先王之道的传承谱系中,他说:"观其根极理要,拨正邪僻,掎挈当世,张皇大中,其深纯温厚,与孟子、韩吏部之书为相唱和,无半言片辞踣驳于其间,真六经之羽翼,道义之师祖也。"③

曾巩所理解的儒家之道,即曾巩之道论,是全面地继承韩愈论道传统的。作为思想家的韩愈完全有条件建立精密的思想体系,但是韩愈并没有表现出对宇宙起源与本体的理论兴趣。陈来认为,韩愈之道是一种儒家精神价值,而且包含了一套原则,"其中包括仁义代表的道德原则,《诗》、《书》、《易》、《春秋》代表的经典体系,礼乐刑

---

① (宋)曾巩撰,陈杏珍、晁继周点校:《曾巩集》卷12,中华书局1984年版,第199页。
② (宋)曾巩撰,陈杏珍、晁继周点校:《曾巩集》卷15,中华书局1984年版,第231页。
③ 《上欧阳学士第一书》,(宋)曾巩撰,陈杏珍、晁继周点校:《曾巩集》卷15,中华书局1984年版,第232页。

政代表的政治制度,以及儒家所确认的分工结构(士农工贾)、伦理秩序(君臣父子夫妇)、社会礼仪(服、居、食)乃至宗教性礼仪(郊庙)"①。此种概括是相当准确的,这正是韩愈《原道》篇所说的儒道的现实内容。这些内容也属于"教"的范畴,即韩愈所说的"先王之教"。教、道可以合一,先王之教的推行即是道的现实履践。这也是儒家与佛、老二家的区别所在。

正如我们上面所论述的,韩愈所着力建构的儒道传承体系,是从文、武、周公到孔子、孟子,他说:"斯吾所谓道也,非向所谓老与佛之道也。尧以是传之舜,舜以是传之禹,禹以是传之汤,汤以是传之文武周公,文武周公传之孔子,孔子传之孟轲。轲之死,不得其传焉。荀与扬也,择焉而不精,语焉而不详。"②此种推行仁义与教化、将道与圣人之教及传承体系合而为一的儒道论,直接影响了曾巩的儒学思想。他在对道统认同的基础上,批驳了诸子和汉儒之学,将韩愈和欧阳修纳入其中,这在精神上与韩愈若合符契。不过,曾巩相对于韩愈要宽容一些,将荀子与扬雄也纳入他的儒家传承系统中。

其二,曾巩也讲"庶几"之道。曾巩论学论道,不仅在重视传承统绪与推行仁义、重视实践之道方面与韩愈契合,而且在儒家的境界上也与韩愈无二。因为儒家现实地行仁义之道,切断了通往彼岸世界的假想通道,悲壮地要在现实的土地上实现其完美的理想,因而儒道在现实上的实现几乎成为不可能,尽管儒道确实存在。我们把这个境界姑且叫作"庶几之道"③。韩愈重提"庶几之道",即是他对所倡儒道的会心所在,曾巩屡言"庶几"可看作是对韩愈学问的继承与回响。"庶几"之说出于孔子对颜回的评价,《论语·先进》说:"回也其庶乎!屡空。赐不受命,而货殖焉,亿则屡中。"何晏注:"言回庶几圣道,虽数空匮,而乐在其中。赐不受教命,唯财货是殖,亿

---

① 陈来:《宋明理学》(第二版),华东师范大学出版社2004年版,第18—19页。
② (唐)韩愈著,马其昶校注:《韩昌黎文集校注》,上海古籍出版社1986年版,第18页。
③ 李瑞卿:《韩愈的道论与文论》,《汉语言文学研究》2019年第1期。

度是非，盖美回，所以励赐也。"① 颜回庶几圣道，已是孔子对弟子的至高评价，儒者欲完美地尽于儒道是非常困难的，因为儒道要从现实中兑现，非圣人莫属。韩愈在现实中坚守的正是不能轻易实现的儒道，在他看来，圣人之道是"不勉而中，不思而得"的，才高德盛如颜回也只能"庶几"。《省试颜子不贰过论》："又曰：'颜氏之子，其殆庶几乎！'言犹未至也。而孟子亦云：'颜子具圣人之体而微者。'皆谓不能无生于其心，而不暴之于外。考之于圣人之道，差为过耳。"② 在现实界中"庶几乎圣"也是一种理想。张籍也将韩愈比作颜回，"昔颜子之'庶几'，岂待五六十乎？执事目不睹圣人而究圣人之道，材不让于颜子矣"③。韩愈在《闵己赋》中表达了景仰与缅怀之意，"昔颜氏之庶几兮，在隐约而平宽，固哲人之细事兮，夫子乃嗟叹其贤"④。庶几于圣人，虽不是理想的圣道境界，但却与佛老有鲜明的分野。

曾巩在多种场合提及"庶几"。《唐令目录序》："虽未及三代之政，然亦庶几乎先王之意矣。"⑤《说苑目录序》："然独称颜氏之子，其殆庶几乎？"⑥《先大夫集后序》："所试者大，其庶几矣。"⑦《王无咎字序》："虽非时之当，然庶几存其礼。"⑧《上欧阳学士第二书》："诚不能尽解，亦庶几识其一二远者大者焉。"⑨《上欧阳舍人书》：

---

① 李学勤主编，（魏）何晏注，（宋）邢昺疏：《论语注疏》，北京大学出版社1999年版，第149页。
② （唐）韩愈著，马其昶校注：《韩昌黎文集校注》，上海古籍出版社1986年版，第125页。
③ 《张籍遗公第二书》，见（唐）韩愈著，马其昶校注《韩昌黎文集校注》，上海古籍出版社1986年版，第134页。
④ （唐）韩愈著，马其昶校注：《韩昌黎文集校注》，上海古籍出版社1986年版，第9页。
⑤ （宋）曾巩撰，陈杏珍、晁继周点校：《曾巩集》卷11，中华书局1984年版，第189页。
⑥ （宋）曾巩撰，陈杏珍、晁继周点校：《曾巩集》卷11，中华书局1984年版，第191页。
⑦ （宋）曾巩撰，陈杏珍、晁继周点校：《曾巩集》卷12，中华书局1984年版，第195页。
⑧ （宋）曾巩撰，陈杏珍、晁继周点校：《曾巩集》卷14，中华书局1984年版，第227页。
⑨ （宋）曾巩撰，陈杏珍、晁继周点校：《曾巩集》卷15，中华书局1984年版，第233—234页。

"王庶几改之，则必召予。"①《上杜相公书》："以立天下之本，而庶几三代之事。"②《上范资政书》："则又惧乎陷溺其心，以至于老而无所庶几也。"③《与杜相公书》："虽不足希盛德之万一，亦庶几不负其意。"④《与王介甫第二书》："徐徐乎于其薄者，其亦庶几乎其可也。"⑤ 凡此种种。儒道在教化中推行，由己及人乃至家国，它也可以历经磨难，代代传承，在圣贤君子那里存在；作为理想，它在现实上或许只能是"庶几"地落于现实。曾巩在此基础上，将这种理想——存在于上古、传承有序、落于实践的儒道境界，进行了理性化的阐释。

其三，曾巩的"道"又是"理"，体现了儒学发展的时代性色彩。《王子直文集序》曰：

> 至治之极，教化既成，道德同而风俗一，言理者虽异人殊世，未尝不同其指。何则？理当故无二也。是以《诗》《书》之文，自唐虞以来，至秦鲁之际，其相去千余岁，其作者非一人，至于其间尝更衰乱，然学者尚蒙余泽，虽其文数万，而其所发明，更相表里，如一人之说，不知时世之远，作者之众也。呜呼！上下之间，渐磨陶冶，至于如此，岂非盛哉！自三代教养之法废，先王之泽熄，学者人人异见，而诸子各自为家，岂其固相反哉？不当于理，故不能一也。⑥

曾巩认为政教的至极境界是"道德同而风俗一"，虽然不同时代不同人物都讨论儒家之理，但在他们的言说中"理当无二"；《诗》

---

① （宋）曾巩撰，陈杏珍、晁继周点校：《曾巩集》卷15，中华书局1984年版，第237页。
② （宋）曾巩撰，陈杏珍、晁继周点校：《曾巩集》卷15，中华书局1984年版，第242页。
③ （宋）曾巩撰，陈杏珍、晁继周点校：《曾巩集》卷15，中华书局1984年版，第243页。
④ （宋）曾巩撰，陈杏珍、晁继周点校：《曾巩集》卷16，中华书局1984年版，第250页。
⑤ （宋）曾巩撰，陈杏珍、晁继周点校：《曾巩集》卷16，中华书局1984年版，第256页。
⑥ （宋）曾巩撰，陈杏珍、晁继周点校：《曾巩集》卷12，中华书局1984年版，第197页。

《书》之作，虽然非一人一时之作，历经千年，但也如同一人之说，存在统一的道理；而三代以后先王之道衰退，虽然诸子各家各自为说，但并非这个世界上本来就有彼此相反的道理。基于此，曾巩提出了"不当于理，不能一也"的见解。这是从言说方面来阐释儒道，表现出对普遍之理的追求。这个"理"不同于天理，也不是自然之理，而是人类共同的情理，是曾巩对儒道普遍性之理的确认。

曾巩承认"理"的存在，尽管披上了某种神秘色彩。他注解《洪范·九畴》说："其曰'天乃锡禹洪范九畴'，盖《易》亦曰'洛出书'，然而世或以为不然。原其说之所以如此者，以非其耳目之所习见也。天地之大，万物之众，不待非常之智而知其变之不可尽也。"① 即强调存在着超出常人感官的道或理。曾巩在《王容季文集序》中肯定儒家经典中已备"三才万物之理"：

> 叙事莫如《书》。其在《尧典》，述命羲和，宅土，测日晷星候气，揆民缓急，兼蛮夷鸟兽，其财成辅相，备三才万物之理，以治百官，授万民，兴众功，可谓博矣。然其言不过数十。其于《舜典》则曰：在璇玑玉衡，以齐七政。盖尧之时，观天以历象。至舜，又察之玑衡。圣人之法，至后世益备也。曰七者，则日月五星。曰政者，则羲和之所治，无不在焉。其体至大，盖一言而尽，可谓微矣。其言微，故学者所不得不尽心。能尽心，然后能自得之。此所以为经，而历千余年，盖能得之者少也，《易》《诗》《礼》《春秋》《论语》皆然。其曰测之而益深，穷之而益远，信也。②

作为儒道的载体，儒家经典中存在"三才万物之理"，当然也包括天文数理，也即是说，曾巩对于儒家之理的体认是建立在社会历史

---

① （宋）曾巩撰，陈杏珍、晁继周点校：《曾巩集》卷10，中华书局1984年版，第155页。
② （宋）曾巩撰，陈杏珍、晁继周点校：《曾巩集》卷12，中华书局1984年版，第198—199页。

第八章 曾巩儒学及其文道关系

实践与科学认知的基础上的。他将这一理又称为"微",只有学者"尽心"方可"自得之"。尽心也即尽性,《请文慧和尚住灵岩疏》说:"伏以道本无言,理惟尽性,非得圆通之士,孰开方便之门?"① 关于心性功夫曾巩有自己的路数,在此不讲,但他承认,儒家有一客观的道或理存在,通过体察和实践是可以自得的,在此可看出曾巩儒学中对道的创造性解读严谨而富有理论勇气。我们不能将以"理"释儒"道"简单归结为受道家思想影响。

作为意识形态的理念有其经济基础或政治土壤,曾巩以理释道,也是针对当时道术衰微、统治者不能尽天下之理而为言。他在《熙宁转对疏》中说:"人主虽有聪明敏达之质,而无磨砻长养之具,至于不能有以自得,则天下之事,在于理者有所不能尽也。不能尽天下之理,则天下之以事物接于我者,足以累其内;天下之以言语接于我者,足以蔽其外。"②

此外,曾巩论及儒学门径与通变方法。儒道修习有其门径和方法,《相国寺维摩院听琴序》中论及六艺之学:

> 古者学士之于六艺,射能弧矢之事矣,又当善其揖让之节;御能车马之事矣,又当善其驱驰之节;书非能肆笔而已,又当辨其体而皆通其意;数非能布策而已,又当知其用而各尽其法。而五礼之威仪,至于三千,六乐之节文,可谓微且多矣。噫!何其烦且劳如是!然古之学者必能此,亦可谓难矣。③

曾巩尽管也有"何其烦劳如是"之叹,但还是认同古之学者在六艺修习中的节律、体式、方法、仪态。另外,曾巩论学有内外之

---

① (宋)曾巩撰,陈杏珍、晁继周点校:《曾巩集》(辑佚),中华书局1984年版,第784页。
② (宋)曾巩撰,陈杏珍、晁继周点校:《曾巩集》卷29,中华书局1984年版,第435页。
③ (宋)曾巩撰,陈杏珍、晁继周点校:《曾巩集》卷13,中华书局1984年版,第211页。

分，他说："盖其出入进退，俯仰左右，接于耳目，动于四体，达于其心者，所以养之至如此其详且密也。虽然，此尚为有待于外者耳。若夫三才万物之理，性命之际，力学以求之，深思以索之，使知其要，识其微，而斋戒以守之，以尽其才，成其德，至合于天地而后已者，又当得之于心，夫岂非难哉？"① 关于曾巩性命之学，下一部分将进行讨论。总之，在曾巩看来，儒道可学，进退出处，法度详密，三才万物之理及性命之理，可以"合天地""得之于心"。而与其儒学门径相应的是他的礼仪通变论。其《礼阁新仪目录序》曰：

  由是观之，古今之变不同，而俗之便习亦异，则亦屡变其法以宜之，何必一二以追先王之迹哉？其要在于养民之性，防民之欲者，本末先后能合乎先王之意而已，此制作之方也。故瓦樽之尚而薄酒之用，大羹之先而庶羞之饱，一以为贵本，一以为亲用。则知有圣人作而为后世之礼者，必贵俎豆，而今之器用不废也，先弁冕，而今之衣服不禁也，其推之皆然。然后其所改易更革，不至乎拂天下之势，骇天下之情，而固已合乎先王之意矣。是以羲、农以来，至于三代，礼未尝同，而制作之如此者，亦未尝异也。②

  礼仪作为儒学的重要载体有其自身的秩序和规制，但是因为年代久远，时异世移，也必然产生变化，如何变化才能保证儒道之醇正呢？曾巩提出了他的原则：需要"屡变其法以宜之"，可"养民之性"，能合"先王之意"。其实，民之性，就是先王之意，即在遵循先王之意的前提下适时而变。这种通变方法是本于《易传》的，在此他突出了圣人之意的重要性，而对圣人或先王的强调，其实就是突

---

① 《相国寺维摩院听琴序》，(宋)曾巩撰，陈杏珍、晁继周点校：《曾巩集》卷13，中华书局1984年版，第211页。
② (宋)曾巩撰，陈杏珍、晁继周点校：《曾巩集》卷11，中华书局1984年版，第182页。

出了人的主体性。《战国策目录序》中也表达了类似的思想,且讨论更为细致:

> 夫孔孟之时,去周之初已数百岁,其旧法已亡,旧俗已熄久矣。二子乃独明先王之道,以谓不可改者,岂将强天下之主以后世之所不可为哉?亦将因其所遇之时、所遭之变而为当世之法,使不失乎先王之意而已。二帝三王之治,其变固殊,其法固异,而其为国家天下之意,本末先后,未尝不同也。二子之道,如是而已。盖法者所以适变也,不必尽同;道者所以立本也,不可不一,此理之不易者也。故二子者守此,岂好为异论哉?能勿苟而已矣,可谓不惑乎流俗而笃于自信者也。①
>
> 惟先王之道,因时适变,为法不同,而考之无疵,用之无弊,故古之圣贤,未有以此而易彼也。②

曾巩在此比较系统地论及道、法、理、先王之意的关系问题,"盖法者所以适变也,不必尽同;道者所以立本也,不可不一,此理之不易者也",这即是说,"法"在于适变,在旧法已亡、旧礼不见的情形下,可以因其所遇之时与所遭之变而为当世之法,如果不失先王之意就是不二之道,而这一切即是理之所在。于此可见,曾巩当时对文化重建、儒道复兴的态度。重视实践、重视先王之意、重视理性与人的主体性是其儒学的重要特征。

二 道德性命之学

孔子"罕言性与天道",王弼、陈祥道、杨时、朱熹、张栻、明

---

① (宋)曾巩撰,陈杏珍、晁继周点校:《曾巩集》卷11,中华书局1984年版,第184页。
② 《战国策目录序》,(宋)曾巩撰,陈杏珍、晁继周点校《曾巩集》卷11,中华书局1984年版,第184页。

代吕柟都讨论到此话题①，孔子并非不讲性与天道，而是"罕言之"，或者说与接受者是否能默而识之有关。从《论语》来看，孔子对于"天"多次提及，但并没有申发阐释的理论愿望，而是抱了敬畏与慎重的态度，因而所谓"罕言之"，就是不去专门议论的意思。孔子有其独特的天命观，可以开出人的主体性和自由。《论语》："子畏于匡，曰：'文王既没，文不在兹乎？天之将丧斯文也，后死者不得与于斯文也；天之未丧斯文也，匡人其如予何？'"②孔子在遭遇性命之虞时，他以文王教化的神圣继承者来拷问天命，这时的天命不是至上的人格神，而是一种超出人的经验的秩序和规律，但它在孔子这里又不是确信的，存在"丧斯文"与否两种可能。当然无论是哪一种，孔子都会坦然面对，从而显示出人的主体性与自由。天命的体察或人性的完美实现，都必须在人的生命过程中。韩愈、李翱、柳宗元是唐代儒学复兴的代表人物，他们在解读儒家经典时打破汉代经学束缚，推翻天命神学观，吸收佛教心性理论，推进了儒家性情学说③，某种程度上也是为了对抗佛学中的佛性论，重振儒家道统和性命之学，到宋代重视义理心性，也必然发明出那个时代的性命论。与理学家们不同，曾巩建立了属于自己的性命论。

曾巩承认存在超出感官的天命、瑞兆或数理的启示。《洪范传》中说："彼以非其所习见，则果于以为不然，是以天地万物之变为可尽于耳目之所及，亦可谓过矣。为是说者，不独蔽于洪范之锡禹，至凤凰、麒麟、玄鸟、生民之见于经者，亦且以为不然，执小而量大，用一而齐万，信臆决而疑经，不知其不可，亦可谓惑矣。"④曾巩反对"信臆决而疑经"，承认经典所载的真实性；同时指出，天地万物

---

① 参见甘祥满《〈论语〉"性与天道"章疏证》，《中国哲学史》2012年第3期。
② 李学勤主编，（魏）何晏，（宋）邢昺疏：《论语注疏》，北京大学出版社1999年版，第61页。
③ 张跃：《唐代后期儒学》，上海人民出版社1994年版，第156—157页。
④ （宋）曾巩撰，陈杏珍、晁继周点校：《曾巩集》卷10，中华书局1984年版，第155—156页。

第八章 曾巩儒学及其文道关系

之变非耳目之所及,"天乃锡禹《洪范·九畴》""洛出书"不可轻易怀疑。这就意味着,曾巩承认天命之存在与数理之天启——因为《河图》《洛书》中体现了自然之数。

天命存在,性必然存在,所以曾巩认为大禹治水是"得其性"的智慧。因而在性命论上,曾巩认为,圣人之道的关键是"不悖于理"。其《徐幹中论目录序》曰:

> 盖汉承周衰及秦灭学之余,百氏杂家与圣人之道并传,学者罕能独观于道德之要,而不牵于俗儒之说。至于治心养性、去就语默之际,能不悖于理者,固希矣,况至于魏之浊世哉!幹独能考六艺,推仲尼、孟轲之旨,述而论之。求其辞,时若有小失者;要其归,不合于道者少矣。其所得于内者,又能信而充之,逡巡浊世,有去就显晦之大节。臣始读其书,察其意而贤之。因其书以求其为人,又知其行之可贤也。惜其有补于世,而识之者少。盖迹其言行之所至,而以世俗好恶观之,彼恶足以知其意哉![1]

曾巩感慨于周学衰弱而秦学覆灭,百氏杂家与圣人之道并传于世,致力于儒学者很难获得道德之要,那么如何治心养性即是一个普遍的时代性难题。因为曾巩树立了道统、文统,那么其穷理尽性的路径中既包括应物的智慧与修行,也包括对圣人经典的研习,即所谓"因其书以求其为人","读其书,察其意而贤之"。这也是宋儒的特色,于经典中求得天理性命也是一种理性的做法。具体可以从三个方面来讨论曾巩的性命论。

其一,由学而至精微。《说苑目录序》曰:

---

[1] (宋)曾巩撰,陈杏珍、晁继周点校:《曾巩集》卷11,中华书局1984年版,第190页。

向采传记、百家所载行事之迹，以为此书。奏之欲以为法戒，然其所取，往往不当于理，故不得而不论也。

夫学者之于道，非知其大略之难也，知其精微之际固难矣。孔子之徒三千，其显者七十二人，皆高世之材也，然独称颜氏之子，其殆庶几乎？及回死，又以谓无好学者。而回亦称夫子曰："仰之弥高，钻之弥坚。"子贡又以谓夫子之言性与天道，不可得而闻也。则其精微之际，固难知久矣。是以取舍不能无失于其间也，故曰"学然后知不足"，岂虚言哉！

向之学博矣，其著书及建言，尤欲有为于世，忘其枉己而为之者有矣，何其徇物者多而自为者少也。盖古之圣贤非不欲有为也，然而曰求之有道，得之有命。故孔子所至之邦，必闻其政，而子贡以谓非夫子之求之也，岂不求之有道哉？子曰："道之将行也与，命也；道之将废也与，命也。"岂不得之有命哉？令向之出此，安于行止，以彼其志，能择其所学，以"尽乎精微"，则其所至未可量也。是以孔子称古之学者为己，孟子称君子欲其自得之，自得之则取之，左右逢其原，岂汲汲于外哉？向之得失如此，亦学者之戒也。[1]

曾巩论学蹊径分明，他首先反对的是刘向《说苑》"不当于理"，其次，他认为孔子"精微之际"难知久矣。而所谓"精微之际"就是天道性命之论，曾巩赞赏古代贤者"求之有道，得之有命"，而不枉己以为，徇徇于物，汲汲于外，希望学者能"安于行止""择其所学"，以"尽乎精微"，这也就是孔子所说的古之学者"为己"。在《熙宁转对疏》中，曾巩为皇帝应对天地人的非常之变，进而更制变俗，效仿唐虞之志，提出了"正其本""得于心"的策略：

---

[1] （宋）曾巩撰，陈杏珍、晁继周点校：《曾巩集》卷11，中华书局1984年版，第191页。

第八章 曾巩儒学及其文道关系

臣观《洪范》所以和同天人之际，使之无间，而要其所以为始者，思也；《大学》所以诚意正心修身，治其国家天下，而要其所以为始者，致其知也。故臣以谓正其本者，在得之于心而已。得之于心者，其术非他，学焉而已矣。此致其知所以为大学之道也。古之圣人，舜禹成汤文武，未有不由学而成，而傅说、周公之辅其君，未尝不勉之以学。故孟子以谓学焉而后有为，则汤以王，齐桓公以霸，皆不劳而能也。盖学所以成人主之功德如此。诚能磨砻长养，至于有以自得，则天下之事在于理者，未有不能尽也。能尽天下之理，则天下之事物接于我者，无以累其内；天下之以言语接于我者，无以蔽其外。夫然则循理而已矣，邪情之所不能入也；从善而已矣，邪说之所不能乱也。如是而用之以特久，资之以不息，则积其小者必至于大，积其微者必至于显。古之人自可欲之善，而充之至于不可知之神，自十五之学，而积之至于从心之不逾矩，岂他道哉？由是而已矣。①

曾巩列举古代圣贤如舜、禹、成、汤、文、武、傅说、周公、孟子、齐桓公等无论是成就学问，还是辅佐君王，抑或成就霸业，都是离不开"学"的。"学"是正本得心的必然途径。人之功德依赖"学"，然后经过"磨砻长养"，乃至"自得"，这样就可以尽天下之理；尽天下之理，就可达到无累于内、无蔽于外的境界。此种由学而性命的思路，使曾巩更加尊崇经典，本源儒道，而成为一代醇儒，同时，这种学养和气质也表现在他的文论与创作中。

其二，思诚至极。对于人与天的关系，曾巩有其独特阐释。他在《洪范传》中说：

"五行：曰水，曰火，曰木，曰金，曰土。水曰润下，火曰

---

① （宋）曾巩撰，陈杏珍、晁继周点校：《曾巩集》卷29，中华书局1984年版，第434页。

炎上，木曰曲直，金曰从革，土爰稼穑。润下作咸，炎上作苦，曲直作酸，从革作辛，稼穑作甘。"何也？盖爰者，于也。润下炎上者，言其所性之成于天者也。曲直从革者，言其所化之因于人者也。于之稼穑而不及其他者，于之稼穑亦言其所化之因于人者也，不及其他者，莫大乎于之稼穑也。夫润下炎上，言其所性之成于天者。然水导之则行，潴之则聚，火燃之则炽，宿之则壮，则其所化亦未尝不因之于人也。或曲直之，或从革之，或稼穑之，言其所化之因于人者。然可以曲直，可以从革，可以稼穑，则其所性亦未尝不成之于天也。所谓天不人不因，人不天不成者也。其文所以不同者，非固相反，所以互相明而欲学者之自得之也。①

水、火、木、金、土五行中，水火的润下、炎上之性是成于天的，即"其所性之成于天"；而木之"曲直"、金之"从革"、土之"稼穑"，它们的天性改变却是由于人的存在，即"其所化之应于人"，因而曾巩有"天不人不因，人不天不成"的论断。他在天人二分的基础上，也在人与天的实践关系中来讨论五行。五行作为世界变化的最基本的要素和规律，在曾巩看来也是不离人的因素的。曾巩不仅注意到物具有的天性，也注意到因人而被赋予的属性，而物的存在即在天人之间，曾巩在此没有抽象地讨论天人关系，而是在宇宙化生关系或实践关系中来讨论存在。

具体而言，人与天或人与外物的关系的建立，需要落实在感官和思维之上，曾巩对"五事"貌、言、视、听、思之关系进行了阐释，他认为，"五者，思所以为主于内，而用四事于外者也。至于四者，则皆自为用而不相因"②。即是说，貌、言、视、听是"思"之用，

---

① （宋）曾巩撰，陈杏珍、晁继周点校：《曾巩集》卷10，中华书局1984年版，第156—157页。
② （宋）曾巩撰，陈杏珍、晁继周点校：《曾巩集》卷10，中华书局1984年版，第157页。

是"思"拓展于外部世界的功用,它们彼此之间不能互相影响,而全然取决于"思",即所谓"曰思曰睿,睿作圣者,盖思者所以充人之材以至于其极,圣者人之极也。孟子曰:人之性或相倍蓰而无算者,不能尽其材,不能尽其材者,弗思耳矣"①。以"思"为主帅,将人之感官和功能充足于外,极尽其能是建立人与外部世界关系的方式。既然以"思"为关键,那么如何"思"才能穷理尽性呢?他在《洪范传》中说:

> 盖思之于人也如此。然而或曰"不思而得",何也?盖人有自诚明者,不思而得,尧舜性之是也。所谓诚者,天之道也。有自明诚者,思之弗得弗措也,汤武身之是也。所谓思诚者,人之道也。然而尧舜汤武之德及其至,皆足以动容周旋中礼,则身之者终亦不思而得之也。尧舜性之矣,然尧之德曰聪明文思,盖尧之所以与人同者法也,则性之者亦未尝不思也,故曰诚则明矣,明则诚矣。而性之身之者及其成,孟子皆以谓盛德之至也。箕子言思所以作圣,孟子言弗思故相倍蓰而无算,其所言者皆法也。曰视曰明、明作哲、听曰聪、聪作谋者,视之明,无所不照,所以作哲;听之聪,无所不闻,所以作谋也。人之于视听,有能察于闾巷之间、米盐之细,而不知蔽于堂阼之上、治乱之几者,用其聪明于小且近,故不能无蔽于大且远也。②

曾巩对"不思而得"与"未尝不思"作了分析。他认为尧舜"不思而得"是其性本然,是"有自诚明者",是天之道;而汤武需"思之弗得弗措",需要亲身体证并思考,属于"自明诚者",是"思诚",是人之道。固然有有思与无思之分别,但是,一方面来讲,曾巩又认为无论尧舜还是汤武,因为"动容周旋中礼",所以都可以

---
① (宋)曾巩撰,陈杏珍、晁继周点校:《曾巩集》卷10,中华书局1984年版,第157页。
② (宋)曾巩撰,陈杏珍、晁继周点校:《曾巩集》卷10,中华书局1984年版,第158页。

"不思而得"。而从另一方面讲，即使尧可以不思而得，但因为他也与人同法，故而又是"未尝不思"。这就是说，圣贤们禀性不同，但都可以"不思而得"；而圣贤往往"与人同法"，因而也同样需要强调"思"的方法。这是无思而有思的思路，当然需要体现出独特的功夫，曾巩提出了"养其聪明"的方法。

> 养其聪明者，故将用之于大且远。夫天下至广，不可以家至户察，而能用其聪明于大且远者，盖得其要也。昔舜治天下，以诸侯百官，而总之以四岳，舜于视听，欲无蔽于诸侯百官，则询于四岳，欲无蔽于四岳，则辟四门，欲无蔽于四门，则明四目，达四聪。夫然故舜在士民之上，非家至户察而能立于无蔽之地，得其要而已矣。其曰明四目、达四聪者，舜不自任其视听，而因人之视听以为聪明也。不自任其聪明而因之于人者，固君道也。非君道独然也，不自任其聪明而因之于人者，固天道也。[①]

舜的方法是"明四目，达四聪"，这是避免耳目为"诸侯百官""四岳""四门"所遮蔽的方法，这也并不意味着要"家至户察"才能立于"无蔽之地"，而是要"不自任其视听，而因人之视听以为聪明"，这即是一种"天道"。总之，在视听方面虽然是舜之自己亲历，但其中介则是"人之视听"，在舜与民众或他人组成的共同视域中使聪明四达。

其三，先觉觉民，以通天下。曾巩性命之学不从抽象的道德伦理入手，而是将"思"提升到首要地位，并通过感官之发用来实现，即以"思"为要害，通过身体、家庭，一直波及整个国家，乃至万邦，由自我"先觉"，"积于其家以至于天下治"，达到"觉斯民"。这种道德性命之学是与家国民生一体化的，穷理尽性的过程就是教化

---

① 《洪范传》，(宋)曾巩撰，陈杏珍、晁继周点校：《曾巩集》卷10，中华书局1984年版，第158页。

第八章 曾巩儒学及其文道关系

百姓、治理天下之道。《洪范传》曰：

> 古之欲明明德于天下者，必始于知至意诚，心正然后身修，身修然后国家天下治。以是为大学之道，百王莫不同然。而见于经者，莫详于尧。盖聪明文思，尧之得于其心者也。克明俊德，有诸心，故能求诸身也。以亲九族，九族既睦，有诸身，故能求诸家也。平章百姓，百姓昭明，有诸家，故能求诸国也。协和万邦，黎民于变时雍，有诸国，故能求诸天下也。积于其心以至于身修，此尧之所以先觉，非求之于外也；积于其家以至于天下治，此尧之所以觉斯民，非强之于耳目也。夫然，故尧之治何为也哉？民之从之也，岂识其所以从之者哉？此先王之化也。然以是为无法，立司徒之官以教之者法也。①

有诸心然后能求诸身，是"积于其心以至于身修"的"先觉"，这种"先觉"非求之于外，包括"积于其家"乃至天下治的"觉民"，也非强加于民众的耳目，而是一种圣人行而民众顺从的"无法"，以"无法"为根基，立司徒之官"教之法"。这就是说，个人性命之学、个人先觉与觉民，是以"无法"及物与司徒立法的结合来完成的。

曾巩具体讨论到人之尽性与全物之性的关系问题，他说：

> 《书》曰思曰睿，睿作圣，盖思者所以致其知也。能致其知者，察三才之道，辨万物之理，小大精粗，无不尽也。此之谓穷理，知之至也。知至矣，则在我者之足贵，在彼者之不足玩，未有不能明之者也。有知之之明而不能好之，未可也，故加之诚心以好之。有好之之心而不能乐之，未可也，故加之至意以乐之。

---

① （宋）曾巩撰，陈杏珍、晁继周点校：《曾巩集》卷10，中华书局1984年版，第159—160页。

能乐之则能安之矣。如是则万物之自外至者，安能累我哉？万物之所不能累，故吾之所以尽其性也。能尽其性，则诚矣。诚者，成也，不惑也。既诚矣，必充之，使可大焉。既大矣，必推之，使可化焉。能化矣，则含智之民，肖翘之物，有待于我者，莫不由之以全其性，遂其宜，而吾之用与天地参矣。德如此其至也。而应乎外者，未尝不与人同，此吾之道所以为天下之通道也。①

这里的"思"可以致知，致知的作用在于辨万物之理，辨大小精粗，穷理之处就是致知，"知至矣，则在我者之足贵，在彼者之不足玩"，于是，知之，诚心好之，至意乐之，乐之安之，有这样的应物态度，自外而至的万物即不能累我，不累于万物，即可以尽性，于是"有待于我者"也能"全其性，遂其宜"，于是"吾之用与天地参"，于是，吾之道即是"天下之通道"。

需要特别提及的是，曾巩道德性命论虽然立足现实来穷理尽性，通天下之道，但却对人这个最迫切的现实似乎没有足够的重视，苏轼与王安石都对与"性"相关的"情"做了哲学的分析，而曾巩在理论上却缺场了，这无疑是他道德性命论的局限所在。

三　圣人精神及对欧阳修的塑造

儒家之道具有天下一理之普遍性，但它又不是抽象的理念，而是借圣人以传；后人研习经典，知其统绪，领会圣人之意，是可以获得儒家之道的。曾巩建构和兴复儒道的路数非常中肯与理性，一方面足以应对佛家理论，另一方面又能立于天地之间，发挥儒家的实践精神，守护儒家的礼仪规范，通天下之理，行先王之教。曾巩的儒学是极其全面而深切的儒学，他所谨守的是儒家的原始形态，他所创变的是欲焕发人的主体精神。曾巩在《易传》中发现了作为主体的人的

---

① 《梁书目录序》，（宋）曾巩撰，陈杏珍、晁继周点校：《曾巩集》卷11，中华书局1984年版，第177—178页。

第八章 曾巩儒学及其文道关系

一种新的人格精神和穷神知化的超常能力,此种《易传》中的圣人精神对曾巩影响很大,这与他重视理性与认知,肯定穷理尽性的哲学观念是一致的。欧阳修易学中虽然发掘了君子的诸种美德和精神,但大多是属于道德、礼仪等方面的与生存和存在有关的策略性智慧;苏轼易学中也对圣人精神给以重视,但道家色彩较重,重视科学认知的智慧;曾巩对《易传》中圣人精神的阐释有其自身特点,他要将此种圣人精神现实化到具体的人物那里,从而塑造时代的领袖人物,为新的人格精神找到真实的原型。

在《洪范传》中,曾巩论及无偏无党的"王道"之理时说:

> 其可考于经,则《易》之智周乎万物,道济乎天下,故不过。其可考于行事,则舜之执其两端而用中于民;汤之执中立贤无方,能推其无偏陂、无作好恶、无偏党、无反侧之理,而用其无适莫、无由径、无狭吝、无阻艰、无所背、无在左而不得乎右、在右而不得乎左者,以通天下之故而不泥,执其所会所归之中以为本,故能定也。夫然,故《易》之道为圣人之要道,非穷技曲学之谓也。舜之治民,为皇建其有极,用敷锡厥庶民,非偏政逸德之谓也。汤之用贤,为翕受敷施,九德咸事,非私好独恶之谓也。《洪范》之为类虽九,然充人之材,以至于其极者,则在于思;通天下之故,而能定者,则在于中。其要未有易此也。[①]

显然这段文字不同凡响,似乎实有所指,他将易道中的"圣人之要道"与穷技曲学、偏正逸德、私好独恶划清界限,同时,也是明确表示其王道论的经学来源,并尊崇"智周乎万物,道济乎天下"的圣人精神。而圣人精神与穷神知化有关,《梁书目录序》:

[①] (宋)曾巩撰,陈杏珍、晁继周点校:《曾巩集》卷10,中华书局1984年版,第164页。

既圣矣，则无思也，其至者循理而已，无为也，其动者应物而已。是以覆露乎万物，鼓舞乎群众，而未有能测之者也，可不谓神矣乎！神也者，至妙而不息者也。此圣人之内也。圣人者，道之极也。佛之说，其有以易此乎？求其有以易此者，故其所以为失也。夫得于内者，未有不可行于外也；有不可行于外者，斯不得于内矣。《易》曰："智周乎万物而道济乎天下，故不过。"此圣人所以两得之也。知足以知一偏，而不足以尽万事之理；道足以为一方，而不足以适天下之用，此百家之所以两失之也。佛之失，其不以此乎？则佛之徒，自以谓得诸内者，亦可谓妄矣。①

"无思""无为"是《系辞》中的圣人德行，《周易·系辞上》："《易》无思也，无为也，寂然不动，感而遂通天下之故，非天下之至神，其孰能与于此？"②寂然无思，而能达到一致而百虑，鼓天下之动；而这种不测之"神"，正是在自然化生中产生的，某种意义上，圣人就是"道之极"。因为智周万物，道可济天下，尽万事之理，适天下之用，得之于内，必行之于外。上述文字化用了《系辞》传的诸多内容，也是借此来为反对佛学与百家之说提供理论武库。《南齐书目录序》中则说唐虞有神明性："昔者唐虞有神明之性，有微妙之德，使由之者不能知，知之者不能名，以为治天下之本。"③这也即是讲圣人"无思无为"而能教化广布，周万事之理，适天下之用的德行。而且，曾巩也认为，凡是"执笔操简而随者亦皆圣人之徒"④。

---

① （宋）曾巩撰，陈杏珍、晁继周点校：《曾巩集》卷11，中华书局1984年版，第178页。
② 朱学勤主编，（魏）王弼注，（唐）孔颖达疏：《周易正义》，北京大学出版社1999年版，第284页。
③ （宋）曾巩撰，陈杏珍、晁继周点校：《曾巩集》卷11，中华书局1984年版，第187—188页。
④ （宋）曾巩撰，陈杏珍、晁继周点校：《曾巩集》卷11，中华书局1984年版，第188页。

《上范资政书》则提供了另一种圣人风格,该文字直接说明了圣人之道与《易》之关系,肯定圣人委曲其变的能力,他说:"故圣人之所教人者,至其晦明消长、弛张用舍之际,极大之为无穷,极小之为至隐,虽他经靡不同其意。然尤委曲其变于《易》,而重复显著其义于卦爻象彖系辞之文,欲人之自得诸心而惟所用之也。然有《易》以来,自孔子之时,以至于今,得此者颜氏而已尔,孟氏而已尔。"①强调"自得"即是肯定个人的主体性,从而在传统的圣人精神中注入了亲切的人性和自由。总体看来,曾巩之圣人精神既有顶天立地之勇气,也不乏个人自得之趣味。

　　《上欧蔡书》中阐述了"君子之道":

　　　　虽然,君子之于道也,既得诸内,汲汲焉而务施之于外。汲汲焉务施之于外,在我者也;务施之于外而有可有不可,在彼者也。在我者,姑肆力焉至于其极而后已也;在彼者,则不可必得吾志焉。然君子不以必得之难而废其肆力者,………次亦使邪者庸者见之,知世有断然自守者,不从己于邪,则又庶几发于天子视听,有所开益。使二公之道行,则天下之嗷嗷者,举被其赐,是亦为天下计,不独于二公发也,则二公之道何如哉?②

　　王安石发挥《周易》,有比较系统的圣人论,并且对圣人、仁者、智者有所区分,在新的人格建构方面作出了理论努力③。不过,君子与圣人在仁义之道的层面上是没有区别的,曾巩谈及的君子之道是更为现实的存在方式,君子当处理好主观与客观之关系,即所谓"在我者"与"在彼者"之间的关系。虽然从主观方面而言,肆力而

---

① (宋)曾巩撰,陈杏珍、晁继周点校:《曾巩集》卷15,中华书局1984年版,第243页。
② (宋)曾巩撰,陈杏珍、晁继周点校:《曾巩集》卷52,中华书局1984年版,第708—709页。
③ 李瑞卿、华夏:《王安石的道论与人论》,《北京教育学院学报》2017年第5期。

为，但在客观效果来看，则不一定能顺心适志，这是事理的常态。在此情况下，曾巩以为"君子不以必得之难而废其肆力"，肯定一种清醒而不屈的君子人格。他面对"有可"与"有不可"的智慧，是针对道家的。苏轼也有类似的论述，如行于所当行，止于不可不止，表现出一种理性的乐观与圆融，披上了道家的色彩。上段引文中"知世有断然自守者，不从己于邪"化用《周易·乾·文言》中"闲邪存诚"之意，"闲邪存诚"本来是指防止邪恶的自我修养，但曾巩强调个人道德上的自守或许能引起天子的关注，起到应有的社会效应，这是曾巩的政治学，即君子人格可以风范当世。

  曾巩把这种圣人式的人格精神引入他对现实人物的阐释中。在《熙宁转对疏》中，他笔下的皇帝即具有圣人的人格与能力，他说："以陛下之聪明，而充之以至于不可知之神；以陛下之睿知，而积之以至于从心所欲之不逾矩，夫岂远哉？顾勉强如何耳。夫然，故内成德化，外成法度，以发育万物，而和同天人之际，甚易也。"[①] 特别是在与欧阳修的书信往来中，将欧阳修作为圣人的当代传人。《上欧阳学士第一书》曰："学士执事：夫世之所谓大贤者，何哉？以其明圣人之心于百世之上，明圣人之心于百世之下。其口讲之，身行之，以其余者，又书存之，三者必相表里。其仁与义，磊磊然横天地，冠古今，不穷也。其闻与实，卓卓然轩士林，犹雷霆震而风飙驰，不浮也。则其谓之大贤，与穹壤等高大，与《诗》《书》所称无间宜矣。"[②] 这即是说，欧阳修可以"明圣人之心"于百世上下，圣人之心是永恒的道，欧阳修庶几乎圣人，所以，他的仁与义足可横绝天地，笼盖古今而不穷；欧阳修的名实卓然于士林，与穹壤等高，与《诗》《书》无间，俨然集仁义、经典、圣人为一体的不同凡响的人物。王勃文论中体现了文儒合一的观念，主张"大丈夫"之文，也借助易学在理论上呼唤圣人的精神，曾巩也是如此。不过，曾巩几乎要将欧

---

  ① （宋）曾巩撰，陈杏珍、晁继周点校：《曾巩集》卷29，中华书局1984年版，第436页。
  ② （宋）曾巩撰，陈杏珍、晁继周点校：《曾巩集》卷15，中华书局1984年版，第231页。

阳修称为"命世大贤"了：

> 夫道之难全也，周公之政不可见，而仲尼生于干戈之间，无时无位，存帝王之法于天下，俾学者有所依归。仲尼既没，析辨诡词，骊驾塞路，观圣人之道者，宜莫如于孟、荀、扬、韩四君子之书也，舍是醨矣。退之既没，骤登其域，广开其辞，使圣人之道复明于世，亦难矣哉。近世学士，饰藻缋以夸诩，增刑法以趋向，析财利以拘曲者，则有闻矣。仁义礼乐之道，则为民之师表者，尚不识其所为，而况百姓之蚩蚩乎！圣人之道泯泯没没，其不绝若一发之系千钧也，耗矣哀哉！非命世大贤，以仁义为己任者，畴能救而振之乎？①

欧阳修是周公、孔子、孟子、荀子、扬雄、韩愈系统上的命世大贤，此外，曾巩在《上欧阳学士第二书》中说："学士先生执事：伏以执事好贤乐善，孜孜于道德，以辅时及物为事，方今海内未有伦比。其文章、智谋、材力之雄伟挺特，信韩文公以来一人而已。"②在曾巩看来，欧阳修的责任就是复明圣人之道，截然不同于"饰藻缋以夸诩，增刑法以趋向，析财利以拘曲"的近世学士，他是圣人之道面临千钧一发之危难时的拯救者。

曾巩将欧阳修文章、行事、德行纳入圣人之道中。《上欧阳学士第一书》中说：

> 巩自成童，闻执事之名，及长得执事之文章，口诵而心记之。观其根极理要，拨正邪僻，捭撃当世，张皇大中，其深纯温厚，与孟子、韩吏部之书为相唱和，无半言片辞蹉驳于其间，真

---

① 《上欧阳学士第一书》，（宋）曾巩撰，陈杏珍、晁继周点校：《曾巩集》卷15，中华书局1984年版，第231页。
② （宋）曾巩撰，陈杏珍、晁继周点校：《曾巩集》卷15，中华书局1984年版，第233页。

六经之羽翼,道义之师祖也。既有志于学,于时事,万亦识其一焉。则又闻执事之行事,不顾流俗之态,卓然以体道扶教为己务。往者推吐赤心,敷建大论,不与高明,独援摧缩,俾蹈正自有所禀法,怀疑者有所问执,义益坚而德益高,出乎外者合乎内,推于人者诚于己,信所谓能言之,能行之,既有德而且有言也。韩退之没,观圣人之道者,固在执事之门矣。天下学士,有志于圣人者,莫不攘袂引领,愿受指教,听诲谕,宜矣。窃计将明圣人之心于百世之下者,亦不以语言退托而拒学者也。①

在曾巩看来,作为当代的"圣人",欧阳修在文章、行事、德行方面都堪称楷模。其文章可与孟子、韩愈唱和,是"六经之羽翼,道义之师祖";其行事以"体道扶教"为己任;其德行"诚于己"而"推于人",圣人之道已然充沛于门庭。曾巩之圣人论特色是鲜明的,正如前文所论,他不仅肯定圣人弥纶天地、探赜索隐而又无思无为的伟大能力,而且阐释出圣人委曲适变的自得态度。曾巩圣人论的最大创新就是为圣人在现实世界中找到了传人。一方面,体现出曾巩哲学中对人性之高扬,可看作思想之解放;另一方面,说明他在天人关系方面偏向了融合的和谐,而忽视了本来具有的不可轻易调和的矛盾与张力。这或许是曾巩的一个败笔。

四 "两得"及其文道逻辑

曾巩讨论了道统、性命、圣人论等观念,以及仁义之道、儒家教化的当下实现,与道学家过多地聚焦于形而上的思考不同,同时也与欧阳修、苏轼、王安石儒学中鲜明的理性色彩异趣。在儒道思想上,曾巩是韩愈忠实的继承者,他一方面承认儒家道统与文统的秩序,将仁义作为核心的价值体系、礼仪制度融入现实生活中;另一方面,将

---

① (宋)曾巩撰,陈杏珍、晁继周点校:《曾巩集》卷15,中华书局1984年版,第232页。

第八章 曾巩儒学及其文道关系

韩愈所认为的"庶几"境界，提升为"一理"的境界。其实正如前文所论证的，曾巩在道论方面持"两得"态度。此种双面的道论思想，也决定了他更为丰富的文道观念。那么，在曾巩的文道关系上，一方面表现为儒道体制和文教之关系，或"文以明道"，或"畜德"而辉光，分别回应韩愈、欧阳修的文道观念；另一方面，道与文之关系是普遍之理与文辞之关系，"理"需要修辞来辨析，文辞的讲求是不得已之事，这里多少折射出其圣人论影响下的主体性。具体而言，曾巩《王深父文集序》中有论：

> 当先王之迹熄，六艺残缺，道术衰微，天下学者无所折衷，深父于是奋然独起，因先王之遗文以求其意，得之于心，行之于己，其动止语默必考于法度，而穷达得丧不易其志也。文集二十卷，其辞反复辨达，有所开阐，其卒盖将归于简也。其破去百家传注推散缺不全之经，以明圣人之道于千载之后，所以振斯文于将坠，回学者于既溺，可谓道德之要言，非世之别集而已也。后之潜心于圣人者，将必由是而有得，则其于世教，岂小补之而已哉？①

王深父之文的价值在于振兴衰微的道术，即通过先王之遗文，得之于心，付之于行，然后反复辨析，阐扬其意，然后"明圣人之道于千载之后"，成道德之要言，有益于世教。此处文与道的关系，是文化行为和圣人道统的关系。《祭吴彦弼文》中赞扬吴氏"秦汉至今，千载所录。子之一心，万事淳渟。识能议论，文可传道"②，在此，"文可传道"强调的是文字本身对道的彰明作用。《答孙都官书》

---

① （宋）曾巩撰，陈杏珍、晁继周点校：《曾巩集》卷12，中华书局1984年版，第196页。
② （宋）曾巩撰，陈杏珍、晁继周点校：《曾巩集》（辑佚），中华书局1984年版，第787页。

中肯定孙都官之作"博而精，丽而不浮""归本于道"①，题材涉及天地、山川、鬼神、父子、兄弟、地理、四夷、风俗、治乱、善恶、离合等关乎地理、风物、伦理、教化、是非、盛衰的话题，显然这样的文字不离儒教名教，可谓"归本于道"。《张文叔文集序》则肯定其"讲道益明"，他说："余读其书，知文叔虽久穷，而讲道益明，属文益工，其辞精深雅赡，有过人者。"②

可见，"文以明道"是曾巩文道论中的一个重要倾向，"文"有文化行为或文教之意，这一点上与韩愈同调；而在曾巩这里作为"文章"意义的"文"，其"明道"或"传道"功能得到了肯定，特别是将"文"当作道德畜积之后的表达，也是曾巩文道论的主张，这一点与欧阳修相颉颃。曾巩22岁拜谒欧阳修，在《上欧阳学士第一书》中盛赞欧阳修，"义益坚而德益高，出乎外者合乎内，推于人者诚于己，信所谓能言之，能行之，既有德而且有言也"③，在《寄欧阳舍人书》中则明确指出，"非畜道德而能文章者无以为也"④。"畜"的观念直接与欧阳修的道德哲学和文学观念存在关联。欧阳修将"畜"当作君子的道德和智慧，他对作为"小畜""大畜"的卦象颇有会心，在《与乐秀才第一书》中发挥其义说："闻古人之于学也，讲之深而信之笃，其充于中者足，而后发乎外者大以光。譬夫金玉之有英华，非由磨饰染濯之所为，而由其质性坚实，而光辉之发自然也。《易》之《大畜》曰：'刚健笃实，辉光日新。'谓夫畜于其内者实，而后发为光辉者日益新而不竭也。故其文曰'君子多识前言往行，以畜其德'，此之谓也。"⑤ 这里的"刚健笃实"主要是针对学问、道德和文章而言。"古人之于学也，讲之深而信之笃"，这是古

---

① （宋）曾巩撰，陈杏珍、晁继周点校：《曾巩集》卷16，中华书局1984年版，第260页。
② （宋）曾巩撰，陈杏珍、晁继周点校：《曾巩集》卷13，中华书局1984年版，第213页。
③ （宋）曾巩撰，陈杏珍、晁继周点校：《曾巩集》卷15，中华书局1984年版，第232页。
④ （宋）曾巩撰，陈杏珍、晁继周点校：《曾巩集》卷16，中华书局1984年版，第253页。
⑤ （宋）欧阳修著，李逸安点校：《欧阳修全集》（第三册）卷70，中华书局2001年版，第1024页。

第八章 曾巩儒学及其文道关系

人的学问之道。所谓"讲之深而信之笃",是指"其道虽同",都能"各由其性而就于道","各自以为经";与之相反的是"今之学者"——他们"不务深讲而笃信之,徒巧其词以为华""必屈曲变态以随时俗之所好,鲜克自立。"①"自守"、"自立"、"规模前人"、反对辞藻"华巧",是"刚健笃实"的实际内容,也是"充于中者足"的内涵。他说:"夫欲充其中,由讲之深,至其深,然后知自守。能如是矣,言出其口而皆文。"② 也即是指,为文者在道德和学问上的"畜"。换句话说,文章须表现此种道德和学问上的"畜"积,唯有如此,才能因为作者的内在充实而辉光日新。这也是欧阳修"道胜文至"说③、"穷而后工"论的核心内涵④。

不过,曾巩的"畜道德而能文章"之观念又与欧阳修不尽相同,它在欧阳修这一内敛、意味深长的理论范畴中注入了原始儒家明辨是非善恶的现实精神。《寄欧阳舍人书》说:

> 然则孰为其人而能尽公与是欤?非畜道德而能文章者无以为也。盖有道德者之于恶人,则不受而铭之,于众人则能辨焉。而人之行,有情善而迹非,有意奸而外淑,有善恶相悬而不可以实指,有实大于名,有名侈于实。犹之用人,非畜道德者恶能辨之不惑,议之不徇?不惑不徇,则公且是矣。而其辞之不工,则世犹不传。于是又在其文章兼胜焉。故曰非畜道德而能文章者无以为也。岂非然哉?⑤

---

① 《与乐秀才第一书》,(宋)欧阳修著,李逸安点校:《欧阳修全集》(第三册)卷70,中华书局2001年版,第1024页。
② 《与乐秀才第一书》,(宋)欧阳修著,李逸安点校:《欧阳修全集》(第三册)卷70,中华书局2001年版,第1024页。
③ 《答吴充秀才书》,(宋)欧阳修著,李逸安点校:《欧阳修全集》卷47,中华书局2001年版,第2册,第664页。
④ 《梅圣俞诗集序》,见(宋)欧阳修著,李逸安点校《欧阳修全集》卷43,中华书局2001年版,第2册,第612页。
⑤ (宋)曾巩撰,陈杏珍、晁继周点校:《曾巩集》卷16,中华书局1984年版,第253页。

曾巩在阐释"畜道德而能文章"时，没有停留在道为体、文为用的框架里来理解二者之关系，他所理解的道德与文章也非静态之物，而是充实着是非、善恶、公私之辨的思维过程与实践活动。蓄养道德的意义并不是抽象地积累德行、修炼心性，而是增长"辨之不惑，议之不徇"的能力和德行品质，这可以说是曾巩文道论中的一抹亮色。因为他更为深刻地体会到欧阳修"道胜文至"说中的道德修养并不仅是道德的虚象，而是蕴含着儒家价值观念的思维锋芒。从文学角度来看，曾巩重视思辨、事理与价值判断，也揭示了文章之学的密钥。魏晋文学被后学推为样本甚至经典，其魅力在何处，或曰在于文以气为主，写个性、写时事，此论诚然，但如何凸显个性与如何触及客观事实的前提，则是"辨名析理"，这正是章太炎先生所论及的。

接下来的问题就涉及了曾巩文道论中的第二个层面，即前文所说的普遍之理与文辞的关系。从上边的引文不难看出，曾巩对于文辞是非常重视的，《答孙都官书》以"博而精，丽而不浮"评价其文；《张文叔文集序》中以"其辞精深雅赡"称善；《先大夫集后序》以"闳深隽美"赞扬乃祖；《王子直文集序》中称赞子直文辞"伟丽可喜"[①]。但是这并不意味着曾巩论文以语言形式为本体，他依然是主张"先道后文"的。其《答李沿书》说：

> 足下自称有悯时病俗之心，信如是，是足下之有志乎道而予之所爱且畏者也。末曰"其发愤而为词章，则自谓浅俗而不明，不若其始思之锐也"，乃欲以是质于予。夫足下之书，始所云者欲至乎道也，而所质者则辞也，无乃务其浅，忘其深，当急者反徐之欤？夫道之大归非他，欲其得诸心，充诸身，扩而被之国家天下而已，非汲汲乎辞也。其所以不已乎辞者，非得已也。孟子

[①] （宋）曾巩撰，陈杏珍、晁继周点校：《曾巩集》卷12，中华书局1984年版，第198页。

第八章 曾巩儒学及其文道关系

曰："予岂好辩哉？予不得已也。"此其所以为孟子也。①

从文以明道的角度而言，词章或言辞不应当成为汲汲所求者，在他看来，儒道应得之于心，充之于身，然后被之国家，语言和词章并非儒者的大归所在。但是，当遭遇论辩道理时，语言和词章又是"不得已"的。这就是说，曾巩对语言和词章的重视是来自辩说道理的必然要求，但因为辞令本身并非目的，所以，又有先道后文之论。其《鲍溶诗集目录序》说："盖自先王之泽熄而诗亡，晚周以来，作者嗜文辞，抒情思而已，然亦往往有可采者。溶诗尤清越谨严，而违理者少，亦近世之能言者也。故既正其误谬，又著其大旨以传焉。"②这里反映了曾巩对理和辞关系的复杂心态。

但问题的复杂之处在于，曾巩对"道"的理性化与圣人精神的现实化，必然导致对语言的重视。曾巩承认存在着一个普遍的"理"，前文已论。在"理"的发挥上，曾巩确实是儒家的正宗，欧阳修重视理，其记类文中引易理来立意谋篇，固然是本乎经典，但在思维的现实性、针对性方面来说有所减弱。另外，欧阳修有《易童子问》阐释经义自成一系，论证了君子固穷、畜的道理，并付诸现实，融于文学中。苏轼学问重视自然之理，在《东坡易传》中进行了系统的阐发。因而，他在写作中重视对意象与意趣的呈现，重视对世界的观察、体验与书写，由此进入文与道俱的境界。朱熹对苏轼有"文自文而道自道"之讥，"今东坡之言曰：'吾所谓文，必与道俱。'则是文自文而道自道。待作文时，旋去讨个道来入放里面，此是它大病处。只是它每常文字华妙，包笼将去，到此不觉漏逗。说出他本根病痛所以然处，缘他都是因作文，却渐渐说上道理来；不是先理会得道理了，方作文。所以大本都差"③。站在儒道的立场上，朱熹对苏

---

① （宋）曾巩撰，陈杏珍、晁继周点校：《曾巩集》卷16，中华书局1984年版，第258页。
② （宋）曾巩撰，陈杏珍、晁继周点校：《曾巩集》卷11，中华书局1984年版，第192页。
③ （宋）朱熹：《朱子语类》卷139，四库全书本。

轼的评价并非毫无道理。因为，苏轼往往以无我的主体观照万物，以自然顺道的姿态从中体悟自然之理，并将其作为生命之依托与价值之准绳①。这样的自然之理显然不是纯粹儒道。

　　曾巩如其师友一样不乏对理性的重视，但一方面更保留了对儒家道统、学统的全面而慎重的维护；另一方面则试图将道理融合在具体思考、行文之中，也遵循了体用不二的道理，通过用道而成其道体。曾巩所谓"理"来于对先王之道的个人体悟，来于对人情事理的同一愿景，他几乎没有越界到佛家或道家那里。

　　辨析文道关系就已经注定了必然在文与道同构的整体框架下来讨论文与道之关系。只不过同样的问题，不同的理论家有不同的思路而已。韩愈文道关系论对欧阳修、苏轼影响甚大，韩愈渊源于经义，欧苏诸公则是其流脉。欧阳修"文与道俱"②、道胜文至③，乃至"穷而后工"，均脱胎于韩愈，只是更倾向于道德蓄养与文章的关系；苏轼论文热衷于"道"在文中的展开和化生，更以易学为思考框架，发展了韩文中形式论和自由的艺术精神。其实，韩愈在一篇解读《易》"云从龙"的文字中已经隐含了其文道关系的基本范型④，文之于道也如同云之于龙一样，它们本是一体的，既非现象与本质之关系，也

---

①　苏轼《上曾丞相书》："凡学之难者，难于无私。无私之难者，难于通万物之理。故不通乎万物之理，虽欲无私不可得也。己好则好之，己恶则恶之，以是自信则惑也。是故幽居默处而观万物之变，尽其自然之理而断之于中。其所不然者，虽古之所谓贤人之说，亦有所不取。虽以此自信，而亦以此自知其不悦于世也。故其言语文章未尝辄至于公相之门。"见《东坡全集》卷72，四库全书本。

②　"我所谓文，必与道俱。见利而迁，必非我徒。"见苏轼《祭欧阳文忠公文》，《东坡全集》卷91，四库全书本。

③　欧阳修《答吴充秀才书》："圣人之文，虽不可及，然大抵道胜者，文不难而自至也。"见（宋）欧阳修著，李逸安点校《欧阳修全集》卷47，中华书局2001年版，第2册，第664页。

④　《杂说》（其一）："龙嘘气成云，云固弗灵于龙也。然龙乘是气，茫洋穷乎玄间，薄日月，伏光景，感震电，神变化，水下土，汩陵谷，云亦灵怪矣哉！云，龙之所能使为灵也；若龙之灵，则非云之所能使为灵也。然龙弗得云，无以神其灵矣。失其所凭依，信不可欤？异哉！其所凭依，乃其所自为也。"《易》曰："云从龙。"既曰龙，云从之矣。（唐）韩愈著，马其昶校注：《韩昌黎文集校注》，上海古籍出版社1986年版，第32—33页。

非用与体之关系，但存在文与质之别、根本与花木之别，"文"是"道"之推行的重要依凭。王安石将文辞比作器之刻镂绘画的观点与韩愈并不相悖。曾巩的文道关系中，文以明道，先道后文，也是不离韩愈模式的。当我们考察曾巩理与辞之关系时，他走出了与韩愈、欧阳修、苏轼、王安石不同的路径。因为其理固无二的哲学观念及圣人精神决定了其文章论的重"理"品质，因而，重视语言与词章又是必然的。理与辞必须兼顾，不可偏废。当七子派代表人物王世贞微词曾巩"不免为道理所束"时[1]，当师法曾巩的唐宋派代表人物唐顺之主张文中须有"真精神与千古不可磨灭之见"时[2]，他们真能深刻理解曾巩在词章和语言方面的"不得已"吗？

---

[1]（明）王世贞：《读书后》卷3，四库全书本。
[2]（明）唐顺之：《答茅鹿门知县二》，《重刊荆川先生文集》卷7，四部丛刊本。

第九章 吴澄诗法论理路及诗法史蕴涵

古代诗歌理论家为我们留下了丰富的诗法理论，其中以诗格或诗法命名者就不少，这些著作大量地出现在唐代、宋代、元代，但它们并不属于诗学理论的正宗和主流。蒋寅先生也曾经指出这一点，在其《至法无法：中国诗学的技巧观》一文中有详细引证[①]。他认为"中国人对法的观念实际是由法入手，经过对法的超越，最终达到无法即自然的境地，概括地说就是'至法无法'"，也就是说，中国人在诗学理论中最终是要超越具体诗法而达到自然入神的境界。不过，我们认为这种超越并非得鱼忘筌式地处理自然与法度之关系，由法度到自然并不局限于"无法即自然"的单一逻辑。张少康先生在其《中国古代文学创作论》中就深入论述了中国诗论家在处理法度与自然的关系时的个性特征和时代色彩[②]。沿着张先生的思路，不难发现，古人在处理法度与自然的关系时呈现出不同的理路——总体思路是儒家式的，而不是道家式的。作为哲学家的吴澄也是出色的诗论家，在诗学史上承先启后之作用不容忽视。他消解了天理的绝对性，于"气"中寻求天理存在的理由及人性的根源。基于同样的逻辑，吴澄论诗法及规矩，就在性情中寻找其根据，从而以自己的方式建构了法度与自然的关系。吴澄同样正视了诗法、规矩在诗学传承与实

---

① 蒋寅：《至法无法：中国诗学的技巧观》，《文艺研究》2000年第6期。
② 张少康：《中国古代文学创作论》，北京大学出版社1983年版。

际创作中的客观存在，但他认为只要抒写性情就能不离法度且可自然自由，而这一理路的出现既是吴澄的创造，也是诗法历史进程中不可或缺的一环。

一　有关法度与自然关系的讨论

将诗法称为"法"，盛行于宋代，在此之前，用"术""格""式"等概念来表达诗法概念。这不仅是个称谓问题，"法"在文论中大量出现，代替"术"和"格"等概念，体现了宋代文论受道学影响的特色。魏晋时代讲求文法或诗法概念时，主要术语是"术"。《文心雕龙》有《总术》篇探讨写作方法层面的问题。《总术》中提倡研讨行文之术，刘勰说："是以执术驭篇，似善弈之穷数；弃术任心，如博塞之邀遇。""若夫善弈之文，则术有恒数，按部整伍，以待情会，因时顺机，动不失正。数逢其极，机入其巧，则义味腾跃而生，辞气丛杂而至。视之则锦绘，听之则丝簧，味之则甘腴，佩之则芬芳，断章之功，于斯盛矣。"这里的术与数联系在一起，刘勰认为"术有恒数"，但又可以"数逢其极"。"数"既指规律，同时又是变化不测的。刘勰讲文术，即是在讲为文或作诗之法，但又强调文术的错综变化，以顺应事理和文理之妙。所以，文术某种程度上又能达到"为文之道"的层次，其中潜藏着得"自然之数"的法即是道的逻辑，法与无法是统一的。

唐代的诗法主要是大量的关于声律、对偶、章法、炼字、句法等方面的具体方法和法则，只有通过苦苦的章句经营才能达到诗歌胜境。唐代诗论家特别留意研究诗歌创作法则，上官仪、元兢、崔融、王昌龄、杜甫、皎然都有论述，后期则又出现了一大批"诗格"，有王叡《炙毂子诗格》，李洪宣《缘情手鉴诗格》，齐己《风骚旨格》，虚中《流类手鉴》，徐衍《风骚要式》，徐寅《雅道机要》，王玄《诗中旨格》，王梦简《诗要格律》，文彧《诗格》，等等。上述文论中大多强调通过一定的声韵、格律、对偶、炼字、练意等手段，使诗歌达到格调别致、艺术完美、富有表现力的境界。整体上来说，唐人不讲"至法无法"这样的理论。在诗歌创作上，唐人似乎只认定苦思和博学。因为苦思，所以他们不讲顿悟式的诗歌活法；因为博学，在他们的诗论中也没有对某种经典的效法，任何一家的创作方法都难以成为他们的"法"。杜甫企求下笔自如、如有神助的创作胜境，但是他更加注意的还是具体的诗法。钱志熙先生认为："从文献上看，杜甫现存作品中提到作诗之'法'有两处，一为天宝十三载在长安时作的《寄高三十五书记》……另一为大历二年在夔州时作的《偶题》。"[1] 其中有"佳句法如何"与"法自儒家有"之句，杜甫的"法"其实就是平凡的句法、诗律、声韵。杜甫论诗，还常常使用"神""有神"等词语，但这里的"神"不能当"无法"来解释。"乃知盖代手，才力老益神"（《寄薛三郎中据》），"文章有神交有道，端复得之名誉早"（《苏端薛复筵简薛华醉歌》），"醉里从为客，诗成觉有神"（《独酌成诗》），"挥翰绮绣扬，篇什若有神"（《八哀诗·赠太子太师汝阳郡王琎》）。"神"就是在熟悉苦索的前提下而达到的出神入化的地步，它不是被当作诗歌创作的法宝来认识的，但杜甫告诉我们，苦思和具体修辞方法可以使诗歌出神入化。

法度与自然并不存在矛盾，由法度可以通向自然，这一思路恐怕是中国诗学中诗法论的主流。而对上述思路的进一步学理化在苏轼的诗法论中可以看到，不过苏轼创造了属于他的新的自然。苏轼认为，诗歌法度与审美的高妙任意并不存在矛盾，得自然之数，深研物理又能错综变化，便可以由法而达到无法，所谓"出新意于法度之中，寄妙理于豪放之外也"[2]。《书吴道子画后》："诗至于杜子美，文至于韩退之，书至于颜鲁公，画至于吴道子，而古今之变，天下之能事毕矣。道子画人物，如以灯取影，逆来顺往，旁见侧出，横斜平直，各相乘除，得自然之数，不差毫末，出新意于法度之中，寄妙

---

[1] 钱志熙：《杜甫诗法论探微》，《文学遗产》2001年第4期。
[2] 郑午昌：《中国画学全史》，上海古籍出版社2001年版，第99页。

理于豪放之外，所谓游刃余地，运斤成风，盖古今一人而已。"① 苏轼所说的"以灯取影""旁见侧出"，就是指对物象进行立体的、运动的观察与描摹，即画家在观物取象与勘测光影中，深入物理、随物赋形。那些笔画如横、斜、平、直，错综变化，不出阴阳之道。而得自然之数。这一过程中，笔法纵横与画家的勘测物理、至于性命是统一在一起的，用笔的法度规矩与画家的情性自由是统一在一起的。

需要指出的是，苏轼并未把"得自然之数"与达乎自然之道直接联系起来，原因在于苏轼"得自然之数"的艺术操作并不以出奇变化、精妙入神为至高的艺术理想，所以苏轼以"不差毫末"来强调"得自然之数"的合乎规矩。这是苏轼易学阐释中的务实、理性之处，换句话说，"出新意于法度之中，寄妙理于豪放之外"并非易道逻辑自动化、"阴阳不测"入神化的结果②，而是表达了来自审美主体的欲挣脱规矩甚至易道逻辑的意志自由。基于法度而有新意，超出形神而有妙理，苏轼拒绝了易道逻辑可能带来的神秘性，而代之以向着本质之影无限接近的主体意志③。

黄庭坚诗法论是苏轼诗法论的变体。他承认诗法的必然性，同时，还需要面对前代的诗歌经典及其法则。《答洪驹父书》说："凡作一文，皆须有宗有趣，始终关键，有开有阖，如四渎虽纳百川，或汇而为广泽，汪洋千里，要自发源注海耳。"④ 要求作文遵循自然化生一般的规律。《论作诗文》云："作文字须摹古人，百工之技，亦无有不法而成者也。"⑤ 这是要求作文要取法古人。这就是说，法度一方面来自自然理性，《与王观复书三首群》（其一）中所谓"当以

---

① （宋）苏轼撰，孔凡礼点校：《苏轼文集》卷70，中华书局1986年版，第5册，第2210—2211页。
② 《周易·系辞》："极数知来之谓占，通变之谓事，阴阳不测之谓神。"
③ 李瑞卿：《苏轼影论》，《艺术学研究》2022年第5期。
④ （宋）黄庭坚：《山谷集》卷19，四库全书本。
⑤ （宋）黄庭坚：《山谷别集》卷6，四库全书本。

理为主，理得而辞顺，文章自然出群拔萃"①，这里的理，指事理，也指文理；另一方面，法度来于古人经典和法则，主张"熟读司马子长、韩退之文章"，反对"少古人绳墨"②，认为"古之能为文章者，真能陶冶万物，虽取古人之陈言入于翰墨，如灵丹一粒，点铁成金也"③。黄庭坚与苏轼最大的不同在于，苏轼以自然为法，黄庭坚以法本身为法，张少康先生对此有精彩的论述："讲究严密的法度，是黄庭坚文学创作理论的核心。苏轼是主张'无法之法'、以自然为法的，而黄庭坚则和苏轼正好相反，他是主张要严格地遵循法度的。"④尽管依然存在着由法度可达自然的逻辑，但黄庭坚强调的是疏远了诗人与自然直接审美关系的诗法。比如，他讲句法，就是以具体的句法引领作者进行审美观照，或者是通过学习古人句法，让文学传统和文学精神渗透于诗中，同时，也抵达审美的自由。从理论上来说，黄庭坚的诗法论是可以成立的。既然自然存在一定的法则，诗歌作为自然的成功模仿品也必然会存在于这一法则之下，诗法或古法如果是合理的、有机的法则，它们也必然遵循自然法则。不过，黄庭坚并没有对诗法进行本体的论证。

　　吕本中等人所说的"活法"则又是在黄庭坚诗法的基础上提出的，他是对黄庭坚诗法的改造，他片面地改造黄庭坚对古人法度的学习方式，吕本中《夏均父集序》云："学诗当识活法，所谓活法者，规矩备具而能出于规矩之外，变化不测而亦不背于规矩也。是道也，盖有定法而无定法，无定法而有定法。知是者，则可与语活法矣。"⑤所谓"活法"，主要就是悟入。《与曾吉甫论诗第一帖》云："《楚辞》、杜、黄，固法度所在，然不若遍考精取，悉为吾用，则姿态横出，不窘一律矣。如东坡、太白诗，虽规摹广大，学者难依，然读之

---

① （宋）黄庭坚：《山谷集》卷19，四库全书本。
② 《答洪驹父书》，（宋）黄庭坚：《山谷集》卷19，四库全书本。
③ 《答洪驹父书》，（宋）黄庭坚：《山谷集》卷19，四库全书本。
④ 张少康：《中国文学理论批评发展史》（下），北京大学出版社1995年版，第47页。
⑤ （宋）刘克庄：《后村先生大全集》卷95，景上海涵芬楼藏赐砚堂钞本，第1646页。

第九章 吴澄诗法论理路及诗法史蕴涵

使人敢道,澡雪滞思,无穷苦艰难之状,亦一助也。要之,此事须令有所悟入,则自然越度诸子。"① 具体而言,就是要悟入前人经典诗歌的法度之中,然后超越,而这种悟入不是顿悟,尚需积累渐进,才可入于神妙境界。"活法"之运用必须靠悟入,而悟入之前提是勤学,是在法的规则里升华,以至百尺竿头,更进一步,从而达到神而无迹。读者观之,无一不合法度,却又难以描摹。

杨万里师法江西诸子、后山、半山,后又学绝句于唐人,却最终脱略蹊径、独自成家。那么,是什么样的思想逻辑使他由法度而自然呢?杨万里所面临的诗学任务就应当是在诗法论方面综合前人,后出转精。苏轼认为,诗歌法度与审美的神妙并不存在矛盾,得自然之数,深研物理,又能错综变化,便可以由法而达到无法,所谓"出新意于法度之中,寄妙理于豪放之外也"②。吕本中则讲求活法,规矩具备而出规矩之外。他认为在法度规矩中是有一种自由存在的,这显然是延续了苏轼由法度而自然的思路。所不同者在于,苏轼重视对物理、形态的探赜研几,在得自然之数的基础上高妙任意;吕本中则限于法本身的遵循与新变,其"活法"是与对诗法的参悟联系在一起的。杨万里诗法论体现出时代感极强、内涵非常丰富、个性十分鲜明的诗学特征,他融合了苏轼和吕本中诗法理论,既包括了对法本身的了悟,又有着直触万物的艺术冲动。对法本身的了悟是杨万里对待成法的态度,直触万物的艺术冲动则是他对待自然的态度;前者延续了吕本中的话题,后者继承苏轼的精神。杨万里重视自然,也重视诗法、古法,更重要的是他更重视内心。可以说,杨万里的诗法论已经存在了如何融合直面自然的自由创作与遵守法度的理论逻辑,易学中的通变观念成为其思想资源,即承认每变每进、由变而通,这一过程中起着重要作用的是"心"。杨万里给了我们这样的思路,从诗法、

---

① (宋)胡仔:《苕溪渔隐丛话》卷49,清海山仙馆丛书本,第283页。
② (宋)苏轼撰,孔凡礼点校:《苏轼文集》,中华书局1986年版,第五册,第2210—2211页。

门径入手，结合通变之心，体认自然之心，便从法度走向创作的自由。古法、心灵、自然法度可以融合为一。

从杨万里开始，古法在诗歌当下实践中的运用基本退场了，诗人们依然学古，但只是作为一种入门的途径，而不是利用具体的句法或字法来获取诗意了。我们无法判断这是不是一种诗法论上的飞跃，但确实是一种通融的改变。这样的思想影响到了后来的吴澄，吴澄对于古法的态度也是消化式的、超越式的，但他同样承认自由审美中法度的实在性，更重要的是，他在理论上解决了这一问题。

二　一切法度统摄于我心

讨论吴澄之前，还有必要知道郝经。郝经诗法论出现的意义在于：为诗法找到了本体，理是诗法的本体。其后果是，把前代经验性的诗法论提升到形而上之层面来思考。也为融合自然法度、古法、心灵提供了可见可靠的逻辑。当然，这是笼统之论，其中的细致理路还有待说明。

前代诗论家如苏轼、黄庭坚、杨万里等人几乎都提到自然法度，但这是体验获得的。他们在诗歌创作中清楚地感受到了诗歌遵循自然中的法则后，即可得到一种自由。那么，为什么会如此呢？郝经把理学家的思路运用到诗法论中，正如自然物都以理根源一样，郝经认为诗法也是如此。首先，文是理的表现，也是自我之表现。他说："《易》曰：'物相杂故曰文。文不当，故吉凶生焉。'"[1] 文是万物相杂的产物，但这产生有其依据之理，是在道的大化流行中自然产生的，所以"万理皆备，推而顺之，文在其中"。在郝经看来，文章是"物感于我，我应之以理而辞之耳"[2]，即物我交感、顺理而成，也就

---

[1]　（元）郝经：《文说送孟驾之》，见李修生主编《全元文》卷129，江苏古籍出版社1999年版，第298页。
[2]　（元）郝经：《文说送孟驾之》，见李修生主编《全元文》卷129，江苏古籍出版社1999年版，第298页。

第九章　吴澄诗法论理路及诗法史蕴涵

是说，在整体上，文是理的表现，但也源于自我之表现。其次，他在《答友人论文法书》一文中反对以文为技，导出了"理者法之源"的诗法论。他说："古之为文也，理明义熟，辞以达志尔。若源泉奋地而出，悠然而行，奔注曲折，自成态度，汇于江而注之海。不期于工而自工，无意于法而皆自为法。故古之为文，法在文成之后，辞由理出，文自辞生，法以文著，相因而成也。非与求法而作之也。"① 这段文字似源于苏轼之论，强调文理自然、姿态横生，但郝经在此基础上更进一步提出了理—辞—文—法的逻辑，而反对法在文前、以理从辞、以辞从文、以文从法的弊端。以此为基础，郝经提出了"精穷天下之理而造化在我"的理论："故今之为文者，不必求人之法以为法，明夫理而已矣。精穷天下之理，而造化在我。以是理为是辞，作是文成是法，皆自我作。"② 郝经还明确提出："文固有法，不必志于法，法当立诸己，不当尼诸人。"③ 这就是说，郝经将一切法又统摄于"我心"。

诗法之源在理，诗法之源也在心。在郝经的哲学中有太极、心极之论，圣人之心可以通于太极之理④，虽然在学理上尚缺少周延的详细论证，但他毕竟还是将这一逻辑运用于诗学中，于是，心灵、古法、自然法度都融合在理中了。当审美主体达到入神境界时，随处是法，无不是法。这是无法也是有法。不过，郝经以强大的自我忽略了古法这一事实的存在。

吴澄论诗法则强调门户、家法，这是一个新的诗学思路。一方面，他承认古法的存在；另一方面，他也发现古法正以新的方式渗透

---

① （元）郝经：《答友人论文法书》，见李修生主编《全元文》卷123，江苏古籍出版社1999年版，第153页。
② （元）郝经：《答友人论文法书》，见李修生主编《全元文》卷123，江苏古籍出版社1999年版，第154页。
③ （元）郝经：《答友人论文法书》，见李修生主编《全元文》卷123，江苏古籍出版社1999年版，第155页。
④ 李瑞卿：《郝经易学与诗学》，见北京师范大学古籍与传统文化研究院编《中国传统文化与元代文献国际学术研讨会会议论文集》，中华书局2009年版。

在现实的师法体系中。吴澄所面临的古法已经是个人化的古法，这也是前代诗论家如杨万里、郝经以自我之心对待诗法的必然结果。

《唐诗三体家法序》曰："言诗本于唐，非固于唐也。自河梁之后，诗之变至于唐而止也。于一家之中则有诗法，于一诗之中则有句法，于一句之中则有字法。"[1] 吴澄在这里将诗法和具体作家及其所建立起的传统联系在一起，一家之中有诗法，即是"家法"的意思。《出门一笑集序》也提到家法："（廖）云仲亦别驾君从子，自选举法坏而其业废，遂藉父兄之余为诗，且韵且婉，锵然不失其家法"[2]。这里的"家法"，指代代传承的诗法。《陈善夫集序》也提到家法："陈家诗如伯玉，如履常，如去非，家法自不待它求，文乎文乎一惟乡相是式"[3]。这里的"家法"即是指乡贤王安石的法度与风格。吴澄也强调"门户"，《吴闲闲宗师诗序》曰："其诗如风雷振荡，如云霞绚烂，如精金良玉，如长江大河，盖其少也，尝从硕师博综群籍，早已窥闯唐宋二、三大诗人之门户"[4]。吴澄认为，入大诗人门户是有益诗艺的。《赠周南瑞序》则叙述自己对濂溪先生路径、门户的慕求，以及周南瑞欲对濂溪门户的继承[5]。《题李缙翁杂稿》则肯定李缙翁能闯七家门户，其文曰："唐宋六百年间，雄才善学之士山积能者七人而已，不其难乎！近年人人奋笔不让，文若甚易，何哉？然其最不过步骤叶氏，孰有肯闯七家门户者？"[6] "闯七家门户"不仅指师法七家，也指形成与七家类似的风貌。《跋赵运使录中州诗》则认为，从中州诗可以入唐诗门户，"入唐诗门户"就是指形成类似于唐诗的风貌，可承继唐诗血脉。[7]《龚德元诗跋》说："龚德元诗已窥简

---

[1]（元）吴澄：《唐诗三体家法序》，《吴文正集》卷19，四库全书本。以下所见《吴文正集》均为此版本。
[2]（元）吴澄：《出门一笑集序》，见《吴文正集》卷15。
[3]（元）吴澄：《陈善夫集序》，见《吴文正集》卷16。
[4]（元）吴澄：《吴闲闲宗师诗序》，见《吴文正集》卷22。
[5]（元）吴澄：《赠周南瑞序》，见《吴文正集》卷24。
[6]（元）吴澄：《题李缙翁杂稿》，见《吴文正集》卷55。
[7]（元）吴澄：《跋赵运使录中州诗》，见《吴文正集》卷56。

斋门户，阔步勇进，由是而升堂焉而入室焉可也。"① 即是说龚德元与简斋风格类似，前者可归宗后者。《谭晋明诗序》则提到"家数"，其文曰："盖非学陶、韦，而可入陶、韦家数者也，故观其诗，可以见其人。"② 得陶、韦"家数"，即是已入陶、韦门户，需要注意的是，吴澄认为，不学陶、韦，却能入于陶、韦门户。《刘志霖文稿序》中所提到的刘志霖能继承刘太博传统，所谓"嗣其响仪，可分其光"，但刘志霖却是"不太博而太博"，即不从太博学而能入于太博门户③。

在吴澄诗学中，所谓家法或门户，是指历史形成的相对稳定的诗学规矩或诗歌风貌，可以说是诗歌流派中的法度规矩。吴澄重视诗学传统，他以法度的眼光去观照传统，也以传统的流韵来充实法度。从上文例证可发现，后辈作家可以超越具体的传承链条进入门户，吴澄同时提出由门户而超越门户。《董震翁诗序》中提到陈简斋能从一定门户悟入，而自成风貌："宋参政简斋陈公，于诗超然悟入。吾尝窥其际，盖古体自东坡氏，近体自后山氏，而神化之妙简斋自简斋也。近世往往尊其诗，得其门者或寡矣"。董震翁属于其后继者，又从能简斋悟入，即所谓"学者各有所从入，其终必有所悟"④。《邬性传诗序》则肯定邬君遵循法度与家传，"字有眼，句有法，光彩精神既不减其家传"，又对邬君寄予了"他日不涉宋人陛级而诣唐人突奥"的希望⑤。《聂咏夫诗序》中聂咏夫"诗法固有自，然君所到不限于所见"，而能"博洽其志，坚其思"，使诗艺日益精工、卓然一家，既无场屋之气，也非江湖游士之语⑥。《曾志顺诗序》中肯定曾志顺从简斋门户入，学求肖，吴澄说，"曾志顺年未三十学简斋，直逼简斋

---

① （元）吴澄：《龚德元诗跋》，见《吴文正集》卷62。
② （元）吴澄：《谭晋明诗序》，见《吴文正集》卷17。
③ （元）吴澄：《刘志霖文稿序》，见《吴文正集》卷17。
④ （元）吴澄：《董震翁诗序》，见《吴文正集》卷15。
⑤ （元）吴澄：《邬性传诗序》，见《吴文正集》卷15。
⑥ （元）吴澄：《聂咏夫诗序》，见《吴文正集》卷15。

可畏也已"，但又主张不拘泥于专学一家，而应达到超越众家而游于艺："以君之志，以君之资，何人不可学？何事不可成？诗固游艺之一端也。"①《诗府骊珠序》则主张讲求源流，认为在考究源流的基础上能出于笔墨蹊径之外，吴澄说："呜呼！言诗颂、雅、风、骚尚矣，汉魏晋五言讫于陶其适也，颜谢而下勿论，浸微浸灭，至唐陈子昂而中兴，李、韦、柳因而因，杜、韩因而革，律虽始而唐，然深远萧散不离于古为得，非但句工、语工、字工而可。呜呼！学诗者靡究源流，而编诗者亦漫迷统纪，胡氏此篇其庶乎缘予所言，考此所编，悠然遐思必有超然妙悟于笔墨蹊径之外者。"②此段文字体现了吴澄重视超妙萧散的审美观念，他主张梳理统纪，考究源流，在美学上继承超妙传统，在方法论上有所妙悟。

强调家法、门户包含了对诗法规矩的历史形态和对诗学传统的重视，从门户入而超越门户的观念则体现了对普遍的诗法规矩和作家心灵的关注。吴澄试图在心灵情性、诗法的普遍性和诗法的历史性中建立圆融的理论体系。同时，严羽"妙悟"论中的思路似乎在吴澄的理论思考中可以找到一些踪影。禅宗妙悟讲求门径、功夫，主张遍参高僧、名偈，严羽"妙悟"说受禅宗影响③，主张"辩家数如辩苍白，方可言诗""看诗须着金刚眼睛"④。他以取法汉魏盛唐诗为上，以熟参为功夫，最终获得妙悟诗境。吴澄也讲求门户和功夫，但其"门户"往往专指一家。入于门户，妙悟超越是吴澄和严羽共同的思路。吴澄的不同之处在于，他认为从任何一家都可以了悟诗法。严羽"妙悟"论建立了层次明晰的师法秩序和价值系统，吴澄则将一切最终归向作家的才情。

他既认为从任何一家都可了悟诗法，又认为不从此门户入也可进

---

① （元）吴澄：《曾志顺诗序》，见《吴文正集》卷15。
② （元）吴澄：《诗府骊珠序》，见《吴文正集》卷15。
③ 参见李瑞卿《〈沧浪诗话〉新论》，《中国韵文学刊》2005年第2期。
④ （宋）严羽著，郭绍虞校释：《沧浪诗话校释》，人民文学出版社1961年版，第125、123页。

入此门户，如前文所提到的"非学陶、韦，而可入陶、韦家数"①"不太博而太博"②，其根本原因在于，他一方面承认普遍的诗法或诗理存在，另一方面又将它归源于才情心灵。由此可见，吴澄也将其理学思路引入诗法论中。这里可见郝经的直接影响。

《皮达观诗序》中认为太极之理，融液于心，发而为文，才能自然而然。吴澄说："清江皮达观素不以外乐易内乐，其识固已超迈，迩来太极先天之理，融液于心，视故吾又有间矣。偶然游戏于诗，盖其声迹之仿佛所到可涯涘哉？"③先天之理与文章的自然生发是统一于心灵的，而且这太极之心并不是圣贤的专利境界，普通诗人也可以达到，那么诗人心灵就已经可以具备诗法本身了。《丁晖卿诗序》中则将丁晖卿与李太白比类，在丁晖卿的才气心志中寻找诗法与自由审美的境界。其《诗序》说：

> 李太白天才间气，神俊超然八极之表，而从容于法度之中，如夫子之从心所欲而不逾矩，故曰诗之圣。搥黄鹤楼，倒鹦鹉洲，此以梦语观太白者。丁晕晖卿破厓岸绝畦，径而为诗，志则高矣，才气果能追太白矣乎？可也。④

将天才的自由和法度统一起来，其实是朱熹的思想。圣人性情可以统一于天理，诗学中也是如此，朱熹说："李太白诗非无法度，乃从容于法度之中，盖圣于诗者也。"⑤吴澄显然继承了朱子的这一诗学思想。不过，朱熹认为人的气禀有定，人与人之间是存在贵贱、贫富、圣愚、贤不肖差别的，这一思想不见得正确，但如果在现实中混同圣贤和常人的界限，其实就是丢弃了朱熹的天理标准。吴澄表面上

---

① （元）吴澄：《谭晋明诗序》，见《吴文正集》卷17。
② （元）吴澄：《刘志霖文稿序》，见《吴文正集》卷17。
③ （元）吴澄：《皮达观诗序》，见《吴文正集》卷16。
④ （元）吴澄：《丁晖卿诗序》，见《吴文正集》卷16。
⑤ （宋）朱熹：《朱子语类》卷140，四库全书本。

继承了朱熹思想,在现实中却将丁晖卿混同于李白,已经失去了朱熹文中强调的"法度",其诗学中法度与才情的结合变得非常随意。

在《谭晋明诗序》中,吴澄崇尚性情自然,同时认为家数规矩与自然性情之间是可以相通的。其《诗序》说:"诗以道情性之真,十五国风有田夫闺妇之辞,而后世文士不能及者,何也?发乎自然而非造作也。"①"诗以道情性之真"是吴澄表达的基本文学观念,与朱熹出现明显的分野。正如前文所提到的朱熹认为诗歌是"性"动的产物,而吴澄论诗首先将"情"置于首位,然后强调"情性之真"——这种品质是"田夫闺妇"所拥有的,由此可以发现,此处所谓"真",不是天理或性的形而上领域的,而是作家才情或气的形而下领域。吴澄同时也认为谭晋明"天才飘逸",作诗"本乎情之真",然后将他归入《诗经》、陶渊明、韦应物等形成的传统序列中,也归入陶、韦家数中,即"盖非学陶、韦而可入陶、韦家数者也"②。这就是说,写情性之真即可承继传统,入于法度。在吴澄的逻辑中,诗人情性可以超越门户家数,但他又保留了对这些诗法观念的尊重。他在《周栖筠诗集序》中也表达了类似观点:"善诗者,譬如酿花之蜂,必渣滓尽化,芳润融液而后贮于脾者皆成蜜。又如食叶之蚕,必内养既熟,通身明莹而后吐于口者,皆成丝。非可强而为,非可袭而取。"③强调清澈晶莹的情性,而周栖筠正是这样的人,"其才高,其思清,不待苦心劳力,天然而成"④,但这天才般的超然之悟,却可使诗歌"梯黄、杜,而窥陶、曹",可谓情性天然而不违法度。《息窝志言序》中的李季安"天才绝异于人","学诣玄微,识超凡近"⑤,可以说是才情超卓,而其作品又能继承众家之长,风格也渊源有自:"诗矫矫如云中龙,翩翩如风中鸿,其古体仙逸奇怪,有翰林玉川之风,

---

① (元)吴澄:《谭晋明诗序》,见《吴文正集》卷18。
② (元)吴澄:《谭晋明诗序》,见《吴文正集》卷18。
③ (元)吴澄:《周栖筠诗集序》,见《吴文正集》卷22。
④ (元)吴澄:《周栖筠诗集序》,见《吴文正集》卷22。
⑤ (元)吴澄:《息窝志言序》,见《吴文正集》卷18。

其近体工致豪宕，有工部、诚斋之气，其绝句清婉透脱而又有张司业、王丞相之韵度。"[1]

吴澄也承认普遍性诗法。如果说朱熹将天理当作诗法、规矩的根据，那么，吴澄却在情性中找到了这一根据。吴澄也面对了诗法的历史形态这一事实，如何解决普遍性诗法和历史性、具体性诗法关系问题成为吴澄诗学的重要话题。吴澄家法、门户观念中其实包含了对普遍性诗法和历史性诗法的承认，而对家法、门户的任情超越则是通过心灵来完成的。总体看来，吴澄的诗学体系中渗透着他的哲学思路，无论是世界观念还是方法论都体现在其诗学中，他以出色的思考力建构了属于自己的诗学体系。正如在哲学中放弃了对天理的守护一样，诗学中也掀起了以情性为本的思潮，这一思潮对后世影响巨大。

三 尺寸古法的理由

吴澄通过理学思路完成了对个人心灵、古法（诗法的历史性）、自然法度的融合。这里的古法是指古人或古代经典中呈现给后人的成法，这里的自然法度是指诗歌达到的理想法度、诗歌应该有的法度。因为在儒家诗学看来，诗歌是中乎规矩的。所以，理想法度也可以说是诗歌的自我规定性。吴澄一定程度上避免了郝经重视个人心灵而忽视古法的欠缺，一定程度上也避免了杨万里诗学思考中重视体验性而缺形而上思考的缺憾，不过，有一个重要的问题却被搁置了，那就是如何直面古法与心灵（情性）的关系问题。当然，心灵可以容纳众法，上述疑问似乎可以不成疑问，但心灵对古法或一切成法的吞噬却会带来诸多的负面效应。按照杨万里的思路，古法的见效要酝酿发酵等待心灵的开悟；按照吴澄的思路，通过任何一家门径都可凭借心灵了悟诗法，而且诗法即在心灵中——如果心灵合乎自然性情的话。难道黄庭坚、吕本中所揭示的古法的实用性就此永远失效了

---

[1] （元）吴澄：《息窝志言序》，见《吴文正集》卷18。

吗？难道这样的理论真的是一种低级的方法吗？古法是不是达岸时必须舍弃的船只呢？李梦阳与何景明的讨论涉及如何对待古法与心灵的问题。

李梦阳以复古自命，主张文必秦汉，诗必盛唐。在学古方面尺寸古法，显示了与杨万里、郝经、吴澄不一样的思路。如果说李梦阳讲法，那么，与他论辩的对手何景明则是讲悟。后代的研究者往往认为何景明的思路是有新意且圆通的，但透过诗法史我们完全可以认为李梦阳的诗法论具有一定的创造性。他不仅继承了理学的思路，而且也试图在探讨一个艰难的话题，相反，何景明只从理学家那里继承了心法。

李梦阳所说的"法"应有两个层次，一是古法，一是物之"自则"。对古法的讲求表现为对经典作品的尊崇和对"法"的遵守。他在《驳何氏论文书》中说："古之工，如倕，如班，堂非不殊，户非同也，至其为方也，圆也，弗能舍规矩。何也？规矩者，法也。仆之尺尺而寸寸之者，固法也。假令仆窃古之意，盗古形，剪截古辞以为文，谓之影子诚可。若以我之情，述今之事，尺寸古法，罔袭其辞，犹班圆倕之圆，倕方班之方，而倕之木，非班之木也。"① 即是说，如果只是领会古人之用意，模拟古人之形制，沿袭古人之辞藻，这样的诗文只能是古人的影子而已，只有以"我"之情，尺寸古法，才是学古的正途，虽然规矩方圆与古人相同，但依然能有自己的情性在其中。对于何景明舍筏达岸之说，李梦阳持反对态度："夫筏我二也，犹兔之蹄，鱼之筌，舍之可也。规矩者，方圆之自也。即欲舍之，乌乎舍？子试筑一堂，开一户，措规矩而能之乎？"② 李梦阳认为，古人的诗文中有恒定之"法"，学古的捷径就是信守"古法"。

另外，李梦阳又将古法普遍化、哲理化，从而沟通了古人之法和

---

① （明）李梦阳：《空同集》卷62，四库全书本。
② （明）李梦阳：《驳何氏论文书》，见《空同集》卷62，四库全书本。

今人之法，他说："今人法式古人，非法式古人也，实物之自则也。"①所谓"物之自则"就是李梦阳诗法的第二个层次，类似于笔者在上文中所说的自然法度。李梦阳明确指出古法与"物之自则"的统一性，这是具有理论创造力的，我们依稀可发现其中的理学色彩。但李梦阳所理解的物之自则乃是阴阳模式，它是对古法抽象化、哲理化的结果。《再与何氏书》中说："古人之作，其法虽多端，大抵前疏者后必密，半阔者半必细，一实者必一虚，叠景者意必二。此予之所谓法，圆规而方矩者也。"②前疏后密、虚实相生是李梦阳对古法的总结，在这个意义上，古法与物之自则混同为一了，也就是说，李梦阳看到了古法中合理性、普遍性的部分，并证明了古法的合法性，同时也证明了其复古的合法性。不过，将古法理解为阴阳之法是一个问题，如何尺寸古法又是一个问题，正如我们可以将书法中笔法概括为阴阳变化之法一样，我们尺寸古法还需要从具体的字帖入手而不是直接地去阴阳变化。

于是，如何尺寸古法就变成如何摹拟汉文唐诗的问题。在以经典文本为范本的摹拟中，古法与心灵结合在一起。李梦阳认为，文心与诗法的关系，正如写字时情性与笔法、结构的关系。他说："故予尝曰：作文如作字，欧、虞、颜、柳，字不同而同笔。笔不同，非字矣。不同者何也？肥也，瘦也，长也，短也，疏也，密也。故六者势也，字之体也，非笔之精也。精者何也？应诸心而本诸法者也。不窥其情，不足以为字，而矧文之能为？文犹不能为，而矧能道之为？"③字体特征、结构的疏密长短，都可以成为书法的法度，但法度本身并不是书法的精粹所在，书法的精粹在于"应诸心而本诸法"。人的才性不同，禀赋各异，以不同的个性、情思、气质来遵循相同的方圆规矩，则形成不同的艺术形态。所以，他不认为何景明所云"辞断而

---

① （明）李梦阳：《答周子书》，见《空同集》卷62，四库全书本。
② （明）李梦阳：《空同集》卷62，四库全书本。
③ （明）李梦阳：《驳何氏论文书》，见《空同集》卷62，四库全书本。

意属，联物而比类"是作文之大法，而认为"辞断而意属者，其体也，文之势也。联而比之者，事也"①，这些体势或物事，不能成为诗法，更不能成为文章的典型格调，诗文的关键和精髓还在于文思、文气。接着李梦阳说："柔澹者思，含蓄者意也，典厚者义也。高古者格，宛亮者调，沉著雄丽、清峻闲雅者，才之类也，而发于辞。辞之畅者，其气也。中和者，气之最也。"②诗人个体的心灵、格调、气质、德行是决定诗文特质的重要内在因素，它与行文规矩相结合而形成不失个性的诗文艺术。

李梦阳复古论的反对者常以书法与诗文不同质来反驳其观点，这不能说是没有道理的，但李梦阳以书喻文的实质却在于给古法与诗心融合提供了一个可见的价值标准。那就是说，无论心灵如何自由，似乎也不得逾越经典中固有的规则。李梦阳讨论诗法，承认诗法的存在，但并不以为诗法可以抽象地存在，他不仅通过操作与实践使诗法落实在具体的书写中，而且通过对过去业已存在的文体、字词的模仿及在与古法的交融中来体现诗法的存在。这与他将个人性情与山河社稷合而为一的性情论有关，文学书写性情，但性情并不能孤立存在，个人的书写自由是建立在个人性情与家国文化一体性的基础上的，所以他所理解的诗法就必然不是孤立的诗法、抽象的诗法。此外，诗法的体现是通过语言来体现的，文章的形式生成、语言成形的过程中将诗法显现出来，因而也就决定了所谓诗法不能成为超离于语言的存在，而在写作中过去的文章体制和语言存在是必然需要面对的。在这个意义上，李梦阳的诗法论在今天依然是无法忽略的话题。李梦阳抛弃了那种单纯地以心灵领会诗法的思路，这也成为秦汉派区别于唐宋派的理论基础之一。这样的争论在晚明时代的陈子龙和艾南英那里依然上演。

---

① （明）李梦阳：《驳何氏论文书》，见《空同集》卷62，四库全书本。
② （明）李梦阳：《驳何氏论文书》，见《空同集》卷62，四库全书本。

四　艾南英与陈子龙的理论交锋

艾南英和陈子龙论争事件的缘起有多种，包括性格差异、宗派不同，但他们理论上的分歧也是确实存在的。陈、艾论战第一次发生在崇祯戊辰年（1628），地点在太仓舟中。艾南英不满周钟《经翼》、张溥《表经》这些供士子科举之范文的编选。张溥《程墨表经序》中主张"知古""知经"[1]，与周钟是一致的；艾南英则主张唐宋家法，曾几次与周钟论文，希望对方能以唐宋文为法。周钟与张溥、张采于天启四年成立应社，天启七年广应社成立，陈子龙与夏允彝加入。此次艾南英从齐鲁到吴地，欲与周钟当面论文，陈子龙与夏允彝"扁舟逆之吴门"[2]，以挫其锋芒。因为论辩语多不合，其后陈子龙致书艾南英。根据《艾南英年谱》，在离开太仓、寓居嘉兴期间，艾南英曾经有"答夏彝仲、陈人中二书"，现存《答夏彝仲论文书》《再答夏彝仲论文书》《答陈人中论文书》。

第二次论争是在崇祯二年（1629）秋，地点是在王世贞的弇园。这次是在艾南英与广应社矛盾公开化的背景下展开的，甚至发生"手批千子颊"的荒唐事件[3]。到崇祯三年（1630），艾南英又作《四家合作摘谬序》，触怒广应社人物，张采示张溥书与江西三家和山东宋玫，共绝艾南英。崇祯五年（1632），"虎丘大会"张溥为盟主，复社成立。尽管两次论争涉及诸多人事纠葛，颇为复杂，但通过现存文献依然可以看到清晰的理论交锋。

艾南英《答陈人中论文书》原题下注曰："戊辰冬寓嘉定作。"戊辰为崇祯元年（1628）。陈子龙自撰年谱记载此事："秋，豫章孝廉艾千子有时名，甚矜诞，挟谖诈以恫喝时流，人多畏之。与予晤于

---

[1]　（明）张溥：《七录斋诗文合集》卷5，明崇祯九年刻本。
[2]　（明）陆世仪：《复社纪略》卷1，清钞本。
[3]　（明）张鉴：《书复社姓氏录后二》，《冬青馆集》卷6，民国四年刘氏嘉业堂刻吴兴丛书本。

娄江之弇园，妄谓秦汉文不足学；而曹、刘、李、杜之诗，皆无可取。其詈北地、济南诸公尤甚，众人皆唯唯。予年少在末坐，摄衣与争，颇折其角。彝仲辈稍稍助之，艾子诎矣。然犹作书往返，辩难不休。"① 艾南英在给陈子龙的信中体现的依然是秦汉、唐宋之争，在理论上其实并没有多少的推进。艾南英肯定宋文价值，反驳陈子龙所谓"宋文好新而法亡，好易而失雅"的观点，认为文之法最严，莫过于欧、曾、苏、王。他也认为王世贞、李攀龙之文是"徒见夫汉以前之文，似于无法也，窃而效之，决裂以为体，饾饤以为辞，尽去自宋以来开阖首尾、经纬错综之法，而别为一种臃肿窘涩浮荡之文"②。同时，又以宋文为至于秦汉文的津梁或舟楫，所谓"夫韩、欧者，吾人之文所由以至于秦、汉之舟楫也"；主张学习秦汉，当一反字句模拟，"得其神而御之"③。如何法古？是取其神，还是通过字句得其体，恐怕依然是复杂的理论问题，至于"法"，所谓开阖错综之法就是文章的章法规矩吗？评价陈艾论争涉及基本的文学理论问题。

（一）学古的门径

陈子龙、艾南英在文章学习门径上的基本立场，可借《答陈人中论文书》《答夏彝仲论文书》推测出来。如"及在舟中，见足下谈古文，辄诋毁欧、曾诸大家，而独株株守一李于鳞、王元美之文，以为便足千古"④；"足下书甚冗，然其大意，乃专指斥欧、曾诸公，以为宋文最近，不足法，当求之古。而其究竟，则归重李于鳞、王元美二人尔"⑤；"每见六朝及近代王、李崇饰句字者，辄觉其俚；读《史记》及昌黎、永叔古质典重之文，则辄觉其雅。然后知浮华与古质，

---

① （明）陈子龙著，王英志辑校：《陈子龙全集》（中），人民文学出版社2011年版，第928页。
② （明）艾南英：《天佣子集》卷5，（台北）艺文印书馆1980年影印道光本。
③ （明）艾南英：《天佣子集》卷5，（台北）艺文印书馆1980年影印道光本。
④ （明）艾南英：《天佣子集》卷5，（台北）艺文印书馆1980年影印道光本。
⑤ （明）艾南英：《天佣子集》卷5，（台北）艺文印书馆1980年影印道光本。

则俚雅之辨也。百物朝夕所见者,人不注视也,则今日献吉、于麟、元美剽窃成风之谓也"①。不难发现,陈子龙推重七子派,艾南英则取唐宋派。将秦汉文作为学习对象,并无分歧,不同者在于,陈、艾学古的方法不同。《答陈人中论文书》曰:

> 足下谓宋之大家未能超津筏而上,又谓欧、曾、苏、王之上有左氏、司马氏,不当舍本而求末。夫足下不为左氏、司马氏则已,若求真为左氏、司马氏,则舍欧、曾诸大家何所由乎?夫秦、汉去今远矣,其名物、器数、职官、地里、方言、里俗皆与今殊,存其文以见于吾文,独能存其神气尔。役秦汉之神气而御之者,舍韩、欧奚由?譬之于山,秦汉则蓬山绝岛也,去今既远,犹之有大海隔之也,则必借舟楫焉而后能至。夫韩、欧者,吾人之文所由以至于秦汉之舟楫也。由韩、欧而能至于秦汉者,无他,韩、欧得其神气而御之耳。若仅取其名物、器数、职官、地里、方言、里俗而沾沾然遂以为秦汉,则足下之所极赏于元美、于鳞者尔。不佞方由韩、欧以师秦汉,足下乃谓不当舍秦汉而求韩、欧;不佞方以得秦汉之神气者尊韩、欧,而足下乃以窃秦汉之句字者尊王、李,不亦左乎?②

艾南英反复申述,左氏、司马等秦汉文是他学习的对象。他认为学习韩、欧可以使役秦汉之神气,即"役秦汉之神气而御之者,舍韩、欧奚由";秦、汉之文如蓬山绝岛,去今已远,需要借助舟楫,韩、欧之文是至于秦汉的舟楫,即"夫韩、欧者,吾人之文所由以至于秦汉之舟楫也"。一方面,韩、欧之文是舟楫;另一方面,它又能

---

① (明)艾南英:《答夏彝仲论文书》,《天佣子集》卷5,(台北)艺文印书馆1980年影印道光本。
② (明)艾南英:《答陈人中论文书》,《天佣子集》卷5,(台北)艺文印书馆1980年影印道光本。

得秦、汉神气而御之，于是，韩、欧作为舟楫就可以是无迹可见的，几乎认为韩、欧即是秦、汉本身了。以下文字就体现了这种逻辑：

> 足下曰舍舟不登，而取舟中之一舰一橹，濡裳而泳之，曰吾不藉津筏而舟渡也，不可也。以为藉韩、欧而至《史》《汉》，犹之乎一舰一橹也，是不然。我既得其神而御之矣，何津筏之有？昌黎摹史迁尚有形迹，吾姑不论。足下试取欧阳公碑志之文及《五代史》论赞读之，其于太史公，盖得其风度于短长、肥瘠之外矣，犹当谓之有迹乎？犹谓之不能径渡乎？若乃窃《史》《汉》之句字自以为《史》《汉》在是矣，是今之王、李乃足下所谓一舰一橹舟中之一物尔？①

陈子龙的"舟楫"当指秦汉文字本身，称艾南英所尊的韩、欧无非是一舰一橹；艾南英以韩、欧为舟楫，而且还是得秦、汉之神，然后超出形体，而神妙无迹。艾南英对欧阳修评价很高，这无非神化了唐宋诸家。与此同时，他将陈子龙的学古方法目为"窃《史》《汉》之句字"。在学古方法上，艾南英无疑是狂妄的，对于七子派字句模仿，尺寸古人的逻辑几乎是无知的。

（二）法度问题

陈子龙、艾南英都承认法度的存在。陈子龙认为"宋文好新而法亡，好易而失雅"②。艾南英给以驳正："夫文之法最严，孰过于欧、曾、苏、王者？"③ "荆川有言曰：'汉以前之文，未尝无法，而未尝有法。法寓于无法之中，故其为法也，密而不可窥。唐与宋之文，不能

---

① （明）艾南英：《答陈人中论文书》，《天佣子集》卷5，（台北）艺文印书馆1980年影印道光本。
② （明）艾南英：《答陈人中论文书》，《天佣子集》卷5，（台北）艺文印书馆1980年影印道光本。
③ （明）艾南英：《答陈人中论文书》，《天佣子集》卷5，（台北）艺文印书馆1980年影印道光本。

无法，而能毫厘不失乎法，以有法为法，故其为法也严而不可犯.'予尝三复，以为至言。"① 艾南英认为秦汉唐宋文皆法，汉以前文法，密不可窥；唐宋文有法，严而不可犯；《史记》《汉书》风神如天衣无缝，其法太严；欧阳修是"宋之文由乎法，而不至于有迹而太严者"②；至于王世贞、李攀龙则尽去"宋以来开阖首尾、经纬错综之法"，是无法之至者，其文"臃肿窘涩浮荡"③，气离、意卑、语涩，艾南英给予极低的评价。艾南英承袭唐荆川法论，讨论法度又似乎极其辩证，有如下用语：法未尝有、法未尝无、法可寄寓于无法、以有法为法、其法太严而风神天衣无缝、法不至于有迹等，实际上这些说辞还是围绕"开阖首尾、经纬错综之法"而来。这种错综开阖之法似乎独立于任何文字，阴阳变化可见也可不见，有形也可有神。艾南英株守唐宋派家法，没有破除此种超离的法度观念，且愈加深信不疑。"法"在哪里？模拟古修辞，尺尺寸寸之，李梦阳在理论上也有所证明，可惜艾南英未睹其秘。

（三）修辞问题

修辞问题是文学理论中的复杂问题，某种程度上也是言意问题，言意关系的讨论涉及复杂的哲学问题，在此不论。但简单而言，就是语言是意义的工具，还是语言本身即有意义？前者认为，在语言之上有个道理或意义可以表达，后者则认为意义是建构出来的；前者重视所谓道理，后者重视文字本身。李攀龙针对唐宋派有所论述，《送王元美序》曰："以余观于文章，国朝作者，无虑十数家称于世。即北地李献吉辈，其人也，视古修辞，宁失诸理。今之文章，如晋江、昆陵二三君子，岂不亦家传户诵？而持论太过，动伤气格，惮于修辞，

---

① （明）艾南英：《答陈人中论文书》，《天佣子集》卷5，（台北）艺文印书馆1980年影印道光本。
② （明）艾南英：《答陈人中论文书》，《天佣子集》卷5，（台北）艺文印书馆1980年影印道光本。
③ （明）艾南英：《答陈人中论文书》，《天佣子集》卷5，（台北）艺文印书馆1980年影印道光本。

理胜相掩,彼岂以左丘明所载为皆侏离之语,而司马迁叙事不近人情乎?故同一意一事而结撰迥殊者,才有所至不至也。"① 在这篇赠序中,李攀龙探讨了"理"与"修辞"的关系,也即是意义和语言的关系。他肯定了李梦阳"视古修辞,宁失诸理",为了借鉴古人修辞,可以不顾理;批评了唐宋派将理置于修辞之上,不顾诗文的艺术性。他还指出唐宋派用"易晓"的语言写作是为了迎合流俗,而秦汉语体不受欢迎是因其"不便于时制(八股文)"②。他倡导学习《左传》《史记》之文,强调诗文作家的才情和创新,当然他也并不排斥言说道理,事实上在修辞本身中自有道理。这一老问题在陈、艾的时代浮上水面,成为理论焦点之一。艾南英《答陈人中论文书》曰:

> 足下又引李于鳞之言曰,宋人"惮于修辞,理胜相掩",以为宋文好易之证。然予则曰:孔子云"辞达而已矣",未闻辞之碍气也。辞之碍气,为东汉以后骈俪整齐之句言耳。彼以句字为辞,而不知古之所谓辞命、辞章者,指其首尾结撰而通谓之辞,非如足下之以矜句饰字为辞也。故曰辞尚体要,则章旨之谓也。③

艾南英认同"辞达而已"。"辞之碍气"是指辞与情理之间、言与意之间的矛盾,而"辞之碍气"不过是东汉以后随着骈文兴起而出现的,所以,他并未否定修辞在行文中的重要性。只不过,艾南英的修辞是指首尾结撰与章旨,即整体地来看待语言和意义表达。如何

---

① (明)李攀龙著,包敬第标校:《沧溟先生集》(下),上海古籍出版社2014年版,第491页。
② (明)李攀龙著,包敬第标校:《沧溟先生集》(下),上海古籍出版社2014年版,第492页。
③ (明)艾南英:《答陈人中论文书》,《天佣子集》卷5,(台北)艺文印书馆1980年影印道光本。

在字句中蕴含其意旨是其关注的,所以他说:"彼以句字为辞,而不知古之所谓辞命、辞章者,指其首尾结撰而通谓之辞,非如足下之以矜句饰字为辞也。"显然,这是针对陈子龙和七子派而言。他批评骈文句字为修辞、陈子龙矜句饰字为辞,也就是说,他的修辞是整体性的,陈子龙及七子派的修辞是支离的。这当然不符合实际,后者的"支离"在此可以暂时不论,艾南英的整体性是一种什么样的整体性呢?其《答夏彝仲论文书》曰:

> 使来接兄教三,复思之,首尾结意皆在"修辞"二字,而其究竟一说,则要归于献吉、于麟、元美三子,以为三子皆能修辞未可非,而末后言辞之究竟,则曰句字崇饰而已矣。嗟乎!吾兄何其视古人太轻、视今人太重耶!夫以司马子长、刘向、昌黎、永叔之文,兄舍其根本,"六经"与其法度章脉、变化生动雄深古健之大者不论,而曰止于辞,则视古人太轻也。且又取《易》《诗》《春秋三传》,而亦曰是皆古圣人饰字而为之,则视古圣人又太轻也。因而及于浮华补缀涂东抹西左剽右窃,取《史》《汉》句字割裂而饾饤之,如今之王、李者皆得附于圣人修辞之旨,是又视今人太重也。兄以句字崇饰尽修辞之义,则请为兄先言辞之原;而又以划尽辞华、归之平淡者为非,则又请与兄言古文之辨可乎?①

夏允彝是陈子龙的支持者,艾与夏的论辩可看作艾与陈的继续或延伸。艾南英认为陈、夏于修辞未探究竟:以"句字崇饰"阐释修辞,以为《易》《诗》《春秋三传》只是饰字为之,学习《史》《汉》时"句字割裂而饾饤",学习王、李时又附会"圣人修辞之旨",凡此种种,都与艾南英所理解的整体性的修辞相悖。在艾南英看来,

---

① (明)艾南英:《答夏彝仲论文书》,《天佣子集》卷5,(台北)艺文印书馆1980年影印道光本。

陈、夏之错误就在于：不学司马子长、刘向、昌黎、永叔等古人根本"六经"，不学他们法度的章脉变化，而流连于辞藻层面，这是对古人的轻视。他的主张正与陈、夏相反，并进一步指出："盖古人之所谓辞命、辞章者，指其通篇首尾开阖而言，非以一黄一白一朱一黑俪字骈音而谓之辞。"① 即行文的首尾开阖就是修辞，这样的"修辞"在阴阳变化中足以包含辞藻、法度，甚至意旨；它如同神龙行天而生变化，雷电风雨可以骤然而至，所行之处，气象万千，生气蓬勃，即所谓"譬之神龙行天，雷电惚恍而风雨骤至，百昌万物承其汪秽，皆各有生动妍泽之意"②。

那么，这种通篇首尾开阖的修辞或结构形式是否即可以囊括一切文学方法、触及文法真谛呢？李梦阳在复古文法中其实并不排斥易道方式，他在即情动乎遇的审美过程中先天嵌入，并不直接从辞令层面作用。因为需要文随事变化，记录情感与事实是辞令的首要任务。当然，法古问题也是无法避免的。艾南英的这套首尾开阖之法即使不仅仅从辞令层面用力，而且也包括即事感物、组织布局等过程，在其自足的逻辑中也是无法内摄古法、无法忽视文学古法问题的。直言之，首尾开阖的修辞变化之外，依然不能逃避文学传统，包括前人法度。艾南英以为七子派、陈子龙、夏允彝的学古是字句求之，支离取之，甚至以为他们的修辞无非就是因袭"陈言"，"赘其辞，窃其字，而遂谓之修辞也"③。艾南英说：

> 然则兄之所示，乃弟之所以尊韩、欧，卑王、李耳，弟之所谓陈言，兄以为修辞，可乎？弟以古质尊《史》《汉》，兄以浮

---

① （明）艾南英：《答夏彝仲论文书》，《天佣子集》卷5，（台北）艺文印书馆1980年影印道光本。
② （明）艾南英：《答夏彝仲论文书》，《天佣子集》卷5，（台北）艺文印书馆1980年影印道光本。
③ （明）艾南英：《答夏彝仲论文书》，《天佣子集》卷5，（台北）艺文印书馆1980年影印道光本。

第九章 吴澄诗法论理路及诗法史蕴涵

华尊《史》《汉》,可乎?①

在艾南英看来,陈、夏之"修辞",恰是唐宋诸家务去之"陈言";对于《史》《汉》的推重与学习,陈、夏与他存在浮华、古质之别。这一学术判断是很成问题的,尺寸字句的学古固然存在弊端,但唐宋古文中所谓首尾开阖的组织方式也并非不可置疑;语言的自主创新固然可以祛除陈言,但所谓"陈言"其实并不只是辞令层面的,韩愈务去陈言恰恰是借助古道、古学完成的。所以,艾南英在修辞问题上还停留在对七子派与陈、夏的片面指责上,在理论上并未完成周全的建构。

前后七子与唐宋派理论上的交锋在陈子龙和艾南英那里得到延续。其实,唐宋派与秦汉派之争蕴含着重要的理论问题。"视古修辞,宁失诸理"是李攀龙的主张,即以修辞为要务,文章的说理在其次。这里不仅涉及修辞、文理问题,而且涉及文章体制问题。修辞是对体制的重视,也潜藏着对文章中说理的某种保留态度。确实,作者说什么样的道理能媲美古人或经典呢?这种根深蒂固又理想主义的复古思想,并非毫无道理。在艾南英看来,七子派首尾结意都是在修辞,割裂《史》《汉》,左剽右窃;他青睐于唐宋诸家,重视他们根底六经,行文讲求法度意脉。他阐释"修辞"的意义为"章旨结构"而非饾饤剽窃字句,进而肯定首尾开阖的文章章法。七子派重视修辞,但并不意味着雕琢字句;说理次之,但并不意味着不求文意表达。他们重视修辞,师法辞令,从文字、声气的角度进入文章传统中,求得格调与体制,也未尝不是一种主张。

---

① (明)艾南英:《答夏彝仲论文书》,《天佣子集》卷5,(台北)艺文印书馆1980年影印道光本。

第十章　李攀龙"无有拟之用"的模拟新逻辑

后七子派是嘉靖年间颇有影响的团体和诗文流派,主要指李攀龙、王世贞、谢榛、徐中行、梁有誉、吴国伦、宗臣等人,其中王世贞主盟文坛后写《五子篇》,有"五子"之称,后又写《后五子篇》《广五子篇》《续五子篇》《末五子篇》,而有"后五子""广五子""续五子""末五子"之目,共二十六人,其间李攀龙主盟二十多年。李攀龙在文学思想上追踪李梦阳,提出"视古修辞,宁失诸理"之论[1],指出唐宋派"持论太过,动伤气格,惮于修辞,理胜相掩"之弊[2],针对因便于时制而家传户诵唐宋派"二三子"的文坛现象,倡导学习《左传》《史记》;在诗歌方面,以意、格为标准,推崇唐人作品;在创作法度上恪守李梦阳尺寸古人之理念,正如王世贞所说:"李于鳞文,无一语作汉以后,亦无一字不出汉以前"[3],"于鳞拟古乐府,无一字一句不精美,然不堪与古乐府并看,看则似临摹帖耳"[4]。李攀

---

[1] (明)李攀龙:《送王元美序》,(明)李攀龙著,包敬第标校:《沧溟先生集》(下),上海古籍出版社2014年版,第491页。
[2] (明)李攀龙:《送王元美序》,(明)李攀龙著,包敬第标校:《沧溟先生集》(下),上海古籍出版社2014年版,第491页。
[3] (明)王世贞:《艺苑卮言》卷7,见丁福保辑《历代诗话续编》(中),中华书局1983年版,第1063页。
[4] (明)王世贞:《艺苑卮言》卷7,见丁福保辑《历代诗话续编》(中),中华书局1983年版,第1066页。

龙是李梦阳文学思想的忠实继承者与践行者，这源于他对李梦阳儒学与诗学精神的深切领会。李攀龙与李梦阳在对情感、文辞、诗法方面理解又有所不同，自有创造，表现为李攀龙有意地克服理学因素，重铸情感内涵；在诗法取径上又别出机杼，其易学理路更为精微独特，显示了他的个性与时代特征，无愧为一代文坛领袖。

一 李攀龙之"情"与反对"心术之微"

七子派论诗文重视情感和格调已然是研究者的常识，但欲定位其价值需要进入具体的历史语境，也需要精确体察其理论话语的内涵。"情"的感染力高于议论说理，文学创作中重视情感存在着必然性，无论是七子派还是唐宋派、公安派都不能忽视审美情感。问题的关键是，情感之特质、审美之理路、形式之敷陈，构成了上述不同理论派别的本质规定性；唯有作精微的辨析、会心的体察，才能刻画出它们不同的面目。从情的诗学意蕴而言，七子派与唐宋派、公安派、竟陵派确实有所不同，这种不同表现在作为审美情感的意蕴，及在心物关系中的发用模式的不同。李攀龙"情"之意蕴与李梦阳为同道，重视人之才情，重视在人与物的实践关系中记述事理，表达情思，而不留恋在道德心性中，与唐宋、公安异趣。

李梦阳论文学重视才情，其"理欲同行而异情"论，决定了其情感在审美中蕴含了善恶、是非的裁断。他说："理欲同行而异情。故正则仁，否则姑息；正则义，否则苛刻……"[1]《琴峡居士序》中提出了"志者，完美而定情者也"的观点："夫美以类彰，情以物寓。故缘类以彰德，则力为有循；托物以寓警，则怠心靡乘。执循祛怠，非志罔成，故曰士尚志。"[2] 此处的"志"，就是禁邪宣和的审美情感。李梦阳既重视心知之性，也正视才情血气、喜怒哀乐。其《结肠操谱序》曰：

---

[1] （明）李梦阳：《论学下篇》，《空同集》卷66，四库全书本。
[2] （明）李梦阳：《空同集》卷53，四库全书本。

鳌闻之，天下有殊理之事，无非情之音。何也？理之言常也，或激之乖则幻化弗测，《易》曰"游魂为变"是也。乃其为音也，则发之情而生之心者也。《记》曰"民有血气心知之性，而无哀乐喜怒之常，应感起物而动，然后心术形焉"，是也。感于肠而起音，罔变是恤，固情之真也。①

在情理之中来衡量审美情感，李梦阳将审美情感纳入"殊理"范畴，"发之情而生之心"，应感而动，血气心知之性得以体现。李梦阳在心知之性与欲望情思之间来阐释他的"情之真"。他生动地描述了情思感物中的哀伤怨痛："鳌始鸣之琴也。泛弦流徽，其声噍以杀也，知哀之由生也。比之五音，黯以伤也，知其音商也。已而申奏摘节，其声谌谌然若痛而呻，若怨而吟，若雉雊于朝，鹤鸣在阴，其余音则飒飒然若欲诉而咽，已吐而中结也。斯楚之遗'些'也！"②这样的情之真，就是重视情感真实与社会性真实。不难发现，李梦阳的情感中有着新的理性内容，它不同于理学家或心学家们封闭的道德心性本体，而是在应感而动、肯定人的真实感觉的前提下，体现儒家的善恶判断与仁义价值，即如李梦阳《代同榜序齿录序》中所说："盖天下有必义焉，亦有必情焉。义者，公之天下者也，如孔子正名是也；情者，出于不可必无者，虽私犹公也。"③

李攀龙对人性、人情以及人之价值的理解也是在人与自然、古人与今人、气运与个人之间来阐释和践行的。他的审美情感也即在这一文化框架之下，表现为文辞与教化。《中丞刘公蓟辽疏议序》中称道身制四夷、权衡利害、兼听独断的能臣及其辞章与大义④；《三韵类

---

① （明）李梦阳撰，郝润华校笺：《李梦阳集校笺》卷51，中华书局2020年版，第1671页。
② （明）李梦阳：《结肠操谱序》，《空同集》卷51，（明）李梦阳撰，郝润华校笺：《李梦阳集校笺》卷51，中华书局2020年版，第1671—1672页。
③ （明）李梦阳撰，郝润华校笺：《李梦阳集校笺》卷52，中华书局2020年版，第1706页。
④ （明）李攀龙著，包敬第标校：《沧溟先生集》（下），上海古籍出版社2014年版，第469页。

押序》则重视学问与才知,对学不精、才不健、雅道病的当世有所感慨,他说:"今之作者,限于其学之所不精,苟而之俚焉;屈于其才之所不健,掉而之险焉:而雅道遂病。"① 《比玉集序》提倡诗言志,以等待后世知己,他说:"夫诗,言志也。士有不得其志而言之者,俟知己于后也。"② 总之,李攀龙重视才情、文辞与事功、时运的一体性建构。在《与王元美》中强调"精元契合气数"③,张扬个性才情,倡导不朽之文、不晦之心,并且将自己的才华与当世以及恒久历史中的气数契合为一,于千仞之高岗激扬清风。由此可见,李攀龙笼罩六合、通贯古今、萃集英灵、当于时事的才情观念,这一理论的真谛是将个人与家国命运,借助文字、才情联结为一体。

《广陵十先生传序》曰:"人才之生,虽地气使然哉,曷尝不繇应运而兴者乎?应运而兴,则地气与会,人才相感以劝其成;相感以劝其成,然后阏之不为沮,挫之不为变也。"④ 也就是说,人之才情的萌生与成就并非孤立独行,而是在与地气、时运彼此相感的生命过程中完成的,唯有如此,才能有"阏之不为沮,挫之不为变"的意志精神以及"进则谋国家,退则著文辞"的君子品质⑤。李攀龙在《与宗子相书》(又)中称赞王元美与子相"萧然各有江湖气",又自述其登临远望,一瞬千里,歌咏诗篇,以敌雷雨之势,直至"颓乎就醉,遂极千载"的与江山、诗艺、友朋浑然一体的豪情壮志和文采风流。其文曰:

邢州太守奉职无似,囹圄空虚,一日治牍,十日为布衣之

---

① (明)李攀龙著,包敬第标校:《沧溟先生集》(下),上海古籍出版社2014年版,第473页。
② (明)李攀龙著,包敬第标校:《沧溟先生集》(下),上海古籍出版社2014年版,第474页。
③ 贺复征编:《文章辨体汇选》卷264,四库全书本。
④ (明)李攀龙著,包敬第标校:《沧溟先生集》(下),上海古籍出版社2014年版,第471页。
⑤ (明)李攀龙著,包敬第标校:《沧溟先生集》(下),上海古籍出版社2014年版,第472页。

饮。斋阔海内，旁若无人。郡城之楼，不下百尺，西望太行，东望漳水，北眺神京，一瞬千里。归复雷雨，乃歌《黄榆》诸篇，以敌其势，则响振大陆，秋色漂飒，颓乎就醉，遂极千载。品物五子于中原，右宗左徐，哀吴郎之去国，悼梁生之不禄。是时也，曾皙、牧皮为未狂，他岂睱论哉？月晦兴尽，骊驹在道，握手洺水之上，黯淡不语。某虽僻惰，旋亦自失也。①

这是一种睥睨世俗、情系山河大地，与天地精神往还，与友朋、圣贤为知音的个性张扬、具有着强烈责任担当的人格境界。这段夫子自道极其生动地宣告了李攀龙的性情特质。

李攀龙的情感与境界建立在具体的江山社稷、政治现实、礼乐伦理之上，他不以抽象的道德本体为归，而将自身的情思意向渗透在现实生活中，体现出儒家思想的真谛与前七子的精神血缘。嘉靖三十二年（1553），李攀龙出守顺德，为顺德知府。三年任期中，政绩卓然，请蠲民税，宽简政刑，增设驿站，减轻民生负担，其创作无论是描山范水还是赠答抒怀，抑或吟咏时政，都凸显出个人情感与江山胜迹、悲风秋色、天地古今的水乳交融，艺术上颇得唐人风韵。《登黄榆马陵诸山是太行绝顶处四首》也体现出作者与山河社稷的一体性风尚。这种一体性也集中表现在同声相应、同气相求的友朋之情的书写中。在中国传统哲学与文化中，友情呼应与个人穷通、治道民生密切相关，阮籍《咏怀》诗与王勃《送杜少府之任蜀州》中的知音抒写即蕴含着这样的政治隐喻和文化意味。李攀龙特别重视朋友间的诗酒感会与厚情高谊，其《与余德甫书》中借虞翻语"天下一人知己者，足以不恨也"表达知己之感："海内二三故人，莫不悲感于大谊，谓可以观交情"②，在此他

---

① （明）李攀龙著，包敬第标校：《沧溟先生集》（下），上海古籍出版社2014年版，第789页。

② （明）李攀龙著，包敬第标校：《沧溟先生集》（下），上海古籍出版社2014年版，第792页。

强调"大谊"。《与吴明卿书》说:"海内二三兄弟固无恙也,握手中原,悲歌相视,旁若无人,今弥月矣,欲造物不妒邪?"① 兄弟交谊的真挚豪情与海内、中原、造物关联在一体,突出了这一特殊的人伦情感在天地间的重要性与独特性。李攀龙以"握手河山"②"二三兄弟,千里比肩"来形容朋友间的同心同德③,以及与家国地理的整一性和共振性,其情感内容正是现实事功与不朽德业。《与余德甫书》曰:"三复大篇,夐然无一凡语,乃知足下自有所事,不著常情;即所可欲,不遑暇顾。今亡论足下心迹,山川勿舍,行将夙夜;即由是置之,立言当世,作不朽一大业,无不可者。岂其吾辈厄此百六,遂尔荡然,进退维谷,必不然矣。而后乃今,二三兄弟,千里比肩,守望相助,德音不患不孔胶耳。"④ 余德甫"自有所事""即有可欲,不遑暇顾",其生命的意义正在夙兴夜寐、靡有朝矣的汲汲于当下的进取中,退而其次,立言当世,也可以成就此一番不朽大业。在李攀龙看来,他们时运不济,即使遭遇九阳百六之厄,也不会进退维谷;若是友朋兄弟彼此守望相助,必然德音胶固,教化风行。

李攀龙有着独特的才情论,他捍卫个性,企求个人与时运、家国的统一;他反对固化的理,反感僵化的道德;他的情感是及物的,也是动态的,因而"心术之微"必然成为他批判的对象。李攀龙《送宗子相序》中反对"心术之微,精神之至"⑤。主张文章之士不见得

---

① (明)李攀龙著,包敬第标校:《沧溟先生集》(下),上海古籍出版社2014年版,第790页。
② (明)李攀龙著,包敬第标校:《沧溟先生集》(下),上海古籍出版社2014年版,第791页。
③ (明)李攀龙著,包敬第标校:《沧溟先生集》(下),上海古籍出版社2014年版,第793页。
④ (明)李攀龙著,包敬第标校:《沧溟先生集》(下),上海古籍出版社2014年版,第793页。
⑤ (明)李攀龙著,包敬第标校:《沧溟先生集》(下),上海古籍出版社2014年版,第501页。

要立于朝堂之上,而"庚歌君臣之盛"[1],他们自有其独立的价值。一方面,"悯时政得失,主文而谲谏"[2],发挥诗教;另一方面,他们的创作行为又是包含"属类比事""结撰至思""经营于将迎之间"的审美艺术活动[3]。在此过程中,"合契古人,明请一朝,实获其心"而进入嗟叹咏歌、手舞足蹈的艺术境界中[4],完成了个人才情、现实关切、历史意识、儒家理想、人性自然的有机结合。

李攀龙在诗学上也是主张非关经术、无涉玄旨,强调"义各于其所至"。其《蒲圻黄生诗集序》说:"故里巷之谣,非缘经术;《招隐》之篇,无涉玄旨;义各于其所至,是诗之为教也。"[5] "义"即是作家才情在具体境遇中的表现。其《送王元美序》中说:"后生学士,乃唯众耳是寄,至不能自发一识,浮沉艺苑,真为相含,遂令古之作者谓千载无知己。"[6] 主张自发一识,以古人为知己;其《答冯通府》从通变角度讲,古人与今人可通,千古后有知己[7],也即是说,在情感与精神上彼此映照——唯有在彼此映照中才能见到古人的情感或精神,并不存在一种抽象玄妙的精神。这也是七子派复古与唐宋派复古的根本性不同。李攀龙发扬诗教精神,重视讽喻,表达个人才情,相对重视心术之微、精神之至是更为合理与鲜活的。

---

[1] (明)李攀龙著,包敬第标校:《沧溟先生集》(下),上海古籍出版社2014年版,第500页。

[2] (明)李攀龙著,包敬第标校:《沧溟先生集》(下),上海古籍出版社2014年版,第500页。

[3] (明)李攀龙著,包敬第标校:《沧溟先生集》(下),上海古籍出版社2014年版,第500页。

[4] (明)李攀龙著,包敬第标校:《沧溟先生集》(下),上海古籍出版社2014年版,第500页。

[5] (明)李攀龙著,包敬第标校:《沧溟先生集》(下),上海古籍出版社2014年版,第475页。

[6] (明)李攀龙著,包敬第标校:《沧溟先生集》(下),上海古籍出版社2014年版,第491页。

[7] (明)李攀龙著,包敬第标校:《沧溟先生集》(下),上海古籍出版社2014年版,第766页。

二 视古修辞，宁失诸理

李攀龙在《送王元美序》中倡导"视古修辞，宁失诸理"的主张①。这是对李梦阳复古文学观念及方法论的伸张，将取法汉唐的模仿行为落实在了修辞层面上，践行了李梦阳"尺尺寸寸之"的摹古思想。这是针对唐宋派，包括王慎中、唐顺之在内的诸人物主张写"真精神与千古不可磨灭之见"而发论②。显而易见，没有在修辞上的法度规矩、绳墨转折，如何言说道理是值得怀疑的。李攀龙与唐宋派的分歧是哲学方法上的不同。有论者认为，李攀龙忽视了李梦阳"情之自鸣"的一面，从而忽视情感修辞，实际上李攀龙并不反对才情。我们没有必要将李攀龙对古修辞的崇尚与对才情的重视对立起来。重古修辞未尝妨碍才情，而文章中信手而出、自作主张的道理，无论是理学家之理抑或审美理性如何得来、如何能是千古不灭之论倒是是值得商榷的。李攀龙《送王元美序》说：

> 以余观于文章，国朝作者，无虑十数家称于世。即北地李献吉辈，其人也，视古修辞，宁失诸理。今之文章，如晋江、毗陵二三君子，岂不亦家传户诵？而持论太过，动伤气格，惮于修词，理胜相掩，彼岂以左丘明所载为皆侏离之语，而司马迁叙事不近人情乎？故同一意一事而结撰迥殊者，才有所至不至也。③

"持论太过，动伤气格，惮于修辞，理胜相掩"，这是李攀龙对晋江、毗陵二三君子文学观念的担忧。唐宋派以表达真精神、千古之见为目标，主张先道理，后文字，他说："吾之不语人以求工文字

---

① （明）李攀龙著，包敬第标校：《沧溟先生集》（下），上海古籍出版社2014年版，第491页。
② （明）唐顺之：《答茅鹿门知县（其二）》，《荆川先生文集》卷7，上海涵芬楼藏明刊本。
③ （明）李攀龙著，包敬第标校：《沧溟先生集》（下），上海古籍出版社2014年版，第491页。

者，乃其语人以求工文字者也"①。意谓不求文字工而有文字工；李攀龙则承继李梦阳衣钵，从仿效先秦两汉文字入手，而达到才情事理兼备的境界。李攀龙认为，《左传》语不侏离，《史记》事近人情，它们应当是垂范后世的经典；结撰迥异，决定着"才有所至不至"。李攀龙论文的关键正是修辞结撰。

李梦阳的言辞模仿中自然有理，他论证了这一点；李攀龙是深知其中秘奥的。他们的此种复古论、模仿论被大多数从片面而粗浅的感性经验出发的理论家误解。李维桢《梦古斋稿略序》说："逮李于鳞、王元美二子者出，始有重文轻儒之成心。于鳞之言有云：惮于修词，理胜相掩。元美《卮言》以为然。不肖曩与吴明卿面谈，下一转语云：惮于修词，理胜相掩固失矣，而惮于穷理，词胜相掩者亦岂为得乎？"② 李攀龙、王世贞固然有重文轻儒倾向，但他们对唐宋派"惮于修词，理胜相掩"的批评与此无关。重视修辞并不意味着即是重视道理的反面，也更不可视为轻视儒学的表征。李攀龙虽然在儒学上不能与李梦阳的创造性与深刻性相比，但对于儒学，特别是李梦阳之学是心领神会的。李梦阳和李攀龙如何建构理与辞关系呢？理辞合一论是其基本观点，但并不以真精神、千古之见为其理性，也不认为存在着一种先于修辞的真精神、千古不可磨灭之见。从李攀龙理论中可知，他进入"无"的境界时是没有给所谓"理"提供另外空间的，他与李梦阳一样强调的是具体的境遇和言说，即使是所谓审美理性并不能先天存在，正如他所说："今观《丙寅稿》数章，已诣境地，何以更俟精思？盖诗之难，正唯境地不可至耳。至其境地矣，精思安在哉？"③ 至于模仿古人语气或辞令，是一种及物并进入世界的方式，同时，古人的文辞也是无法回避的存在，而且尺寸其言，可以找到一

---

① （明）唐顺之：《答茅鹿门知县（其二）》，《荆川先生文集》卷7，上海涵芬楼藏明刊本。
② （明）李维桢：《大泌山房集》卷12，安徽巡抚采进本。
③ （明）李攀龙著，包敬第标校：《沧溟先生集》（下），上海古籍出版社2014年版，第814—815页。

种秩序与脉动，遵守其度，并不妨碍情感的自我表达与创新。在这样的创作过程中，即使忘我、无我，辞理意兴也自在其中。这样的学古与创新路径是颇为精微的，所以李攀龙说："后生学士，乃唯众耳是寄，至不能自发一识，浮沉艺苑，真为相含，遂令古之作者谓千载无知己。此何异途之群瞽，取道一夫，则相与拍肩随之。"① 自我一识，做古作者千载以下的知己，与直达古人精神是不同的。后者路径轻易，若落入主观，则必然持论太过；前者法度精严，自成一体，其基本理论就是李梦阳的易学思想。

李攀龙会心于李梦阳理路，但也有疑惑处。其《送宗子相序》说："方吾之属类比事，结撰至思，时也倏来忽失，经营于将迎之间，既竭吾才而不得一辞，穷日之力而不得一语，犹且不能自已也，而遑及其他。"② 在审美方法、遣词造句、感物赋形上与李梦阳如出一辙，但又有"不得一辞""不得一语"之叹。

三 "无有拟之用"——模拟的新逻辑

李攀龙《古乐府序》说：

> 胡宽营新丰，士女老幼相携路首，各知其室；放犬羊鸡鹜于通途，亦竞识其家。此善用其拟者也。至伯乐论天下之马，则若灭若没，若亡若失，观天机也；得其精而忘其粗，在其内而忘其外，色物牝牡，一弗敢知，斯又当其无有拟之用矣。古之为乐府者，无虑数百家，各与之争，片语之间，使虽复起，各厌其意，是故必有以当其无有拟之用。有以当其无有拟之用，则虽奇而有所不用也。《易》曰："拟议以成其变化。""日新之谓盛德。"不

---

① （明）李攀龙著，包敬第标校：《沧溟先生集》（下），上海古籍出版社2014年版，第491页。
② （明）李攀龙著，包敬第标校：《沧溟先生集》（下），上海古籍出版社2014年版，第500页。

可与言诗乎哉！①

李攀龙在此讨论到模拟与法度之关系，一方面，他认同如胡宽营造新丰一样的依照法度的模拟；另一方面，他认为模拟的另一种方式是"得其精而忘其粗"的超越色相、直达天机的模拟，所谓"无有拟之用"，即不发挥拟议之用，而成变化。事实上，李攀龙模拟与新变思想依然沿袭的是易学观念，乃李梦阳血脉，但在理解"拟议以成变化"时又能别开生面。这里的"天机"是不离工夫、隐藏拟用而达的自由之境。"拟议以成变化"构成了法度与天机之间的桥梁，而拟用不显便构成了不言法度而自有法度的逻辑。《系辞上》曰："显诸仁，藏诸用，鼓万物而不与圣人同忧，盛德大业至矣哉！"② 在此论及天地运化中的显功与藏用。邵雍《皇极经世·心学篇》曰："显诸仁，藏诸用。孔子善藏其用乎？天地显仁藏用，圣人同之。孔子用行显仁，所过者化。舍仁藏用，所存者神也。"③ 邵雍认为，圣人藏用存神，以教化行为来显示仁德，显然这种解读与李攀龙类似。程颐的解读则突出了圣人的"无为"，《易说·系辞》曰："运行之迹，生育之功，'显诸仁'也。神妙无方，变化无迹，'藏诸用'也。天地不与圣人同忧，天地不宰，圣人有心也。天地无心而成化，圣人有心而无为。天地圣人之盛德大业，可谓至矣。"④

李攀龙强调"拟议"就是重视法度与工夫，但他认为这些法度和工夫是藏之于用的，所谓藏之于用就是渗透在了日常实践中。李攀龙并非对法度或工夫废置不用，而是在日常的积累精思中留心天机自得；法度隐于日常，便跨越了模拟与新变、工夫与境界的界限。其

---

① （明）李攀龙著，包敬第标校：《沧溟先生集》（上），上海古籍出版社2014年版，第1页。
② 李学勤主编，（魏）王弼注，（唐）孔颖达疏：《周易正义》，北京大学出版社1999年版，第270—271页。
③ （宋）邵雍：《皇极经世》卷8。涵芬楼本。
④ （宋）程颐撰，王孝鱼点校：《周易程氏传》，中华书局2011年版，第364页。

第十章 李攀龙"无有拟之用"的模拟新逻辑

《送宗子相序》曰:"方吾之属类比事,结撰至思,时也倏来忽失,经营于将迎之间,既竭吾才而不得一辞,穷日之力而不得一语,犹且不能自已也,而遑及其他……过此以往,莫之或知。"[①]《与许殿卿》曰:"必令吾神与道合而已,不自知乃为得也。"[②] 有论者以为李攀龙鼓吹创作中的虚静,其实不然,李攀龙此时将结撰构思比拟为易道变化,由经营工夫而入于不可知的胜境,而这个经营过程在理论上又可以倏然不见,从而直截见道。如评论徐中行诗时,李攀龙说:"而曰'精思便达',似有子与所少。今观《丙寅稿》数章,已诣境地,何以更俟精思?盖诗之难,正唯境地不可至耳。至其境地矣,精思安在哉?"[③] 承认诗歌中存在直达境地的审美体验,审美的高峰体验超越精微的思虑,但李攀龙并不否认抵达审美境界的过程。虽然"精思"在审美中似乎可以瞬间跨越,但它与人之养气存在关联,也即是说,李攀龙将诗学的工夫分配在日常实践中,他说:"十二团,营一军吏领神机诸部,七剂相载,声闻百里。此何故?气欲实也。精思非气所为乎?此固元美养气之学,而以望诸子与。子与诚能尽所为集,以积精蓄思,一朝自至,并其境地俱泯;然后乃今命不佞以末简之役,俾不佞得以其所至为叙,揄扬明德,庶几称效,将视元美、明卿橐鞬中原,职志不浅。不然,今集故已绝尘当世,脍炙士口,不必更造;故所俟方来,英雄窥人,尚有一间,不获我心,非兄弟不朽大计也。"[④] 李攀龙所获得的是经历日常实践、诗性体察而获得的天人合一的审美境界,"积精蓄思,一朝自至,并其境地俱泯",依然强调的是个人化的审美发现与创造,在这一点上是区别于唐宋派写所谓千古不可磨灭之见的。

[①] (明)李攀龙著,包敬第标校:《沧溟先生集》(下),上海古籍出版社2014年版,第500页。

[②] (明)李攀龙著,包敬第标校:《沧溟先生集》(下),上海古籍出版社2014年版,第801页。

[③] (明)李攀龙:《与徐子与》,(明)李攀龙著,包敬第标校:《沧溟先生集》(下),上海古籍出版社2014年版,第814—815页。

[④] (明)李攀龙:《与徐子与》,(明)李攀龙著,包敬第标校:《沧溟先生集》(下),上海古籍出版社2014年版,第815页。

第十一章　王世贞"意必副象"论及法度与情思新模式

王世贞在《古四大家摘言序》中表达了他基本的文学史论，所谓"其在嘉靖间，而晋陵为尤甚"[①]，显然是指唐宋派。王世贞认为，六代文章雕琢过分，文气漓衰，昌黎古文上追《左氏》《庄》《列》而不逮，至于宋代欧阳修、王安石、曾巩、苏轼等，则是舍筏竟津，"易构"也"易下"，及至李梦阳、何景明七子派，虽溯源西京，却坠入蹊径。显然，王世贞踵武前七子派文必秦汉之论，微词"唐宋派"王慎中、唐顺之，但对前七子的习气也持革除的态度。

王世贞是后七子派的代表人物，他的批评和理论有着明确的目标和较大的影响力，但他的思想又表现出阶段性特色，存在晚年"好道"与"自悔"，学术变法，因而在理解王世贞性命论、方法论、批评史论时，需要有所辨析；既要看到其变法的一面，也应重视其一贯性特质。关于"好道"，就是指从万历元年郧阳任上有佛教修行，万历八年拜昙阳子为师，也包括钻研心学；关于"自悔"，则主要指对文辞之业的悔悟，这与"好道"是一致的。他说："仆数奇自放，不能为人间完人，而又多少年偏嗜，堕绮语障，今过五十始知悔，然无

[①]（明）王世贞：《弇州四部稿》卷68，四库全书本。

第十一章 王世贞"意必副象"论及法度与情思新模式

及矣!"① "仆自逾知非之岁数凡四屈指,而始知悔"②,摆脱绮语障而潜心德行修养是他人生后期的主调,在创作风格上也有所变化。我们从以下两方面来论述。

一 意必副象论

何景明提出了"意象应曰合,意象乖曰离"的主张,强调意象相合,王世贞也是意象论者,他有"意必副象"之论,《胡元瑞绿萝馆诗集序》中说:"元瑞材高而气充,象必意副,情必法畅。歌之而声中宫商而彻金石,揽之而色薄星汉而摅云霞。"③ 强调意象融适,声色俱在。《李氏拟古乐府序》中即论及意象与声调的问题:"伯承稍稍先意象于调,时一离去之,然而其构合也。夫合而离也者,毋宁离而合也者,此伯承旨也。"④ 王世贞力主意象、声调的协合而不乖离,对于乐府与拟乐府,《艺苑卮言》有所论述,涉及诗人与篇章甚多,在该序中肯定乐府诗在声调上的和谐性及其在诗歌史上的源头性。

综合看来,意与象不离,意象与调也不能分开,"意必副象,情必法畅",王世贞期待一种情思与法度、内心与外物、修辞与诗理圆融为一的境界。王世贞所面对的理论问题包括两个层次:其一,唐宋派中的"理"与"辞"关系问题;其二,复古派一直延续的法度与情思问题,也即审美中的主客问题。王世贞"意必副象"就是视"意象"为整一概念,二者不能割裂;"情必法畅",即是主张情思与法度的彼此颉颃。"意象"论重提的意义在于:防止"辞不胜,跳而匿诸理"与议论为诗⑤。显然与文必秦汉、诗必盛唐的理念相应,针对唐宋派,反对宋诗议论习气。

---

① (明)王世贞:《陆山人》,《弇州山人续稿》卷183,明万历间王氏世经堂刻本。
② (明)王世贞:《答曹子真》,《弇州山人续稿》卷183,明万历间王氏世经堂刻本。
③ (明)王世贞:《弇州山人续稿》卷44,明万历间王氏世经堂刻本。
④ (明)王世贞:《弇州四部稿》卷64,四库全书本。
⑤ (明)王世贞:《艺苑卮言》卷一,丁福保辑:《历代诗话续编》,中华书局2006年版,第963页。

意象问题在王世贞这里即是辞与理的关系问题，其《赠李于鳞序》中有所论及。

李攀龙的反对者质疑复古派说："于文当根极道理亡所蹈，奈何屈曲逐事变模写相役也？"① 他们主张作文当以道理为本，不该屈曲模仿。那么，离开前人法度、本于道理的创新是否可能？王世贞针对此种言论论及两个关键问题，一是理与言辞的关系问题；一是理是否可以脱离古人经典而孤立存在的问题。王世贞说："古之为辞者理苞塞不喻，假之辞；今之为辞者，辞不胜跳而匿诸理。"② 他区分了古人之理与今人之理，在他看来，今人说理辞藻繁乱，这样的"理"值得怀疑，存在着言辞隐匿道理的弊端；而古人之理是不得已而假之于辞令的。王世贞也认为，碑志、序记、论辩都是史传的变体，作文者应当继承史传中记录史实、辨别风俗的传统，而不是流连于纸上空文。

唐宋派以为道先于文，以说理为先，强调理而忽视辞，存在理论上的缺憾。王世贞纠正这一理论倾向的深层含义有二：其一，回到秦汉古文传统；其二，规范言说什么样的道理。按照意象合一、辞与理偕的逻辑，诗文所衍生之理是在即物过程的审美认知中形成的诗性之思，与唐宋派所倡导的普泛的道理不同，体现出了七子派新型哲学的特质。回到秦汉古文传统，不仅是文章学意义上的，更重要的是体现了新的儒学倾向，这是与宋儒批驳秦汉儒学、成就理学体系逆反的学术崇尚，也是与阳明心学旨趣相异的学术风气，以此来校正唐宋派中的重理倾向，给诗文注入新的理性精神，意蕴深远。

二 法度与情思的易学模式

在《徐汝思诗集序》中，王世贞依然强调了法度规矩与情思自由的辩证关系。他认为由古体而近体是风气使然，但近体律诗意味着

---

① （明）王世贞：《弇州四部稿》卷57，四库全书本。
② （明）王世贞：《弇州四部稿》卷57，四库全书本。

第十一章 王世贞"意必副象"论及法度与情思新模式

遵守法则,"律"有法家之法之意,"严而寡恩";"律"也有乐法之意,但这都是自然而然的,所谓"有物有则"。"其禽纯皦绎,秩然而不可乱"①,这是近体律诗的特点,此种盛唐近体的典范意义得到了王世贞的高度肯定。值得注意的是,他从气、声、色、力、意等方面描绘了盛唐诗的肌理神情,他说:"盛唐之于诗也,其气完,其声铿以平,其色丽以雅,其力沉而雄,其意融而无迹,故曰:盛唐其则也。"②意谓唐诗的声韵、形色、风力这些元素具有清晰的张力,其整体的气韵和意兴圆融无迹。王世贞不是抽象地讨论性灵意境之美,而是特别强调了构成美的组织机体。

《五岳山房文稿序》有论:

> 吾来自意而往之法,意至而法偕至,法就而意融乎其间矣。夫意无方而法有体也,意来甚难,而出之若易;法往甚易,而窥之若难,此所谓相为用也。左氏法先意者也,司马氏意先法者也,然而未有不相为用者也。夫不睹夫造物者之于兆类乎?走飞夭乔各有则而不失真,迨乎风容精彩流动而为生气者,不乏也。彼见夫剽拟而少获其似以为真,曰:吾司马、左氏矣。所谓生气者安在哉?任于才之近,一发而自以为生色,曰:何所用司马、左氏为?不知其于走飞夭乔之则何如也。③

这段文字具有丰富的理论内涵和深刻的思辨水平,类似的思想也出现在《何大复集序》中。李梦阳尺寸古法,何景明舍筏达岸,王世贞则是在继承和弥合前辈李梦阳、何景明的理论分歧之上,提出"尚法则为法用,裁而伤乎气;达意则为意用,纵而舍其津筏"的观点④。

---

① (明)王世贞:《徐汝思诗集序》,《弇州四部稿》卷65,四库全书本。
② (明)王世贞:《徐汝思诗集序》,《弇州四部稿》卷65,四库全书本。
③ (明)王世贞:《弇州四部稿》卷67,四库全书本。
④ (明)王世贞:《五岳山房文稿序》,《弇州四部稿》卷67,四库全书本。

王世贞论诗文讲究法度，包括前人法度、行文章法；他也重视气意情思且尝试在理论上调和法意，以期彼此为用。他说："吾来自意而往之法，意至而法偕至，法就而意融乎其间矣。夫意无方而法有体也，意来甚难，而出之若易；法往甚易，而窥之若难，此所谓相为用也。"① 在此圆融无间的创作状态中，意是所从来，法是意之往，法就而意融，意至而法偕，精通易学的王世贞将"法""意"关系建构为易道变化模式，"法"与"意"俨然"乾""坤"二仪。正因为法、意彼此为用，所以他主张"不屈阏其意以媚法，不骫骳其法以殉意"②，王世贞并没有将法度消解在审美情思的自由之中。

法与意几乎是同等重要的。在王世贞的理论视野中，有法先于意者，也有意先于法者，但无论谁先谁后，都是相互成就，即所谓"左氏法先意者也，司马氏意先法者也，然而未有不相为用者也"。宋代苏轼、吕本中、杨万里以及元代郝经、吴澄，明代李梦阳在论述法度与情思之关系时，都有理论上的尝试，无不思路精微，苦心孤诣。王世贞的理路中体现了对李、何论争的兼容，注重意气、法式的融会入神，也重视意气、法式的风采形迹，即所谓"有物有则"。而他的审美境界也是化生论的："夫不睹夫造物者之于兆类乎？走飞夭乔各有则而不失真，迨乎风容精彩流动而为生气者，不乏也。"③ 这就是说，作文如同造物，因为不离法度准则，故能生气焕发，风采流动。王世贞反对那些刻板模拟者。若从其"法意论"出发，王世贞与七子派以先秦、汉文章为典范自有其道理——对于规范体制的讲求可谓中国文学传统的复兴。

王世贞为张佳胤所撰的《张肖甫集序》中说：

夫文章之与吏道，其究若霄壤然，然其精内通而无所不合

---

① （明）王世贞：《弇州四部稿》卷67，四库全书本。
② （明）王世贞：《五岳山房文稿序》，《弇州四部稿》卷67，四库全书本。
③ （明）王世贞：《五岳山房文稿序》，《弇州四部稿》卷67，四库全书本。

第十一章 王世贞"意必副象"论及法度与情思新模式

者,物情也。故辞士之为辞,以所见无非辞者,必欲求高吾思,远出于物情之表而后快;法吏之为法,以所见无非法者,颠倒束缚于三尺之末,而不能求精于物情之变而后安。彼无论其不相通而已,其所以为辞者偏,而所为法者拘也。……度肖甫宦迹满天下,所至赫赫声流吏民间。然其大指不为法困,以物情有当足矣。其游迹满天下,山川土风,眺览酬应,日接于吾前而日应之,语法而文,声法而诗。春容而大,寂寥而小。虽所探适结构者不一,然大要不欲出物情之表而后快也。境有所未至,则务伸吾意以合境;调有所未安,则宁屈吾才以就调。是故肖甫之才恒有余,而意无所不尽。①

此段文字同样涉及法和意之关系。王世贞谓法意关系即是法度与情思关系问题,某种程度上不是模仿问题,也不仅是审美方法论,而是直指文学本体。因为其法即自则,是情思如何合度变化的问题。王世贞通过易学方式来建构法与意之间的逻辑关系、审美关系,此种"法"与"意"的关系建构,不仅关乎审美形式,而且关乎实际内容与理性精神。王世贞提到了辞士与小吏遇物的两种态度,前者"高吾思远出于物情之表",后者"不能求精于物情之变";前者拘泥于辞,后者困于法;王氏力求克服两者弊病,主张"语法而文,声法而诗"②,不为法困,物情有当,即法度与修辞、情思统一,"虽所探适结构者不一,然大要不欲出物情之表而后快也"。在此,情思与法度是行文过程中的两极,它们在动态中赋形写情,也即"境有所未至,则务伸吾意以合境",这里的意,就是情思,也是审美情感,以审美情感去感物、去获得审美的境界,但同时也要"以才就调",接受规范,而才情的丰沛依然可以保证情思意象的自由显现。

王世贞是以易学模式阐释法意关系,将法度理解为诗歌形式产生

---

① (明)王世贞:《弇州四部稿》卷68,四库全书本。
② (明)王世贞:《张肖甫集序》,《弇州四部稿》卷68,四库全书本。

过程中的自我规定，从而使法度与情思成为一体，也为前人之体制格式在创作中的融入提供了精微的思路，使神与境会的超然境界与句法、篇法的修辞讲求完美统一。

今本《艺苑卮言》（《历代诗话续编》本）八卷，为王世贞两次撰写而成，第一次始于嘉靖三十五年（1556），两年后六卷本成，王世贞三十岁。后二卷的写作是在嘉靖四十四年（1565），王世贞三十九岁，而全书刊行又在八年之后。

王世贞继承七子观点，不读唐以后文而留心于先秦诸子，认为唐之文庸、宋之文陋，推崇西京之文。对于李梦阳和何景明理论上的论争，颇有会心，试图弥合李何之争。他在诗学上主张"神与境会"，妙造自然；同时又讲求句法、篇法而有"法极无迹"之论。此种对待法度与灵心的思路在宋人那里就有，但王世贞是在总结前人诸多创作经验之上形成的集合气、意、神、境、格、调诸元素的圆融理论。

法度与情思之间的易学模式建构可远追李梦阳，王世贞与李梦阳思路不尽相同，但精神气质上则如出一辙，他也借此解决了李何关于法度之论证，提出新的逻辑。其核心精神依然是主张在动态的心物关系中来形成作品，表现出儒家的风采。他说："夫意在笔先，笔随意到，法不累气，才不累法，有境必穷，有证必切，敢于数子云有微长，庶几未之逮也，而窃有志耳。"[①] 王世贞所表达的情理不在唐宋派体系下，也超出理学家思维，是新的儒学精神，落实于审美情感则是鲜活的审美理性，尽管模仿古人、遵循体制，但也保证了新变的可能。

值得关注的是，易学模式深入审美关系中，建构了涵蕴丰赡，包含格调、体制及情感内容的自然之美。王世贞主张的格调论，既能范围神、境之用，又不至于让文学境界落入缥缈虚无之境，他

---

① （明）王世贞：《艺苑卮言》卷7，丁福保辑：《历代诗话续编》（中），中华书局1983年版，第1069页。

第十一章 王世贞"意必副象"论及法度与情思新模式

说:"才生思,思生调,调生格。思即才之用,调即思之境,格即调之界。"① 这种自然不同于道家自然,此种具有真善内容的自然之美在易学模式中是可能的。比如,以气意来论太白、杜甫,认为"太白以气为主,以自然为宗,以俊逸高畅为贵,子美以意为主,以独造为宗"②。当然,王世贞也不排除一种天性自然,将陶、谢置于李、杜之上,认为李杜比之陶谢是伧父面目,足见元美是深知唐人有违魏晋之风而欲上溯魏晋的。王氏所讲的气从意畅、神与境合的自然美,一方面是儒家易变的自然美,另一方面也指人之天性中的自然美。王世贞评古乐府诗曰:"发自性情,规沿风雅,大篇贵朴,天然浑成;小语虽巧,勿离本色。"③ 但只有造极其思,才能达到至上的自然化工之境。这就是说,既重视先天的自然,也重视人之思虑而后的自然,这也是七子派的一个结构性观念。

王世贞"化工造物之妙,与文同用"的观点④,强调了文章与造物化工的同一性,文章应当以自然为宗。他批评李攀龙无"化工"之美:"于鳞生平,胸中无唐以后书停蓄,古始无往不造,至于叙致宛转,穷极苦心,然仆犹以为顾、陆、张、王之肖物,神色态度了无小憾,比之化工,尚隔一尘。"⑤ 意谓文章的自然来自"琢磨之极"的功夫,如评谢灵运说:"至秾丽之极,而反若平淡;琢磨之极,而更似天然,则非余子所可及也。"⑥ 王世贞也认为陶潜的自然来自"造语极工",评陶潜云:"渊明托旨冲澹,其造语有极工者,乃大入思来,琢之使无痕迹耳。后人苦一切深沉,取其形似,谓为自

---

① (明)王世贞:《艺苑卮言》卷1,丁福保辑:《历代诗话续编》(中),中华书局1983年版,第964页。
② (明)王世贞:《艺苑卮言》卷4,丁福保辑:《历代诗话续编》(中),中华书局1983年版,第1005页。
③ (明)王世贞:《书李西涯古乐府后》,《读书后》卷4,四库全书本。
④ (明)王世贞:《艺苑卮言》卷3,丁福保辑:《历代诗话续编》(中),中华书局1983年版,第1001页。
⑤ (明)王世贞:《弇州四部稿》卷128,四库全书本。
⑥ (明)王世贞:《书谢灵运集后》,《读书后》卷3,四库全书本。

然，谬以千里。"① 总之，王世贞认为，自由情感与审美技艺的圆融才可以抵达自然之境，正如论王维云："凡为摩诘体者，必以意兴发端，神情傅合，浑融疏秀，不见穿凿之迹，顿挫抑扬，自出宫商之表可耳。"②

---

① （明）王世贞：《艺苑卮言》卷3，丁福保辑：《历代诗话续编》（中），中华书局1983年版，第994页。
② （明）王世贞：《艺苑卮言》卷4，丁福保辑：《历代诗话续编》（中），中华书局1983年版，第1009页。

第十二章 王世懋性灵观念及对七子派文学思想的突破

王世懋是格调派的延续，但屡用"性灵"论诗。格调论的实质在于，在文学创作中不仅重视思想、情感，而且重视法度、体制，以及格调、风格，并且以古为尚。这一复古思想正视了文学自身传统，其理论思考是值得重视的。在审美情感方面，从李梦阳到李攀龙都重视个性才情；它区分于理学家、心学家的情感，是与个人才情、家国社稷、时运民心相应的一种鲜活的情志才思，这一种情感是进入审美领域、构成七子派审美情感的主要内容。正因为重视个性才情，其情感构成中并不拒绝"性灵"，随着时代风气之转变，"性灵"观念也进入格调派的批评话语中，讨论格调派的"性灵"色彩，应该成为本章的重要内容。

一 性灵与意气

性灵作为诗学范畴由来已久。刘勰《文心雕龙·原道》曰："惟人参之，性灵所钟，是谓三才。"① 《晋书·乐志上》："夫性灵之表，不知所以发于咏歌；感动之端，不知所以关于手足。"② 颜之推在《颜氏家训·文章》中说："标举兴会，发引性灵。"③ 李商隐有论：

---

① （南朝梁）刘勰著，范文澜注：《文心雕龙注》，人民出版社1958年版，第1页。
② （唐）房玄龄等：《晋书》卷22，中华书局1974年版，第675页。
③ （南北朝）颜之推：《颜氏家训》卷4，明辽阳傅氏刊本，第75页。

"人禀五行之秀,备七情之动,必有咏叹,以通性灵。"① 杨万里反对江西诗派模拟剽袭,主张"风趣专写性灵"②。性灵指发自人性自然的精神与情感。"独抒性灵"作为重要的文学主张出自公安派,它的出现标志着对传统儒家诗学思想樊篱的突破,其渊源可直接上溯到李贽"童心"说,乃至王阳明心学。因而"性灵"这一诗学范畴在明代有其哲学内涵与现实内容,是传统性灵观念的一次重大变革,其核心特点是超出了儒家诗学中规定的心性尺度。这也是我们判定是否为性灵文学的一个重要依据。王世懋诗学话语中提及"性灵",特别重视书写性情、风骨,而且其论诗依然遵守七子派的门径,俨然七子派的苗裔,但我们不能简单地将其归为七子派的重复,因为其思想和情感超出传统儒家、七子派的界域。那么,他的"性灵"所指,不仅是七子的才情、气骨,而且潜藏了越出儒家诗学樊篱的苗头。

《寿李蟠峰尚书七帙序》曰:"为歌诗不去口,而脍炙人口亦无算。然公雅不以文人自名,用是怡吾性灵而已。公既绝迹不入城市,某尝一入公之乡,登公之堂,棁不藻,里不楔,门不施,行马清夷,贞素遐迩。"③ "性灵"是一个人的情性本真。《明处士曲岩蔡先生墓志铭》说:"翁弱冠时遂已博综群籍,然以自娱性灵而已。"④《与周子礼》曰:"第愿嗣音时惠,点悟性灵,使弟亦得以刍荛奉答,是所望于知己耳。"⑤ 这两处用法与前雷同,都承认性灵是存在于人之肉体的本性、灵明。《贞靖周先生传》曰:"然汉郭林宗,声垂千古,其年尚减先生五岁,人似不在长年,藉令天假余龄,出而用世,亦事功粗迹耳。倘所谓精意流行,性灵常在,亦讵于今日有加损哉。"⑥

---

① (唐)李商隐:《献相国京兆公启》,(宋)彭叔夏《文苑英华辨证》,清武英殿聚珍版丛书本。
② (清)袁枚:《随园诗话》,清乾隆五十五年至五十七年小仓山房刻本。
③ (明)王世懋:《王奉常集》卷4,明万历刻本,第366页。
④ (明)王世懋:《王奉常集》卷18,明万历刻本,第662页。
⑤ (明)王世懋:《王奉常集》卷38,明万历刻本,第1057页。
⑥ (明)王世懋:《王奉常集》卷15,明万历刻本,第599页。

第十二章 王世懋性灵观念及对七子派文学思想的突破

此处的"性灵"是指可以不随肉体消亡而永存的精神。

《李惟寅贝叶斋诗集序》曰：

> 其为诗迄今凡三变。云年少气盛，有触易形，意恒在多。既得于鳞诗习之，乃检括为深沉之思，刻商引徵，宛似其家言，已稍稍纵其性灵。时复翛然自得，博采旁引，未见其止，此唯寅诗大较也。……夫士于诗，诚无所利之，乃其性灵所托，或缘畸于世，意不自得，而一以宣其湮郁于诗，即当世无当焉，而思垂之来世以自见，若然者，犹有待也。①

此段文字中出现两个"性灵"，前一"性灵"与学习李攀龙并不矛盾，是指李攀龙的深沉之思和格调音韵，使其性灵纵放。后一个"性灵"指发自真心的超然功利之上的、足以宣泄郁积的审美情感。显然是以"性灵"来阐释七子派的情感论，其性灵之抒发也附着了七子派的情感内容。《廉峰先生时义序》则主张文章必然来自性灵："夫文即异裁，有不从性灵得者耶？绮縠之肆，岁变月更，长袖大帽，朝游乎都市，小冠急袴，晚而改观。物不从性灵得者，有之耳。"②即希望保持情性本真，而不被当物视之。其《廉峰先生时义序》又曰：

> 盖前代多用诗赋，我国家独取宋经义而更饰之，构为别体以示一代之制，故称时焉。遵昭代也，非谓夫时，时可变也。今之经生，不务泽于道义，胠箧一二《史》《汉》之言，习为套语，且以号于众曰：此新体也。翕然宗之，至移为险仄淫哇而不自知，是欲以性灵之物而绮縠之，冠服之，不佞窃有恶焉。方日训饬，以归大雅，而愧无以为身教者，曷若即先生之义，请为士子

---

① （明）王世懋：《王奉常集》卷6，明万历刻本，第415页。
② （明）王世懋：《王奉常集》卷9，明万历刻本，第482页。

一称式乎!①

可见,"性灵"的提出是针对当时时文新"体险仄淫哇"、务重修饰、疏离道义的不良风气的,抒发性灵、祛除弊端、回归大雅是王世懋的理论目的。

在论及文学本质时,王世懋认为,文学是天地之间"无心"的审美情感的自然显现,它有形式之美、愉悦人心,但又有金石之品质。如其《冯元敏西征集序》曰:

> 文之在天地间,如云霞吐舒,无心绚烂,春卉竞葩,心目自悦。然则转舌而成金石,唾地而见珠玑,亦人所时有也。②

重视创作中的自由的、超然的审美情感,以及作品的风骨、意气是王世懋文学本质论的基本倾向,可谓继承和发展了七子派的性情论。七子派强调才情与家国河山的一体性,强调"情者,动乎遇"③"文者,随事变化"的审美感物方式④。因而王世懋的"性灵"进入文学领域时,更突出了才情的先天性与自由性,并将审美感物阐释为造景。《敝帚斋稿叙》曰:"至其诗旨多师心而谐响,造景而触韵,高山大川日与之熏染浸液而成,故其辞和以适,而无困窘拂郁之态。此山人诗之大较也。"⑤师心,即是在创作上重视性灵与主体的审美情感;造景,则重视审美中自觉地对意象和境界的创造;谐响与触韵,则强调了对格调声韵的重视。王世懋在为与李攀龙唱和的许殿卿所作《梁园集叙》中也表达了相同的意旨:"然方其湛思极境,引商刻羽,造烟景于笔端,揽形类于指掌,梁王舸上客而授简,长卿去赏

---

① (明)王世懋:《王奉常集》卷9,明万历刻本,第483页。
② (明)王世懋:《王奉常集》卷7,明万历刻本,第435页。
③ (明)李梦阳:《空同集》卷51,四库全书本。
④ (明)李梦阳:《空同集》卷65,四库全书本。
⑤ (明)王世懋:《王奉常集》卷6,明万历刻本,第408页。

第十二章 王世懋性灵观念及对七子派文学思想的突破

郎而愿从，斯亦快其蕴矣，宁独千载之下贵于汉庭吏哉！然则殿卿自托于梁园，未可谓不遇也。"① "湛思极境""造烟景于笔端"，即是强调了创作主体穷极才思的审美意境呈现；"引商刻羽"也体现了对格调声韵的倡导。当然，王世懋的审美情感中除了性灵色彩，依然有风骨、意气、思致的底色。如《胡元瑞诗小序》中崇尚意气和燕赵之风："要其卓诡宏丽，奔诣秀出，非余所及也。元瑞本弱冠从父游京师则已，名能诗歌，声籍籍……而诗每见愈益奇进……元瑞既少游中原，早脱越吟，力追大雅，绝不为柔曼、浮艳、儿女子之态，故其诗多感慕意气，敦笃友谊，有燕赵烈士风，是又足征其人匪独雕虫之业已。"② 这是在肯定胡元瑞"卓诡宏丽，奔诣秀出"之天赋性灵的前提下，赞扬其感慕意气，有燕赵之风，且"力追大雅"。《彭稚修诗集序》中称赞彭稚修文章意气③。《华起龙遗集序》中则强调才性触悟与人生经历的关联，或为密理思虑，或为深沉之思："起龙非独于文然也，其为人少长富贵，盛气自适，不知人间世之难已。稍涉太行之麓，则翻然易虑，愿为密理，盖其才性触悟类然。藉令天假之年，使郁而就深沉之思，一日千里故未可涯也，此宁独其文哉！"④

然而，王世懋对七子派有所超越。其一，"造景"说的提出，是在七子派情感即物的前提下、发挥审美主体性的一种新的美感形式。重视"意"，也重视"物"，是在七子派界域内的一种理论创造。其二，新意先于格调。《张侍御诗集序》曰："而后以其慷慨，余略见之于诗。其诗五言古高者，追踪魏晋歌行，五七言律大率多宗杜陵，然不为刻字炼句以求炫乎翰墨之场，其指在摅写襟怀而已。当其新意所出，即亡论格调可也。盖公意不屑以诗人自命。"⑤ 王世懋虽然依

---

① （明）王世懋：《王奉常集》卷6，明万历刻本，第409页。
② （明）王世懋：《王奉常集》卷6，明万历刻本，第412—413页。
③ （明）王世懋：《王奉常集》卷6，明万历刻本，第416页。
④ （明）王世懋：《王奉常集》卷6，明万历刻本，第414页。
⑤ （明）王世懋：《王奉常集》卷6，明万历刻本，第412页。

循七子派格调论，但不株守其间，而是以新意为先，超越格调。在《徐仪父诗集序》一文中则表达了对片面"法古"的质疑："余尝谓诗与乐非二也，其始发于闾巷歌谣，而太师为之节奏而管弦之，以荐于房中燕飨。即其究稍浸亡，而诗律与乐章渐离为二，然曹、刘、潘、陆人各为家，犹有先王列国之风之意焉，非谓其音与法尽出于一也。"① 显然，对格调派有所超越。认为魏晋作者各自成家、都出性情，而"有先王列国之风之意"，不能以为"音与法尽出于一"。

二 七子派旗帜下的逆反

王世懋是七子派的余脉，不仅重视性灵、意气，而且论诗以格调、体制，但是又能摆脱七子派樊篱，反对七子末流剽窃习气，追求新的审美风尚。其《冯元敏西征集序》言及文运不振的两大原因：一是失之于重视天下文，二是失之于轻视天下文。前者终身沉溺干禄文字，"不敢一道古人语"，远离了古人的风尚，即使幸而有所解脱，也是或逃入理窟，或苟且于自恕；后者则疏于勤习，依重前哲之秘笈，乞求于灵感，所谓"乃若词坛帜立，箫鼓迭兴，磬悦之灵宝，甫开轮扁之秘途未彻，方当望前哲而弥远，期来益于寸阴，而筋缓神散，遽自见为不习之利，不悟文通之绢尽，而方笑长卿之毫腐"②，此乃"轻视之失"。在此背景下，王世懋推扬前后七子派的历史功绩。他说："明兴百余年来，学士大夫闷灵郁奇以待作者，于是李何启疆于弘正，六子缔盟于嘉隆，而海内谈艺之士彬彬出矣！"③ 其观点也肯定了七子派反对台阁风气与理学家性气诗、法度古人的文学主张。其《王生诗序》说："国朝于诗，绝宋轶元，上接唐风，畅自北地、信阳诸君子。迄今渊渊，金石声振寓内矣！"④ 对李、何复古，

---

① （明）王世懋：《王奉常集》卷7，明万历刻本，第427页。
② （明）王世懋：《王奉常集》卷7，明万历刻本，第435页。
③ （明）王世懋：《王奉常集》卷7，明万历刻本，第436页。
④ （明）王世懋：《王奉常集》卷7，明万历刻本，第437页。

第十二章 王世懋性灵观念及对七子派文学思想的突破

崇尚唐风古调予以高度评价,赞其为振振宇内的金石声。《王承父后吴越游诗集序》曰:

> 唐以前诗道未广,至唐以此进士,而士之娴于文辞者争业诗,则诗在廊庙不在山林。终唐三百年,所称山林游士、工为诗者,孟浩然方千辈不数人耳。我国家右经术,士亡繇诗进者,放旷畸世之人,乃始为诗自娱。宜其权在山林,而世不乏响然。弘正以前风气未开,振骚创雅实始李、何。其人又皆以进士显,而其间稍稍建旗鼓菰芦中,能与相角者一孙太初山人而已。①

王世懋认为,唐代以诗取士,士人娴熟文辞者致力于诗歌创作,因而诗在廊庙之上,不在山林之中;国朝重视经术,诗人不由诗进,唯有放旷畸世之人以诗自娱,诗在山林而世间不乏响应者;而李、何的出现开一代文学风气,沟通山林与廊庙,所谓有"振骚创雅"之功。王世懋对李、何的这一评价是准确而有深度的,七子派确是立足朝廷而放眼民间的士人。王世懋对李攀龙、王世贞给予了很高的评价,在《艺圃撷余》中说:"子美而后,能为其言而真足追配者,献吉、于鳞两家耳。以五言言之,献吉以气合;于鳞以趣合。夫人语趣似高于气,然须学者自咏自求,谁当更合。七言律,献吉求似于句,而求专于骨;于鳞求似于情,而求胜于句。然则无差乎?曰:噫,于鳞秀。"② 文中也将二李与王世贞并论,可见其鲜明的流派意识。

王世懋论诗重视辨体,他说:"作古诗先须辨体,无论两汉难至,苦心模仿,时隔一尘。即为建安,不可堕落六朝一语。为三谢,纵极排丽,不可杂入唐音。小诗欲作王、韦,长篇欲作老杜,便应全

---

① (明)王世懋:《王奉常集》卷7,明万历刻本,第441页。
② (明)王世懋:《艺圃撷余》,见(清)何文焕辑《历代诗话》(下),中华书局1981年版,第782页。

用其体。第不可羊质虎皮，虎头蛇尾。词曲家非当家本色，虽丽语博学无用，况此道乎？"① 其主张在学诗中辨明体制，学建安不堕落六朝一语，学三谢绝不杂入唐音，严守格调本色。他也论及古诗、律诗的界限与关联："律诗句有必不可入古者，古诗字有必不可为律者。然不多熟古诗，未有能以律诗高天下者也。"②

王世懋论诗文，主张学古，反对李于鳞影响下的类同刻鹜、形似剽窃的风气，主张以盛唐、《左》、《史》为学习典范。《艺圃撷余》中说：

> 李于鳞七言律，俊洁响亮，余兄极推毂之。海内为诗者，争事剽窃，纷纷刻鹜，至使人厌。予谓学于鳞不如学老杜，学老杜尚不如学盛唐。何者？老杜结构自为一家言，盛唐散漫无宗，人各自以意象声响得之。正如韩、柳之文，何有不从《左》《史》来者？彼学而成，为韩为柳。我却又从韩、柳学，便落一尘矣。轻薄子遽笑韩、柳非古，与夫一字一语必步趋二家者，皆非也。③

王世懋认为，在七律诗的创作方面，学于鳞不如学老杜，学老杜不如学盛唐；在古文写作方面，学韩、柳之文又不如直接取法《左》《史》。这一主张纠正了七子派理论家将师法对象个人化的倾向，回应了"文必秦汉、诗必盛唐"的主张，进一步厘定了七子派尺寸字句、规模意象声响的原旨。

但是，王世懋的辨体意识、格调观念又有突破，主张诗必自运，

---

① （明）王世懋：《艺圃撷余》，见（清）何文焕辑《历代诗话》（下），中华书局1981年版，第775页。
② （明）王世懋：《艺圃撷余》，见（清）何文焕辑《历代诗话》（下），中华书局1981年版，第777页。
③ （明）王世懋：《艺圃撷余》，见（清）何文焕辑《历代诗话》（下），中华书局1981年版，第778页。

第十二章 王世懋性灵观念及对七子派文学思想的突破

然后可以辨体言格：

> 今世五尺之童，才拈声律，便能薄弃晚唐，自傅初盛，有称大历以下，色便赧然。然使诵其诗，果为初邪、盛邪、中邪、晚邪？大都取法固当上宗，论诗亦莫轻道。诗必自运，而后可以辨体；诗必成家，而后可以言格。晚唐诗人，如温庭筠之才，许浑之致，见岂五尺之童下，直风会使然耳。览者悲其衰运可也。故予谓今之作者，但须真才实学。本性求情，且莫理论格调。①

格调论中的体制风格、声调音韵自有其存在理由，王世懋并非弃置不用，褪去格调派本色。他的主旨在于以真才实学、性情本真为诗歌内核，所谓"本性求情，且莫论格调"，在自运成家的基础上，方可以辨体、言格。显然，王世懋突破了格调派的范围，在审美情感上希求更加自由的空间。比如，虽以初、盛、中、晚论唐诗，时代风调各有不同，但他认为，时间并不能成为诗歌风尚划分的绝对界限，诗歌风格、情感趣向、精神风尚自有其相对独立的自身规定性。因而王世懋论流变有"逗"的观念，《艺圃撷余》说：

> 唐律由初而盛，由盛而中，由中而晚，时代声调，故自必不可同。然亦有初而逗盛，盛而逗中，中而逗晚者。何则？逗者，变之渐也，非逗，故无由变。如《诗》之有变风变雅，便是《离骚》远祖，子美七言律之有拗体，其犹变风变雅乎？唐律之由盛而中，极是盛衰之介。然王维、钱起，实相倡酬，子美全集，半是大历以后，其间逗漏，实有可言，聊指一二。如右丞"明到衡山"篇，嘉州"函谷""磻溪"句，隐隐钱、刘、卢、李间矣。至于大历十才子，其间岂无盛唐之句？盖声气犹未相隔

---

① （明）王世懋：《艺圃撷余》，见（清）何文焕辑《历代诗话》（下），中华书局1981年版，第779—780页。

· 235 ·

也。学者固当严于格调，然必谓盛唐人无一语落中，中唐人无一语入盛，则亦固哉其言诗矣。①

"逗"的现象表示了渐变观念，也表达了诗歌风气的跨时代现象，"逗"有早萌与延留两种情况，如初而逗盛、盛而逗中、中而逗晚的早萌现象；也有大历十才子而有盛唐声气的延留现象。这一看法避免了"格以代降"观念的绝对化，在时运维度上更加虑及诗歌情感、声气变化的实际境况，这在一定程度上是对七子派格调论诗的校正和发展。

在诗歌审美方法和审美趣味方面，相较于七子派代表人物李梦阳、何景明、李攀龙等人的主张，王世懋更显示了其个性特点。其一，是重"意旨"。其二，是在七子派的基础上突破其思想界域而走向对超远境界的追求。

首先，王世懋认为诗歌有其意旨。诗歌触物比类、宣泄性情，往往恍惚游移、缥缈无定。但在此，王世懋重申诗言志之旨，高度肯定"春秋时王公大夫赋诗"、十九首、阮籍《咏怀》的深远寄托，批评潘、陆而后的"荡然无情"与当时作者援引故事、标示姓名、象以品地的拘挛习气②。从读者接受角度来看，王世懋也认为确实有意旨存在于诗歌内容中，他说："太白《远别离》篇，意最参错难解，小时诵之，都不能寻意绪。范德机、高廷礼勉作解事语，了与诗意无关。细绎之，始得作者意。"③ 王世懋也以"即景造意"阐释盛唐诗，但不主张"清虚之说"，却正视了写作中的诸种"故事"，他说："今人作诗，必入故事。有持清虚之说者，谓盛唐诗即景造意，何尝有

---

① （明）王世懋：《艺圃撷余》，见（清）何文焕辑《历代诗话》（下），中华书局1981年版，第776—777页。
② （明）王世懋：《艺圃撷余》，见（清）何文焕辑《历代诗话》（下），中华书局1981年版，第774页。
③ （明）王世懋：《艺圃撷余》，见（清）何文焕辑《历代诗话》（下），中华书局1981年版，第778页。

第十二章 王世懋性灵观念及对七子派文学思想的突破

此？是则然矣。"① 论及曹植、谢灵运、何逊、庾信、沈佺期、宋之问、杜甫在使事方面的穷极变化，主张"使事之妙"，即"在有而若无，实而若虚，可意悟不可言传，可力学得不可仓卒得也"②。足见王氏论诗非常精微。他吸收古人诗学在融会史传、经典、百家方面的用事智慧和互文意趣。关于意旨方面，王世懋还谈到了"有意无意"，颇为辩证。"绝句之源，出于乐府，贵有风人之致。其声可歌，其趣在有意无意之间，使人莫可捉着。盛唐惟青莲、龙标二家诣极，李更自然，故居王上"③，"岂惟才难，识亦不易。作诗道一浅字不得，改道一深字又不得，其妙政在不深不浅，有意无意之间"④。

其次，追求超远的神诣之境，甚至超出"六合之外"。《遗伯兄元美》曰：

  诗道拓基于北地，极深于济南，然而采蓄之途尚狭，游骄之神未充，兼此二家，登乎彼岸，古唯陈思、子美，今则吾兄庶几。吾兄境虽神诣，然亦学以年邵，白云之什虽经删改，未离矜庄，逮乎谳狱三辅，建节青土，字字快心，言言破的，性灵效矣，变化见矣。击节赏胜，每恨古人无此快句。⑤

在审美与创作上，主张发抒性灵、穷极变化，认为其兄元美是在根基于李梦阳、何景明之上，加之以长期学习，而抵达超然神诣之境，也即兼有何、李之美，登乎彼岸，与陈思、子美并列于儒家诗学

---

① （明）王世懋：《艺圃撷余》，见（清）何文焕辑《历代诗话》（下），中华书局1981年版，第774页。
② （明）王世懋：《艺圃撷余》，见（清）何文焕辑《历代诗话》（下），中华书局1981年版，第775页。
③ （明）王世懋：《艺圃撷余》，见（清）何文焕辑《历代诗话》（下），中华书局1981年版，第779页。
④ （明）王世懋：《艺圃撷余》，见（清）何文焕辑《历代诗话》（下），中华书局1981年版，第783页。
⑤ （明）王世懋：《王奉常集》卷47，明万历刻本，第1245—1246页。

之门。不过，王世懋似乎在理论上又超出儒家诗学的界限。其《遗伯兄元美》又说：

> 居忧以后，纵心触象，取材愈博，演教弥神，或鬼篆蛇文，冥搜六合之外；或牛溲马勃，近取咫尺之间。离观则邈若无关，凑泊则天然一色，大都字险者韵必妥，韵奇者声必调，天壤之间若为预设。此真艺林之绝技，律家之玄造也。甚或直指故陈，纤辞间作，虽淮阴用兵，多多益善，瞿昙拈指，头头是道。①

"纵心触象""演教弥神""或鬼篆蛇文，冥搜六合之外；或牛溲马勃，近取咫尺之间"，这些对王世贞的描述是中肯的，也体现了王世懋在诗学上对七子派的超越，甚至是对儒家诗学的突破。王世懋在诗境上也求"种种真相"，体现了佛禅色彩。他说："尝谓作诗者，初命一题，神情不属，便有一种供给应付之语；畏难怯思，即以充役，故每不得佳。余戏谓河下舆隶须驱遣，另换正身。能破此一关，沉思忽至，种种真相见矣。"②

三 越出儒家的边界

在审美境界上，王世懋已经越出了儒家的天地范围。王世懋《儒论》中论及真儒，以为孔子原旨，与道家清净之旨无异，显示了以道释儒的倾向：

> 由此观之，孔子之学博乎、劳乎？孔子之时，诸侯叛灭人纪，臣弑君，子弑父，淫烝禽兽之行，比族而然，孔子身不得位，欲以一匹夫起而维持斡旋之，即务躬行渊默天下。何则焉，

---

① （明）王世懋：《王奉常集》卷47，明万历刻本，第1246页。
② （明）王世懋：《艺圃撷余》，见（清）何文焕辑《历代诗话》（下），中华书局1981年版，第783页。

第十二章 王世懋性灵观念及对七子派文学思想的突破

故不得已而托之乎有为之迹,明征典则,使天下见而自丑其行,以趋于的,此非孔子意也。原孔子之意,得天下而治之,曰为政以德,若北辰之居所已尔,其于道家清净之旨,有大异乎?①

也即是说,孔子的有为之学、行仁义之学是不得已而为之;孔子的真正意趣是为政以德若北辰。此外,王世懋对孔子以后各立门户的后学给予犀利的批判:

自孔子没而圣人之微旨不传,其徒子游子夏之伦,已不能通知其意,而哓哓于裼袭之间,至其后一再传,而迹愈分,而心愈陷,支离蔓衍,各立门户,而总之名曰孔氏之书。至其群聚而谈圣贤之指归,究皇王之治统,甲可乙否,漫无成绩,如是,有异阴阳名法家乎!②

俨然从根本上否定儒学流派。王世懋以为,孔子以后圣学不传,子游、子夏已不能知晓圣意,此后更加支离,故而王世懋批评后儒所谓圣贤指归、皇王治统漫无成绩。尽管呼唤真儒之道,矛头所向是曲儒、陋儒,这其实已经质疑了所谓道统与政统。

在《张氏回生说》中,王世懋记录了张氏为关公回生一事,进而引发对鬼神情状的议论。王世懋论及"神"的存在,引《易传》来说明圣人并不否认神与怪的存在,而之所以"使鬼神必有之情,一切为诞",则是因为志怪者、稗官家叙说缪游幻异之事使人迷惑:

气有弥漫于宇宙间,若存若亡,而实有阴为主者,曰"神"。神之运用,出于世人耳目之外,以为必无之事,而骤有

---

① (明)王世懋:《王奉常集》卷28,明万历刻本,第849页。
② (明)王世懋:《王奉常集》卷28,明万历刻本,第849页。

之，骇然于观听者，曰怪。是二者，孔子所不语。然于翼《易》云：精气为物，游魂为变，是故知鬼神之情状，原始反终，故知死生之说。若此者，又何以称焉？圣人于二者，非以为理外而黜之。顾吾儒纲纪持世，不欲训斯民于耳目之外，以易为乱，乃其理则深惟而自得之矣。齐谐者，志怪者也，其说常依于缪悠不可凭摸之境。后世稗官家因之，种种幻异，以资谩戏，遂使鬼神必有之情，一切为诞，则志之者惑之也。①

对于佛氏、禅家、道家的神秘之论，也采取了接受的态度："呜呼！轮回地狱，佛氏以为恒教，而吾儒以为不经，坐脱立亡，禅家以为常解，而吾儒以为难事。游神夺舍，道家以为功验，而吾儒以为渺茫。六合大矣，又有外吾六合者，于事何所不有？而世人概以耳目之外黜之。大陆之氓，谓世界无溪山戎马之乡，必天下无舟楫，可乎？圣人闷而罕言，迂儒执而不广。"② 即承认佛家轮回之说，承认地狱之象、禅家之"坐脱立亡"、道家之"游神夺舍"，进而承认有超出六合的存在，承认作为千载正气的关公之义可以感神、回生，从而拓展了仁义领域，彰显了仁义的神圣力量。"王子曰：而独不闻侯之义乎？千载正气，浃洽于儿童妇女之心吻""非侯之义，不足以回生，非君之义，不足以感神。"③ 由此可见，王世懋完全突破了孔子不语"怪力乱神"的界限，也超出了儒家天地界域。在《孟子口之于味章解》中，对于圣人的阐释，则突出了"与天通"的性灵。他说："如尧有九年之水，汤有七年之旱，急切感格，天地不动，此便是圣人命不好处。然父子天性、君臣宾主，贤否亦然。圣人毕竟与天通的皆是一点性灵。至处道心惟微，偶因相通不来，便委之于命，而不反于性

---

① （明）王世懋：《王奉常集》卷28，明万历刻本，第852页。
② （明）王世懋：《王奉常集》卷28，明万历刻本，第853页。
③ （明）王世懋：《王奉常集》卷28，明万历刻本，第853页。

第十二章 王世懋性灵观念及对七子派文学思想的突破

所必有必通处,安得为人伦之至?故君子于此?必以性胜之,不言命也。"① 这一段文字讨论性、命,主张反于性而不归之命,此时他理解的性已经是与天通泰的性灵了。

---

① (明)王世懋:《王奉常集》卷54,明万历刻本,第1374页。

第十三章　谢榛意象论阐释

谢榛善作词曲，周游在王公贵族间，救卢楠、爱贾姬、被除名等事，都值得了解。他一方面在诗文上重视高古性情、高妙之境，但在生活中却纵情声色，带着市井与文士气息。在那个时代，诗酒酬唱、论诗谈艺成为交往的手段，士子们因气味相投而成立文社，诗文成为士子们日常的情感载体，而对于诗文格调与神韵的守护成为某种精神上的探索和趣味上的崇尚。谢榛是后七子中的重要成员，与前七子在文学思想上血脉相连、意气相投，即重视格调、兴象、声色、体制等儒家文学特质，维护汉代至魏晋盛唐形成的文学典范。后七子在理论上呈现出与前七子不同的风貌，前七子秉承的那种即事感物的儒家文学精神在他们那里有所消退，呈现出某种审美主义或艺术化倾向。比如，对于意象、兴象之美的特意玩味，在理论形式上也更为精致。特别是在阐释意象或兴象这一传统范畴时，将"意"或"思"抽绎出来，成为一个相对独立的范畴。

王世贞重视才思与法度，强调意必副象，足见对"意"和"思"的关注。在诗歌创作中，无论是唐风还是宋体，"意"是无法回避的文化—心理结构。严羽《沧浪诗话·诗评》曰："诗有词理意兴。南朝人尚词而病于理，本朝人尚理而病于意兴，唐人尚意兴而理在其中。汉魏之诗，词理意兴，无迹可求。"[①] 严羽此处的"词理意兴"

---

① （宋）严羽：《沧浪诗话》，见（清）何文焕辑《历代诗话》（下），中华书局1981年版，第696页。

即有兴象、意象之义，其中包含了"意"的因素，而这个"意"与"思""理"有关，类似于审美理性。谢榛诗学中也特别强调"意"，他还进行了"意"与"兴"的区分，他也强调"思"，在其审美主义倾向中也重视审美理性。而谢榛诗论中"意"的特别拈出和辨析使用，以及情景论的凸显，则使得谢榛"意象论"成为一个值得研究的话题。因为它一方面体现了重"意"、重"思"的趣味；另一方面，情景关系的建构和虚实相应的技法成为其意象观念的具体表达，也正是在此及物的审美过程中，"意"与"思"与唐宋派文中的所谓"千古不可磨灭之见"区别开来，使其意象论浸染了现实色彩，某种意义上是对前七子即事感物论的回归。

一　心性与立意

理解谢榛诗学中"意"这一范畴，需要从哲学与诗学两方面来考量。"意"作为哲学概念在明后期因受心学影响而地位日显，作为诗学概念也被普遍使用。意与心有关，心体受到关注，意也成为焦点。谢榛说："心犹舸也，德犹舵也。鸣世之具，惟舸载之；立身之要，惟舵主之。"[1] 强调道德主体在"鸣世""立身"中的承载与范导作用。这样的德行主体进入诗学领域时，谢榛从其诗学功能出发来辨析心体之用，他说："走笔成诗，兴也；琢句入神，力也。句无定工，疵无定处，思得一字妥帖，则两疵复出；及中联惬意，或首或尾又相妨。万转心机，乃成篇什。"[2] 即在"心机"的运转中，涉及兴、神、思、意等，包含感知、理解、想象、情感在内的诸多层面，从而促使诗文形式的生成。谢榛将"心机"中涉及的诸如兴、神、思、意等分开考量，体现了自觉的诗学理论意识和理性观念。

明代诗学重视意象，易学、佛学、理学为其理论基础，建构了系统而缜密的理论体系。其中"意"作为哲学概念和诗学概念同时存

---

[1] （明）谢榛著，李庆立、孙慎之笺注：《诗家直说笺注》，齐鲁书社1987年版，第370页。
[2] （明）谢榛著，李庆立、孙慎之笺注：《诗家直说笺注》，齐鲁书社1987年版，第355页。

在，因而"意"与道德心性论有关，同时"意"也与审美、诗性有关。"意"在诗学中地位的凸显是在后七子那里，如王世贞诗学中讨论"意"与"法"的关系，其本质在于如何处理主体情思与法度的关系问题，此种主体情思具有意向性与理性色彩。谢榛诗学中的"意"也与此类似。"意"也一直是中国诗学中的重要概念，如"以意逆志""立象以尽意"等。"意"可包含三层意涵：其一，圣人之意和诗人之意；其二，题旨；其三，"意"必然与词汇有关。哲学之"意"进入诗学和审美领域，丰富了创作主体的文化心理内容。"意"在谢榛诗学与审美领域的凸显体现了七子派文学情感本质论的重意向、重理性、重艺术形式的转向，谢榛则进一步作出了特别的理论尝试。

"意"指作者或作品的意旨。谢榛对命题、措辞、用意有所探讨。他指出后人以乐府为题，所表达意旨与乐府题不一致这一事实，他说："《董逃行》曰：'遥望五岳端，黄金为阙班嶙。'此魏人拟作也。古人命题措辞如此。欧阳公曰：'《小雅》《雨无正》之名，据序所言，与诗绝异。当阙其所疑。'"[1] 欧阳修更完整的意思在吕祖谦《吕氏家塾读诗记》卷二十中："欧阳氏曰：'古之人于诗多不命题，而篇名往往无义例。其或有命名者，则必述诗之意。如《巷伯》《常武》之类是也。今《雨无正》之名，据序曰：雨自上下者也。言众多如雨，而非政也。今考诗七章，都无此义，与序绝异，当阙其所疑。'"[2] 即诗歌的意义先于命题，古人作诗大多不命题，假若有命名者，则一定要体现诗歌意旨。谢榛主张即使用乐府旧题，也应表达独立意义。在立意方面，他主张"命意宏博""气贯一篇"：

  汉人作赋，必读万卷书，以养胸次。《离骚》为主，《山海经》《舆地志》《尔雅》诸书为辅。又必精于六书，识所从来，自能作用。若扬袘、戍削、飞襳、垂髾之类，命意宏博，措辞富

---

[1] （明）谢榛著，李庆立、孙慎之笺注：《诗家直说笺注》，齐鲁书社1987年版，第19页。
[2] （宋）吕祖谦：《吕氏家塾读诗记》卷20，四库全书本，第495页。

丽，千汇万状，出有入无，气贯一篇，意归数语，此长卿所以大过人者也。①

读书养气、精于六书是使创作中情志、意气、言辞为一体的前提，而形诸文字的形式化是出有入无、千汇万状的类似于自然化生的过程，其中命意之宏博、措辞之富丽、意气之贯通、语言之蕴涵是至为重要的。谢榛揭示了诗文创作中意义、词藻以及形式生成的关系。对于作品之意的贯通整一，谢榛尤为看重，他说："欧阳询去其半，尤为简当，意贯而语足也。"②他赞颂杜甫诗："若'鸿雁几时到，江湖秋水多'，意在一贯，又觉闲雅不凡矣。"③与之相反的情形则是"意多不贯""格新意杂"，前者指魏武《短歌行》④，后者指李商隐的《无题诗》⑤，这是谢榛所要避免的。

谢榛认为，"意"是存在于创作过程或作品形式中的情感与思想，它是出入有无、自由自在的。他承认内意、外意之论，但又认为它并非"盛唐之法"，唯有"格高气畅"才是盛唐家数⑥。从气格层面构思行文才是谢榛所崇尚者，割裂意象情理并非创作的理想状态。谢榛主张"辞前意"与"辞后意"二者兼备，乃至浑然无迹，他说："诗有辞前意、辞后意。唐人兼之，婉而有味，浑而无迹。宋人必先命意，涉于理路，殊无思致。及读《世说》：'文生于情，情生于文。'王武子先得之矣。"⑦在此讨论了情感、文意、辞语的复杂关系。文生于情，情生于文，文与情之间彼此互动，"辞前意"是未付

---

① （明）谢榛著，李庆立、孙慎之笺注：《诗家直说笺注》，齐鲁书社1987年版，第309—310页。
② （明）谢榛著，李庆立、孙慎之笺注：《诗家直说笺注》，齐鲁书社1987年版，第59页。
③ （明）谢榛著，李庆立、孙慎之笺注：《诗家直说笺注》，齐鲁书社1987年版，第160页。
④ （明）谢榛著，李庆立、孙慎之笺注：《诗家直说笺注》，齐鲁书社1987年版，第60页。
⑤ （明）谢榛著，李庆立、孙慎之笺注：《诗家直说笺注》，齐鲁书社1987年版，第390页。
⑥ （明）谢榛著，李庆立、孙慎之笺注：《诗家直说笺注》，齐鲁书社1987年版，第109页。
⑦ （明）谢榛著，李庆立、孙慎之笺注：《诗家直说笺注》，齐鲁书社1987年版，第114—115页。

诸文字与形式化之前的意向情感，也即是生文之情；"辞后意"是付诸文字与形式化之后的意向情感，也即生情之文。但"辞前意"与"辞后意"概念的引入，是对不重情感、事先命意、涉及理路的宋人创作中的重意倾向的反拨。

谢榛诗学中，对兴与意之关系作了特别的辨析，意兴本为一体，分开而论，无非是揣摩创作时的微妙心理。他肯定"以兴为主"："诗有不立意造句，以兴为主，漫然成篇，此诗之入化也。"[①] 主张"兴中得意"："凡作诗，悲欢皆由乎兴，非兴则造语弗工。欢喜之意有限，悲感之意无穷。欢喜诗，兴中得者虽佳，但宜乎短章；悲感诗，兴中得者更佳，至于千言反覆，愈长愈健。熟读李、杜全集，方知无处无时而非兴也。"[②] 反对以兴害意，认为李颀"左手持蟹螯，右手执《丹经》"句是"偶然写兴以害意尔"[③]，贾岛《望山》"亦写兴害意，与颀同病也"[④]。

意与思有关，关于诗"思"，谢榛有所论及，颇受刘勰"神思"影响。谢榛认同"胸次含弘，神思超越"[⑤]；期待"殚其心思""冥心搜句"后的"妙思种种出焉，势如破竹"之势[⑥]；赞扬杜甫突然而起的"透彻"之悟，其文曰："其清景快人心目，作者可以写其真，良工莫能状其妙，不待讲而自透彻，此岂偶然得之邪！此岂冥然思之邪！"[⑦] 主张神游天地间："正所谓思无定位，甫临沧海，复造瑶池。

---

① （明）谢榛著，李庆立、孙慎之笺注：《诗家直说笺注》，齐鲁书社1987年版，第142页。
② （明）谢榛著，李庆立、孙慎之笺注：《诗家直说笺注》，齐鲁书社1987年版，第382页。
③ （明）谢榛著，李庆立、孙慎之笺注：《诗家直说笺注》，齐鲁书社1987年版，第94页。
④ （明）谢榛著，李庆立、孙慎之笺注：《诗家直说笺注》，齐鲁书社1987年版，第95页。
⑤ （明）谢榛著，李庆立、孙慎之笺注：《诗家直说笺注》，齐鲁书社1987年版，第307页。
⑥ （明）谢榛著，李庆立、孙慎之笺注：《诗家直说笺注》，齐鲁书社1987年版，第321页。
⑦ （明）谢榛著，李庆立、孙慎之笺注：《诗家直说笺注》，齐鲁书社1987年版，第375页。

第十三章 谢榛意象论阐释

其神游两间,无适不可。此亦变通之法。古人秘而不泄,无乃自重其道欤?"①"思无定位"来自刘勰,谢榛对它的阐释划定了"思"的界限和方式。

谢榛诗学中的"意"论较为丰富,也体现了心学时代印记。一方面突出了审美主体性,另一方面又回归到理想的审美主义中,一定程度上强化了诗文的艺术化、技术化倾向。在对于意与辞关系的认识上,谢榛见解颇为深刻,回应了前后七子与唐宋派在语言问题上的争议,并提出较好的方案。唐宋派认为,语言文字需要表达千古不可磨灭之见,因而重视表达圣人之理,而七子派并不认为语言仅仅是表达道理的工具,甚至主张"视古修辞,宁失诸理"。谢榛意辞关系的阐释,一方面突出了创作者的主体情感和作品意义,另一方面也建构了意义和语言形式的同一性关系,即意义在语言形式中创生,语言形式成为意义的有机形式。谢榛论及"辞前意"和"辞后意"时,特别突出了"意随笔生"的句意双美的理想意辞关系:

> 有客问曰:"夫作诗者,立意易,措辞难,然辞意相属而不离。若专乎意,或涉议论而失于宋体;工乎辞,或伤气格而流于晚唐。窃尝病之,盍以教我?"四溟子曰:"今人作诗,忽立许大意思,束之以句则窘,辞不能达,意不能悉。譬如凿池贮青天,则所得不多;举杯收甘露,则被泽不广。此乃内出者有限,所谓'辞前意'也。或造句弗就,勿令疲其神思,且阅书醒心,忽然有得,意随笔生,而兴不可遏,入乎神化,殊非思虑所及。或因字得句,句由韵成,出乎天然,句意双美。若接竹引泉而潺湲之声在耳,登城望海而浩荡之色盈目。此乃外来者无穷,所谓'辞后意'也。"②

---

① (明)谢榛著,李庆立、孙慎之笺注:《诗家直说笺注》,齐鲁书社1987年版,第500—501页。

② (明)谢榛著,李庆立、孙慎之笺注:《诗家直说笺注》,齐鲁书社1987年版,第474—475页。

"忽立许大意思"是创作者的常态,但如此会出现"辞不能达、意不能悉"的困境,谢榛所推崇的是神思发动、忽然有得的意象与辞令浑然为一的创作状态。在此过程中,"因字得句","句由韵成","出乎天然","句意双美",达到了意、象、言的统一。不难发现,刘勰《神思》篇中的辞意关系对谢榛产生了结构性影响。在刘勰《神思》篇中,语言形式也是具有本体地位的。谢榛暂时摆脱了诗文创作中的道德与价值观念,返回到对思维和语言技艺的关注中,因而又提出了"语意两工""意到辞工""意随笔生""意随字生"等观念。他说:

> 作诗不必执于一个意思,或此或彼,无适不可,待语意两工乃定。《文心雕龙》曰:"诗有恒裁,思无定位。"此可见作诗不专于一意也。[1]

诗歌固然表达意旨,但所呈现的意旨并不是创作之初的情感执着,而是"或此或彼","无适不可",所谓"思无定位"。意旨的确定来自语言的完成,所谓"语意两工"以后意旨才得以确定。这一观念符合现代语言论,符合创作实际,诗文意旨滋生于字辞、音韵、情感的几微发端处,最终在句中确立。谢榛说:"诗以一句为主,落于某韵,意随字生,岂必先立意哉?杨仲弘所谓'得句意在其中'是也。"[2] 杨万里有意在句中之论,谢榛与之雷同。谢榛也主张意随笔生,将意与字句结合在一起,打破了意的形而上性质和僵化色彩,他说:"宋人谓作诗贵先立意。李白斗酒百篇,岂先立许多意思而后措辞哉?盖意随笔生,不假布置。"[3] 在此,充分肯定了在语言形式生成过程中意辞共生的创作思想。这一观念也成为谢榛区分唐音宋调

---

[1] (明)谢榛著,李庆立、孙慎之笺注:《诗家直说笺注》,齐鲁书社1987年版,第324页。
[2] (明)谢榛著,李庆立、孙慎之笺注:《诗家直说笺注》,齐鲁书社1987年版,第180页。
[3] (明)谢榛著,李庆立、孙慎之笺注:《诗家直说笺注》,齐鲁书社1987年版,第116页。

第十三章　谢榛意象论阐释

的标尺之一：

> 七言绝句，盛唐诸公用韵最严；大历以下，稍有旁出者。作者当以盛唐为法。盛唐人突然而起，以韵为主，意到辞工，不假雕饰；或命意得句，以韵发端，浑成无迹：此所以为盛唐也。宋人专重转合，刻意精炼；或难于起句，借用傍韵，牵强成章：此所以为宋也。[①]

从意辞关系的不同来区分唐音宋调并非毫无道理，因为这种意辞关系反映着不同的文学发生状态和其组织形式的延展。"突然而起""以韵为主""命意得句""意到辞工"是一个浑成无迹的感知、理解、想象乃至付诸形式的过程，它不同于宋人在构思和组织辞令上借助格式化的转合、刻意之精炼而牵强成章。

关于意与辞关系的论述，谢榛还提出具体的操作方法：

> 凡立意措辞，欲其两工，殊不易得。辞有短长，意有小大，须构而坚，束而劲，勿令辞拙意妨。意来如山，巍然置之河上，则断其源流而不能就辞；辞来如松，挺然植之盆中，窘其造物而不能发意。夫辞短意多，或失之深晦；意少辞长，或失之敷演。名家无此二病。[②]

上述文字对于立意、措辞的彼此关系、相互动态的描述是生动的，旨在建构意义与辞藻之间的"多少"与"短长"的适配关系，体现了儒家诗学的语言论特征。

[①] （明）谢榛著，李庆立、孙慎之笺注：《诗家直说笺注》，齐鲁书社1987年版，第62页。
[②] （明）谢榛著，李庆立、孙慎之笺注：《诗家直说笺注》，齐鲁书社1987年版，第334页。

二　气象与情景相因

"气象"是谢榛诗学的重要范畴，而不是意象、兴象。谢榛似乎在避免整一地使用"意象"概念，甚至以"写真于无象"为审美理想。诗学上以"意"为重，但又不主"意象"，意与象之结合的诗学逻辑谢榛似乎并不以为然，他认为，《金针诗格》的"内意欲尽其理，外意欲尽其象。内外涵蓄，方入诗格"固然是上乘之论，但并非盛唐之法①。所谓盛唐之法就是求得"格高气畅"②，也即格调与气象才是诗学的核心。谢榛重视意与辞的混沦为一，以"文生于情，情生于文"为准则③，将情思落实于以字词、声韵为基点的形式衍生中。谢榛崇尚有意无意、天机自然，因而，他不以"意象"为旨归或不着"意象"就不难理解了。谢榛说："诗有天机，待时而发，触物而成，虽幽寻苦索，不易得也。"④ 强调的是应时而动、触物而成的审美自得。谢榛也有"诗有造物"之论，他说："诗有造物，一句不工，则一篇不纯，是造物不完也。造物之妙，悟者得之。譬诸产一婴儿，形体虽具，不可无啼声也。赵王枕易曰：'全篇工致而不流动，则神气索然。'亦造物不完也。"⑤ 主张诗得造物之妙。与之相反的"造物不完"，则表现为"神气索然""工致而不流动"。由此可知谢榛崇尚"气象"的原由。气象正是用以描摹氤氲于作品的、来自作者应感外物而生成的美。这种美不以孤立的意象存在，而是浑沦为一的自然之美。

谢榛气象论诗受严羽影响，他说："严沧浪曰：'汉魏古诗，气

---

① （明）谢榛著，李庆立、孙慎之笺注：《诗家直说笺注》，齐鲁书社1987年版，第109页。
② （明）谢榛著，李庆立、孙慎之笺注：《诗家直说笺注》，齐鲁书社1987年版，第109页。
③ （明）谢榛著，李庆立、孙慎之笺注：《诗家直说笺注》，齐鲁书社1987年版，第114—115页。
④ （明）谢榛著，李庆立、孙慎之笺注：《诗家直说笺注》，齐鲁书社1987年版，第207页。
⑤ （明）谢榛著，李庆立、孙慎之笺注：《诗家直说笺注》，齐鲁书社1987年版，第25页。

象浑厚，难以句摘。'况《三百篇》乎？沧浪知诗矣。"[1] 此外，谢榛称赞贾岛"秋风吹渭水，落叶满长安"句"气象雄浑，大类盛唐"[2]；认为陈后主"日月光天德，山河壮帝居"句"气象宏阔，辞语精确，为子美五言句法之祖"[3]；认为镇康王西岩《四月八日过昭觉禅院同诸宗丈赋得松字》诗"格律精工，气象浑厚，深得禅家宗旨"[4]；主张"赋诗要有英雄气象，人不敢道，我则道之；人不肯为，我则为之"[5]；等等。

但文学是离不开形象思维的，谢榛倡导的意辞为一、气象宏阔、天机自然的审美形式的构建也是离不开具体内容的，而在抒情性作品中，心与物、情与景、情与境构成了作品的主要内容，并表现为文学形象，也即兴象、意象、意境、象外之象等。谢榛特别关注了情景关系及其构建而成的审美方式与境界，并作出了进一步的理论探索。从泛意象论角度来讲，谢榛的情景论就是意象论，但值得考量的是，谢榛避开"意象"概念而聚焦情景关系，将形象化方式落实在情景关系的发生现场。

象思维是中国文化中最为普遍的思维方式，在文学理论与创作中尤甚。但道物无际的观念决定了以象呈现道的方式，或是惚兮恍兮的初始形态，或是生生不息的自然化生情态，而且象不是脱离物的象，也不是滞留在主观意识中的象。作为哲学和诗学观念，象被广泛运用，比如在易学中形成意、象、言的符号系统。意象作为独立的诗学概念，出现在刘勰《文心雕龙》中。刘勰意象概念涉及的理论问题主要有三个：其一，形神问题；其二，易学模式之下的意、象、言关系问题；其三，"神用象通"问题。基于形神分离的畅神观念为刘勰的神思论、意象论提供了理论前提，形神问题在刘勰那里转化为创作

---

[1] （明）谢榛著，李庆立、孙慎之笺注：《诗家直说笺注》，齐鲁书社1987年版，第34页。
[2] （明）谢榛著，李庆立、孙慎之笺注：《诗家直说笺注》，齐鲁书社1987年版，第188页。
[3] （明）谢榛著，李庆立、孙慎之笺注：《诗家直说笺注》，齐鲁书社1987年版，第191页。
[4] （明）谢榛著，李庆立、孙慎之笺注：《诗家直说笺注》，齐鲁书社1987年版，第441页。
[5] （明）谢榛著，李庆立、孙慎之笺注：《诗家直说笺注》，齐鲁书社1987年版，第448页。

中复杂的心物关系问题。刘勰以"拟容取心""物以貌求,心以理应"来阐释心物关系并提出意象论时,引入了易道模式,在情志领域里建立起了自己的乾坤世界,建构了意、象、言话语体系。刘勰意象论基于完整的话语体系,意象是心与物之间的重构,它既不同于天人感应中的心物关系,也不是从虚无而生,而是"物以貌求,心以理应"的重视外物形式与心灵自由的新型审美关系。谢榛情景论与刘勰意象论有所区别,尽管诗歌形式都要显象而在,但谢榛情景论的出现前提是主体情感的觉醒与对自然景物的发现。

谢榛的情景论成为意象论盛行时代的异数。谢榛试图在情与景的动态关系中来审美和构形。"意"依然受到重视,但谢榛的"意"要求和谐,它成为高于具体情感内容的一个心理层级,作者意愿与作品目的转变为对情景的摹写与感知、玩味。谢榛说:"诗乃模写情景之具,情融乎内而深且长,景耀乎外而远且大。当知神龙变化之妙:小则入乎微罅,大则腾乎太宇。"[①] 即是说诗歌所呈现的是情与景的至小入微、至大腾宇的神龙变化。谢榛重意,但避免了创作中抽象地生成意象;重视情感,在情与景的感触中生成气象之氤氲,但因为有"意"的范导而归于自然。从诗学史的角度来看,谢榛整合了七子派重情、重意的诗学倾向:

> 作诗本乎情景,孤不自成,两不相背。凡登高致思,则神交古人,穷乎遐迩,击乎忧乐,此相因偶然,著形于绝迹,振响于无声也。夫情景有异同,模写有难易,诗有二要,莫切于斯者。观则同于外,感则异于内,当自用其力,使内外如一,出入此心而无间也。景乃诗之媒,情乃诗之胚,合而为诗,以数言而统万形,元气浑成,其浩无涯矣。同而不流于俗,异而不失其正,岂徒丽藻炫人而已。然才亦有异同,同者得其貌,异者得其骨。人

[①] (明)谢榛著,李庆立、孙慎之笺注:《诗家直说笺注》,齐鲁书社1987年版,第479页。

但能同其同，而莫能异其异。吾见异其同者，代不数人尔。①

也即是说，诗的根本就在情景中。"景乃诗之媒，情乃诗之胚"，情景相合，则可以"数言而统万形"，与元气浑成，浩瀚无涯。具体而言，景作为被观看者，情之主体可见其同，即"观则同于外"；而景作为被感知者时，情之主体可见其异，即"感则异于内"。其同者形式，无形之情合于有形；其异者情思，人情需要移情于外景。这也就是"情景有异同"，在情景相合的审美过程中，必然"使内外如一，出入此心而无间也"。

关于情景关系的建构，谢榛多次提及。他说："夫欲成若干诗，须造若干句，皆用紧要者，定其所主，景出想像，情在体帖，能以兴为衡，以思为权，情景相因，自不失重轻也。"②深切的情感体验，基于景物的想象构形，感兴、思理的介入，成就了"情景相因"的审美过程。以无我之心境照彻"万景七情"，则是谢榛情景论的创造。他说："夫万景七情，合于登眺。若面前列群镜，无应不真，忧喜无两色，偏正惟一心；偏则得其半，正则得其全。镜犹心也，光犹神也。思入杳冥，则无我无物，诗之造玄矣哉！"③情景交合呈现于无我造玄之心镜，其实也属于一种情景关系模式。在此，谢榛强调了对情与景如镜之照形的真实映射，不随情之忧喜、景之偏正而有失公允。对情景的反映来自心镜与神理，这是"思入杳冥""无我无物"之后而撷取的造化之秘。由此看来，情景相因相合之关系又是依赖于造化自然的。关于情景关系，谢榛还有诸多描述，如"情景适会，与造物同其妙，非沉思苦索而得之也"④，"夫情景相触而成诗，此作家之常也"⑤，"凡五、

---

① （明）谢榛著，李庆立、孙慎之笺注：《诗家直说笺注》，齐鲁书社1987年版，第330页。
② （明）谢榛著，李庆立、孙慎之笺注：《诗家直说笺注》，齐鲁书社1987年版，第403页。
③ （明）谢榛著，李庆立、孙慎之笺注：《诗家直说笺注》，齐鲁书社1987年版，第338页。
④ （明）谢榛著，李庆立、孙慎之笺注：《诗家直说笺注》，齐鲁书社1987年版，第290页。
⑤ （明）谢榛著，李庆立、孙慎之笺注：《诗家直说笺注》，齐鲁书社1987年版，第487页。

七言造句，以情会景，可长者工而健，可短者简而妙"①，等等。

谢榛主张"情景俱工"②，又将情与景分而言之，辨别清晰，有情景"多少""难易"之论。如："景多则堆垛，情多则暗弱，大家无此失矣。八句皆景者，子美'棘树寒云色'是也；八句皆情者，子美'死去凭谁报'是也。"③ 同时，也有情景难易之论，如"诗中比兴固多，情景各有难易"④。

三　由字法、句法而妙悟

严羽《沧浪诗话》在明代后期的影响固然与佛禅深入诗学的潮流有关，但究其本质而言，则是诗学自身艺术化的内在需求，也是诗歌创作中对于美的诉求所致。谢榛以妙悟论诗也颇为突出，但是他并不希望将诗歌引向玄妙的佛禅之境，而是希望获得意兴词理的圆融合一，同时又不违七子派学古重法的传统，因而谢榛的妙悟又是落实于字法、句法之上的。

《诗家直说》写于1563年到1568年谢榛第一次客游山西时，是针对其师从之徒的诗学指导，不仅重视法度，而且将法度落于字句模拟与意义仿效中，在长久的磨砺中悟入门径、超脱临写，乃至自成一体。这与李梦阳以书喻文类似，如谢榛谈学诗，就主张"学诗者当如临字之法，若子美'日出篱东水'，则曰'月堕竹西峰'；若'云生舍北泥'，则曰'云起屋西山'。久而入悟，不假临矣⑤；李梦阳论证了"尺尺寸寸"学古的合理性，谢榛则提出具体的字法、句法。

谢榛论及实字与虚活字的结合，他说："五言诗皆用实字者，如释齐己'山寺钟楼月，江城鼓角风。'此联尽合声律，要含虚活意乃佳。诗中亦有三昧，何独不悟此邪？予亦效颦曰：'渔樵秋草路，鸡

---

① （明）谢榛著，李庆立、孙慎之笺注：《诗家直说笺注》，齐鲁书社1987年版，第488页。
② （明）谢榛著，李庆立、孙慎之笺注：《诗家直说笺注》，齐鲁书社1987年版，第424页。
③ （明）谢榛著，李庆立、孙慎之笺注：《诗家直说笺注》，齐鲁书社1987年版，第102页。
④ （明）谢榛著，李庆立、孙慎之笺注：《诗家直说笺注》，齐鲁书社1987年版，第316页。
⑤ （明）谢榛著，李庆立、孙慎之笺注：《诗家直说笺注》，齐鲁书社1987年版，第237页。

第十三章 谢榛意象论阐释

犬夕阳村。'"① 虚实结合是诗中用字原则,如何用虚活字,谢榛也给以论述:

> 诗中用虚活字,时有难易:易若剖蚌得珠,难如破石求玉。且工且易,愈苦愈难。此通塞不同故也。纵尔冥搜,徒劳心思。当主乎可否之间,信口道出,必有奇字,偶然浑成,而无龃龉之患。譬人急买帽子入市,出其若干,一一试之,必有个恰好者。能用戴帽之法,则诗眼靡不工矣。②

以"戴帽之法"比拟"用虚活字"颇为生动,用字就是与意合一的过程,易如剖蚌得珠,难如破石求玉。究其原因,是因为立意遣词的过程中,意需要词来妥帖显现,而词又能启发意,引发新意。在此双向互生过程中,刻意冥搜,徒劳心思是不可取的,唯有主体随性而发,信口道出,方有新意奇字出现;但这些众多可能性,唯有落实于文本才能得到最终的实现,因而一定是"偶然浑成"、轻盈恣肆之诗思的意义确定依赖着最为合适的辞藻。谢榛称道韦应物《淮上喜会梁州故人》"多用虚字,辞达有味"③,可知其论用字之法依然是以孔子"辞达而已"为基本原则的。

谢榛也论及虚字、实字的难与易,他说:"李西涯曰:'诗用实字易,用虚字难。盛唐人善用虚字,开合呼唤,悠扬委曲,皆在于此。用之不善,则柔弱缓散,不复可振。'夏正夫谓涯翁善用虚字,若'万古乾坤此江水,百年风日几重阳'是也。西涯虚实,以字言之;子昂虚实,以句言之。二公所论,不同如此。"④ 谢榛将虚字使用与初、盛、中唐诗风相关联,他说:"七言近体,起自初唐应制,

---

① (明)谢榛著,李庆立、孙慎之笺注:《诗家直说笺注》,齐鲁书社1987年版,第91页。
② (明)谢榛著,李庆立、孙慎之笺注:《诗家直说笺注》,齐鲁书社1987年版,第459页。
③ (明)谢榛著,李庆立、孙慎之笺注:《诗家直说笺注》,齐鲁书社1987年版,第100页。
④ (明)谢榛著,李庆立、孙慎之笺注:《诗家直说笺注》,齐鲁书社1987年版,第101页。

· 255 ·

句法严整，或实字叠用，虚字单使，自无敷演之病"，少陵用字虽虚，但"措辞稳帖"，"工而有力"，"中唐诗虚字愈多，则异乎少陵气象"。① 是否从虚字使用可以看见初、盛、中唐之转变值得商榷，但不失为一种理论上的微观探究。不过，谢榛反对唐人琐碎的格式与用字法则，他说："唐人诗法六格，宋人广为十三，曰：'一字血脉，二字贯串，三字栋梁，数字连序，中断，钩锁连环，顺流直下，单抛，双抛，内剥，外剥，前散，后散。'谓之'屠龙绝艺'。作者泥此，何以成一代诗豪邪？"②

关于句法方面的讨论，在谢榛诗学中占比较大。如赞扬子美《和裴迪登蜀州东亭送客逢早梅相忆见寄》之作"句法老健，意味深长"③；称赞子美"星垂平野阔，月涌大江流"④、镇康王西岩"仗划浮烟破，旗冲过鸟翻"句法森严⑤；认为陈后主"日月光天德，山河壮帝居""气象宏阔，辞语精确，为子美五言句法之祖"⑥；肯定"子美'澹云疏雨过高城'句法自然"⑦；认为武元衡曰"残云带雨过春城"句、韩致光"断云含雨入孤村"句，不及子美"澹云疏雨过高城""句法自然"⑧。谢榛反对句法雷同，他说："谢惠连'屯云蔽层岭，惊风涌飞流'，一篇句法雷同，殊无变化。"⑨ "江淹拟颜延年，辞致典缛，得应制之体，但不变句法。大家或不拘此。"⑩ 谢榛肯定妙于变化的句法，他说："诗中罕用'血'字，用则流于粗恶。李长

---

① （明）谢榛著，李庆立、孙慎之笺注：《诗家直说笺注》，齐鲁书社1987年版，第488—489页。
② （明）谢榛著，李庆立、孙慎之笺注：《诗家直说笺注》，齐鲁书社1987年版，第118页。
③ （明）谢榛著，李庆立、孙慎之笺注：《诗家直说笺注》，齐鲁书社1987年版，第100页。
④ （明）谢榛著，李庆立、孙慎之笺注：《诗家直说笺注》，齐鲁书社1987年版，第160页。
⑤ （明）谢榛著，李庆立、孙慎之笺注：《诗家直说笺注》，齐鲁书社1987年版，第462页。
⑥ （明）谢榛著，李庆立、孙慎之笺注：《诗家直说笺注》，齐鲁书社1987年版，第191页。
⑦ （明）谢榛著，李庆立、孙慎之笺注：《诗家直说笺注》，齐鲁书社1987年版，第298页。
⑧ （明）谢榛著，李庆立、孙慎之笺注：《诗家直说笺注》，齐鲁书社1987年版，第298页。
⑨ （明）谢榛著，李庆立、孙慎之笺注：《诗家直说笺注》，齐鲁书社1987年版，第113—114页。
⑩ （明）谢榛著，李庆立、孙慎之笺注：《诗家直说笺注》，齐鲁书社1987年版，第114页。

吉《白虎行》云：'衮龙衣点荆卿血。'顾逋翁《露青竹鞭歌》云：'碧鲜似染苌弘血。'二公妙于句法。不假调和，野蔬何以有味？"①谢榛论及绝句之法，主张"以工为主，勿以句论"，他说："左舜齐曰：'一句一意，意绝而气贯，此绝句之法。'一句一意，不工亦下也；两句一意，工亦上也。以工为主，勿以句论。赵、韩所选唐人绝句，后两句皆一意。舜齐之说，本于杨仲弘。"②谢榛还有"筌句"之论、"取鱼弃筌"之法，姑录于此："作诗先以一联为主，更思一联配之，俾其相称，纵不佳，姑存以为筌句。筌者，意在得鱼也。然佳句多从庸句中来，能用'取鱼弃筌'之法，辞意两美，久则浑成，造名家不难矣。"③

谢榛不仅讲求字法与句法，而且重视作诗的悟与不悟。但是谢榛强调的作诗之悟专门指诗法门径上的妙悟，而不是创作与审美中的灵感。所以，谢榛妙悟是指诗法之悟，故而谢榛直接以禅法喻诗法。

如何处理学问与创作之关系，谢榛认为悟与不悟是关键。不离学问、不专于学问，神会而定取舍，才可步入诗歌正道，而不至于误入歧途。具体而言，就是在"难处用工"，如慧能一样"定想头，炼心机"而得"无米粥之法"。作为诗人之悟，就应以"六祖之心为心"④。谢榛说："逊轩子博学嗜诗，志在古雅，且得论诗之法。及拟阆仙一绝，不下唐调。其顿悟也如此。"⑤ 在此指诗法方面的感悟。谢榛也主张"妙悟有因"，即是借他人之法来开己之悟："夫人妙悟有因，自能作古。然文字起于鸟迹，草书精于舞剑，尔独不能因人之悟，以开己之悟邪？"⑥ 唯有妙悟，才能抵达诗歌造极高妙处，谢榛

---

① （明）谢榛著，李庆立、孙慎之笺注：《诗家直说笺注》，齐鲁书社1987年版，第422页。
② （明）谢榛著，李庆立、孙慎之笺注：《诗家直说笺注》，齐鲁书社1987年版，第117页。
③ （明）谢榛著，李庆立、孙慎之笺注：《诗家直说笺注》，齐鲁书社1987年版，第450页。
④ （明）谢榛著，李庆立、孙慎之笺注：《诗家直说笺注》，齐鲁书社1987年版，第411—412页。
⑤ （明）谢榛著，李庆立、孙慎之笺注：《诗家直说笺注》，齐鲁书社1987年版，第484页。
⑥ （明）谢榛著，李庆立、孙慎之笺注：《诗家直说笺注》，齐鲁书社1987年版，第476页。

多处论述及此:"比喻多而失于难解,嗟怨频而流于不平;过称誉岂其中心,专模拟非其本色;愁苦甚则有感,欢喜多则无味;熟字千用自弗觉,难字几出人易见。邈然想头,工乎作手,诗造极处,悟而且精,李、杜不可及也。"①"诗有造物,一句不工,则一篇不纯,是造物不完也。造物之妙,悟者得之。"② 谢榛又说:"夫四声抑扬,不失疾徐之节,惟歌诗者能之,而未知所以妙也。非悟何以造其极,非喻无以得其状。"这里的未知之妙,应当是平仄四声之妙,所谓诗法"妙在平仄四声"③。其实,谢榛认为诗歌的妙处还在体、志、气、韵中:"《余师录》曰:'文不可无者有四:曰体,曰志,曰气,曰韵。'作诗亦然。体贵正大,志贵高远,气贵雄浑,韵贵隽永。四者之本,非养无以发其真,非悟无以入其妙。"④

谢榛重悟也重法,他基于字法、句法而悟入诗法,但同时他的诗法也不只是因悟而得,准确地说,是因悟而见到诗法之妙。因为诗自有造物之妙,它往往也表现为"奇正之法"⑤"中正之法"⑥,它也在"迟速之间"⑦。借禅悟喻诗法是表象,实质还是儒家诗法。

---

① (明)谢榛著,李庆立、孙慎之笺注:《诗家直说笺注》,齐鲁书社1987年版,第456—457页。
② (明)谢榛著,李庆立、孙慎之笺注:《诗家直说笺注》,齐鲁书社1987年版,第25页。
③ (明)谢榛著,李庆立、孙慎之笺注:《诗家直说笺注》,齐鲁书社1987年版,第356页。
④ (明)谢榛著,李庆立、孙慎之笺注:《诗家直说笺注》,齐鲁书社1987年版,第44页。
⑤ (明)谢榛著,李庆立、孙慎之笺注:《诗家直说笺注》,齐鲁书社1987年版,第273—274页。
⑥ (明)谢榛著,李庆立、孙慎之笺注:《诗家直说笺注》,齐鲁书社1987年版,第339页。
⑦ (明)谢榛著,李庆立、孙慎之笺注:《诗家直说笺注》,齐鲁书社1987年版,第388页。

第十四章　李贽的自我意识显现与新"化工"之美

李贽（1527—1602），本名载贽，字宏甫，号卓吾，别号温陵居士，泉州晋江人，回族。曾任河南共城教谕、南京国子监博士、刑部员外郎、云南姚安知府等。弃官后，寓居湖北黄安，后在麻城维摩庵著书讲学，抨击时政，针砭时弊，以"异端"自居。万历三十年（1602）被诬以"敢倡乱道，惑世诬民"罪名下狱[1]，自刎死。李贽是泰州学派的后期代表人物，倡导童心说，批驳假道学，美学上主张"化工"之美，但在实质上重新阐释了自然"化工"，主张表达充满生命分量的真心、真情与自我。关于李贽童心说、自我意识、文学思想的论述，已取得诸多成果，肯定李贽的个人主义或个性学说、自然人性，以真心或真情来阐释童心说已成学界共识[2]。张少康师系统论

---

[1] （清）顾炎武撰，（清）黄汝成集释，栾保群校点：《日知录集释》，中华书局2020年版，第958页。

[2] 嵇文甫指出李贽思想上的"极端发展个性主义"倾向，认为受李贽影响出现了尊重个性、喜欢狂放、带浪漫色彩的文学时代（《晚明思想史论》，北京出版社2016年版，第64—92页）；侯外庐指出了李贽"任物情"的"个性说"以及文学创作上的"真心"论，认为"这种文学理论只是他发抒个人'情性'的哲学观点的引申"[《中国思想史纲》（下），中国青年出版社1981年版，第33页]；张建业认为，"敢于那样把'德礼政刑'一起否定，敢于那样强烈要求个性的自由与平等，李贽则是第一人"（《李贽评传》，首都师范大学出版社2018年版，第248页）；敏泽指出"童心""实际上是一种萌芽状态的人性论观点，但它的批判锋芒指向程朱理学对人性的禁锢和扼杀"（《中国美学思想史》第3册，中国社会科学出版社2014年版，第1073页）。

述了童心说与文学表达真情实感以及在艺术上以"化工"为美的思想逻辑[1]。左东岭深入讨论了性空理论与自我解脱之道,强调空明心性,将其阐释为心灵的自由无碍[2]。许苏民论及李贽童心说、易学、真空论,但对三者之间的一体性关系以及在自我意识中的建构逻辑并未揭示[3]。日本学者沟口雄三论李贽的童心与"明德自体""伦理价值""觉悟之一念""吾人之理""自家性命的下落处"等相关问题[4],尚没有跨越出龙溪先生的哲学地盘,他依旧要将童心形而上为某种理念或德行。沟口雄三也论及"真空"[5],但限于孤立地讨论真空论而未纳入对李贽自我意识的整体认知中。

学界低估了李贽哲学与文学思想中严密的论证逻辑、穷极毫微的理性思索、彻底抛弃形而上学的实践勇气,以及对全新自我的时代性发现。实际上,李贽突破封建秩序的言论与乖张行为,源于其个性的愤激与敏感的批判意识,更与其思想本身所具有的深刻内涵不可分。考其源流,辨其学理,别有洞天,可谓中国思想史的重要一环。他的"我"从那个时代里分离出来,带着鲜活的欲望和在意识与实践领域里开天辟地的勇气,建构了缜密完备的思想逻辑,自觉地回答了那个时代的哲学与美学问题。比如他对"我"的阐发,以真空来阐释"一念之本心",以"饥饿于学"来充实自我,以及基于上述哲学思想而提出"非有意于为文""触目兴叹",表达真心、真情的文学主张和新"化工"美学观念,等等。

一 感从己出,发为真心

李贽心性论的革命性转型基于阳明心学、易学、佛学、老庄,但

---

[1] 张少康:《中国文学理论批评发展史》(上),北京大学出版社1995年版,第199页。
[2] 左东岭:《李贽与晚明文学思想》,人民文学出版社2010年版,第135—152页。
[3] 许苏民:《李贽评传》,南京大学出版社2011年版,第199—292页。
[4] [日]沟口雄三:《中国前近代思想之曲折与展开》,陈耀文译,上海人民出版社1997年版,第184页。
[5] [日]沟口雄三:《李卓吾·两种阳明学》,孙军悦、李晓东译,生活·读书·新知三联书店2014年版,第160页。

又全面地扬弃并完成了独特的生命哲学建构。李贽所谓"最初一念之本心"脱胎于王阳明、罗近溪的"赤子"之论，但李贽强调的是最初一念、"无二念"①，其意义在于：排除道理闻见，否定阳明学中的虚灵观念及实体化倾向，在无人无己的实践过程中呈现真我。李贽哲学重建了人的主体性或"我"。这个"我"其实就是自我：一方面是出于己，发为真心；另一方面又不执着于我，存在于无人无己的生命磨砺中。

王阳明强调人的主体性，认为心的本体即是良知，良知是不假外求的先天的至善，良知之发需要克服"私意障碍"，"胜私复理"，才可"充塞流行"②。同时，王阳明强调人心之灵明，《传习录》卷下说："我的灵明，便是天地鬼神的主宰。天没有我的灵明，谁去仰他高？地没有我的灵明，谁去俯他深？鬼神没有我的灵明，谁去辨他吉凶灾祥？"③ 即突出了心体或良知的功能。事实上，良知可以"无知"地作为本体存在，"无不知"地作为灵明发用。《传习录》记载："先生曰：'无知无不知，本体原是如此。譬如日未尝有心照物，而自无物不照。无照无不照，原是日的本体。良知本无知，今却要有知。本无不知，今却疑有不知，只是信不及耳。'"④ 这显然与《周易》无思无为却感通天下的认知与意识逻辑一致，也即《周易·系辞》中所谓"《易》无思也，无为也，寂然不动，感而遂通天下之故"。王阳明以易学来阐释其良知说，极大地拓展了人的主体性，在与物关系中凸显了人心的灵明知觉功能；及至王畿，心体便被解释为虚无本体，其《自讼问答》中说："良知者本心之灵，至虚而寂，周乎伦物之感应，虚以适变，寂以通故。其动以天，人力不得而与。"⑤ 李贽对龙溪很推重，受阳明之学影响也深，但能别开境界，走出对虚灵心体的

---

① （明）李贽：《复丘若泰》，李贽著，张建业译注：《焚书》卷1，中华书局2009年版，第9页。
② 陈荣捷：《王阳明〈传习录〉详注集评》，重庆出版社2017年版，第31页。
③ 陈荣捷：《王阳明〈传习录〉详注集评》，重庆出版社2017年版，第308页。
④ 陈荣捷：《王阳明〈传习录〉详注集评》，重庆出版社2017年版，第273页。
⑤ （明）王畿：《龙溪王先生全集》卷15，明万历间刻本。

迷恋，并借助易学，阐释出新的自我意识。

《九正易因》不录《文言》《系辞》，对其中"无思无为"的思路并不刻意渲染，也不特意推崇心体的超凡绝圣能力。李贽以"感应"来阐释易道，他说："天下之道，感应而已"，"夫感应乃天下之常理，而悔害亦常在感应之中。"① 即是说，世界大化的本体、天下之理在感应之中，此"感应"是动出于己，发为真心。李贽说："鸣呼！感为真理，何待于言；感为真心，安能不动！天地如此，万物如此。不然，天下之动，几乎息矣。"② "随而非感，则天下之感废矣；动不由己，岂感动之正性！是以圣人贵感不贵随，以感从己出，而随由人兴。"③ 李贽将真理、真心落实在现实"感应"之中，于现实存在中凸显自我。在《乾》卦评说中，李贽提出"乾元"说，特别强调了万物化生的自化本源："夫天者，万物之一物，苟非统以乾元，又安能行云施雨，使品物流通形著而若是亨乎！"④ 李贽认为，乾元统天，"万物统体一乾元"，这乾元就是"乾道之始终"，在此自然大化中"一物各具一乾元"，既统体于乾元，又能各有殊异，因为不同时位而有异，也因保合太和而有同⑤。李贽反对"以乾为天，以万为物，以圣人能宁万国"的观点，重新阐释"大哉乾元，万物资始"这一命题，消解了"天"与"圣人"的神话，并进一步推出"一元统天而万化生于身"的观点⑥，旨在充分凸显人的个体性与具身性，

---

① 张建业主编，邱少华注：《李贽全集注》，社会科学文献出版社 2010 年版，第 15 册，第 184 页。
② 张建业主编，邱少华注：《李贽全集注》，社会科学文献出版社 2010 年版，第 15 册，第 185 页。
③ 张建业主编，邱少华注：《李贽全集注》，社会科学文献出版社 2010 年版，第 15 册，第 185 页。
④ 张建业主编，邱少华注：《李贽全集注》，社会科学文献出版社 2010 年版，第 15 册，第 5 页。
⑤ 张建业主编，邱少华注：《李贽全集注》，社会科学文献出版社 2010 年版，第 15 册，第 5 页。
⑥ 张建业主编，邱少华注：《李贽全集注》，社会科学文献出版社 2010 年版，第 15 册，第 5 页。

第十四章 李贽的自我意识显现与新"化工"之美

将世界本体还原到个体自身。《读易要语》曰:"一卦自为一卦,一爻自为一爻,一世界自为一世界,不可得而同也。"① 意谓尊重不同境遇与不同时位之下的个体。与此相类的表述还有:"总之,有六十四人;分之,则神圣也,君子也。"②《答耿中丞》:"天生一人,自有一人之用,不待取给于孔子而后足也。"③ 等等。在《观》卦解说中则明确凸显"我"之色彩,其文曰:

> 但下之观五者以天,而五之所观者即我;下之观五者如神,而五之观我者即民。我生民生,无二无别,是谓天下之平;此所以不言而喻,而下观自化与?而观者不一,化者不一,则各随浅深,自不能一也。④

虽然从下民观"九五"是行不言之教的圣人和天命,但"九五"所观的却是"我",而这个"我"即是民。"我生""民生"本是一体。在此,李贽突出了宇宙化生与儒家教化中"我"的主体性,当然"我"与"民"、"我生"与"民生"是不可分割的。解说《否》卦时,李贽肯定不为否泰所动的君子品格,他说:"虽然,方其泰也,人皆以为泰,我独以为否,是故能不为泰所动,而泰可常泰矣;及其否也,人皆以为否,我即以为泰,是故能不为否所乱,而否遂不终否矣。"⑤ 这即是说,是否否、泰,存在于自我的选择与行动中,人的自主作为可以决定命运之否泰。"人即道也,

---

① 张建业主编,邱少华注:《李贽全集注》,社会科学文献出版社2010年版,第15册,第1页。
② 张建业主编,邱少华注:《李贽全集注》,社会科学文献出版社2010年版,第15册,第1页。
③ (明)李贽:《焚书》卷1,中华书局2009年版,第16页。
④ 张建业主编,邱少华注:《李贽全集注》,社会科学文献出版社2010年版,第15册,第119页。
⑤ 张建业主编,邱少华注:《李贽全集注》,社会科学文献出版社2010年版,第15册,第71页。

道即人也，人外无道，而道外亦无人"①，这是李贽超越心即理、心即太虚的人本论。论及物之肇始，李贽将其本原落实在男女夫妇之中，而拒绝了"一""理""无""无无"等形而上观念。他说："故吾究物始，而但见夫妇之为造端也。是故但言夫妇二者而已，更不言一，亦不言理。一尚不言，而况言无？无尚不言，而况言无无？"②

李贽哲学中人本论的出现，特别是"我"观念的凸显，标志着肉身的、具有历史社会内涵的、具有自由意志的主体的出现。《泰》卦解说曰："天地际，言天地之交际也。夫天地之交，一交即散，一际即离，断不能久。盖平陂往复，的然孚信，疑非人之所能致力。然知其如此而克艰守贞，亦可以无否之咎，无陂之咎，无往之咎。何也？人定自能胜天也。"③

李贽深刻地指出，一旦天地之交并不必然地自然和谐，这是"非人之所能致力"的客观现实，但作为主体只要"克艰守贞"即可以"无咎"，即可以"人定胜天"。可见真正的自我是在主客对立中甚至是在艰难的境遇中实现的。

李贽的易学阐释中给了主体以自由和自觉，它从混沌或虚无中应时而生，焕发亨通的力量。《蒙》卦解说道："夫方其止也，混混沌沌，莫知所之。童蒙如此，圣人如此，虽欲不止，其可得乎！然既以险而止，则必以亨通而行。"④李贽解《蒙》卦有两个意思，其一，"蒙，乃人之正性；养蒙，即所以养正"⑤。无论是童蒙还是

---

① （明）李贽：《道古录》卷下，张建业主编，邱少华注《李贽全集注》，社会科学文献出版社2010年版，第14册，第289页。

② （明）李贽：《夫妇篇总论》，《初潭集》，中华书局1974年版，第1页。

③ 张建业主编，邱少华注：《李贽全集注》，社会科学文献出版社2010年版，第15册，第65页。

④ 张建业主编，邱少华注：《李贽全集注》，社会科学文献出版社2010年版，第15册，第28页。

⑤ 张建业主编，邱少华注：《李贽全集注》，社会科学文献出版社2010年版，第15册，第28页。

圣人，遭遇艰险时都进入"混混沌沌"的状态。其二，"时止即止，时行即行，即此便是时中圣人，与蒙无异"①，也就是说，在艮坎交际时"险而止"，处时中而"以亨行"。而"蒙"作为人性之正，具有自由和自觉的德行。《蒙》卦释读受龙溪先生影响，但又有所不同。李贽在《九正易因·附录》中引用王畿说《蒙》，王畿解释《蒙》卦，强调的是山下出泉之象，凸显的是果行育德，他以"纯一未发之谓蒙"，反对"妄意开凿"，以"赤子之心"为蒙②。李贽"童蒙如此，圣人如此"的说法与之相同，甚至童心说中的"最初一念"与王畿"纯一未发"也颇为照应，但李贽并不是静态地守护，而是对于"蒙"有着自由"开凿"的生命意志。李贽正视了生命中的险困，在《大有》卦解说曰："无交，故无害；则知有交必有害。"③在《随》卦解说中曰："或系亦可，或舍亦可，随其时也。"④

李贽的"我"体现为一种特别的自我意识，它又与"虚己无为"同时共在。李贽解《临》卦即主张"虚己无为"⑤。《答焦漪园》中第一机与第二机的讨论值得注意，也涉及虚无与自我的关系问题。此文中，李贽向焦竑介绍自己著作情况，其中涉及《焚书》《藏书》《说书》《老子解》《庄子解》《心经提纲》等，谓其《焚书》"大抵多因缘语、忿激语，不比寻常套语"⑥，应当焚而弃之；其《藏书》

---

① 张建业主编，邱少华注：《李贽全集注》，社会科学文献出版社 2010 年版，第 15 册，第 28 页。
② 张建业主编，邱少华注：《李贽全集注》，社会科学文献出版社 2010 年版，第 15 册，第 30 页。
③ 张建业主编，邱少华注：《李贽全集注》，社会科学文献出版社 2010 年版，第 15 册，第 84 页。
④ 张建业主编，邱少华注：《李贽全集注》，社会科学文献出版社 2010 年版，第 15 册，第 103 页。
⑤ 张建业主编，邱少华注：《李贽全集注》，社会科学文献出版社 2010 年版，第 15 册，第 113 页。
⑥ （明）李贽：《答焦漪园》，李贽著，张建业译注：《焚书》卷 1，中华书局 2009 年版，第 7 页。

则是"以其是非堪为前人出气"之书①，也是其"精神心术所系"②，表达了他立异当世的文化与历史观念。其中讨论到月泉和尚与豁渠和尚（邓豁渠）所谓第一机和第二机：

> 第一机即是第二机，月泉和尚以婢为夫人也。第一机不是第二机，豁渠和尚以为真有第二月在天上也。此二老宿，果致虚极而守静笃者乎？何也？盖惟其知实之为虚，是以虚不极；惟其知动之即静，是以静不笃。此是何等境界，而可以推测拟议之哉！故曰"亿则屡中"，非不屡中也，而亿焉则其害深矣。夫惟圣人不亿，不亿故不中，不中则几焉。何时聚首合并，共证斯事。③

李贽否定月泉和尚与豁渠和尚所论及的禅悟境界，主张不在纯粹的或静谧的虚无中而应在不脱离实在的过程中寻找真谛，所谓"第一机即是第二机"。他反对"推测拟议"的方法论。李贽关于第一机与第二机的上述讨论是在豁渠和尚禅悟经历的基础上更进一步。邓豁渠，初名鹤，又名藿初，号太湖，成都府内江县（今四川省内江市）人。曾师事赵贞吉（字孟静，号大洲），后落发为僧，访学游历，几遍天下，著有《南询录》，李贽曾为之作序，在黄宗羲的《明儒学案》卷三十二《泰州学案》中对其行述有所记载。邓豁渠离开王阳明入青城山参禅，悟得人情之外有妙理，因受月泉和尚指点，悟得第二机就是第一机，认为百姓日用不知中自有"昭昭灵灵"的妙理。后来又豁然有悟，始知为月泉所误二十年。豁渠和尚最终所悟到的境界是超脱真妄、生灭的常住真心，它"与后天事不相联属"，也即脱

---

① （明）李贽：《答焦漪园》，李贽著，张建业译注：《焚书》卷1，中华书局2009年版，第8页。
② （明）李贽：《答焦漪园》，李贽著，张建业译注：《焚书》卷1，中华书局2009年版，第8页。
③ （明）李贽：《答焦漪园》，李贽著，张建业译注：《焚书》卷1，中华书局2009年版，第8—9页。

第十四章 李贽的自我意识显现与新"化工"之美

离后天世事而进入先天的真心——"泛泛然如虚舟飘瓦而无着落，脱胎换骨实在于此。"① 这也就是李贽所指摘的豁渠和尚脱离第二机而别寻第一机的悟道方式。邓豁渠在《南询录自叙》中也有所描述："知镜中影皆幻有，皆假真如而生，旋生旋灭，俱非真实，所谓事理，所谓日用，与夫有情无情，有善无善，有过无过，有作无作，皆非性命窍。"② 他认为所谓事理日用、善恶之别、有情无情都不是性命之窍，悟得真谛需要"虚极静笃""清净本然"③。

关于豁渠和尚论学之误，黄宗羲直指要害，他说："渠学之误，只主见性，不拘戒律，先天是先天，后天是后天，第一义是第一义，第二义是第二义，身之与性，截然分为二事，言在世界外，行在世界内，人但议其纵情，不知其所谓先天第一义者，亦只得完一个无字而已。嗟乎！是岂渠一人之误哉？"④ 这些见解无疑切中其弊，第一义与第二义不可隔离，截然分为二事。李贽也将第一义与第二义合而观之，认为虚极静笃与百姓日用无法割裂开来。这个"虚极静笃"不再是高于具体发用的虚无本体，而是与自我一体化地进入易道变化中，故而这个"虚无"已然不是《易传》中的无思无为的本体状态，也不是龙溪作为自然之则呈现前提的悬搁状态，更不是一种千圣相传的秘藏，而是与"我"主体天然地存在于生命实践中的"无人无己"。无己的过程即是"我"的凸显，无己也即是"克己"，即是"真己"。

关于"无人无己"论，李贽从孔子那里找到了理论依据，他说："且孔子未尝教人之学孔子也。使孔子而教人以学孔子，何以颜渊问仁，而曰'为仁由己'而不由人也欤哉！何以曰'古之学者为己'，

---

① （清）黄宗羲：《泰州学案一》，黄宗羲著，沈芝盈点校：《明儒学案》卷32，中华书局2008年版，第706页。
② （明）邓豁渠：《南询录》，明万历二十七年刊本，现藏日本内阁文库。
③ （明）邓豁渠：《南询录》，明万历二十七年刊本，现藏日本内阁文库。
④ （清）黄宗羲：《泰州学案一》，黄宗羲著，沈芝盈点校：《明儒学案》卷32，中华书局2008年版，第706—707页。

又曰'君子求诸己'也欤哉！惟其由己，故诸子自不必问仁于孔子；惟其为己，故孔子自无学术以授门人。是无人无己之学也。无己，故学莫先于克己；无人，故教惟在于因人。"[1] 无人就是为仁由己，无己就是克己，而克己就是"真己"。他说："人所同者谓礼，我所独者谓己。学者多执一己定见，而不能大同于俗，是以入于非礼也。非礼之礼，大人勿为；真己无己，有己即克。此颜子之四勿也。是四勿也，即四绝也。"[2] 而李贽将"四勿"的实现前提最终阐释为"语言道断，心行路绝，无蹊径可寻，无途辙可由，无藩卫可守，无界量可限，无扃钥可启"的生命状态[3]。他将一切的道理、境界、门径、修持都排除出去了。"真己"落实在了"克己"的生命之中，"无己"即是自我意识、生命意志的全部显现。儒、道、佛预设的境界都无法盛放这种生命的纯粹。

因此，李贽预设了属于他的理想的人生境界，他在《与陆天溥》中阐释孔子"游艺"之境时有论：

> 工夫一片则体用双彰，体用双彰则人我俱泯，人我俱泯则生死两忘，生死两忘则寂灭现前，真乐不假言矣。孔子告颜子不改其乐，不改此也。程夫子寻孔、颜乐处，寻此处也。此乐现前，则当下大解脱，大解脱则大自在，大自在则大快活。世出世间，无拘无碍，资深逢源。故曰："鱼相忘乎江湖，人相忘乎道术。"故学至游艺，至矣，不可以有加矣。[4]

---

[1] （明）李贽：《答耿中丞》，李贽著，张建业译注：《焚书》卷1，中华书局2009年版，第16—17页。

[2] （明）李贽：《四勿说》，李贽著，张建业译注：《焚书》卷3，中华书局2009年版，第101页。

[3] （明）李贽：《四勿说》，李贽著，张建业译注：《焚书》卷3，中华书局2009年版，第101页。

[4] （明）李贽：《续焚书》卷1，中华书局2009年版，第5页。

第十四章　李贽的自我意识显现与新"化工"之美

　　李贽借用佛家、孔子、庄子关于人生境界的理论话语，阐释了他"体用双彰""人我俱泯""生死两忘"的"大解脱""大自在"境界。上文所提到的"无己""真己"正是在生命实践中的超越生死、泯却人我在现实存在中开启的大自在，是在劳作中的忘我与升华。理解李贽的"童心说"或"一念之本心"，以及"饥饿于学"应当在上述背景下进行。

二　一念之本心与真空

　　李贽童心说逃离了心体论，它的出现打破了形而上之理，也抛弃了心学中的神秘主义。李贽以真空来阐释第一念或童心，充分说明他不愿意停留在陈旧的心性学说中。他否定了虚无的神妙心理，以生命之个体在实践中鲜活地存在。具体而言，"无己"或"真己"如何存在呢？在李贽的易学阐释中，以人为单位进入易道模式，显然圣人作为神圣概念已被消解，那么这个"无己"或"真己"便只能在人的生生不息中显现。是否存在一种"天则"或"天机"成为自我的理想归宿呢？龙溪说："良知本虚，天机常活。未尝有动静之分，如目本明，如耳本聪，非有假于外也。致知之功，惟在顺其天机而已。"[1] 在李贽那里，寻找的是鲜活的自我，相比龙溪的抽象与虚无，它携带着崭新的思想内涵。龙溪在虚静中天机自得的思路恰好是李贽所超越的。

　　"万物统体一乾元""一元统天而万化生于身"[2]。这是从肉体及自我出发的化生过程。这个"一元"不能是心体，也非虚灵；不是天机，而是元化生。它不同于玄学中的无，但却是"万化"的存在。李贽的目标并不在于新的天理或天则，他对道理闻见怀有警惕之心。如何将道理闻见驱赶出他生生不息、无边无际的理想国是重要的任务与使命。这也就是李贽提出"最初一念之本心"与"真空"的原因，

---

[1] （明）王畿：《松原晤语寿念庵罗丈》，《王龙溪先生全集》卷14，明万历间刻本。
[2] 张建业主编，邱少华注：《李贽全集注》，社会科学文献出版社2010年版，第15册，第5页。

唯有如此，他才能保证自我生命的独立性。

自我不能是僵化的实体，那么"最初一念之本心"的需要就属必然，它是摆脱闻见道理的前提。罗近溪发挥王阳明的赤子观念，李贽的童心说与赤子论有关，但二者存在分殊。罗近溪有赤子论："天初生我，只是个赤子。赤子之心，浑然天理。"① 在此，罗近溪指的是不思而知、不虑而得的直觉本能。此种对人的根性认同，为高扬人的主体性提供了理论上的准备，但假若孤立地讨论赤子之心，则同样缥缈无据。李贽承认作为根性的赤子之心的理想性存在，不过，它只是李贽童心说的一个元素或因子，它如何存在才是关键。

李贽强调"最初一念之本心"。关于第一念："此时正在病，只一心护病，岂容更有别念乎？岂容一毫默识工夫参于其间乎？是乃真第一念也，是乃真无二念也，是乃真空也。"② 也即是说，第一念不是默识工夫，而是真空，准确地说是一心面对境遇的生命过程。这个第一念或最初一念之本心不是要回去的本体，而是化生世界的永不停止的出发点和全部。一即一切。李贽在此以真空来阐释第一念或童心。

李贽认为，空不异色，色不异空，这样来论色空依然二物相对，即使是复合为一来看，"犹存一也"，而因为有"一"的存在，即不能是空。因此李贽说："我所说色，即是说空，色之外无空矣；我所说空，即是说色，空之外无色矣。非但无色，而亦无空，此真空也。"③ 意谓在言说空与色时，空、色本来就是一物，色之外无空，空之外无色，无色也无空，即是真空。李贽也反驳了泥色滞空与"两无相依"的情况："然则空之难言也久矣。执色者泥色，说空者滞空，及至两无所依，则又一切拨无因果。不信经中分明赞叹空即是

---

① （清）黄宗羲：《泰州学案三》，黄宗羲著，沈芝盈点校：《明儒学案》卷34，中华书局2008年版，第764页。
② （明）李贽：《复丘若泰》，李贽著，张建业译注：《焚书》卷1，中华书局2009年版，第9—10页。
③ （明）李贽：《心经提纲》，李贽著，张建业译注：《焚书》卷3，中华书局2009年版，第100页。

第十四章 李贽的自我意识显现与新"化工"之美

色,更有何空;色即是空,更有何色;无空无色,尚何有有有无,于我挂碍而不得自在耶?"① 见色见空只执着于一端,就是泥色滞空;割裂二者就是两无相依,否定因果。李贽将"色即是空,空即是色"进一步阐释为"无空无色",超出了有无观念,超越了空色之名,以期显示真空,获得自在。

李贽在《答邓石阳》中论及真空:"学者只宜于伦物上识真空。""于伦物上加明察,则可以达本而识真源。"② 只有进入百姓日用,不生分别,行进在前人共由、万人共履的道路上才识得真空。而对真空的"知"或"识"就不是只在伦物上辨伦物,而是在人伦物理上明察的主体性实践。李贽在《解经文》中对真空和真心进行了精彩的申说,他论证了心不在色身、心相不能空的道理,主张日常伦物识真空,明白真空。一方面借助色身的日常行为,另一方面,又不可执着于色身之内的心。《寄答耿大中丞》中提及"真舍己",主张"善与人同之学",即以自己能行为、众人也可行为为尚,强调舍己,但反对"有意舍己"——"真舍己者,不见有己。不见有己,则无己可舍。无己可舍,故曰舍己。"③ 李贽所谓舍己,是在日常行动中的不见有己。由此看来,以"真空"释"童心",其核心意旨依然是在生命实践中的无我无己。在李贽那里,真空中容不得分毫虚假的空无,"以见性为极则"的理学家们苦心求索的隔离于现实生活的形而上境界无非是真空中的尘垢④。当高尚的彼岸式追求成为尘垢时,李贽完全颠覆了理学家们苦心经营的价值体系与问学思路。他认为只有进入百姓日用,不生分别,行进在前人共由、万人共履的道路上才识得真空。

---

① (明)李贽:《心经提纲》,李贽著,张建业译注:《焚书》卷3,中华书局2009年版,第100—101页。

② (明)李贽:《答邓石阳》,李贽著,张建业译注:《焚书》卷1,中华书局2009年版,第4页。

③ (明)李贽:《焚书》卷1,中华书局2009年版,第44页。

④ (明)李贽:《答邓石阳》,李贽著,张建业译注:《焚书》卷1,中华书局2009年版,第5页。

李贽真空论的首要目的是破除心体。心体的存在给意识的虚假、意识的虚无、形而上之理的专断提供了空间。李贽的"真空"与"童心"论中蕴含了全新的"我"。

三 饥饿于学与人人可以成圣

李贽深刻知道人生是活泼无限的与事委蛇，这体现了一种全新的极具创造性的哲学观念和自我意识。此种自我意识来自他的易学阐释、心学超越、佛学创化。当一个人遭遇物质与精神的双重贫困时，如何论学论理，"我"如何存在，这是李贽必须直面的逼真现实，也是其哲学反思与重构的起点。李贽拒绝虚构之理，他有着对真正之理的渴望[1]。李贽正是在无"理"字容身、了无虚构空隙的、充溢着饿欲的绝望之境中来论"理"。他讲述了在北方严冬里，饥寒疲惫一周后得食的感受与觉悟。其《子由解老序》曰：

> 至饱者各足，而真饥者无择也。盖尝北学而食于主人之家矣。天寒，大雨雪三日，绝粮七日，饥冻困踣，望主人而向往焉。主人怜我，炊黍饷我，信口大嚼，未暇辨也。撤案而后问曰："岂稻粱也欤！奚其有此美也？"主人笑曰："此黍稷也，与稻粱埒。且今之黍稷也，非有异于向之黍稷者也。惟甚饥，故甚美；惟甚美，故甚饱。子今以往，不作稻粱想，不作黍稷想矣。"余闻之，慨然而叹，使余之于道若今之望食，则孔、老暇择乎！自此专治《老子》，而时获子由《老子解》读之。[2]

不辨孔、老之异，超越儒、道蹊径是李贽在学问上由衷而发的迫切需求。他以饥饿之欲来比类向道之心耐人寻味。沟口雄三有论：

---

[1] [日] 沟口雄三：《中国前近代思想之曲折与展开》，陈耀文译，上海人民出版社1997年版，第47页。

[2] （明）李贽：《焚书》卷3，中华书局2009年版，第110—111页。

第十四章 李贽的自我意识显现与新"化工"之美

"并不是由于忘我而看不见界限,而是由于那种强烈的饥饿感、使他产生了强烈的自觉感,才使他除却了三教界限。"① 沟口雄三对李贽"饥饿"之喻作了合理的还原和解析,但沟口雄三似乎依然被拘禁在理学或心学的樊篱中,以为李贽将所谓"性命之道"当作生命中渴求的外在于欲求本身的目标。

李贽固然有其道的追求,但我们不能将李贽之道依然理解为抽象的性命之道。他的饥饿与道俱在,更准确地讲是饥饿于学。李贽将对道的需求当作人生的基本欲望,将心即理、心即道的逻辑上溯到了生命本能与存在本身。道不在别处,它是他人生绝境中的食粮与立足点。儒家的形而上之道向来出自身体与感觉,孟子有所谓"理义之悦我心,犹刍豢之悦我口"②,但在李贽的世界中悦理之心消散不见,他直面的是精神的贫乏,正如饥者于食一样抱有迫切的向道之心,在孔、老之间无暇抉择,只能不拘门径勤勉于学。当然,李贽无法回到不厌于学、不倦于诲的孔门老路上去,他在给李如真的信中说:

> 承兄远教,感切难言。第弟禅学也,路径不同,可如之何!且如"亲民"之旨,"无恶"之旨,种种"不厌""不倦"之旨,非不亲切可听,的的可行。但念弟至今德尚未明,安能作亲民事乎?学尚未知所止,安敢自谓我不厌乎?既未能不厌,又安能为不倦事乎?切恐知学则自能不厌,如饥者之食必不厌饱,寒者之衣必不厌多。今于生死性命尚未如饥寒之甚,虽欲不厌,又可能耶?若不知学,而但取"不厌"者以为题目功夫,则恐学未几而厌自随之矣。欲能如颜子之好学,得欤?欲如夫子之忘食忘忧,不知老之将至,又可得欤?况望其能不倦也乎哉!此盖或侗老足以当之,若弟则不敢以此自足而必欲人人同宗此学脉也。

---

① [日]沟口雄三:《中国近现代思想之曲折与展开》,陈耀文译,上海人民出版社1997年版,第47页。

② 焦循:《孟子正义·告子章句上》,中华书局1987年版,第765页。

何也？未能知学之故也，未能自明己德故也，未能成己、立己、尽己之性故也。①

无法奉行儒家亲民教化之旨不是李贽自谦之辞，他也并非有意悖逆圣学而归于禅门，而是深知自己无法达到"无恶""不倦""不厌""成己""立己""尽己"等明德境界。李贽道出两个原因：其一，"于生死性命尚未如饥寒之甚"；其二，"不知学"。此二者纠缠在一起，因而，不厌或不倦于学是无法想见的。他把自己比作朝餐不给、暮宿未定、寒衣未受，而无心得子，更无法虑及托付田宅功名与儿子的父亲。这是李贽的自嘲，也是对当时圣人之学的讽刺。所谓"饥寒"，包含物质与精神的双重匮乏，既是对物质贫困的自我揶揄，也是对儒学困厄的坦诚揭示；既针对自身，也将矛头指向当下之学。所谓"不知学"，源于李贽对儒学精神的深刻理解和学问取径，也与"饥寒"的儒学境遇息息相关。李贽"不知学"与"饥寒"之叹更涵蕴着现实内容。

李贽在《答李如真》中两次提到"侗老"："此盖或侗老足以当之，若弟则不敢以此自足而必欲人人同宗此学脉也"②，"此弟于侗老之言不敢遽聆者以此也"③。"侗老"即是指耿定向，李贽表明了与耿定向的道之不同。从《答耿司寇》这一篇漫长的文字中，也不难发现二者的分歧与李贽的笔锋所向。李贽直接指出孔子"道有未能"，即儒家"子臣弟友之道"难以兑现这一事实，承认儒道之艰难无垠才是真正的学问④。《答耿司寇》中李贽几乎以耿定向为反例，来揭

---

① （明）李贽：《答李如真》，李贽著，张建业译注：《焚书》增补一，中华书局2009年版，第253页。
② （明）李贽：《答李如真》，李贽著，张建业译注：《焚书》增补一，中华书局2009年版，第253页。
③ （明）李贽：《答李如真》，李贽著，张建业译注：《焚书》增补一，中华书局2009年版，第254页。
④ （明）李贽：《答耿司寇》，李贽著，张建业译注：《焚书》卷1，中华书局2009年版，第31页。

示伪道学病根所在,阐释儒学的正脉与家法,张扬他在事上磨砺的"无我"的自我意识。这可从三个方面来阐述。其一,道理在事上,私欲须臾不能忽略。李贽指出,耿定向与众人一样求食求安、求官求显,都是"为自己身家计虑,无一厘为人谋者",可是开口谈学时却说"尔为自己,我为他人;尔为自私,我欲利他;我怜东家之饥矣,又思西家之寒难可忍也……"①在李贽看来,此种表现尚不如市井小夫,良好的德行应该是"身履是事,口便说是事"②。李贽并不排斥人性中的私欲与利己之心,他所反对的是以冠冕堂皇的言辞遮掩其本心。李贽以"饥饿""饥寒"形容其学,正是看到人生基本欲望与神圣之道的不可割裂,同时,又以这一字眼为己张目,将他和耿定向划归不同阶层。其二,"不知学"其实针对的是耿定向的"先知先觉"。李贽认为,耿定向鼓吹讲学是无益之虚谈,所谓"先知先觉",实质是执迷不返。李贽从多个侧面指摘其病,指出耿定向"名心太重":"实多恶也,而专谈志仁无恶;实偏私所好也,而专谈泛爱博爱;实执定己见也,而专谈不可自是。公看近溪有此乎?龙溪有此乎?况东郭哉!"③也就是说,所谓"无恶""无私""不自是"都是耿定向的自我标榜,其实是完全不符合实际的。其三,李贽发挥圣人"未能"之叹,"不责人之必能"之义,而推出"人人皆可以为圣"的观点④。他说:"善既与人同,何独于我而有善乎?人与我既同此善,何有一人之善而不可取乎?"⑤所谓"至善"就在"善与人同"之中,"与

---

① (明)李贽:《答耿司寇》,李贽著,张建业译注:《焚书》卷1,中华书局2009年版,第30页。
② (明)李贽:《答耿司寇》,李贽著,张建业译注:《焚书》卷1,中华书局2009年版,第30页。
③ (明)李贽:《答耿司寇》,李贽著,张建业译注:《焚书》卷1,中华书局2009年版,第33页。
④ (明)李贽:《答耿司寇》,李贽著,张建业译注:《焚书》卷1,中华书局2009年版,第31页。
⑤ (明)李贽:《答耿司寇》,李贽著,张建业译注:《焚书》卷1,中华书局2009年版,第31页。

人同人",即是人人平等,彼此沟通,皆为圣人。也就是"即心即佛,人人是佛",无须普度众生,既然无众生相,也是无有人相,也是无道理相,也就无我相。无人相就可以从人,无我相就能舍己[①]。

李贽以"饥饿"论学,更多是指那个时代学问的匮乏与荒凉,他也顺势在那样的境况之下破除蹊径,无我舍己地获得真知,他试图将一切形上之理、虚幻心体都撵出其思想地盘,这样也就颠覆了传统儒者的学问观念。

四 触目兴叹,齐于造化

李贽从不同角度凸显"我"之存在,表现为独特的自我意识,这种意识即是前文所提及的"我""真心""一念之本心""真空""无我""舍己""人人可以为圣"等观念及其绵延,具有极大的革命性与创造性。李贽打碎了旧的自我,打碎了虚假的旧道德与形而上学,直面无法退却的现实,在"饥饿于学"的生命实践中重塑着一个全新的自我。李贽哲学成为那个时代的思想高峰,其自我意识及意识逻辑为其在文学思想上全面地超越七子派、唐宋派,并超越传统的"天工""化工"的古典美范型提供了坚实的理论基础。

"童心说"是李贽重要的文学主张,也具有深沉的哲学内涵,其核心思想也是表达真心与真情。"童心说"认同生而为人即有绝假纯真的"最初一念之本心",反对障蔽"童心"。李贽说:"夫童心者,真心也。若以童心为不可,是以真心为不可也。夫童心者,绝假纯真,最初一念之本心也。若失却童心,便失却真心;失却真心,便失却真人。人而非真,全不复有初矣。童子者,人之初也;童心者,心之初也。夫心之初曷可失也!"[②] 意谓初心或"童心"不可失,失却

[①] (明)李贽:《答耿司寇》,李贽著,张建业译注:《焚书》卷1,中华书局2009年版,第31页。

[②] (明)李贽:《童心说》,李贽著,张建业译注:《焚书》卷3,中华书局2009年版,第98页。

"童心",便失却真心与真人。失却"童心"也即是"假言""假人""假事""假文"的开始,乃至出现"《六经》《语》《孟》,乃道学之口实,假人之渊薮"的境况①。此种道德堕落令李贽无比痛心与无奈,但他依然预置了文学与"童心"的理想关系,其文曰:"天下之至文,未有不出于童心焉者也。苟童心常存,则道理不行,闻见不立,无时不文,无人不文,无一样创制体格文字而非文者。"② 在"至文"与"童心"之间,无任何罅隙可以留存道理闻见,文章即是"童心"的展开,也即是人的存在。"童心"是人的先天存在,但并不意味着"童心"丧失就无法回归,"童心"不是实体,它只是最初一念,并存在于与外物的关系中,因而"童心"常存并非不可能之事。正如前文所论,李贽以"真空"阐释"最初一念之本心"即说明"童心"是可以在现实中体现甚至常存。"童心"的提出其实是为"真心""无人无己"等自我意识提供一个具身的、自然的归宿。它的实在内容是具体生命存在与文学创作中的真情实感。

一方面使生命存在与真心、真情全部凸显,另一方面又崇尚"化工"之美是李贽文学与美学思想的重要特征。也即是说,李贽以生命情感充实了"化工"内容,他形成了新的自然观。"化工"之美是天地间最美理想,但其"化工"之美以及"天地""造化"等宇宙观念、价值秩序充塞了现实内容。

首先,李贽区分了"化工"与"画工",认为前者"无功",后者"夺天地之化工":

> 《拜月》、《西厢》,化工也;《琵琶》,画工也。夫所谓画工者,以其能夺天地之化工,而其孰知天地之无工乎?今夫天之所

---

① (明)李贽:《童心说》,李贽著,张建业译注:《焚书》卷3,中华书局2009年版,第99页。
② (明)李贽:《童心说》,李贽著,张建业译注:《焚书》卷3,中华书局2009年版,第99页。

生，地之所长，百卉具在，人见而爱之矣，至觅其工，了不可得，岂其智固不能得之欤！要知造化无工，虽有神圣，亦不能识知化工之所在，而其谁能得之？由此观之，画工虽巧，已落二义矣。文章之事，寸心千古，可悲也夫！①

在本体论和宇宙观上，李贽承认天地造化的存在，但认为造化无工，否定了形而上之理。因而，即使凭借"神圣"与智力，人们也无法知道"化工"之所在，也无从得之，由此而生"画工虽巧，已落二义"之叹。那么，如何触及"化工"呢？李贽从庄子式的致道模式中摆脱出来，真实面对天地自然、世事人情，以真挚的情感毫无掩饰地、纯粹如初地触会客观的社会现实，所谓"文章之事，寸心千古"。

其次，李贽在天地之造化中注入"寸心千古"的人性与历史的分量，因而李贽的"化工"之美具有新的思想内涵：

且夫世之真能文者，比其初皆非有意于为文也。其胸中有如许无状可怪之事，其喉间有如许欲吐而不敢吐之物，其口头又时时有许多欲语而莫可所以告语之处，蓄极积久，势不能遏。一旦见景生情，触目兴叹；夺他人之酒杯，浇自己之垒块；诉心中之不平，感数奇于千载。既已喷玉唾珠，昭回云汉，为章于天矣，遂亦自负，发狂大叫，流涕恸哭，不能自止。宁使见者闻者切齿咬牙，欲杀欲割，而终不忍藏于名山，投之水火。②

这是一种新的情感本体论。因为发自真情与真心，文章本身就

---

① （明）李贽：《杂说》，李贽著，张建业译注：《焚书》卷3，中华书局2009年版，第96—97页。
② （明）李贽：《杂说》，李贽著，张建业译注：《焚书》卷3，中华书局2009年版，第97页。

第十四章 李贽的自我意识显现与新"化工"之美

是生命的存在，因而必然不是有意为文；文章产生在无人无己的过程中，因而也就是无意于文。李贽力图摆脱意、象、言一体化的行文逻辑，创作主体不能有任何契机停留在有意安排中，他所意识到的意念是些无状可怪之事、欲吐而不敢吐之感受，想以语言表达却又无从表达的心声。这些意念或意识是超越于人的认知的、不可轻易意象化、审美化的胸中蓄积。一旦见景生情，必然触目兴叹，诉心中之不平，掀起深沉的生命之感，营造出与天地比肩的艺术世界；而这再造的自然、天地被鲜活的情感充满，也就漫溢出所谓艺术的边界，必然在现实中表现为"不能自止"的发狂大叫、流涕恸哭。正如李贽要消除一切虚假道理一样，他所理解的文学境界直接是情感的素朴情态，所谓"画工"也就无暇顾及，而所谓"化工"即是充满情感内容的自然造化。或者说，这种"化工"是情感的"化工"，是消磨真心真情而开出的艺术境界。它区别于老庄式的自然之美，这也是我们将李贽的"化工"之美以"新"称之的理由。正如"我""真心""一念之本心""真空""无我""舍己"，以及"饥饿于学"的自我一样，它们在生命存在中显现，文章生成中的真心真情也是如此。

既然"化工"之美依赖方法无法抵达，其抵达新"化工"之美的文学与美学路径便以消解方法的模式出现，并建构了别具一格的意识逻辑。关于这一点，可以从李贽对焦竑文法的批评中见到。焦竑在《刻苏长公集序》中论及为文之方：

> 盖其心游乎六通四辟之途，标的不立，而物无留镞焉，迫感有众。至文动形生，役使万景，而靡所穷尽。非形生有异，使形者异也，譬之嗜音者必尊信古，始寻声布爪，唯谱之归，而又得硕师焉以指授之。乃成连于伯牙，犹必徙之岑寂之滨，及夫山林杳冥，海水洞涌，然后恍有得于丝桐之表，而水山之操，为天下妙。若瞽者偶触于琴而有声，辄曰："音在是矣。"遂以谓仰不

· 279 ·

必师于古,俯不必悟于心,而敖然可自信也,岂理也哉!①

焦竑领会到苏轼行文时心游"六通四辟",可以"役使万景"的无边的审美自由,也体认到苏轼的文法,并以成连、伯牙授受事为喻。他认为文章的生成首先需要遵循古法、师事名师,以此为前提,作者须迁移到杳冥山林、岑寂海滨,方可以悟得"天下之妙"。也即主张"师于古""悟于心",并将远离尘世作为觉悟的契机。李贽对此提出了不同看法,重新追问伯牙有谱、有法、有师为何终不得其妙,却必须迁移到海滨无人之境才能有所得的缘由。李贽《征途与共后语》说:

> 盖成连有成连之音,虽成连不能授之于弟子;伯牙有伯牙之音,虽伯牙不能必得之于成连。所谓音在于是,偶触而即得者,不可以学人为也。矒者唯未尝学,故触之即契;伯牙唯学,故至于无所触而后为妙也。设伯牙不至于海,设至海而成连先生犹与之偕,亦终不能得矣。唯至于绝海之滨,空洞之野,渺无人迹,而后向之图谱无存,指授无所,硕师无见,凡昔之一切可得而传者,今皆不可复得矣,故乃自得之也。此其道盖出于丝桐之表,指授之外者,而又乌用成连先生为耶?然则学道者可知矣。明有所不见,一见影而知渠;聪有所不闻,一击竹而成偈:大都皆然,何独矒师之与伯牙耶?②

李贽强调"成连有成连之音""伯牙有伯牙之音";伯牙之音"不能必得之于成连",音乐之妙在师徒间有不可传授者。李贽并不否定在音乐上"偶触而即得"的可能,只是此种偶然性不属于"学人"——未尝学者可以"触之即契",已学者伯牙只能"无所触而后

---

① (明)焦竑撰,李剑雄点校:《澹园集》,中华书局1999年版,第142—143页。
② (明)李贽:《焚书》卷4,中华书局2009年版,第138页。

第十四章 李贽的自我意识显现与新"化工"之美

为妙"。李贽承认音乐之妙的独立存在,并且它为主体与客体的关系所决定,存在未尝学者与已然学者的两种情形,而后者的音乐之妙更高于前者。已学者如何"自得"是李贽的方法论关键。他认为,唯有将自我放置在绝海之滨、空洞之野,将前人图谱、老师指授等一切可传授的方法道理全部抛弃,才能获得最大的心灵自由与超离感性、指授的艺术境界。

但是,李贽并没有完全否定图谱、师法的作用,他化用禅家偈语来比喻"瞍师之于伯牙"的关系,即文中所谓"明有所不见,一见影而知渠;聪有所不闻,一击竹而成偈"。"见影知渠"出自唐代高僧洞山良价因过水睹影而作悟道偈语的故事。《指月录》记载:"师犹涉疑,后因过水睹影,大悟前旨。有偈曰:'切忌从他觅,迢迢与我疏。我今独自往,处处得逢渠。渠今正是我,我今不是渠。应须恁么会,方得契如如。'"[①] 此偈语的本旨是指道或佛性不假外求,独自而往,处处逢渠,目睹身影,而有色空与情识之空,见妙明真心,证得真如,由是而有"渠今正是我"的说法。既然佛性与真我显现,那么"我今不是渠"也是自然而然。李贽"一见影而知渠"中的"知渠"与洞山良价之于"渠"的感悟雷同。洞山之悟的目标是见到佛性,李贽则于此体认到文学或文艺方法。它或许不能被耳目感知,但它能在与"我"的互照中显现。被抛弃的师法固然不以原来的形式出现,甚至成为虚无,但在创作中似乎必然显现出来,正如妙悟之于偈语,所谓"一击竹而成偈"。总之,李贽对于古谱、师法的态度是在消解中让它以新的形式与生命情感一起存于文学中。其无法之法也几乎齐于造化。

与之相应,李贽的形式论也一扫首尾呼应、偶对密切、因循法度、虚实委蛇等种种弊病,他也否定了创作中"穷巧极工"的技术论:"惟作者穷巧极工,不遗余力,是故语尽而意亦尽,词竭而味索

---

① (明)瞿汝稷编撰,德贤、侯剑整理:《指月录》卷16,巴蜀书社2012年版,第460页。

然亦随以竭。"① 其实质是，颠覆了前后七子甚至包括唐宋派在言、意方面或理、辞方面的理论设想。李贽对复古主义的批判，不仅针对的是七子派，也针对了唐宋派。他以极其谨严又具创造性的哲学与文学思想在那个时代里成为一个"异端"：

  且吾闻之：追风逐电之足，决不在于牝牡骊黄之间；声应气求之夫，决不在于寻行数墨之士；风行水上之文，决不在于一字一句之奇。若夫结构之密，偶对之切；依于理道，合乎法度；首尾相应，虚实相生：种种禅病皆所以语文，而皆不可以语于天下之至文也。②

  李贽的真心、真情是超越工巧的，它的呈现不可思议，是情感即物时的声气相应与追风逐电般的艺术生成。因而，这样的文学本质论就决定了文章不在一字一句之奇，更不在偶对之切、结构之密，也不会被一切理道与法度牢笼。这些见解都是针对前后七子与唐宋派的。唐宋派写千古不可磨灭之见，注重首尾相应之法，就是依于道理、合乎法度所致；七子派反对理语，重视修辞，尺寸古法，就是落入了求得字句之奇的弊病。

  由于李贽在思想上的彻底解放与深刻洞见，他对于复古主义的批判就无比有力。一方面他认为，假如童心常存，则道理闻见不入，这样就可以"无时不文，无人不文"③，那么，所谓格以代降、格调体制、学古法度就无足轻重了，这些只能是一种虚妄之见了。因而有"诗何必古选，文何必先秦"之论④。另一方面，他重新审视经典，

---

① （明）李贽：《杂说》，李贽著，张建业译注：《焚书》卷3，中华书局2009年版，第97页。
② （明）李贽：《杂说》，李贽著，张建业译注：《焚书》卷3，中华书局2009年版，第97页。
③ （明）李贽：《童心说》，李贽著，张建业译注：《焚书》卷3，中华书局2009年版，第99页。
④ （明）李贽：《童心说》，李贽著，张建业译注：《焚书》卷3，中华书局2009年版，第99页。

祛除六经、《语》、《孟》的神圣色彩，将圣人经典看作有为而发的"随时处方"[1]，反对它们成为"道学之口实，假人之渊薮"[2]。这就从根本上抽离了复古主义者的思想资源，也指出了他们假道学的本质。李贽异端色彩的哲学与文学思想成为后来公安派性灵说的先导，但其深刻缜密、富有批判性的哲学与文学洞见却成为那个时代的绝响。比如，受李贽"异端"精神之启发，袁宗道借助唯识论阐释"真心"与"我"，从而树立了新的理本体，开拓了新的意识结构，带来了文学理路话语的重大变革；袁宏道在"元明本体"的基础上体察"真性真神"，发明新的自我，重建了依托佛家、凌越儒家与道家原旨的形而上本体，从而也形成了新的性灵论。尽管公安、竟陵在文学思想上提供了新的可能并开出了新的面目，但他们的思想锋芒与思维品质与李贽相较依然稍逊一筹。

---

[1] （明）李贽：《童心说》，李贽著，张建业译注：《焚书》卷3，中华书局2009年版，第99页。

[2] （明）李贽：《童心说》，李贽著，张建业译注：《焚书》卷3，中华书局2009年版，第99页。

第十五章　王国维"以物观物"的前世今生及易学阐释新模式

"以物观物"和"以我观物"是《人间词话》中提及的两种审美方式，这一表述方式的经典性在于精确审慎的概括力和深厚幽微的文化底蕴，以及所承载的现代美学新质。"以物观物"与"以我观物"，原本出自宋代理学家邵雍，却渗透着叔本华的解脱之道，言说着王国维自己的审美观念，从而形成光怪陆离、驳杂交错的文化奇观。是什么样的冲动使王国维行走在古今中外的交会处而使邵雍和叔本华进行了跨时空的对话，其文化逻辑与美学理路又是如何呢？邵雍（1011—1077），这位古代的君子，胸怀洒落，能刻苦自砺，青年时代曾"寒不炉，暑不扇，夜不就席者数年"[1]，却怡然自乐，平时待人和气，笑语终日，可谓安乐逍遥。叔本华（1788—1860），这位西方哲人，性格暴躁而狂妄，自命天才，学问渊博却无法解决生活中的痛苦，家财富有，却最终落得无妻、无子、无家的悲凉结局。他宣扬死亡的幸福，却在枕边放着手枪；宣扬苦行的好处，却在饮食上毫无节制、脍不厌细。邵雍与叔本华是两位个性鲜明的哲学家，他们在人生观念和生活情趣上都无共同之处，但他们共同思考着"欲望"之于真理和人生的基本问题，而王国维也同样面临这一问题。

---

[1] （元）脱脱等：《宋史·邵雍传》，中华书局1985年版，第12726页。

第十五章 王国维"以物观物"的前世今生及易学阐释新模式

一 王国维论欲

王国维受叔本华哲学影响很深。对叔本华生命意志论、悲观主义以及审美解脱之路都别有会心，并且深入接受。在王国维1904年连载于《教育世界》杂志上的《〈红楼梦〉评论》和1908年连载于《国粹学报》上的《人间词话》中，叔本华的哲学思想和美学思想均有突出体现。当然，王国维虽受叔氏影响，但依旧保持自己的文化基质。

叔本华《作为意志和表象的世界》一书，一开始就说："'世界是我的表象'：这是一个真理。"①"一切一切，凡已属于和能属于这世界的一切，都无可避免地带有以主体为条件（的性质），并且也仅仅只是为主体而存在。世界即是表象。"② 但是，叔本华并不认为我们永远不知道物自体，个人本身在反观时是可以超出"知力之形式"的③，可以发现意志是每个人的本质。不仅如此，意志在所有的事物中，"对于叔本华来说，意志不仅仅属于有理性的人。意志在所有事物中，在动物中甚至在无生命的事物中都可以发现"④。即在整个自然界中都存在着这盲目而持续的意志冲动。我们生活的世界"彻头彻尾是意志，同时又彻头彻尾是表象"⑤，"意志自身在本质上是没有一切目的，一切止境的，它是一个无尽的追求"⑥。无目的的无尽追求，表现在人类的追求愿望中也是如此，叔本华说："从愿望到满足又到新的愿望这一不停的过程，如果辗转快，就叫作幸福，慢，就叫作痛苦；如果限于停顿，那就表现为可怕的，使生命僵化的空虚无聊。"⑦ 人生来是有意志的，满足欲求是其必然选择，而欲求带来的

---

① ［德］叔本华：《作为意志和表象的世界》，石冲白译，商务印书馆1982年版，第25页。
② ［德］叔本华：《作为意志和表象的世界》，石冲白译，商务印书馆1982年版，第26页。
③ 姚淦铭、王燕编：《王国维文集》第3卷，中国文史出版社1997年版，第319页。
④ ［美］撒穆尔·伊诺克·斯通普夫、詹姆斯·菲泽：《西方哲学史》（第7版），丁三东等译，中华书局2005年版，第487页。
⑤ ［德］叔本华：《作为意志和表象的世界》，石冲白译，商务印书馆1982年版，第233页。
⑥ ［德］叔本华：《作为意志和表象的世界》，石冲白译，商务印书馆1982年版，第235页。
⑦ ［德］叔本华：《作为意志和表象的世界》，石冲白译，商务印书馆1982年版，第236页。

· 285 ·

痛苦似乎是人的宿命,"原来一切痛苦始终不是别的什么,而是未曾满足的和被阻挠了的欲求"①。"大多数人都是被困乏鞭策着过一辈子……。个体在意志炽热到这种程度时,就不止是肯定自己的生存而已,而是遇着别人的生存有碍于他的时候,就要否定或取消别人的生存。"② 既然人只是服从于自己的意志,把眼睛盯向欲求或许会实现的明天,那么,他的绝大多数时间其实是痛苦的,这种被了无目的而混乱焦灼的意志驱使的生命是没有自由的,显得可悲、可惜,解决途径不外乎伦理的克制和审美的解脱。叔本华指出,在印度教、佛教、基督教教义中就存在弃绝淫乐、忍受慈悲的伦理,正是这样的操守使他们远离了痛苦,"充满内心的愉快和真正天福的宁静"③。另一种解脱之途则是审美,他说:"大部分是由于我们进入了纯观赏状态(而来的)。在这瞬间,一切欲求,也就是一切愿望和忧虑都消除了;就好象是我们已摆脱了自己"④,"由于我们这时已摆脱了狠心的意志冲动,好比是已从沉重的烟雾中冒出来了似的,是我们所能知道的一切幸福的瞬间中最幸福的(一瞬)"⑤。叔本华的思想是沉重而悲观的,但他对人类洪水猛兽般的欲求克制的理念,以及对解脱之道的探寻则无疑是富有远见和时代意义的。

古老的中国文化中向来有重精神轻肉欲的传统,当然这一传统在学术上的表现形式异常复杂,这就是中国学术史上充满论争的人性论。人性论在宋儒那里形成了博大精深的天理—人欲之辩。周敦颐被尊为理学宗师,二程师事于他,也发源于他,足见其地位的崇高。周敦颐本人在理学上也确实富有创建,他的《太极图》和《太极图说》建立了属于自己的宇宙观,并由此而生发出人生观念。他认为万物生生不息,世界是从混沌中产生的,明确地将气论引入《周易》的宇

---

① [德] 叔本华:《作为意志和表象的世界》,石冲白译,商务印书馆1982年版,第498页。
② [德] 叔本华:《作为意志和表象的世界》,石冲白译,商务印书馆1982年版,第449页。
③ [德] 叔本华:《作为意志和表象的世界》,石冲白译,商务印书馆1982年版,第534页。
④ [德] 叔本华:《作为意志和表象的世界》,石冲白译,商务印书馆1982年版,第535页。
⑤ [德] 叔本华:《作为意志和表象的世界》,石冲白译,商务印书馆1982年版,第535页。

第十五章　王国维"以物观物"的前世今生及易学阐释新模式

宙观中，并糅合入五行观念。其《太极图说》曰：

> 无极而太极，太极动而生阳，动极而静，静而生阴，静极复动。一动一静，互为其根。分阴分阳，两仪立焉。阳变阴合而生水火木金土，五气顺布，四时行焉。五行一阴阳也，阴阳一太极也，太极本无极也。①

以上无非是发挥《周易》之宇宙观，但其创造性不可忽视。有两点值得我们注意，其一是引五行入阴阳，并纳入严整的化生体系；其二是将动静作为世界发生的源头。从逻辑上来讲，是动静而生世界万物，在其生成过程中又离不了阴阳五行所带来的理性和非理性。所以，在整体上，世界既是有秩序的，也是难测的。而世界和大道离不开人，正如《周易·系辞》说："一阴一阳之谓道。继之者善也，成之者性也"，道之善恶终是取决于人。周敦颐在《太极图说》中谈及人道："惟人也，得其秀而最灵。形既生矣，神发知矣，五性感动而善恶分，万事出矣。圣人定之以中正仁义，而主静，立人极焉。"②这里其实隐含了人性恶和人性善在人的经验界里是与生俱来的这一思想。那么如何去避免恶呢？周敦颐提出主静和无欲，因为善恶是由于人的感动而产生的，所以要"主静"，主静就是不使感官和欲念萌生，他说："诚无为，几善恶"③。几就是动之微，即动的苗头，因为有了这苗头，无思无为的诚的本性中便有了善恶之分，有了善恶之分，也就有了恶。这就导向了"无欲"论，《通书·圣学第二十章》说："圣可学乎？曰：可。曰：有要乎？曰：有。请闻焉。曰：一为要。一者，无欲也。无欲则静虚动直。静虚则明，明则通，动直则

---

① （宋）周敦颐：《周元公集》卷1，四库全书本。
② （宋）周敦颐：《周元公集》卷1，四库全书本。
③ （宋）周敦颐：《通书·诚几德第三章》，见《周元公集》卷1，四库全书本。

公，公则溥。明通公溥，庶矣乎？"① 所谓一，就是无欲，即排斥欲念的澄净之心，从而进入无欲状态而达圣人境界。周敦颐这种主静无欲的思想在理学家中极具代表性，对二程、邵雍、朱熹影响很大。

可以说，周敦颐哲学是王国维哲学的中国来源之一，或作为常识浸润其学。王国维于中西哲学用力甚勤，悟性又极高，都能得其要领、据为己有。在西方哲学方面有康德、叔本华、尼采的专论，在中国哲学方面有老子、孔子、墨子、列子、子思、孟子、荀子、周敦颐、清代汉学等的专论，另外有《论性》《释理》《原命》等文章，都能溯源析理，探索根本。王国维当然不拘泥于问学的层面，而是为求得人生的慰藉，他说："体素羸弱，性复忧郁，人生之问题，日往复于吾前。自是始决从事于哲学。"② 这里所说的哲学主要指西方哲学，但从其著述时间来看，几乎同时也讨论到中国哲学。因为专注于人生之苦闷，这一动机必然引向他对人生欲望和苦痛的探索，这种探索所触及的领域也必然溢出西学，融通中学。关于中西哲学融合问题，王国维有论："且欲通中国哲学，又非通西洋之哲学不易明也。近世中国哲学之不振，其原因虽繁，然古书之难解，未始非其一端也。苟通西洋之哲学，以治中国之哲学，则其所得当不止此。异日昌大吾国固有之哲学者，必在深通西洋哲学之人无疑也。"③ 从学理层面上，王国维旨在发掘中国哲学"难解"之处，实际上学问融通的实质是其精神探索的表现。

1904年，王国维作《德国哲学大家叔本华传》和《叔本华之哲学及其教育学说》，介绍叔本华生平及思想。特别是对叔本华意志论和美学思想，王国维有详细阐释。关于意志论，王国维解释道：

---

① （宋）周敦颐：《周元公集》卷1，四库全书本。
② 王国维：《自序》，姚淦铭、王燕编：《王国维文集》第3卷，中国文史出版社1997年版，第471页。
③ 王国维：《哲学辨惑》，谢维扬、房鑫亮主编：《王国维全集》第14卷，浙江教育出版社、广东教育出版社2009年版，第9页。

第十五章 王国维"以物观物"的前世今生及易学阐释新模式

夫吾人之本质,既为意志矣,而意志之所以为意志,有一大特质焉:曰生活之欲。何则?生活者非他,不过自吾人之知识中所观之意志也。吾人之本质,既为生活之欲矣。故保存生活之事,为人生之唯一大事业。且百年者,寿之大齐。过此以往,吾人所不能暨也。于是向之图个人之生活者,更进而图种姓之生活,一切事业,皆起于此。吾人之意志,志此而已;吾人之知识,知此而已。既志此矣,既知此矣,于是满足与空乏,希望与恐怖,数者如环无端,而不知其所终。①

叔本华认为意志没有目的,是无尽的追求,人生的苦痛在于欲望的不能满足和虚无。王国维认为,意志的特征是"生活之欲",这种生活之欲所带来的痛苦,是"满足与空乏,希望与恐怖"的回环往复,这与叔本华"未曾满足的和被阻挠了的欲求"所带来的痛苦类同,但已经进行了话语的转换。王国维的"生活之欲"已经不是生命意志带来的欲望的焦灼,而成了偏离生命本性的"图种姓生活"及与之相关的事业。所有这些使人生充满利害之心,使人生没有安宁和自由,所以他接着说:"目之所观,耳之所闻,手足所触,心之所思,无往而不与吾人之利害相关,终身仆仆而不知所税驾者,天下皆是也。然则,此利害之念,竟无时或息欤?"② 在王国维看来,生活的痛苦不仅来自生命意志本身,更多的是为实现"生活之欲"而无时无刻不受到"利害之念"的折磨。他困惑的是生命中不得本性的烦恼和时时侵袭的利害之念。王国维将叔本华之意志这一话语转化为"欲"。他所说的"欲",与叔本华所说的意志的无目的和无穷尽有一定关联,但更多地具有了中国哲学的基因。

上文我们论述到周敦颐"主静""无欲"的思想,这一思想与叔本华的伦理克制有共同之处。周敦颐在"主静"与"无欲"中树立

---

① 姚淦铭、王燕编:《王国维文集》第3卷,中国文史出版社1997年版,第321页。
② 姚淦铭、王燕编:《王国维文集》第3卷,中国文史出版社1997年版,第321页。

"诚"的本性,王国维在介绍周敦颐观点时特别强调了这一点,其1906年发表在《教育世界》133号上的《周濂溪之哲学说》写道:

> 自"圣人定之以中正仁义,而主静立人极焉"以下,则示彼伦理说之纲领,明太极原理之所必至。以为圣人之性与天地日月之德合一,而示此理者,《易》也,故称《易》为至大。彼伦理说之所主者,在"主静",在"未发之中",在"无欲"。(《通书》参照)彼以为"五性感动而善恶分",方其未感动以前,即本来之"诚",所谓"未发之中"是。然方其发也,则由其机之如何,而善恶分焉。故最宜用心者在发动之际。圣人即以"中正仁义"之道德主义与"主静"工夫,以使人无过者也。①

"诚"本然之性,也是"无思""无为"的"纯粹至善"②,在感动之前,就是本来之"诚",发动以后,善恶已分。心之动静是周敦颐伦理观的要害,正如此段文字所说,周敦颐伦理观是其太极原理的体现。而"主静""无欲"的核心问题,其实质是如何动、静,如何无欲,如何建立"人极"的问题。王国维将动、静引入美学,在心物关系中寻找美的本质,显然受周敦颐等理学家的易学影响,但需要指出的是,王国维改造了他们的易学逻辑,将易道化生衍变为意识哲学,并且突破了儒家易道逻辑(关于如何突破易道逻辑后文将论及)。《周濂溪之哲学说》写道:

> 赫氏之所谓无意识,非仅抽象的,而内含"意志"与"观念"之具体的原理也。周子之所谓"无极"亦非仅抽象的,而内含阴阳二气,以为万化之原之具体的原理也。周子恐但言"无极",则人或误认为虚无抽象,故加以"太极"之字耳。抑

---

① 姚淦铭、王燕编:《王国维文集》第3卷,中国文史出版社1997年版,第229页。
② 姚淦铭、王燕编:《王国维文集》第3卷,中国文史出版社1997年版,第232页。

第十五章 王国维"以物观物"的前世今生及易学阐释新模式

吾人以周子之"无极"为"无意识",非仅就类似上言之也,宋儒注释中已明言之。游九言论周子哲学曰:"人肖天地。试以吾心验之:方其寂然无思,万善未发,是无极也;虽云未发,而此心昭然,灵源不昧,是太极也。欲知太极,先识吾心,澄神端虑而见焉。"是即由吾人之心而推之,以"无极"为"无意识"者也。彼赫尔德曼先就人心研究"无意识"之存在,认其为人心之根本,而后验之万有,遂名宇宙之原理为"无意识",非与此若合符节哉!《太极图说》中,自"无极而太极"以下,至"大哉《易》也!斯其至矣!"凡二百二十八字,是实伊洛关闽之渊源,太极性理之学之开拓者,而千古不磨之作也。彼以为"无极"即为"太极"之"理"而存焉者,"阴阳"即为"太极"之"气"而发表者。既有阴阳二气,互相推移消长,乃由其配合之度如何,而成"五行",以遂万化,以现万有。此与赫氏立"意志"与"观念",而以之为"无意识"之内含的属性,为万化之原理者,何以异耶?[①]

王国维将赫尔德曼哲学与周敦颐哲学相比类,在互相阐释中建构了自己的哲学观念。赫尔德曼以"无意识"为人心之根本,具体表现为"意志"与"观念",因而"无意识"是它们的基本原理,也即是宇宙之原理;周敦颐的"无极"是"'太极'之'理'而存焉者","无极而太极""太极而两仪",乃至五行变化,乃至万化、万有,都是"无极"本体的体现。由是王国维得出"无极"就是"无意识","周子所谓宇宙本体,等于赫尔德曼之'无意识'"的论断[②]。

[①] 王国维:《周濂溪之哲学说》,载姚淦铭、王燕编《王国维文集》第3卷,中国文史出版社1997年版,第228—229页。
[②] 王国维:《周子之本体论》(即性理论),载姚淦铭、王燕编《王国维文集》第3卷,中国文史出版社1997年版,第230页。

与此同时，王国维以理、气来阐释"无极而太极""太极而两仪"，以及作为"人极"的"诚"。"无极"不仅是抽象的，而且内含二气，"周子恐但言'无极'，则人或误认为虚无抽象，故加以'太极'之字耳"①。另外，"无极"也是"以'太极'为理而观之"的命名②：

> 彼以"太极"为根本原理，犹之以"诚"为人之根本原理也。以"太极"为"理"而观之，则有"无极"之名；以"太极"为"气"而观之，则有"两仪"之内含。犹之以"诚"为"理"而观之，则有"无为"或"无思"；以"诚"为"气"而观之，则有"几"。其义一也。③

在王国维这里，理与气是作为实在的无极/太极的命名，理气变化也是"无极而太极"之易道的体现。王国维以"无意识"阐释"宇宙本体"，那么，理气变化的实质就是包含"无意识"与"意志"、"观念"在内的意识本体。也即是说，王国维将宇宙本体论、心性本体论阐释为意识本体论，动与静、理与气还原为意识现象。或者说，他以意识本体代替了理本体、心本体、宇宙本体，而将易道逻辑引入意识领域，从而形成了属于王国维的意识哲学、意志哲学。易道逻辑在其意识本体中的镶嵌意味着王国维哲学中必然要渗透着根深蒂固的中国传统文化属性，而其意识哲学的自我树立意味着对传统易道哲学界限的超越。

在王国维上述阐释框架下，"主静""无欲""诚"等意涵发生

---

① 王国维：《周濂溪之哲学说》，姚淦铭、王燕编：《王国维文集》第3卷，中国文史出版社1997年版，第228页。
② 王国维：《周子之本体论》（即性理论），姚淦铭、王燕编：《王国维文集》第3卷，中国文史出版社1997年版，第230页。
③ 王国维：《周子之本体论》（即性理论），姚淦铭、王燕编：《王国维文集》第3卷，中国文史出版社1997年版，第230页。

了微妙的变化。"主静""无欲"成为发生在意识领域里的过程,在审美中即是纯粹意识;"诚"也成为一个意识过程,体现自由、真挚的情感价值和生命意义。而所谓"欲"并不是与所谓天理的对立物,而是人性中不可分割的部分。王国维在《国朝汉学派戴阮二家之哲学说》一文中说:"故由宋儒之说,欲者,性以外之物,又义理者,欲以外之物也。戴氏则以欲在性中,而义理即在欲中。"[1] 人性的本质之一就是欲,不难推出人的根本就是生活之欲。"人之性感于物而动,于是乎有欲,天下之人,各得遂其欲而无所偏,此人之理也。"[2] 人生而有欲,天下人就在于"遂欲"而能纠偏。欲望与生俱来,"欲在性中",但过度的欲望导致的是循环往复的烦恼和丝丝缠绕的利害观念。

二 邵雍、叔本华的审美之路

叔本华的生命意志学说促使王国维对生活之欲进行接纳与思考,他在受生命意志论影响的同时,理学家的思路也嵌入他思考中。在审美解脱的道路上,同样表现了中西哲学的联姻。王国维有"以我观物""以物观物"之论,这一对概念来自宋代理学家邵雍,也内蕴着对叔本华美学的阐释,从而形成王国维意涵独特的美学观念。

邵雍与周敦颐在宇宙观和人性论方面是类似的,但也自成一家,与濂溪呼应。在宇宙观方面,康节先生进一步丰富了阴阳的各种关系,并使它们与天地间方位、时令、卦象、水火土石以及具体动物、植物联系在一起,从而推论出世界万物由阴阳变化的实际轨迹,追溯出万物形态及其变化的阴阳原因。更重要的是,他向我们展示了天地万物之间复杂的交合感应关系。他还从数的角度,逆向推演出世界万物及历史变化。他提出了"元会运世"观念,发明了一种大年的历法,来说明宇宙大化和历史变迁。他以12时辰为1天,30天为1月,

---

[1] 姚淦铭、王燕编:《王国维文集》第3卷,中国文史出版社1997年版,第236页。
[2] 姚淦铭、王燕编:《王国维文集》第3卷,中国文史出版社1997年版,第238页。

12月为1年，30年为1世，12世为1运，30运为1会，12会为1元。1元有12会、360运、4320世，129600年。不仅在历史周期、宇宙变化等方面有"数"，邵雍认为天地间物质也有总数，阴阳变化中各有数。正是这样的宇宙观念，使邵雍也从"数"的角度来看待物、人、圣人。他认为，就人本身来说人也是物，人是"兆物之物"。他说："然则人亦物也，圣亦人也。有一物之物，有十物之物，有百物之物，有千物之物，有万物之物，有亿物之物，有兆物之物。为兆物之物，岂非人乎？"① 天地之间兆物之物即是人，兆人之人就是圣，物之至者就是人，人之至者就是圣。正由于此，圣人可以"以物观物"：

圣人之所以能一万物之情者，谓其圣人之能反观也。所以谓之反观者，不以我观物也。不以我观物者，以物观物之谓也。既能以物观物，又安有我于其间哉？是知我亦人也，人亦我也，我与人皆物也。此所以能用天下之目为己之目，其目无所不观矣。②

所谓以物观物，就是无我之观。我是人，人也是我，"我与人皆物"，故而能用天下之目为我之目。

这种无我与道家的无我是不同的，道家的无我是冥却自我，与物同一，然后进入物我同一的境界。但在邵雍这里尚有一个"观"字在，是观之以心、观之以理，他寻找的是一个超出自我、超出感性的纯粹的观照主体。《观物外篇》曰："以物观物，性也；以我观物，情也。性公而明，情偏而暗。"③ 邵雍避免个人沉溺于情，因为私情介入观照则有利害发生，有利害发生便有失公允。此思想也延伸到其

---

① （宋）邵雍：《观物篇之五十三》，《皇极经世书》卷11，涵芬楼本，第1263页。
② （宋）邵雍：《观物篇之五十二》，《皇极经世书》卷11之下，涵芬楼本，第1295页。
③ （宋）邵雍：《观物外篇下》，《皇极经世》卷12之下，涵芬楼本，第1335页。

第十五章 王国维"以物观物"的前世今生及易学阐释新模式

诗学思想中,邵雍《击壤集·自序》曰:

> 性者,道之形体也;性伤则道亦从之矣。心者,性之郛郭也;心伤,则性亦从之矣。身者,心之区宇也;身伤,则心亦从之矣。物者,身之舟车也;物伤,则身亦从之矣。是知以道观性,以性观心,以心观身,以身观物,治则治矣,然犹未离乎害者也。不若以道观道,以性观性,以心观心,以身观身,以物观物,则虽欲相伤,其可得乎?若然,则以家观家,以国观国,以天下观天下,亦从而可知之矣。①

这里有个关键词"害",就是"利害"的意思,以道观性,以性观心,以心观身,以身观物,这样的观照不能脱离利害,因为两两相伤,只有逃脱了"情累"才是正途。邵雍感叹诗歌"大率溺于情好"②,认为"情之溺人也甚于水"③,对待情的态度就如同对待水的态度一样,需要"外利而蹈水"④,就是说在审美中摆脱情累,也即"虽死生荣辱转战于前,曾未入于胸中,则何异四时风花雪月一过乎眼也"⑤。这时的审美主体就是纯粹的观照主体,是脱离了主观偏向,超然于外、理想公正的主体,韩经太先生解释说:"邵雍的'反观',看来并非反观其心而内省自悟之义,而是一方面要确立一种超越于主客心物的'两忘'式认识主体,与此同时,则是要确立以客体之方式去把握客体的认识原理。"⑥ 以物观物的审美思想,使人"因闲观时,因静照物,因时起志,因物寓言"⑦,而吟咏情性又不累于情性。

---

① (宋)邵雍:《伊川击壤集序》,涵芬楼本,第5页。
② (宋)邵雍:《伊川击壤集》,涵芬楼,第4页。
③ (宋)邵雍:《伊川击壤集》,涵芬楼本,第4页。
④ (宋)邵雍:《伊川击壤集》,梁芬楼本,第4页。
⑤ (宋)邵雍:《伊川击壤集》,涵芬楼本,第5页。
⑥ 韩经太:《理学文化与文学思潮》,中华书局1997年版,第65页。
⑦ (宋)邵雍:《伊川击壤集》,涵芬楼本,第6页。

所以，邵雍说："《击壤集》，伊川翁自乐之诗也，非唯自乐，又能乐时与万物之自得也。"①

"以物观物"是圣人的德行，也是超越了利害的纯粹、自由、公正的观照的认识方式，也是摒弃情累的审美方式。在某种程度上类似纯粹的无意志直观，但他不是仅仅通过直觉而达到的，比叔本华纯粹的无意志直观有更深厚的哲学根据。关于"以我观物"，在邵雍的思想中是"以物观物"的反面，他说："谓之反观者，不以我观物也。不以我观物者，以物观物之谓也。"②王国维对这一术语的借用有其创造性和新内涵。

叔本华面对生命意志所带来的痛苦也有其审美解脱之道，且有"优美感"和"壮美感"之分。他论述"壮美感"及"壮美"道：

> 他这时以强力挣脱了自己的意志及其关系而仅仅只委心于认识，只是作为认识的纯粹无意志的主体宁静地观赏着那些对于意志（非常）可怕的对象，只把握着对象中与任何关系不相涉的理念，因而乐于在对象的观赏中逗留；结果，这观察者正是由此而超脱了自己，超脱了他本人，超脱了他的欲求和一切欲求；——这样，他就充满了壮美感，他已在超然物外的状况中了，因而人们也把那促成这一状况的对象叫做壮美。③

这是通过意志的自我否定而进入纯粹的认识，作为纯粹的无意志的主体徜徉在"与任何关系不相涉的理念"中，因而观察者超脱了本人，超脱了他的欲求和一切欲求。在此过程中，"那种纯粹认识的状况要先通过有意地，强力地挣脱该客体对意志那些被认为不利的关

---

① （宋）邵雍：《伊川击壤集序》，涵芬楼本，第4页。
② （宋）邵雍：《观物篇之五十二》，见《皇极经世》卷11之下，涵芬楼本，第1295页。
③ ［德］叔本华：《作为意志和表象的世界》，石冲白译，商务印书馆1982年版，第281—282页。

第十五章 王国维"以物观物"的前世今生及易学阐释新模式

系"①，也即纯粹认识以强大的力量挣脱着来自客体的威胁，比如那些对象具有战胜一切阻碍的优势而威胁着意志，但观察者并不把注意力集中在"与他的意志敌对的关系上"②，而是在令意志恐惧的对象上把握理念，"壮美感就正在于这种（可怖的环境和宁静的心境两者之间的）对照中"③。关于优美，叔本华说：

> 如果是优美，纯粹认识无庸斗争就占了上风，其时客体的美，亦即客体使理念的认识更为容易的那种本性，无阻碍地，因而不动声色地就把意志和为意志服役的，对于关系的认识推出意识之外了，使意识剩下来作为"认识"的纯粹主体，以致对于意志的任何回忆都没留下来了。④

优美是指纯粹认识可以非常容易地摆脱意志及一切关系，进入理念把握中。壮美和优美在本质上是相同的，它们使人进入纯观赏的状态，一切欲求、一切愿望和忧虑都消除了，"我们也知道这些瞬间，由于我们这时已摆脱了狠心的意志冲动，好比是已从沉重的烟雾中冒出来了似的，是我们所能知道的一切幸福的瞬间中最幸福的（一瞬）"⑤。而在这样的状态中，"将我们紧缚在这人世间的捆索，作为贪心、恐惧、嫉妒、盛怒，在不断的痛苦中来回簸弄我们的捆索，通通都割断了。他现在是宁静地微笑着在回顾这世间的幻影"⑥。在审美中，叔本华体味到解脱的瞬间幸福，在他看来这瞬间的幸福是幻影，而在邵雍眼中，其审美给他提供了一种与物自得的生活方式，这使他超脱死生荣辱。显然，对于生活，叔本华是极其悲观的，而其审

---

① ［德］叔本华：《作为意志和表象的世界》，石冲白译，商务印书馆1982年版，第282页。
② ［德］叔本华：《作为意志和表象的世界》，石冲白译，商务印书馆1982年版，第281页。
③ ［德］叔本华：《作为意志和表象的世界》，石冲白译，商务印书馆1982年版，第285页。
④ ［德］叔本华：《作为意志和表象的世界》，石冲白译，商务印书馆1982年版，第282页。
⑤ ［德］叔本华：《作为意志和表象的世界》，石冲白译，商务印书馆1982年版，第535页。
⑥ ［德］叔本华：《作为意志和表象的世界》，石冲白译，商务印书馆1982年版，第535页。

美解脱似乎更充满意志斗争，他要将贪心、恐惧、嫉妒、盛怒等排遣到九霄云外。邵雍的审美之路幽静而长远，叔本华的审美之路激烈而虚幻。

三　王国维的审美解脱之路

在总的倾向上，王国维深知生活之欲的痛苦和烦恼，他在审美中解脱，并建构了新的美学境界。

《〈红楼梦〉评论》中有对"欲"和解脱之道的论述。他说："生活之本质何？'欲'而已矣。欲之为性无厌，而其原生于不足。不足之状态，苦痛是也。既偿一欲，则此欲以终。然欲之被偿者一，而不偿者什百。一欲既终，他欲随之。故究竟之慰藉，终不可得也。"① 生活之欲是"先人生而存在"②，不能满足，令人痛苦；反复不已的欲望得不到最终的慰藉和归宿也是痛苦，而欲望"悉偿"后，"更无所欲之对象，倦厌之情即起而乘之"③，因而，是欲望不满足的痛苦、找不到最终慰藉的失落，以及欲望实现后的厌倦，构成了生活之欲的所有痛苦。《〈红楼梦〉评论》中王国维虽然受叔本华影响至深，但王国维对生活之欲的理解已经有所不同。在他这里，始终贯穿着生存之念和对心灵归宿的寻找。他认为有两类苦痛，一是存于观他人之苦痛，一是存于觉自己之苦痛。前者存在于非常之人，后者存在于通常之人。非常之人"洞观宇宙人生之本质，始知生活与痛苦之不能相离，由是求绝其生活之欲，而得解脱之道"④。但是，总有生活之欲时起而相抗。关于后者，是通常的解脱，"存于自己之苦痛，彼之生活之欲，因不得其满足而愈烈，又因愈烈而愈不得其满足，如此循环而陷于失望之境遇，遂悟宇宙人生之真相，遽而求其息肩之所。"⑤ 前

---

① 姚淦铭、王燕编：《王国维文集》第 1 卷，中国文史出版社 1997 年版，第 2 页。
② 姚淦铭、王燕编：《王国维文集》第 1 卷，中国文史出版社 1997 年版，第 7 页。
③ 姚淦铭、王燕编：《王国维文集》第 1 卷，中国文史出版社 1997 年版，第 2 页。
④ 姚淦铭、王燕编：《王国维文集》第 1 卷，中国文史出版社 1997 年版，第 8 页。
⑤ 姚淦铭、王燕编：《王国维文集》第 1 卷，中国文史出版社 1997 年版，第 8 页。

第十五章 王国维"以物观物"的前世今生及易学阐释新模式

者的解脱是天才式的看破红尘，后者则是亲身感受后的了悟，但其归宿是找到"息肩之所"，"以生活为炉、苦痛为碳，而铸其解脱之鼎"①，使其疲于生活之欲而不再起生活之欲。前者是宗教的、神秘的、超自然的，惜春、紫鹃等是也；宝玉属于后者，他的解脱是自然的、美术的、文学的，是悲感的、壮美的。这两者中的解脱，王国维尤其重视后者，认为"宝玉之苦痛，人人所有之苦痛也。其存于人之根柢者为独深，而其希救济也为尤切"②。这后者的解脱，是为了生活暂时之平和，他将解脱的归宿投向了生活，而且是在生活中得以解脱。但王国维又以"无生死，无苦乐，无人世之挂碍，而唯有永远之知识"为最高境界③，美学上的选择则次之，这进一步可以说明，王国维在解脱之路上不是彻底的悲观主义，而始终有道德理想。

既然审美解脱为普遍和必要的，王国维受叔本华影响也有优美、壮美之论：

> 而美之为物有二种：一曰优美，一曰壮美。苟一物焉，与吾人无利害之关系，而吾人之观之也，不观其关系，而但观其物；或吾人之心中，无丝毫生活之欲存，而其观物也，不视为与我有关系之物，而但视为外物，则今之所观者，非昔之所观者也。此时吾心宁静之状态，名之曰优美之情，而谓此物曰优美。若此物大不利于吾人，而吾人生活之意志为之破裂，因之意志遁去，而知力得为独立之作用，以深观其物，吾人谓此物曰壮美，而谓其感情曰壮美之情。④

---

① 姚淦铭、王燕编：《王国维文集》第 1 卷，中国文史出版社 1997 年版，第 8 页。
② 姚淦铭、王燕编：《王国维文集》第 1 卷，中国文史出版社 1997 年版，第 9 页。
③ 姚淦铭、王燕编：《王国维文集》第 1 卷，中国文史出版社 1997 年版，第 16 页。
④ 姚淦铭、王燕编：《王国维文集》第 1 卷，中国文史出版社 1997 年版，第 4 页。

优美得以存在，大概有两种情况，一是与主体无利害关系，二是在主体心中无丝毫生活之欲存，而壮美存在的条件是意志破裂并"遁去"，且有独立的"知力"作用。两者在最终目的上是一致的，即"使吾人离生活之欲，而入于纯粹之知识者"①。在整体思路上接近于叔本华的审美解脱之路，进入纯粹的无意志境界，但王国维的审美主体耐人寻味，或是（主体）遭遇了无利害对象，或是主体本来无丝毫生活之欲，或是主体意志破裂，意志为之逃遁。论及优美时，强调无利害关系，论及壮美时，强调意志的逃遁而不强调敌对关系，凸显的是一个具有中国文化特色的主体，强调无欲、无利害。

同样是写于1904年的《叔本华之哲学及其教育学说》也论及优美、壮美，其意思与上述基本相同：

> 美之对象，非特别之物，而此物之种类之形式，又观之之我，非特别之我，而纯粹无欲之我也。……若不视此物为与我有利害之关系，而但观其物，则此物已非特别之物，而代表其物之全种。叔氏谓之曰"实念"。故美之知识，实念之知识也。而美之中，又有优美与壮美之别。今有一物，令人忘利害之关系，而玩之而不厌者，谓之曰优美之感情。若其物直接不利于吾人之意志，而意志为之破裂，唯由知识冥想其理念者，谓之曰壮美之感情。②

总之，王国维论及优美时，与对象无利害关系的主体、无丝毫生活之欲的主体，和邵雍以物观物的主体是非常接近的；他将叔本华的纯粹认识与"观"联系，常有"吾人之观""观物""反观""直观"等用语，特别是将"以我观物""以物观物"成对地纳入与叔本华崇高、优美两种审美方式与风格的深度对话与融合中。《人间词话》

---

① 姚淦铭、王燕编：《王国维文集》第1卷，中国文史出版社1997年版，第5页。
② 姚淦铭、王燕编：《王国维文集》第1卷，中国文史出版社1997年版，第321页。

第十五章　王国维"以物观物"的前世今生及易学阐释新模式

(定稿)曰：

> 有我之境，以我观物，故物皆著我之色彩。无我之境，以物观物，故不知何者为我，何者为物。①
>
> 无我之境，人惟于静中得之。有我之境，于由动之静时得之。故一优美，一宏壮也。②

"动静"或"由动之静"都是理学家常用语，关系到心性之学，却又超出儒学樊篱。"以物观物"与"以我观物"、"优美"与"宏壮"、"有我之境"与"无我之境"，这些概念或命题的理论源头可以追溯到邵雍、叔本华，但更属于王国维独创的话语系统。当代学者罗钢剖析了王国维诗学、美学的西学因素，但低估了他在中西文化、文学、美学之间的相互阐释能力和理论原创性。王国维说："同此宇宙，同此人生，而其观宇宙人生也，则各不同。以其不同之故，而遂生彼此之见，此大不然者也，学术之所争，只有是非真伪之别耳。"③也即是因为国家、人种、宗教而起的论争无非是手段，学术之争的真正目的是求得是非真伪。王国维没有执着于本土特色、西洋面相，而是力求学术独立，"一面当破中外之见，而一面毋以为政论之手段"④，以追求真理为指向，关注人人所共有的宇宙人生问题，以对生命的严肃态度和深入思考来驱动学问的探索，勘破中外之见，"偿我知识上之要求而慰我怀疑之苦痛"⑤。学问即是求真，也是人生解脱，其过程是破执，也是建构；在理论上也是如此。而唯有在中西文化或理论上的相互阐释才是既破又立的便捷路径。

---

① 姚淦铭、王燕编：《王国维文集》第1卷，中国文史出版社1997年版，第142页。
② 姚淦铭、王燕编：《王国维文集》第1卷，中国文史出版社1997年版，第142页。
③ 姚淦铭、王燕编：《王国维文集》第3卷，中国文史出版社1997年版，第39页。
④ 姚淦铭、王燕编：《王国维文集》第3卷，中国文史出版社1997年版，第39页。
⑤ 姚淦铭、王燕编：《王国维文集》第3卷，中国文史出版社1997年版，第39页。

四 "以物观物"与"以我观物"的来源问题及王国维易学阐释新模式

"以物观物"与"以我观物"对应，作为王国维的诗学与美学观念，其来源之一为邵雍是毋庸置疑的。罗钢先生将王国维观物之源追溯到叔本华甚至席勒本也无可厚非，但否认其中国文化因素就显得机械与支离了。在王国维与叔本华、邵雍诗学的彼此阐释中来考察其缘起与逻辑更为合理，因为对外来文化与理论的接受，在王国维这里并非简单的观念装配，而是一种文化阐释与思维会通。事实上，晚清民初人物的文化阐释表现出鲜明的体系性与文化主体性，表现出将西方文化观念纳入本土文化逻辑并进行自觉建构的理论勇气，尽管他们或许业已看清了本土文化逻辑的弊端。王国维也不例外。

王国维1904年2月发表于《教育世界》69号的《孔子之美育主义》中，论及康德、叔本华美的本质与美的经验，并进行了中国式的现代转换：

> 美之为物，不关于吾人之利害者也，吾人观美时，亦不知有一己之利害。德意志之大哲人汗德以美之快乐为不关利害之快乐（Disinterested Pleasure），至叔本华而分析观美之状态为二原质。一、被观之对象非特别之物，而此物之种类之形式。二、观者之意识非特别之我，而纯粹无欲之我也。（《意志及观念之世界》第一册二百五十三页）何则？由叔氏之说，人之根本在生活之欲，而欲常起于空乏。既偿此欲，则此欲以终，然欲之被偿者一，而不偿者什百，一欲既终，他欲随之，故究竟之慰藉终不可得。苟吾人之意识而充以嗜欲乎，吾人而为嗜欲之我乎，则亦长此辗转于空乏、希望与恐怖之中而已，欲求福祉与宁静，岂可得哉？然吾人一旦因他故而脱此嗜欲之网，则吾人之知识已不为嗜欲之奴隶，于是得所谓无欲之我。无欲，故无空乏，无希望，无恐怖，其视外物也，不以为与我有利害之关系，而但视为纯粹之

第十五章 王国维"以物观物"的前世今生及易学阐释新模式

外物。此境界唯观美时有之，苏子瞻所谓"寓意于物"（《宝绘堂记》）。

邵子曰：圣人所以能一万物之情者，谓其能反观也。所以谓之反观者，不以我观物也。不以我观物者，以物观物之谓也。既能以物观物，又安有我于其间战！[《皇极经世·观物内篇（七）》] 此之谓也。①

以上文字中，作为"不关利害之快乐"的审美经验，在叔本华那里从两个层面来分析，一是观者为纯粹无欲之我，一是所观之物为纯粹之外物。在审美中解脱了我与外物之关系，我得自由，物尽其分，窥见美的理念与形式，观得美之境界。王国维以苏轼"寓意于物"和邵雍"以物观物"来阐释叔本华的审美经验与境界。罗钢先生讨论到这段文字时，认为"王国维所谓'无我'，其实就是叔本华的'纯粹无欲之我'"②。此论不差，但准确而言，王国维"无我"是"纯粹无欲之我"与"以物观物"的互释，"无我"的意义确定涉及他整体的美学思想建构，王国维的"无我"只能是王国维的"无我"，将王国维的"无我"等同于"纯粹无欲之我"就消解了王国维的个性精神。特别是它与"以我观物"成为一对美学概念时，我们不得不承认两者与邵雍之关系。"以我观物"本非审美方式，但它与"以物观物"彼此对应地成为审美方式与审美风格时，可知王国维征用了邵雍的物观、我观二分的认知逻辑。以物观物、以我观物，无我之境、有我之境，优美、宏壮构成的审美体系无论在学理上，还是批评实践上无疑是成立的。此种对应关系的成立泛泛而言基于中国易道，同时体现了王国维易学阐释的新模式，于是论证"以物观物"

---

① 王国维：《孔子之美育主义》，谢维扬、房鑫亮主编：《王国维全集》第14卷，浙江教育出版社、广东教育出版社2009年版，第14—15页。
② 罗钢：《传统的幻象——跨文化语境中的王国维诗学》，人民文学出版社2015年版，第94页。

"以我观物"的源头问题,也变成了如何证明此两种方式的合法性问题,变成了如何呈现王国维在易学阐释学视域下建构其美学话语体系的问题。

罗钢认为,"有我之境""无我之境"这对概念不是同时出现的[①];王国维"提出的'无我之境'和叔本华的'纯粹无欲之我'是一脉相承的,后者构成了前者重要的思想来源"[②];"在叔本华美学体系内部,不可能产生一个和'无我之境'相匹敌的,具有同样审美价值的'有我之境'"[③];而"有我之境""无我之境","造境""写境"这些对应概念的产生与席勒关于素朴诗和感伤诗理论及后来形成的"写实派""理想派"的理论话语有关[④]。从罗钢的考证来看不无道理,但他深刻质疑王国维美学观念的整体性和主体性,更未能去探究王国维何以囊括诸多西方话语的自主逻辑:

> 事实上,正是由于对拜伦、李煜等"主观之诗人"的"倾倒喜爱",由于对抒情文学中主观情感的决定性意义的深切体认,才使他突破叔本华再现美学的藩篱,提出了一个与"无我之境"相对峙的,以主观情感的表现为特征的"有我之境"。不幸的是,这个概念从一降生就先天不足,面临着重重的矛盾。[⑤]

所谓"有我之境"这一概念的先天不足,大概是说在叔本华美

---

① 罗钢:《传统的幻象——跨文化语境中的王国维诗学》,人民文学出版社2015年版,第93页。
② 罗钢:《传统的幻象——跨文化语境中的王国维诗学》,人民文学出版社2015年版,第95页。
③ 罗钢:《传统的幻象——跨文化语境中的王国维诗学》,人民文学出版社2015年版,第99页。
④ 罗钢:《传统的幻象——跨文化语境中的王国维诗学》,人民文学出版社2015年版,第104页。
⑤ 罗钢:《传统的幻象——跨文化语境中的王国维诗学》,人民文学出版社2015年版,第111—112页。

第十五章 王国维"以物观物"的前世今生及易学阐释新模式

学中无法找到理论上的支撑。罗钢误以为"有我之境"表现的是主观情感，与叔本华"不关利害之快乐"的美学观念相左①。实际上，"有我之色彩"之美也是自由之美，也同样具有普遍性。在审美过程中，审美主体由"我"而走向"无我"。此种逻辑在康德、叔本华那里可以找到。王国维的"我观""物观"、"有我""无我"、"客观""主观"、"写境""造境"、"自然""理想"、"优美""宏壮"这一系列美学观念的成立，固然依赖于中西学来源，特别是邵雍的"我观""物观"二元框架，但其赖以生长的逻辑根本是王国维建立的。现分述如下。

其一，形而上"性""理"的解体与心物二元。

王国维《论性》说："古今东西之论性，未有不自相矛盾者。使性之为物，如数及空间之性质然，吾人之知之也既确，而其言之也无不同，则吾人虽昌言有论人性之权利可也。试问吾人果有此权利否乎？今论人性者之反对矛盾如此，则性之为物，固不能不视为超乎吾人之知识外也。"②认为"性"不是具有数与空间性质、人对其有认知权利的"物"，人是否具有认识性的权利王国维也持保留态度。他认为，"性"作为认识对象已然超出人的知识之外，而且古今东西论"性"时必然充满矛盾；其原因在于对"性"的认识，从经验上而言，虽然所说不是真性，但不至于矛盾；从超验上而言，抽象之性落入经验事实时，就陷入了二元论，故而王国维有"故古今言性者之自相矛盾，必然之理也"的论断③。王国维对《尚书》、《诗》、孔子、告子、孟子、荀子、老庄、申韩、淮南子、董仲舒、韩愈、李翱、王安石、苏轼、周敦颐、张载、程颢、程颐、朱子、陆象山、王阳明等的"性"论作出尖锐的评议，有如下感慨：

---

① 王国维:《哲学辨惑》,《王国维全集》第 14 卷, 浙江教育出版社 2009 年版, 第 14—15 页。
② 姚淦铭、王燕编:《王国维文集》第 3 卷, 中国文史出版社 1997 年版, 第 242 页。
③ 姚淦铭、王燕编:《王国维文集》第 3 卷, 中国文史出版社 1997 年版, 第 244 页。

呜呼！善恶之相对立，吾人经验上之事实也。自生民以来至于今，世界之事变，孰非此善恶二性之争斗乎？……暗黑且恶之魔鬼，与光明且善之神相对抗，而各欲加其势力于人，现在之世界，即神与魔鬼之战地也。夫所谓神者，非吾人善性之写象乎？所谓魔鬼者，非吾人恶性之小影乎？……超绝的一元论，亦务与经验上之事实相调和，故亦不见有显著之矛盾。至执性善性恶之一元论者，当其就性言性时，以性为吾人不可经验之一物故，故皆得而持其说。然欲以之说明经验，或应用于修身之事业，则矛盾即随之而起。余故表而出之，使后之学者勿徒为此无益之议论也。①

善恶对立是王国维所认识到的经验事实，古今中外概莫能外，这样就使"执性善性恶一元论""超绝的一元论"中所谓"性论"在说明经验或应用于修身事业时出现矛盾，所以王国维认为古今学者所谓"性论"是徒劳无益的议论。从价值观来看，王国维虽然未能直接否认超越经验的"性"的存在，但他否认了古今中外关于"性"的论述。从认识论来看，不得不经由经验去认识的"性"，必然落实在经验的善恶二元之上。由此看来，抽象的"性"在现实与认知中是无法存在的，这也意味着"性"这一传统的根本性的价值观念在王国维这里的塌陷。

1904年王国维发表《释理》，与西洋各国之"理"比较。王国维认为："吾国之'理'字，其义则与前者为近，兼有理性与理由之二义，于是'理'之解释，不得不分为广义的及狭义的二种。"② 作为广义之理的"理由"与作为狭义之理的"理性"二者都是"主观的而非客观的"③，之所以形成假定之客观，是因为："古代心理上之

---

① 姚淦铭、王燕编：《王国维文集》第3卷，中国文史出版社1997年版，第251—252页。
② 姚淦铭、王燕编：《王国维文集》第3卷，中国文史出版社1997年版，第254页。
③ 姚淦铭、王燕编：《王国维文集》第3卷，中国文史出版社1997年版，第258页。

第十五章 王国维"以物观物"的前世今生及易学阐释新模式

分析未明,往往视理为客观上之物,即以为离吾人之知力而独立,而有绝对的实在性者也。"① 在此,王国维否定了"理"的所谓客观性,将形而上之理当作幻影。他说:"要之,以理为有形而上学之意义者,与《周易》及毕达哥拉斯派以数为有形而上学之意义同,自今日视之,不过一幻影而已矣。"② 他说:

> 夫离心物二界,别无所谓"有",然古今东西之哲学,往往以"有"为有一种之实在性。在我中国,则谓之曰"太极",曰"玄",曰"道",在西洋则谓之曰"神"。及传衍愈久,遂以为一自证之事实,而若无待根究者,此正柏庚所谓"种落之偶像",汗德所谓"先天之幻影"。人而不求真理则已,人而唯真理之是求,则此等谬误,不可不深察而明辨之也。"理"之概念,亦岂异于此。其在中国语中,初不过自物之可分析而有系统者,抽象而得此概念,辗转相借,而遂成朱子之理,即太极说。其在西洋,本但有理由及理性之二义,辗转相借,而前者生斯多噶派之宇宙大理说,后者生汗德以降之超感的理性说,所谓由灯而之檠,由烛而之钥,其去理之本义,固已远矣。此无他,以理之一语为不能直观之概念,故种种误谬,得附此而生也。而所谓"太极",所谓"宇宙大理",所谓"超感的理性",不能别作一字,而必借"理"字以表之者,则又足以证此等观念之不存于直观之世界,而惟寄生于广漠暗昧之概念中。易言以明之,不过一幻影而已矣。故为之考其语源,并其变迁之迹,且辨其性质之为主观的而非客观的,世之好学深思之君子,其亦有取于此欤?③

---

① 姚淦铭、王燕编:《王国维文集》第 3 卷,中国文史出版社 1997 年版,第 258 页。
② 姚淦铭、王燕编:《王国维文集》第 3 卷,中国文史出版社 1997 年版,第 260 页。
③ 姚淦铭、王燕编:《王国维文集》第 3 卷,中国文史出版社 1997 年版,第 261 页。

离开心、物二界之外，别无所谓"有"，"有"是产生于心、物之间的概念，但古今东西学界以之为"有之一种实在性"，"太极""玄""道""神"等也与之类似，这些概念也因为长久传衍而变为自证的事实，但却是虚假的真理。王国维认为，"理"这一概念也是如此，"初不过自物之可分析而有系统者"，后来抽象为理之概念，乃至朱子之理、太极之说。王国维不仅否定了中国古代的形而上之"理"，而且指出康德理性观念的弊端在于"去理之本义"已远。这种被王国维称为"超感的理性说"的理性观念，在康德那里是不能"直观"的概念，而认识上的谬误也由此肇始。当"太极""宇宙大理""超感的理性"都借"理"字表述，又不能将其纳入直观时，它们只能"寄生于广漠暗昧之概念中"。

王国维的哲学反思是相当深刻的，一方面，他从"理"字语源学来探究其义，还原到心物之间，乃至还原到主观意识。《释理》篇中考证作为动词的"理"，有"剖析"义，"种种分析作用，皆得谓之曰理"[1]，然后"理"之本义由动词变为名词，分析作用之对象也被称为"理"，"即物之可分析而粲然有系统者，亦皆谓之理"[2]，然后有"地理""腠理""色理""蚕理""箴理""条理"等类别，由此可见，"理"的发生本于主观意识，它在心物之间。故而王国维说："然则所谓'理'者，不过谓吾心分析之作用，及物之可分析者而已矣。"[3] 另一方面，客观之"理"虚幻如影，"理"只能在心物之间。王国维以叔本华认识论来阐释其心物关系，重视心理和意识作用，重视直观与悟：

汗德以后之哲学家，遂以理性为吾人超感觉之能力，而能直知本体之世界及其关系者也。特如希哀林、海额尔之徒，乘云驭

---

[1] 姚淦铭、王燕编：《王国维文集》第3卷，中国文史出版社1997年版，第253页。
[2] 姚淦铭、王燕编：《王国维文集》第3卷，中国文史出版社1997年版，第253页。
[3] 姚淦铭、王燕编：《王国维文集》第3卷，中国文史出版社1997年版，第253—254页。

第十五章 王国维"以物观物"的前世今生及易学阐释新模式

风而组织理性之系统。然于吾人之知力中果有此能力否？本体之世界果能由此能力知之否？均非所问也。至叔本华出，始严立悟性与理性之区别。彼于充足理由之论文中，证明直观中已有悟性之作用存。吾人有悟性之作用，斯有直观之世界，有理性之作用而始有概念之世界。故所谓理性者，不过制造概念及分合之之作用而已。①

王国维质疑了康德理性的超感觉能力、理性系统，以及认识本体世界的能力，甚至以为理性不过是制造概念而已。叔本华认为我们的意识有两个方面，包含自我的意识和对其他事物的意识，也即是对外部世界的直观。而纯粹客观地理解世界的方式是，摒除自我的欲望，解脱自我与外部世界的关系，从那些因果中解缚出来成为纯粹的认知主体，从而见到纯粹的认知客体。王国维《释理》一文最终判定作为认识对象的"理"，"但有心理学上之意义，而无形而上学上之意义也"②。"心理学上之意义"的"理"其实就是将其还原到意识中，进入心物之间的认识关系中。王国维与叔本华在认识论上存在相似逻辑。

其二，动静模式的嵌入与回归到现象。

王国维以"无意识"阐释"宇宙本体"，那么，理气变化的实质就是包含"无意识"与"意志""观念"在内的意识本体。也即是说，王国维将宇宙本体论、心性本体论阐释为意识哲学，动与静、理与气还原为意识现象。他以意识哲学代替了理本体、心本体、宇宙本体，而将易道逻辑引入意识领域，从而形成有别于叔本华的意志哲学，在吸收叔本华认识论与审美理论的基础上自成面目，"以物观物"与"以我观物"及与之相关的一系列两两相对的概念便由此树

---

① 王国维：《释理》，姚淦铭、王燕编：《王国维文集》第3卷，中国文史出版社1997年版，第257页。
② 姚淦铭、王燕编：《王国维文集》第3卷，中国文史出版社1997年版，第262页。

立。叔本华认为，物自身是可以认识的，一切物之自身都是意志。王国维在《叔本华之哲学及其教育学说》中写道：

> 一切万物，皆由充足理由之原理决定之，而此原理，吾人知力之形式也。物之为吾人所知者，不得不入此形式，故吾人所知之物，决非物之自身，而但现象而已。易言以明之，吾人之观念而已。然则物之自身，吾人终不得而知之乎？叔氏曰："否。"他物则吾不可知，若我之为我，则为物之自身之一部，昭昭然矣。而我之为我，其现于直观中时，则块然空间及时间中之一物，与万物无异。然其现于反观时，则吾人谓之意志而不疑也。而吾人反观时，无知力之形式行乎其间，故反观时之我，我之自身也。然则我之自身，意志也。而意志与身体，吾人实视为一物，故身体者，可谓之意志之客观化，即意志之入于知力之形式中者也。吾人观我时，得由此二方面，而观物时，只由一方面，即唯由知力之形式中观之，故物之自身，遂不得而知。然由观我之例推之，则一切物之自身，皆意志也。叔本华由此以救汗德批评论之失，而再建形而上学。①

康德认为我们认识到事物都是现象，而不是物本身，因为这些自在之物作为感觉材料进入主体的时空观念和诸种范畴后就已经被加工形成了必然性的知识。这种知识不是对自在之物的认识，它甚至成为认识物自身的障碍。叔本华认为在直观中的"我"与"物"无异，具有时空形式，当对作为"物"的"我"反观时则可知是意志，而在此反观时没有知力之形式参与，反观时的"我"即是"我"自身，"我"之自身是意志，而意志与身体为同一物，身体是意志的客观化，也是"意志入于知力之形式中者"，那么"我"之自身就是

---

① 姚淦铭、王燕编：《王国维文集》第3卷，中国文史出版社1997年版，第319页。

第十五章 王国维"以物观物"的前世今生及易学阐释新模式

"我"的意志,也是"我"的身体,"我"的意志是可以自明的,那么,在理性形式中的身体也是可以认识的。对于对象物的认识也如此。

叔本华美学重视认识,以认知"实念"为目的,在他看来,"美之知识"即是"实念之知识"①,美即是实念,即是绝对的认识和意象②。叔本华审美理论成为意识内部的认识和解脱,通过直观来解脱物与"我"的利害关系,他说:"吾人于此桎梏之世界中,竟不获一时救济欤?曰:有。唯美之为物,不与吾人之利害相关系,而吾人观美时,亦不知有一己之利害。何则?美之对象,非特别之物,而此物之种类之形式,又观之之我,非特别之我,而纯粹无欲之我也。"③桎梏世界其实就是因果世界,观美时唯有解脱一己利害,才得自由境界。欲得此自由,观照之我必然成为纯粹无欲之我,并获得理念。如此观物或审美便分"优美"与"宏壮"两种情况,在后一种美感中可以体验到自我意志破裂,虽然最终获得纯粹无欲之我与宏壮之美,但在观照中凸显了"我",名之为"以我观物"也未尝不可。因而王国维"无我""有我"之分可以在叔本华那里找到根源。不过,王国维的"有我""无我"之分尽管也是意识哲学中的有无之分,但他的有无之分却与"动静"相关,他将无极、太极等易道观念引入叔本华式的意识哲学中,或者说他将叔本华式的审美过程纳入了一种易道图式,以易道图式来阐释审美意识过程。

叔本华审美的实质是解脱与认识,是进入理念世界,其实质也是将自己的意识从因果关系、功利关系中解放出来而获得心灵自由。王国维将动静两仪引入此种意识之流中无疑是对叔本华美学的改造。王国维以易阐释的意识哲学也是一种意志哲学,王国维以无极阐释

---

① 王国维:《叔本华之哲学及其教育学说》,姚淦铭、王燕编:《王国维文集》第3卷,中国文史出版社1997年版,第321页。
② 王国维:《叔本华之哲学及其教育学说》,姚淦铭、王燕编:《王国维文集》第3卷,中国文史出版社1997年版,第321—322页。
③ 王国维:《叔本华之哲学及其教育学说》,姚淦铭、王燕编:《王国维文集》第3卷,中国文史出版社1997年版,第321页。

"无意识",认为周敦颐所谓宇宙本体等于赫尔德曼之"无意识"①。但将易学模式引入的后果是,使审美落实在现象中。有论者从现象学角度来分析王国维美学②,但王国维如何进入审美的现象学,即如何借助叔本华意志哲学和易学完成这一理论上的个性鲜明的华丽转身则是应该阐明的。动静变化即是无极而太极、太极而两仪的变化,这是由本体到现象的自然演化逻辑,在王国维这里则是意识构造、心物交互与现象的生命历程。即在此过程中,自然与理想、主观与客观、有我与无我、写实与理想进入彼此打开的浑然为一的本源状态或境界中。王国维将特别的意识结构、时间意识引入意志哲学中,在重构的心物关系中进行审美直观。而这种发生在意识中的易学重构、审美直观是叔本华审美的延续与发展,王国维的审美解脱进入到易道图式,将精神安放在易道中,虽然具有一定的普遍性,但终究减弱了审美的理念性。这与叔本华审美直观中的非理性是不同的。聂振斌先生在其《中国近代美学思想史》中论及王国维美学受叔本华、康德美学的影响时说:

> 王国维在接受康德影响之前,先接受了叔本华的观点。叔本华认为,美的形式是超时空的,属于"物之种类之形式",不代表个别的、具体的物象,而代表"物之全种"之形象,因而具有普遍性。这种普遍性,与科学概念、道德观念的普遍性不同,它不受现实界"充足理由律"的制约,而属于绝对自由的精神世界。这种精神世界,康德称为"实体"或"本体",叔本华称为"理念"(来自柏拉图),王国维译之为"实念","故美之知识,实念之知识也"。康德、叔本华都认为美在形式,坚持审美

---

① 王国维:《周子之本体论》(即性理论),姚淦铭、王燕编:《王国维文集》第3卷,中国文史出版社1997年版,第230页。

② 见叶嘉莹《从现象学到境界说》,《词学新诠》,北京大学出版社2008年版,第8—9页;郭勇健《王国维境界说的现象学诠释》,《中国美学研究》2014年第1期。

第十五章 王国维"以物观物"的前世今生及易学阐释新模式

的无利害性观点。但康德是对实际经验进行具体分析而得出的结论，含有更多的合理因素。叔本华对美的本质问题采取了神秘式的主观臆断，是根本上的谬误。王国维虽先接受了叔氏的影响，但在阐释美的性质问题时，主要是按照康德的观点发挥的。①

美的本质或美的形式就在于"绝对自由的精神境界"，如何能抵达这一境界，王国维确实没有去沿袭叔本华神秘式的、主观臆断式的直观，而是考虑到"实际经验"——这个"实际经验"就是指将情感纳入审美判断中②。王国维审美中易学阐释的进入可以称之为理智直观，它是直观，但有其理性方式；它从未放弃对绝对自由精神境界的追逐，但它将更多的情感经验接纳而创构中国式的境界。王国维说："境非独谓景物也。喜怒哀乐，亦人心中之一境界。故能写真景物、真感情者，谓之有境界。否则谓之无境界。"③ 有真感情、能写真景物即是情感与景物都进入绝对自由的精神界域，现象性或意象性地存在着，无论是景物或是情感都从功利关系、现实的因果关系中解脱出来，重建了审美关系。王国维通过易道图式在心物互照、情景对应中使彼此分裂、彼此融合，如两镜互照，击破概念的硬壳，解缚现实的瓜葛，而形成绵延的化生的现象界，回到一种元时间，具有了某种永恒性和普遍性。而在此过程中，个体的现实经验也借助易道图式进入其中，因为易学阐释体系从来不能封闭在意识领域中。它的本体性注定了必然要化生出活泼的现实。这也就是王国维意境的核心特征，它理念性地存在，但它又是一种想象与精神。

意境是合一的，又是二分为意与境的。从境的方面观之则是境，

---

① 聂振斌：《中国近代美学思想史》，中国社会科学出版社1991年版，第79页。
② 如王国维所说："就美之种类言之，则建筑、雕刻、音乐之美之存于形式，固不俟论。即图画、诗歌之美之存于材质之意义者，亦以此材质适于唤起美情故，故亦得视为一种之形式焉。"《王国维遗书·静安文集续编》，商务印书馆1940年版，第5册，第23页。
③ 王国维：《人间词话·〈人间词话〉定稿》，姚淦铭、王燕编：《王国维文集》第1卷，中国文史出版社1997年版，第142页。

从意的方面观之则是意。"意与境浑"或"意""境"各有偏胜的前提是意与境的各自独立,也因为意与境的各自独立,而有意多于境、境多于意的情形。《〈人间词〉乙稿序》曰:

> 文学之事,其内足以摅己,而外足以感人者,意与境二者而已。上焉者意与境浑,其次或以境胜,或以意胜。苟缺其一,不足以言文学。原夫文学之所以有意境者,以其能观也。出于观我者,意余于境。而出于观物者,境多于意。然非物无以见我,而观我之时,又自有我在。故二者常互相错综,能有所偏重,而不能有所偏废也。文学之工不工,亦视其意境之有无,与其深浅而已。①

意境发生的本源就是在心物之间,文学中的审美直观有观我与观物之分,观我者意余于境,观物者境多于意,但观我时非物无以见我,观物时非我无以见物,我心与外物在相互错综中而有乾坤变化,在彼此映照中各自独立,意与境也浑然为一或偏胜一方。也由此看到王国维一系列的彼此对应的美学范畴或概念的产生是必然的。

其三,王国维的意境。

意境在王国维的美学话语中是生成的、构成的,它是"意"与"境"的构成,也是心与物的化生,它的本质是自由无碍,所造之境"合乎自然",所写之境"邻于理想",二者又颇难分别②;有我之境与无我之境的"有我""无我"只是"豪杰之士能自树立耳"③。在诸如意与境、自然与理想、有我与无我、情与景构成的浑然境界中,

---

① 王国维:《〈人间词话〉附录》,姚淦铭、王燕编:《王国维文集》第1卷,中国文史出版社1997年版,第176页。
② 王国维:《人间词话·〈人间词话〉定稿》,姚淦铭、王燕编:《王国维文集》第1卷,中国文史出版社1997年版,第141页。
③ 王国维:《人间词话·〈人间词话〉定稿》,姚淦铭、王燕编:《王国维文集》第1卷,中国文史出版社1997年版,第142页。

第十五章　王国维"以物观物"的前世今生及易学阐释新模式

因为自我的存在而形成分别，而这个自我也正是克服彼此障碍的生命意志与审美主体。难能可贵者在于，这种超越物我界限的审美活动是与认识相关的。这来源于王国维对西方美学真谛的深刻体认和承接，也正是心物之间的审美认知关系使得王氏意境超越了传统意境理论。

传统意境论中的心物关系侧重感兴，无论是即景会心还是即事感物，都强调情感上的交融，王国维意境在审美之初即还原为动静关系，情感与想象的发动与认知的开启被纳入易道逻辑来进行审美。这个审美是发生在人的主观情感或意识领域的，易道逻辑充当了图式，将理性与感性结合起来，因而王国维的意境之美不是迷狂之美。这也是对叔本华直觉说的改造，将叔本华直觉中隐含的认识意识转化为易学图式下的审美认知。

王国维美的境界与真理有关，他说："夫哲学与美术之所志者，真理也。真理者，天下万世之真理，而非一时之真理也。"[①] "至就其功效之所及言之，则哲学家与美术家之事业，虽千载以下，四海以外，苟其所发明之真理，与其所表之之记号之尚存，则人类之知识感情由此而得其满足慰藉者，曾无以异于昔。"[②] 美术家的作品在于发明和显现真理，美学的职志即是真理，这样的境界足以慰藉"知识感情"，这个知识感情，就是审美情感，也即审美认知。王国维《人间词话》中说："美成《青玉案》（当作《苏幕遮》）词：'叶上初阳干宿雨。水面清圆，一一风荷举。'此真能得荷之神理者。觉白石《念奴娇》《惜红衣》二词，犹有隔雾看花之恨。"[③] 周美成所得"神理"即是审美中获得真理，来自他的艺术感觉，但更来自他对事物本身的深刻洞察，因而在艺术想象中必然有感悟和理解，或者说正是

---

① 王国维：《论哲学家与美术家之天职》，姚淦铭、王燕编：《王国维文集》第3卷，中国文史出版社1997年版，第6页。
② 王国维：《论哲学家与美术家之天职》，姚淦铭、王燕编：《王国维文集》第3卷，中国文史出版社1997年版，第6页。
③ 王国维：《人间词话·〈人间词话〉定稿》，姚淦铭、王燕编：《王国维文集》第1卷，中国文史出版社1997年版，第149页。

在认知透彻之后破除物我界限，而见到真知真境。虽然此种审美认知不同于科学认知、理性认知，但它的实现不是凭空蹈虚的，否则所谓审美境界就是个人的幻觉。《庖丁解牛》启示我们，自由境界的获得基于对规律和技术的掌握，唯有如此才能与物俱化，也即是在解剖对象的同时完成自我的厘清，真我才得以显现。此段文字中，与"神理"相对的则是"隔"，这个"隔"就是外不周物理，内不极才情，无法使物我交融并各自超离出来。"隔"的存在就是没有审美自由，因而王国维称道"古诗十九首"《生年不满百》"写情如此，方为不隔"，称道陶渊明"采菊东篱下，悠然见南山。山气日夕佳，飞鸟相与还"这些诗句，"写景如此，方为不隔"[1]。"隔"与"不隔"的区别就在于审美情感中情理是否通透，是否能使自我从庸常中解脱出来，见到事物本相与生命本真。那么审美中新的自我与境界如何出现呢？王国维意境论中强调了认知的重要性：

> 稼轩《中秋饮酒达旦，用〈天问〉体作〈木兰花慢〉以送月》，曰："可怜今夕月，向何处、去悠悠？是别有人间，那边才见，光景东头。"词人想像，直悟月轮绕地之理，与科学家密合，可谓神悟。[2]

王国维所推重的"神悟"不仅指感觉之微妙、体验之深切、性灵之微妙，而且指在想象中能与科学家发现的自然规律密合，这也就是说在审美中所触及的真理并不排斥科学道理。对于人生之体验也是如此，在审美过程中不能排斥对宇宙、生活、人性的审美洞察力：

---

[1] 王国维：《人间词话·〈人间词话〉定稿》，姚淦铭、王燕编：《王国维文集》第1卷，中国文史出版社1997年版，第151页。
[2] 王国维：《人间词话·〈人间词话〉定稿》，姚淦铭、王燕编：《王国维文集》第1卷，中国文史出版社1997年版，第152页。

第十五章 王国维"以物观物"的前世今生及易学阐释新模式

诗人对宇宙人生，须入乎其内，又须出乎其外。入乎其内，故能写之。出乎其外，故能观之。入乎其内，故有生气。出乎其外，故有高致。美成能入而不出。白石以降，于此二事皆未梦见。①

诗人抒写情事既是文学的表达，也有审美的追求，"生气"与"高致"即是在审美上要抵达的空灵超远之境，因而需要"入乎其内"与"出乎其外"，这一入一出是在易学图式下展开的体现了某种理性的精神，而之所以能一入一出也在于对宇宙人生本身的感觉、理解、体悟，否则无法获得一入一出的自由。认知与自由是王国维境界说的精髓，意境说是他的必然选择，他的美只能在心物之间，只能在现象中呈现，但他没有忘记美的理念性——它的超升需要认知与自由。从王国维对《人间词话》的删减似乎可见他扬弃传统意境观念的痕迹。比如他删去的内容中就包括"生香真色"②"自然神妙"③"寄兴深微"④"兴到之作"⑤"惜少真味"⑥ 等对词艺的孤立评价。这些审美范畴或术语长期以来活跃在文学批评、审美鉴赏中，王国维弃置不用的原因在于它们所表达的是审美上的神妙、兴味等情致，而缺乏自由与理性的精神，属于旧意境理论范畴。王国维虽然在审美意识中引入了易道图式，但他并未陷落在抽象的阴阳化生中，以所谓

---

① 王国维：《人间词话·〈人间词话〉定稿》，姚淦铭、王燕编：《王国维文集》第1卷，中国文史出版社1997年版，第155页。
② 王国维：《人间词话·〈人间词话〉删稿》，姚淦铭、王燕编：《王国维文集》第1卷，中国文史出版社1997年版，第162页。
③ 王国维：《人间词话·〈人间词话〉删稿》，姚淦铭、王燕编：《王国维文集》第1卷，中国文史出版社1997年版，第162页。
④ 王国维：《人间词话·〈人间词话〉删稿》，姚淦铭、王燕编：《王国维文集》第1卷，中国文史出版社1997年版，第162页。
⑤ 王国维：《人间词话·〈人间词话〉删稿》，姚淦铭、王燕编：《王国维文集》第1卷，中国文史出版社1997年版，第163页。
⑥ 王国维：《人间词话·〈人间词话〉删稿》，姚淦铭、王燕编：《王国维文集》第1卷，中国文史出版社1997年版，第158页。

"神妙"作为意境极则,而是始终在心物之间,即个体生命与外物之间、天性自然与社会历史之间来构建审美理想。

在美学理想上,王国维重视生命意志的显现,并在新意境论中兼容传统趣味。《人间词话》曰:

> 词人者,不失其赤子之心者也。故生于深宫之中,长于妇人之手,是后主为人君所短处,亦即为词人所长处。①
>
> 客观之诗人,不可不多阅世。阅世愈深,则材料愈丰富,愈变化,《水浒传》《红楼梦》之作者是也。主观之诗人,不必多阅世。阅世愈浅,则性情愈真,李后主是也。②
>
> 尼采谓:"一切文学,余爱以血书者。"后主之词,真所谓以血书者也。宋道君皇帝《燕山亭》词亦略似之。然道君不过自道身世之戚,后主则俨有释迦、基督担荷人类罪恶之意,其大小固不同矣。③

王国维强调艺术创作主体的生命意志,将诗人分为主观之诗人与客观之诗人,前者以个人性灵为胜,后者重社会阅历,这种分类基本可以囊括中国诗学史上的两大创作主体类型。主观之诗人不失赤子之心,不必多阅世,阅世愈浅,性情愈真;客观之诗人不可不多阅世,阅世愈深,愈多经验之材料,愈能多变化。无论是主观之诗人还是客观之诗人,王国维要求他们能如释迦、基督一般担荷人类罪恶,以心血写书,弘扬生命精神,而不是仅仅书写"身世之戚"。王国维在审美上超越了康德"游戏说"与传统的沉醉于情景交融或凭空蹈虚的

---

① 王国维:《人间词话·〈人间词话〉定稿》,姚淦铭、王燕编:《王国维文集》第1卷,中国文史出版社1997年版,第145页。
② 王国维:《人间词话·〈人间词话〉定稿》,姚淦铭、王燕编:《王国维文集》第1卷,中国文史出版社1997年版,第145页。
③ 王国维:《人间词话·〈人间词话〉定稿》,姚淦铭、王燕编:《王国维文集》第1卷,中国文史出版社1997年版,第145页。

第十五章 王国维"以物观物"的前世今生及易学阐释新模式

唯美主义倾向,从《〈人间词话〉删稿》中保留却在《〈人间词话〉定稿》中删去的条目中可见其端倪:"昔人论诗词,有景语、情语之别。不知一切景语,皆情语也。"① 情即是景、景即是情、情景交融之类的论述在传统诗论中司空见惯,但毕竟是"昔人论诗词",王国维删去的理由不仅因为它的陈腐气息,而且因为它孤立在情景中做着感物的游戏而失去情感的分量。《〈人间词话〉删稿》曰:"诗人视一切外物,皆游戏之材料也。然其游戏,则以热心为之。故诙谐与严重二性质,亦不可缺一也。"② 此条在《定稿》中删去的理由应当是著者不再热衷于审美游戏说,至少在艺术创作与审美时"血书"之热心与游戏之态度分为两橛,在理论上颇为不妥。当然这并不意味着王国维在表达深沉的生命存在时放弃审美超越,而是说在王国维逻辑中全心地表达生命意志的"血书"自有其美。诸如"东坡之旷在神,白石之旷在貌"③"词乃抒情之作,故尤重内美"之类的条目被删去的理由④,也缘于王国维放弃了猜谜式的、入神式的情感体验,在审美上他反对抽象与玄思。有一条评语中论及"政治家之眼"与"诗人之眼"的区分也删除了⑤,其原因大概如上,所谓唯美主义不能是王国维意境论的主要内容,在具体批评中,意境与传统意义上的气象、格调、气韵等观念或许都会用到,但前者优先于后者。比如《〈人间词话〉定稿》曰:"古今词人格调之高,无如白石。惜不于意境上用力,故觉无言外之味,弦外之响,终不能与于第一流之作

---

① 王国维:《人间词话·〈人间词话〉删稿》,姚淦铭、王燕编:《王国维文集》第 1 卷,中国文史出版社 1997 年版,第 159 页。
② 王国维:《人间词话·〈人间词话〉删稿》,姚淦铭、王燕编:《王国维文集》第 1 卷,中国文史出版社 1997 年版,第 169 页。
③ 王国维:《人间词话·〈人间词话〉删稿》,姚淦铭、王燕编:《王国维文集》第 1 卷,中国文史出版社 1997 年版,第 168 页。
④ 王国维:《人间词话·〈人间词话〉删稿》,姚淦铭、王燕编:《王国维文集》第 1 卷,中国文史出版社 1997 年版,第 168 页。
⑤ 王国维:《人间词话·〈人间词话〉删稿》,姚淦铭、王燕编:《王国维文集》第 1 卷,中国文史出版社 1997 年版,第 166 页。

者也。"① 在此指出姜白石词虽然格调高，但因为缺乏意境，而不能进入第一流行列。再比如："南宋词人，白石有格而无情，剑南有气而乏韵。其堪与北宋人颉颃者，唯一幼安耳。……幼安之佳处，在有性情，有境界。即以气象论，亦有'横素波、干青云'之概，宁后世龌龊小生所可拟耶？"② 王国维推崇辛弃疾的理由在于"有境界"，这个"有境界"可以与"有性情"、有"气象"互文，也可以说，因为具有真感情的境界，而使得幼安词呈现宏阔气象。那么，此处的境界或意境与传统审美范畴神韵、气象、气质等的关系究竟如何呢？从一则删稿中的文字中可获得启示："言气质，言神韵，不如言境界。有境界，本也。气质、神韵，末也。有境界而二者随之矣。"③ 此段文字涉及王国维意境论与传统美学范畴的关系问题，论述不可谓不精微，之所以删除的理由是王国维并不认同意境与气质、神韵之间的本末关系，也不认同有意境然后二者随之而有的关系，因为在王国维这里，"意境"是心物之间产生的，产生的过程中"气质"与"神韵"也必然产生，它们之间的关系可以是主次关系，而非本末关系，意境有超越性但不脱离具体的审美现象。

五 自然与幻象

王国维在审美认知中将易道图式引入，使发生在心物之间的审美关系趋于理性，但也超越了以神理、神韵为最高审美理想，以孤立的情景交融为手段的传统的易学美学，但并不意味着王国维就放弃"自然"。或者说，"自然"作为理想依旧是王国维引入易道逻辑的原因之一，只是王国维的"自然"有了更新的意涵。如果王国维完全

---

① 王国维：《人间词话·〈人间词话〉定稿》，姚淦铭、王燕编：《王国维文集》第1卷，中国文史出版社1997年版，第151页。
② 王国维：《人间词话·〈人间词话〉定稿》，姚淦铭、王燕编：《王国维文集》第1卷，中国文史出版社1997年版，第151页。
③ 王国维：《人间词话·〈人间词话〉定稿》，姚淦铭、王燕编：《王国维文集》第1卷，中国文史出版社1997年版，第160页。

第十五章 王国维"以物观物"的前世今生及易学阐释新模式

放弃了"自然",那么他的易道逻辑也就没有必要出现在其理论中,如果他的"自然"照搬了理学家或儒家们的"自然",那么在审美上他就会迷恋"神理"的魅力,然而他对这一传统的、至关重要的美学观念完成了祛魅。在此,他将现代意义上的生命意志安插进来,捅破了封建社会美学大厦的天花板。

在审美上,王国维有我与无我、客观与主观的融合路径与传统的易道图式有所不同,心物的对照,使心物一体性地存在,构成了彼此化生的可能,但彼此界限的消失是在认知之后的重构。心物之间的审美认知中不再是刘勰的心以理应,也非苏轼那样的系风捕影、杨万里那样的万象毕来,而是进入破除陈旧观念与因果关系以后的自由碎片中,在元时间上绵延和永恒,但最终要归到自我,或进入和谐之优美,或进入意志为之激发的宏壮之美。

正视审美主体的生命存在必然使王国维不至于局限在抒情诗的窠臼中,对于能切入人类情感纵深的叙事体也给予重视。这也标志着在审美上静态的、孤立的心物关系模式的解体,与之伴随的也必然是传统审美理想的拓展。

我们在王国维那里看到李贽的影子,相比于同时代的章太炎、刘师培,王氏更显现出对旧文化的革新意识。我们知道,李贽打碎了虚假的旧道德与形而上学,直面了无法退却的现实,于生命实践中重塑着一个全新的自我。李贽建立了一种新的情感本体论,崇尚真情与真心,文章的本身就是生命存在,诉心中之不平,掀起深沉的生命之感,营造出与天地比肩的艺术世界,形成所谓"化工"之美,他的"化工"其实就是被生命意志和情感内容充满的自然造化。李贽改造了传统的"化工"并颠覆了传统的儒家自然观、审美观。王国维与李贽不同之处在于引入"意境"美学理想,"化工"之美即在化生中,而"意境"之美则依附主观情感,甚至具有了佛家的虚幻色彩。唯识论认为,意识依赖末那识为根,缘法尘为境,在意识的两端,一是"我执",一是"所成境界",王国维有"意"与"境"之分,而"意境"则是"意"

"境"合,显然是自觉地以唯识论来观照审美意识,其目的无非是强调了审美之境的主体性。换句话说,如果说"化工"之美预设了变化中的天然纹饰之美或形式之美,那么"意境"之美并不停留于此,而是具有某种虚幻性、理念性。显然,这样的"意境"不能等同于"情调""情趣"之类,它是弥漫开来的真相,是真景物,是真感情,是被"真"再次还原了的意象、事象、幻象。"自然"在王国维这里成为"意境"的跳板,其"意境"论的出现是划时代的天才的创造。

王国维的"自然"为何,需要作出辨析。"自然"是不能被经验所掌握的、超出人的知识之外的抽象物,在这一点上类似于人性,王国维说:"性之为物,超乎吾人之知识外也"①,"自然"也是如此。"自然"是先天存在,王国维有"感于自然,不待事而后然者"②"自然之势"③"自然之光明"的说法④。在"老、庄主性善,故崇自然,申、韩主性恶,故尚刑名"这一表述中⑤,自然是与社会、刑名相对立的概念,其意义接近于"自然之道",但结合王国维《释性》《释理》篇的反形而上学思想,其"自然"概念并不等同于"自然之道",但"自然"有其理想性,体现在人性上就是天性或天才,如彭富春所论"当自然指人的心灵时,它意味着天性或者本性"⑥;体现在文艺上即是一种审美理想,"元曲之佳处何在,一言以蔽之,自然而已矣"⑦。

---

① 王国维:《论性》,姚淦铭、王燕编:《王国维文集》第3卷,中国文史出版社1997年版,第243页。
② 王国维:《论性》,姚淦铭、王燕编:《王国维文集》第3卷,中国文史出版社1997年版,第246页。
③ 王国维:《叔本华之哲学及其教育学说》,姚淦铭、王燕编:《王国维文集》第3卷,中国文史出版社1997年版,第327页。
④ 王国维:《叔本华之哲学及其教育学说》,姚淦铭、王燕编:《王国维文集》第3卷,中国文史出版社1997年版,第329页。
⑤ 王国维:《论性》,姚淦铭、王燕编:《王国维文集》第3卷,中国文史出版社1997年版,第246页。
⑥ 彭富春:《论中国的智慧》,人民出版社2010年版,第213页。
⑦ 王国维:《宋元戏曲史》,姚淦铭、王燕编:《王国维文集》第3卷,中国文史出版社1997年版,第113页。

第十五章 王国维"以物观物"的前世今生及易学阐释新模式

王国维说："独天才者，由其知力之伟大，而全离意志之关系，故其观物也，视他人为深，而其创作之也，与自然为一。"① 即将天才、自然、创作理想视作一体，此种逻辑来自中国自然论传统，当然也与西学有关，是王国维熔铸中西哲学的结果。罗钢认为，通过康德、泡尔生等人的著作，王国维系统地接受了西方的自然天才理论②，还认为："西方浪漫主义时代流行的三种'自然'观——原始主义、有机主义、非理性主义，通过各种具体的思想路径，以彼此交错的方式汇聚到王国维笔下的'自然'中，成为了它的理论主体，而'自然'在中国古代诗学中原来负载的种种意义要么遭受到压抑，要么被放逐到边缘的位置。"③ 上述观点是片面的，论者并未看见王国维理论中潜在的中国逻辑，也未看见他究竟吸收了西学的哪些因素，在笔者看来，在审美与创作中注入"知力"是王国维对西方美学精神的时代性领悟。也正是"知力"或者我们前文提到的"审美认知""认识"使王国维将对真理的探索还原到了心物之间，在易道逻辑的框架下引入了审美认知，或者说，将"易道"与"认知"两者结合起来是一种比较好的理论选择。

王国维的自然论是在心物之间的，他的自然也即是自然物，自然与人的关系即是心物关系，也存在认知关系。虽然对自然本身也持一种伦理态度，虽然也认为自然是先天存在的一种理想——生生不息，自然而然，但它并不独立于人而存在。自然与人一体性地存在，反映在美学上是"写实"即"理想"，理想即写实：

> 自然中之物，互相关系，互相限制。然其写之于文学及美术中也，必遗其关系、限制之处。故虽写实家，亦理想家也。又虽

---

① 王国维：《叔本华之哲学及其教育学说》，姚淦铭、王燕编：《王国维文集》第3卷，中国文史出版社1997年版，第322页。
② 罗钢：《传统的幻象——跨文化语境中的王国维诗学》，人民文学出版社2017年版，第172页。
③ 罗钢：《传统的幻象——跨文化语境中的王国维诗学》，人民文学出版社2017年版，第182页。

如何虚构之境，其材料必求之于自然，而其构造，亦必从自然之法则。故虽理想家，亦写实家也。①

这反映了王国维美学思想的特质，即摆脱功利关系与因果的审美境界与自然法则在某种程度是同构的。那么，是否可以将王国维的"境界"阐释为"自然"呢？有真感情与真景物即是有"境界"，真感情与真景物即是"自然"。"境界"与"自然"之间是一种彼此映照的关系，是认知上的"真"让人们回到"自然"，重新发现"自然"。"自然"永远是化生的，一直在路上，且这个"自然"已经不是传统意义上的作为价值渊薮的"自然"，只能借助"意境"看到它。

王国维《〈红楼梦〉评论》中有"超自然"解脱与"自然"解脱之分，"自然"解脱即是审美境界，他说：

故通常之解脱，存于自己之苦痛，彼之生活之欲，因不得其满足而愈烈，又因愈烈而愈不得其满足，如此循环而陷于失望之境遇，遂悟宇宙人生之真相，遽而求其息肩之所。彼全变其气质，而超出乎苦乐之外，举昔之所执著者，一旦而舍之。彼以生活为炉、苦痛为炭，而铸其解脱之鼎。彼以疲于生活之欲故，故其生活之欲，不能复起而为之幻影。此通常之人解脱之状态也。前者之解脱，如惜春、紫鹃；后者之解脱，如宝玉。前者之解脱，超自然的也，神秘的也；后者之解脱，自然的也，人类的也。前者之解脱，宗教的也；后者美术的也。前者平和的也；后者悲感的也，壮美的也，故文学的也，诗歌的也，小说的也。此《红楼梦》之主人公所以非惜春、紫鹃，而为贾宝玉者也。②

精神的真正自由是审美的，"自然"解脱就是审美的，王国维不

---

① 姚淦铭、王燕编：《王国维文集》第1卷，中国文史出版社1997年版，第142页。
② 姚淦铭、王燕编：《王国维文集》第1卷，中国文史出版社1997年版，第8—9页。

第十五章 王国维"以物观物"的前世今生及易学阐释新模式

愿意落入神秘主义中,其实他甚至对"神理"境界都是拒绝的,我们知道"神理"即是传统自然论的最高境界,可见传统的自然观已经破碎,其价值秩序已经瓦解,"自然"只是存留于形式。既然"自然"解脱无所凭依,"意境"其实就是"自然"之上的意识幻象,也唯有如此才是真实的、理念的、自由的境界。

王国维在审美意识中置入了易道图式,但因为审美认知又部分地解构了它,将剥离出来的形式在审美主体那里寻找归宿。在叔本华那里,自然形式之美无非就是生命意志的客观化和现象化。王国维《〈红楼梦〉评论》中引述叔本华《意志及观念之世界》:

> 吾人于观人类之美后,始认其美;但在真正之美术家,其认识之也,极其明速之度,而其表出之也,胜乎自然之为。此由吾人之自身即意志,而于此所判断及发见者,乃意志于最高级之完全之客观化也。唯如是,吾人斯得有美之预想。而在真正之天才,于美之预想外,更伴以非常之巧力。彼于特别之物中,认全体之理想,遂解自然之嗫嚅之言语而代言之;即以自然所百计而不能产出之美,现之于绘画及雕刻中,而若语自然曰:"此即汝之所欲言而不得者也。"苟有判断之能力者,必将应之曰:"是。"唯如是,故希腊之天才,能发见人类之美之形式,而永为万世雕刻家之模范。唯如是,故吾人对自然于特别之境遇中所偶然成功者,而得认其美。此美之预想,乃自先天中所知者,即理想的也,比其现于美术也,则为实际的。何则?此与后天中所与之自然物相合故也。如此,美术家先天中有美之预想,而批评家于后天中认识之,此由美术家及批评家,乃自然之自身之一部,而意志于此客观化者也。哀姆攀独克尔曰:"同者唯同者知之。"故唯自然能知自然,唯自然能言自然,则美术家有自然之美之预想,固自不足怪也。[①]

[①] 姚淦铭、王燕编:《王国维文集》第1卷,中国文史出版社1997年版,第22页。

叔本华认为，真正的美术家有审美认识能力，将自然之美表述出来。这是因为审美判断和发现，其实就是意志的最高的、最完全的客观化。也缘于此，人必然有美的预想，真正的天才除此之外，尚有非常之巧力，能从具体事物中看见全体之理想，并表达于绘画雕刻中。这其实是自然之美的表达，也即是人类之美形式的发现。它是生命意志的表现。王国维以无意识为宇宙之本体，由无极而太极，太极而两仪的变化即是自然，自然与生命意志之间的关系是阐释关系，自然变化本身有其形式，而且成为形式的形式，但它并不直接是美，只有依附于主体意志而成意境才是美。

第十六章 章太炎"文学"观念

讨论章太炎之"文学"观念并非想避开通行的现代意义上的文学观念,也非回归到中国传统"文"观念——在文献、文化或泛文学意义上对其进行阐释,而是因为章太炎"文学"观念是中西文化与文学的交会中形成的一个具有深刻思想内涵与时代意义的概念。章太炎所谓"文学",直接面对了他那个时代的政治与文化现实,它植根于中国传统"文"观念,也囊括和超越着西方现代文学观念;它既不可归于与古道偕行的文统意识,又迥异于以审美为特质的现代文学观念,更与古代美文意识不可等同——却又具有着受现代观念启蒙的现实精神。

一 反对兴会神旨

任何一个时代的主流文学观念都是各种合力错综而成的,特别是在中国近现代历史进程中,文学观念更接受了源自内也受之于外的新思想的洗礼,这即是说,中国文学观念一方面有其内在逻辑,另一方面深受西方19世纪以来文学思想的冲击[1],最终达成对文学的共识。

---

[1] 彼得·威德森揭示了文学观念的建构过程。19世纪初以审美为特征的文学观念是伴随着人的自由精神出现的。文学成为《牛津英语词典》中"文学"这个词的第三个定义,即强调文学的形式之美和情感性,同时也有着特定的时代特点与民族色彩。文学逐渐区别于诸如哲学、历史等文化形式,并且被赋予了特殊的价值。参见[英]彼得·威德森《现代西方文学观念简史》,钱竞、张欣译,北京大学出版社2006年版。

五四以后，我们普遍认同的文学是指具有审美属性和基于个性情感之上的价值判断的文学。但是，审美情感和自我意志是否一定具有真理性却值得怀疑，特别是自我意志的狂慢存在着使人性、心灵走向迷失的隐患；另一方面，建立在个性审美和思考之上的文学观念并不能包容名目繁多、形式驳杂的文学类型，尤其是遭遇中国古代文学传统时。不过，试图以杂文学观念或所谓大文学观念代替现代文学观念，或试图以国学包容新文学，或试图以所谓传统文道体系跨越现代文学观念，等等，均属于一厢情愿的理论设想。文学观念领域的思想论争和思维逻辑的递进延展同样属于历史实践不可分割的部分，任何理论阐释的尝试都将变成陷入历史旋涡的精神跋涉，在此我们不得不面对一百年前章太炎杰出而有力的思考。

关于"文学"的定义或阐释，代有胜义，章太炎"文学"观念的倡导和界定，折射着他在思想上求索的曲折进程，即他在中西新旧之间对文化、文学的超越性思考。1902年，章太炎在《新民丛报》发表《文学说例》，倡导"文学复古"。1906年，他在东京国学讲习会以《论文学》为题作专门讲演，同年《论文学》修订为《文学论略》发表于《国粹学报》。后将《文学论略》增删，收入《国故论衡》卷中为《文学总略》。《文学说例》《文学总略》都以"文学"为名，他说："文学者，以有文字著于竹帛，故谓之文；论其法式，谓之文学。凡文理、文字、文辞皆言文。"① 这里的"文学"是关于"文"的法则，"文"的内容包括"文理""文字""文辞"，而"文学"在《文学总略》中也有文（作为门类）的意思，即"彼方目以上第，非若后人摈此于文学外，沾沾焉惟华辞之守"②，这里的"文学"即是章太炎所谓"文"。"文学"一方面指"法则"，另一方面也指"文"；"文"一方面包括"文理"，另一方面也指"文辞""文

---

① 章太炎：《文学总略》，章太炎撰，庞俊、郭诚永疏证：《国故论衡疏证》（上），中华书局2011年版，第340—341页。
② 章太炎撰，庞俊、郭诚永疏证：《国故论衡疏证》（上），中华书局2011年版，第347页。

第十六章 章太炎"文学"观念

字"等内容。"文"（包括文理、文字、文辞）与"文学"是一而二、二而一的关系。甚至可以说，文即是文学，文学即是文。章太炎是在文学自我立法的基础上来确定文学内涵的。而廓清历史沉积与外来文化因缘，重新反思文学本质正是章太炎文学观念别开生面的第一步，"榷论文学，以文字为准"的思路就是自然而然的了：

> 文学者，以有文字著于竹帛，故谓之文；论其法式，谓之文学。凡文理、文字、文辞皆言文。言其采色发扬，谓之彣。以作乐有阕，施之笔札，谓之章。《说文》云："文，错画也，象交文。""章，乐竟为一章。""彣，有彧也。""彰，文彰也。"或谓"文章"当作"彣彰"，则异议自此起。《传》曰"博学于文"，不可作"彣"。《雅》曰"出言有章"，不可作"彰"。古之言文章者，不专在竹帛讽诵之间。孔子称尧舜"焕乎其有文章"，盖君臣朝廷尊卑贵贱之序，车舆衣服宫室饮食嫁娶丧祭之分，谓之文。八风从律，百度得数，谓之章。文章者，礼乐之殊称矣。其后转移施于篇什。太史公记博士平等议曰："谨案诏书律令下者，文章尔雅，训辞深厚。"此宁可书作"彣彰"耶？独以五采彰施五色，有言黻，言黼，言文，言章者，宜作"彣彰"，然古者或无其字，本以文章引伸。今欲改"文章"为"彣彰"者，恶夫冲淡之辞，而好华叶之语，违书契记事之本矣。孔子曰："言之无文，行而不远。"盖谓不能举典礼，非苟欲润色也。《易》所以有《文言》者，梁武帝以为文王作《易》，孔子遵而修之，故曰"文言"，非矜其采饰也。夫命其形质曰文，状其华美曰彣，指其起止曰章，道其素绚曰彰。凡彣者必皆成文，凡成文者不皆彣。是故榷论文学，以文字为准，不以彣彰为准。今举诸家之法，商订如左方。①

---

① 章太炎撰，庞俊、郭诚永疏证：《国故论衡疏证》（上），中华书局2011年版，第340—344页。

所谓"榷论文学,以文字为准",旨在探源文学之发生。"有文字著于竹帛"强调的是文字形式留存于竹帛的书写过程,是穿透历史迷障,对记录事实、命意成文的还原,即追踪"书契记事之本""命其形质"之文。可以说,章太炎这一回溯的过程即是破除情障或识障的过程,无论是曾经作为礼乐之殊称的"文章",还是专指华叶之语的"彣彰",在章太炎看来都无法彰显文学之本质。欲树立新的文学观念就无法逃避中国文学传统与现代文学新潮,不过,章太炎并不采取融会兼综的态度,而是去重新审视和辨析诸多陈见。

章太炎反对文笔之分、骈散之分、文辞之分、学说与文辞之分,力排俗论而企图寻根究底。他说:"文与笔非异途。所谓文者,皆以善作奏记为主。自是以上,乃有鸿儒。鸿儒之文,有经传、解故、诸子,彼方以上第,非若后人摈此于文学外,沾沾焉惟华辞之守。"①庞俊疏曰:"惟守华辞,谓若阮元之徒是也。"② 接着又指向桐城派:"或以论说、记序、碑志、传状为文也。独能说一经者,不在此列。"庞俊疏曰:"以论说等为文,若姚鼐之徒是也"③,章太炎认为阮元、姚鼐的"文"观念是狭隘和偏执的。他引《抱朴子》语指摘文笔之分的弊端:"狭见之徒,区区抱一。惑诗赋琐碎之文,而忽子论深美之言",并对范晔、刘勰、萧统的观点一一评议,指出刘勰有文笔之说不过是留存时论而已,并道出昭明太子文笔之分的实质是"独取文采斐然,足耀观览,又失韵文之本矣"④。对于骈散之分也给以辩驳,他说:"近世阮元,以为孔子赞《易》,始著《文言》,故文以耦俪为主,又牵引文笔之说以成之。夫有韵为文,无韵为笔,是则骈散诸体,一切是笔非文。"⑤ 对于阮元文辞之分也有直接的辩驳,他说:

---

① 章太炎撰,庞俊、郭诚永疏证:《国故论衡疏证》(上),中华书局2011年版,第347页。
② 章太炎撰,庞俊、郭诚永疏证:《国故论衡疏证》(上),中华书局2011年版,第347页。
③ 章太炎撰,庞俊、郭诚永疏证:《国故论衡疏证》(上),中华书局2011年版,第347页。
④ 章太炎撰,庞俊、郭诚永疏证:《国故论衡疏证》(上),中华书局2011年版,第351页。
⑤ 章太炎撰,庞俊、郭诚永疏证:《国故论衡疏证》(上),中华书局2011年版,第353—354页。

第十六章 章太炎"文学"观念

"韵文耦语,并得称辞,无文辞之别也"①,"文辞之分,反覆自陷,可谓大惑不解者矣。"② 对于学说、文辞之别,章太炎也不以为然:"或言学说文辞所由异者:学说以启人思,文辞以增人感。此亦一往之见也。"③ 他认为,名家之论不以动人为目的,但《过秦论》等文则能感人深挚;文辞之文中的有韵之文也有感人者与不可感人者之分,即使作者自有深感,文成后往往不一定感人,这取决于读者的感情与心态。在《文学论略》中对此论述更为充分:

> 就彼所说,则除学说而外,一切有韵无韵之文,皆称为文辞,而一以激发感情为主,则其误已甚矣。无韵文中,专尚激发感情者,惟杂文、小说耳。历史之中,目录、学案则于思想有关,而于感情无涉。其他叙事之文,固有足动感情者,然本非以是为主。盖叙事者,在得其事之真相耳。其事有足动感情与不动感情之异,故其文亦有足动感情与不动感情之异。若强事而就辞,则所谓削足适屦者也。至于姓氏之书,列入史科,此则无关思想,亦无关感情者也。公牍之中,诏诰、奏议亦有能动感情者,然考绩升调之诏、支销举劾之书,则于感情固无所预。其取动感情者,惟为特别事端,非其标准在此也。诉讼之词状、录供之爰书、当官之履历、经商之引帖,此足动感情乎?抑不足动感情乎?典章之中,思想感情,皆无所预。④

上述引文是章太炎仅仅针对文辞中无韵之文给出的论述,他以既存的文学史事实来彰明"文辞"并非总以激发感情为主,从而指出学说、文辞二分法存在偏见——它面对繁多的中国文体是苍白无力

---

① 章太炎撰,庞俊、郭诚永疏证:《国故论衡疏证》(上),中华书局2011年版,第359页。
② 章太炎撰,庞俊、郭诚永疏证:《国故论衡疏证》(上),中华书局2011年版,第360页。
③ 章太炎撰,庞俊、郭诚永疏证:《国故论衡疏证》(上),中华书局2011年版,第361页。
④ 章太炎:《文学论略》,《国粹学报》第21期,1906年。

的。章太炎直面既有的文学积蕴，论及几乎所有主要文体，这也注定了他不允许凭空而生硬地给出诸如"文辞在动人之感情"①"感人者为文辞，不感者为学说"的文学定义②。另外，他从文学自身出发，以为"文曲变化，其度无穷"，承认文学在现象层面上的纷纭变化。由此看来，章太炎的原本传统并不是抱着泥古不化的决心，他破解种种俗见正体现着求变求新的态度，但他的新见是要在整一的传统中破除传统俗见而产生出来。同时，章太炎的批评锋芒有着现实所指，除了他提到的"前有昭明，后之阮元"，以及"只以炫彰为文"③，还触及以道德礼仪为己任的古文派，他说："盖自梁、李、韩、柳、独孤、皇甫、吕、李、来、张之辈，竞为散体，而自美其名曰古文辞，将使骈俪诸家，不登文苑，此固持论偏颇，不为典要。"④ 在此，他批驳了古文派排斥骈体文的偏颇之见。毫无疑问，以文笔对立、骈散对立、文辞对立、论说与文辞对立来界定文学是粗疏而武断的，章太炎的质疑并非没有道理。

文学的本质不能从文体、形式、价值（道德、礼仪等）中追逐，更何况所谓声韵、道义、情感固然是文学不可或缺者，但其中任何一元都不能成为文学的核心或本原。那么，情感和道义的结合是否可以接近文学本质呢？也即是说，既讲求文辞华美又能动人感情，且有价值诉求的作品是否就符合章太炎的文学观念呢？

章太炎提出文学"不得以兴会神旨为上"⑤，可作为上述问题的回答。发表于1906年的《文学论略》中有"兴会神味"的说法有两处，其一："文之代言者，必有兴会神味；文之不代言者，则不必有

---

① 章太炎：《文学论略》，《国粹学报》第21期，1906年。
② 章太炎撰，庞俊、郭诚永疏证：《国故论衡疏证》（上），中华书局2011年版，第362页。
③ 章太炎：《文学论略》，《国粹学报》第22期，1906年。
④ 章太炎：《文学论略》，《国粹学报》第21期，1906年。
⑤ 刘师培发表于1905年的《论文杂记》中也指出后世文章之士多浮夸矜诩之词，并引《颜氏家训·文章篇》说："自古文人，多陷于轻薄，原其所积文章之体，标举兴会，发引性灵，使人矜伐，忽于操持，果于进取。"在此，章太炎与刘师培是相通的。见王水照主编《历代文话》第10册，复旦大学出版社2007年版，第9495页。

兴会神味。不代言者，文字所擅场也。故论文学者，不得以感情为主。"① 意思是说，文字符号与言语不同但存在关联，代替言语的文字符号在运用中必然有"兴会神味"，而不代言的文字符号则不必有"兴会神味"。文学界域有代言与不代言之分，有有无兴会神味之分，"以感情为主"论文学不能涵盖文学外延。其二："吾观日本之论文者，多以兴会神味为主，曾不论其雅俗。或其取法泰西，上追希腊，以美之一字横绠结噎于胸中，故其说若是耶？彼论欧洲之文，则自可尔，而复持此以论汉文，吾汉人之不知文者，又取其言相秭式，则未知汉文之所以为汉文也。"② 这里的"兴会神味"与"美"有关，章太炎反对当世仿效西方审美观念，不知文章轨则，不讲雅俗之辨，而将"美"字萦绕于心。西方审美主义理路相对深厚的中国文化传统，确实显得多少有些空玄或无根底。《文学论略》中实有所指："或云壮美，或云优美，学究点文之法，村妇评曲之辞，庸陋卑俚，无足挂齿。而以是为论文之轨，不亦过乎？"③ 批判对象是康德、叔本华，也可能是王国维。王国维提及壮美、优美应该是1904年④，他受叔本华哲学影响，倡言文学自由、超功利的审美性质。章太炎认定了文学本身有自身的规定性，也有其文化传统；对超然地建立在个人自由情感上的美是非常慎重的。

联系上文，章太炎一方面认为"兴会神味"与情感有关，在一定范围内具有存在的必然性；另一方面，他认为"兴会神味"是受西方现代审美观念影响所致，是对"美"的追逐，他并不认同。可见，章太炎论文学既不排斥感情，但也并不以情感动人为文学首要任务，对感情与理性结合的康德、叔本华式的审美也不赞同。

"兴会神旨"的说法出现在《国故论衡》中的《文学总略》（发表

---

① 章太炎：《文学论略》，《国粹学报》第22期，1906年。
② 章太炎：《文学论略》，《国粹学报》第23期，1906年。
③ 章太炎：《文学论略》，《国粹学报》第21期，1906年。
④ 优美、壮美二概念见于王国维1904年发表于《教育世界》杂志第8、9、10、12、13期的《〈红楼梦〉评论》以及作于同年的《叔本华之哲学及其教育学说》。

于1910年），是由《文学论略》中的"兴会神味"演变而来，意蕴有所变化，它这一次主要针对与西方现代审美观念类似的本土理论：

> 故论文学者，不得以兴会神旨为上。昔者文气之论，发诸魏文帝《典论》，而韩愈、苏辙窃焉。文德之论，发诸王充《论衡》，杨遵彦依用之，而章学诚窃焉。气非窜突如鹿豕，德非委蛇如羔羊。知文辞始于表谱簿录，则修辞立诚其首也。气乎德乎，亦末务而已矣。①

中国文学理论史上可以勾勒出"兴会神旨"的传统，它与体认情感、诉诸价值的西方现代文学观念在基本结构上非常类似，但章太炎对中西贯通、情理融合的思路并不感兴趣，他既不接受西方高举的审美论，也不认同传统中潜藏的某种兴会论。这些兴会论包括"文气之论"与"文德之论"，而推行文气论、文德论的后果是文气窜突如鹿豕，文德委蛇如羔羊。章太炎"不得以兴会神旨为上"，不仅是从文字溯源文学本义、将文学纳入文化符号系统得出的结论，更是对传统文学观念的反思和批判。

"兴""感兴""兴会"等是中国传统文论中的核心概念，是指一种文学中的感物或审美方式，在物我相感的前提下，观照自然，吟咏性情。但是此种感物方式不可能是原始本然的，不同的自然观念和方法论必然会渗入其间，从而形成精深邃密、有所自得的审美方式。"兴会神旨"是建立在感物基础上对形而上之理默会于心的审美境界，它常以悟得超然物外的"神旨"为审美上的归依。"兴会"一旦发生，"兴会神旨"有时便成为必然，魏晋对神理的玄思，唐代对意境的攀缘，宋代对理性的秉持，就体现了理性对感性的渗透，这是伴随着自我觉醒在审美上的生生不息的创造，但没有谁能证明这些方式

---

① 章太炎撰，庞俊、郭诚永疏证：《国故论衡疏证》（上），中华书局2011年版，第371—372页。

是绝对正确的。其实,"兴会"而不玄思冥求正是中国诗学中正统而久远的观念。《诗经》中不乏例证,如"青青子衿,悠悠我心"句,只写一刹那的心动和感觉,不入玄理,不浸淫于志气情感,甚至无关德行,试图让那永恒的体验和原初的性情裂破文化遮蔽,本然呈现。当兴会发生时,是回归上古浑朴性情而去寻找那本来的自然呢,还是沉湎于志气情感的张扬或物理性灵的妙悟自得?是追寻那因辞令和声韵带来的形式之美、物象之美呢,还是延续道统与文统心系现实民生呢?是接受西来的超然的壮美或优美境界,还是回归到中国的文学历史和现实中来呢?章太炎从不同的维度剖析辨正,直面了文学观念史上的几乎所有主要问题,破除着几乎所有的文学观念的界定,将以文体论文、注重华美形式、倡导德行文道、鼓荡情感、追逐超然之美等观点,利用他精密的思维渐次剥离。

兴会与"文气"和"文德"存在某种关联,章太炎在上述引文中讨论了"兴会神旨"的倾向是如何内在地发生的,如何避免此种与西方美学类似的情况,进而他提出以"修辞立诚"为首的文学观念。而这一观念是在中西视野下,在错综复杂的文学观念史之纠葛中,历经精神与思维的磨砺而完成的。"兴会神旨"不独西方文学或美学中存在,中国文学中也可能出现。在中国文论的语境中,需从文气、文德中探其原因。文气、文德在"兴会"中不可避免地参与其间,正如章学诚《文史通义·文德》篇所说,文气之论从陆机、刘勰到韩愈、苏辙是"愈推而愈精",文德之论则是他的首创。但章太炎却道出了文气论、文德论在历史流变中是存在弊端的,而"兴会神旨"的出现也与此有关。章太炎说:"昔者文气之论,发诸魏文帝《典论》,而韩愈、苏辙窃焉。文德之论,发诸王充《论衡》,杨尊彦依用之,而章学诚窃焉。"[①] 他守卫的是曹丕的文气论,曹丕主张"文以气为主",但这里的"气"与个人性情有关,"虽在父兄不能以移子

---

① 章太炎撰,庞俊、郭诚永疏证:《国故论衡疏证》(上),中华书局2011年版,第371页。

弟",强调的是作者天赋的禀性与气质渗透于文章之中,形成不同风格,清浊有体,不离本性。韩愈和苏辙所说的文气是后天修养所致,韩愈《答李翊书》主张读书养气,"非三代两汉之书不敢观,非圣人之志不敢存","行之于仁义之途,游之乎《诗》《书》之源",认为长期浸淫经典可以补足文气,有助于文学创作,所谓"气,水也;言,浮物也。水大而物之浮者大小毕浮","气盛,则言之短长与声之高下者皆宜"①。苏辙在《上枢密韩太尉书》中表达了类似的看法:"文者气之所形,然文不可以学而能,气可以养而致。"将写文章的功夫首先落实在养气之上,文章成为气的实现与构形,而这里的"气"则与作者周览名山大川、交游四海俊杰有关②。不难看出,当气形同于文、交游通于养气时,"文气"的内涵已经突变,背离了文气说本来具有的独特内涵。曹丕文气说中的气是符合性情、伦理的自由个性。

关于文德论,章太炎认同王充与杨尊彦从操行上讲文德。《文学总略》原注《论衡·佚文》篇:"文德之操为文。"又云:"上陈便宜,奏记荐吏士,一则为身,二则为人。繁文丽辞,无文德之操。治身完行,徇利为私,无为主者。"《魏书·文苑传》:"杨遵彦作《文德论》,以为古今辞人皆负才遗行,浇薄险忌,惟邢子才、王元景、温子昇彬彬有德素。"与此相反,章学诚所讲文德是所谓气之中节、临文敬恕之类③,故章太炎有"气非窜突如鹿豕,德非委蛇如羔羊"

---

① 韩愈:《答李翊书》,韩愈著,刘真伦、岳珍校注:《韩愈文集汇校笺注》,中华书局2010年版,第700页。
② 见苏辙《上枢密韩太尉书》:"孟子曰:'我善养吾浩然之气。'今观其文章,宽厚宏博,充乎天地之间,称其气之小大。太史公行天下,周览四海名山大川,与燕、赵间豪俊交游,故其文疏荡,颇有奇气。此二子者,岂尝执笔学为如此之文哉?其气充乎其中而溢乎其貌,动乎其言而见乎其文,而不自知也。"苏辙著,陈宏天、高秀芳点校:《苏辙集》,中华书局1990年版,第381页。
③ 章学诚《文史通义·文德》:"凡言义理,有前人疏而后人加密者,不可不致其思也。古人论文,惟论文辞而已矣。刘勰氏出,本陆机氏说而昌论文心;苏辙氏出,本韩愈氏说而昌论文气;可谓愈推而愈精矣。未见有论文德者,学者所宜深省也。夫子尝言'有德必有言',又言'修辞立其诚',孟子尝论'知言''养气',本乎集义,韩子亦言,'仁义之（转下页）

的告诫,也有"气乎德乎,亦末务而已"的感叹。也正是文气和文德的虚化与形式化,导致了以"兴会神旨"为上的审美风尚。在章太炎看来,文章与人的本性和德行已经剥离,文学观念本身也误入了迷障,于是,重温"修辞立诚",从文字的发端来重新认识文学是如何表达事实的。

反对"兴会神味"与反对"兴会神旨",时间有先后,主旨则是一贯的,前者的批评锋芒直击当代和西方诗学观念,针对的是王国维、康德、叔本华,而后者则是对本土诗学史中重要理论的反思。章太炎进行了细入毫芒的辨析,深入中国诗学的历史肌理与文化逻辑中,阐幽发微。

二　榷论文学,以文字为准

章太炎的"榷论文学,以文字为准",并非出于作为文字学家对文字的偏爱,而是旨在从文字源头、符号系统去探究文学发生的由来[①]。这里的"文字",关乎训诂、雅俗、体裁以及性情。我们讨论的问题就分两个层面。其一,章太炎从训诂、雅俗、体裁、性情等方面进行文学思考的合理性在哪里?其二,文字与上述因素之关系。章太炎在此有一个逻辑,即以其"文字"方式,可以重新进入一种廓清迷障、人性展开、真实凸显的新的文学关系中。

言说是进入存在的好的方式,甚至是必然的方式,它不是工具性

(接上页)途','《诗》《书》之源',皆言德也。今云未见论文德者,以古人所言,皆兼本末,包内外,犹合道德文章而一之;未尝说文辞之中言其有才,有学,有识,又有文之德也。凡为古文辞者,必敬以恕。临文必敬,非修德之谓也。论古必恕,非宽容之谓也。敬非修德之谓者,气摄而不纵,纵必不能中节也。恕非宽容之谓者,能为古人设身而处地也。嗟乎!知德者鲜,知临文之不可无敬恕,则知文德矣。"见章学诚著,叶瑛校注《文史通义校注》,中华书局1985年版,第278页。

[①] 刘师培在1905年《国粹学报》上发表《文说》,他说:"自古词章,导源小学。盖文章之体,奇偶相参,则俾色揣称,研句练词,使非析字之精,奚得立言之旨?故训诂名物,乃文字之始基也","上古造字,以类物情,极意形容,有如图绘"。此处的"文字",是文章的根本和源头,与训诂、造字、绘物有关。是结合中国文字自身特征来讨论文学的。章太炎重视"文字"与刘师培类似。

而是本体性的。《老子》中有"道可道，非常道"的言说困境，"强名之"却是必然的选择；《庄子·齐物论》中所说的"一"的境界，也似乎是必然要通过语言来命名与开显："天地与我并生，而万物与我为一。既已为一矣，且得有言乎？既已谓之一矣，且得无言乎？一与言为二，二与一为三。"刘勰《文心雕龙·神思》篇曰："志气统其关键，辞令管其枢机。"在此，关键和枢机同等重要，而关键和枢机常被易学家用来比喻"易变"中的乾坤开阖，刘勰也以此为喻表明了在文心"易变"模式中志气和辞令是难以分开的。在此意义上，言说是何其重要。但章太炎从文字本根或人与文字的本根关系中来讨论文学似乎并非流于经验，而是有着深邃的思虑。为达其目的，他需要在创作过程中重新进行清理和限定。其《文学论略》说：

> 或曰：子之持论，似明世七子所言，专以唐为封域，而蔑视宋后诸公，宁非一偏之论耶？答曰：七子之弊，不在宗唐而祧宋也，也不在效法秦汉也，在其不解文义，而以吞剥为能，不辨雅俗，而以工拙为准。吾则不然，先求训诂，句分字析，而后敢造词也；先辨体裁，引绳切墨，而后敢放言也。此所以异于明之七子也。①

章太炎并不避讳他对周、秦、汉、唐的青睐，但与明代七子的复古理由并不相同，七子复古效法秦汉、宗唐祧宋是在审美格调和行文规矩上立论。而章太炎则主要是从文字训诂入手，辨别雅俗、仿效体裁。同样是复古，甚至同样以古为法，切入点并不类同，境界格局自然有所分野。格调论的提出与李梦阳对心体的认识及对易学的自觉运用有关，他主张心要有"格"；既有"感而遂通"之用，也有"寂然不动"之体，即"一以应万"。格调论表现在文本上，就是既强调情

---

① 章太炎：《文学论略》，《国粹学报》第23期，1960年。

第十六章 章太炎"文学"观念

思表现的繁丰层次，也注意心性的格局、表现的法度。李梦阳所谓"法"应有两个层次，一是古法，一是物之"自则"。他引入了"同归而殊途，一致而百虑"的思维方式，将诗法的阴阳变化与文心的微妙中和统一在一起①。章太炎对上述格调或审美以及李梦阳的心体和古法显然是回避的，正如他反对西方现代审美与古文派将文气、文德玄虚化一样。返回到体裁、雅俗之辨，章太炎自有其强大的逻辑。

注重辨体，是为了摆脱一贯的照应委蛇的套路。其《文学论略》说：

> 图画有图画之体制，非善准望审明暗者勿能为；表谱有表谱之体制，非知统宗系明纲目者勿能为；簿录有簿录之体制，非识品性审去取者勿能为；算草有算草之体制，非知符号通章数者勿能为。此皆各有其学，故亦各有其体。乃至单篇札记，无不皆然。其意既尽，而文独不尽，则当刊落盈辞，无取虚存间架。若夫前有虚冒，后有结尾，起伏照应，唯恐不周，此自苏轼、吕祖谦辈教人策锋之法，以此谓之体制，吾未见其为体制也。②

对上述古文家建立在阴阳变化之上的僵化的套式，如起伏照应、虚存间架，章太炎是弃而不取的。事实上，骈文家的行文规则也是如此，他们也试图证明文章的生发应当与自然化生同步同构。章太炎反对这种统一体制，强调"各有其学，故亦各有其体"，而对于章学诚的指摘也是出于同样的理由。他认为章学诚推重的这种塾师讲时文之法，为初学示法尚可，但胶着固守、执一以驭百，则不可取，他说："惟时文积习，深锢肠腑，进窥一切古书古文，皆此时文见解，则如

---

① 李瑞卿：《李梦阳诗学的易学观照》，《古代文学理论研究》第28辑，华东师范大学出版社2009年版。
② 章太炎：《文学论略》，《国粹学报》第23期，1906年。

用象棋枰布围棋子，必不合矣"，明确反对"必执一体制以概凡百之体制"①。无论是古文家还是骈文家的结构方法都有着深厚的易学哲学基础，是将自然化生论引入行文之中，但章太炎更倾向于遵循不同文体所具有的自身体制，因为各自的既定体制是放言行文的先在规则："先辨体裁，引绳切墨，而后敢放言也。"② 而之所以要依照体裁规制行文，是因为体制中"各有其学"，也即是说体制本身内含认识的范式，而不仅仅是固定的文体格式；不同体制对作者提出不同的思维和行文诉求，这一切在文章的形成过程中。

章太炎不仅要将作者从"虚存间架"的招式中拉回到具体现实形势与语境中来，而且要借助文体去制约或范导作者的话语，从而将作者的写作活动接入文类体系中。根据章太炎所说，文章（文学）分无句读之文和有句读之文，其下分16科，即图画、表谱、簿录、算草、赋颂、哀诔、箴铭、占繇、古今体诗、词曲、学说、历史、公牍、典章、杂文、小说等，其中又各有分类。值得注意的是，他将经典也分别列入相关科类中，《诗》入赋颂，《周易》入占繇，小说、词曲与之颉颃——区别于以经总文的传统文体学。由此可见，章太炎是根据文之实际用途来划分文体——缘于事实，无半点浮夸。文体作为一种文化形态是根植于实用与写实的土壤形成的，对文体遵循既排斥了虚与委蛇的套路和规矩，同时也排除了文学有可能或陷于感情、或溺于形式、或热衷神旨的极端个人化倾向。

章太炎还通过文体规制来构成文学的"不共性"，"论文学者，虽多就共性言，而必以不共性为其素质"③。《文学论略》中明确指出文学以不共性为素质，可以说，章太炎认为文体的不共性远比个体的不共性更能形成文学的素质，前者是根本上的。但不共性又是以"质实"为依归："故凡有句读文，以典章为最善，而学说科之疏证

---

① 章太炎：《文学论略》，《国粹学报》第23期，1906年。
② 章太炎：《文学论略》，《国粹学报》第23期，1906年。
③ 章太炎：《文学论略》，《国粹学报》第23期，1906年。

类，亦往往附居其列。文皆质实，而远浮华；辞尚直截，而无蕴藉。此于无句读文最为邻近。"① 章太炎崇尚质实与直截，排斥浮华，甚至以"无蕴藉"为理想，这与中国诗学中一直鼓吹的味外之旨、言外之意、蕴藉风流等大异其趣，分明是刻意反动。他认为，魏晋以后"珍说丛兴，文渐离质"、表志绝迹；降及北宋，"论锋横起，好为浮荡恣肆之辞，不唯其实，故疏证之学渐疏"，显然，浮荡之辞兴起与"表志""疏证"文体的衰落存在关联。"书志之要，必在训辞翔雅"，"疏证之要，必在条列分明"，因为"书志"和"疏证"在文体上翔雅且分明，可以原本事实，所以章太炎说："以典章科之书志、学说科之疏证，施之于一切文辞，除小说外，凡叙事者，尚其直叙，不尚其比况。若云'血流漂杵'，或云'积戈甲与熊耳山齐'，其文虽工而为偭规改错矣。凡议论者，尚其明示，而不尚其代名。若'云颜渊虽笃学，附骥尾而行益显'，或云'足历王庭，垂饵虎口'，其文虽工，为雕刻曼辞矣。乃若叠韵双声连字连义，用为形容者，惟于韵文为宜。"② 他试图将书志、疏证之学引入叙事、议论等文字中，是取其质直、明示之意，而对于叙事中的比况，也即隐喻、象征之类，议论中的代名，也即借代之类，持警惕的态度。象征或隐喻总与个人的浮夸情感结缘，多少有些神秘色彩和情感的专断，关于这一点后现代理论家走向了拒绝隐喻的极端③。总之，章太炎之辨体，在根本上还是凸显着他追求质实的文学主张。

章太炎雅俗之辨的核心也是讲求轨则，并将书志疏证之法应用于一切文体。如论公牍之雅："无屈奇之称号，无表象之言词"，反对"以文掩事，猥渎万端"，认为其消极之雅是"质直而已"。论小说之雅则曰：《汉书·艺文志》中所谓小说，虽是街谈巷议，也皆有所

---

① 章太炎：《文学论略》，《国粹学报》第23期，1906年。
② 章太炎：《文学论略》，《国粹学报》第23期，1906年。
③ 比如苏珊·桑塔格说："我的观点是，疾病并非隐喻，而看待疾病的最真诚的方式——同时也是患者对待疾病的最健康的方式——是它可能消除或抵制隐喻性思考。"（[美]苏珊·桑塔格：《作为隐喻的疾病》，见《疾病的隐喻》，程巍译，上海译文出版社2003年版，第5页。）

本，邯郸淳之《笑林》、刘义庆之《世说》也是"当时实事"，即使是《搜神》《幽明》等谲怪恢奇，但也无淫污流漫之文。忠于实事，消减虚文是论雅俗的目的之一，而章太炎所谓讲求轨则就是要将书志疏证之法渗透于文学中。他说："若不知书志、疏证之法，可施于一切文辞，则必以因物骋辞、情灵无拥为文辞之根极。宕而失原，唯知工拙，不知雅俗，此文辞之所以日弊也。"① 在此，再一次表明章太炎的体裁、雅俗之辨是针对"因物骋辞、情灵无拥"的文学观念的。而此种观念与徒事华辞、兴会神旨的文学观在根本上是相通的。

如何避免"情灵无拥"？书志疏证之法固然是一种途径，但离不开文字，正如前边引文所说，"先求训诂，句分字析，而后敢造词也"。从用字造词的本根处摒弃浮泛的言语和情感。《文学总略》考察了书籍之名的由来，涉及"经""传""论"等名称：

> 凡此皆从其质为名，所以别文字于语言也。其必为之别何也？文字初兴，本以代声气，乃其功用有胜于言者。言语仅成线耳，喻若空中鸟迹，甫见而形已逝。故一事一义得相联贯者，言语司之。及夫万类全集，棼不可理，言语之用，有所不周，于是委之文字。②

文字一方面"代声气"，另一方面指其质实。如"论"，古但作"仑"，"比竹成册，各就次第，是之谓'仑'"，指出了按次序串联竹片成册的事实，即是说，文字中既保留了声音，也蕴含了现实关系。而按照章太炎的语言学理论，文字之声音是根于现实之物的，"语言者不凭虚而起，呼马而马，呼牛而牛，此必非恣意妄称也。诸言语皆有根，先征之有形之物，则可睹矣"③。不过，语言之初有"以音为

---

① 章太炎：《文学论略》，《国粹学报》第 23 期，1906 年。
② 章太炎：《文学总略》，见章太炎撰，庞俊、郭诚永疏证《国故论衡疏证》（上），中华书局 2011 年版，第 370 页。
③ 章太炎：《语言缘起说》，见章太炎撰，庞俊、郭诚永疏证《国故论衡疏证》（上），中华书局 2011 年版，第 228 页。

第十六章 章太炎"文学"观念

表者",其后又有"以德为表者"。章太炎借印度哲学中的实、德、业来说明宇宙万有的生起,"实、德、业三,各不相离",他说:"人云马云,是其实也;仁云武云,是其德也;金云火云,是其实也;禁云毁云,是其业也。一实之名,必与其德若,与其业相丽,故物名必有由起。虽然,太古草昧之世,其言语惟以表实,而德业之名为后起。"① 实谓本体,德谓属性,业谓作用②,属性与作用是后起的,对本体的命名在本原上先于德、业之名。当然,还有另一种情况是德、业之语早成,然后用它来指称本体,这种"表实"手段就是假借。

对于事物的命名体现着人与外物的关系,所谓"物之得名,大都由于触受"③,在此又分两种情况,一种是给予特异之名,一种是给予发声之名,章太炎认为"语言之分,由触受顺违而起也"④,言语中不同的指称最初是在区分形性与种类异同来进行命名的过程中完成的,有的依声来指称,有的另予特异之名。在命名和对象物之间并非约定俗成的关系,而是以存声音为依据,且命名者与对象物之间存在某种具体联系。如果承认言文一致,文字先有表实之名,那么,文字对外物的表达也非恣意妄称了,而是实指其事。"语言之初,当先缘天官。然则表德之名最夥矣。然文字可见者,上世先有表实之名,以次桄充,而表德、表业之名因之。后世先有表德表业之名,以次桄充,而表实之名因之。"⑤ 表德、表业、表实,先有表实,因各不相离,彼此因循,在表达上存在比较复杂的关系,但章太炎肯定了文字

---

① 章太炎:《语言缘起说》,章太炎撰,庞俊、郭诚永疏证:《国故论衡疏证》(上),中华书局2011年版,第231页。
② 根据庞俊注,见章太炎《语言缘起说》,章太炎撰,庞俊、郭诚永疏证《国故论衡疏证》(上),中华书局2011年版,第231页。
③ 章太炎:《语言缘起说》,章太炎撰,庞俊、郭诚永疏证:《国故论衡疏证》(上),中华书局2011年版,第232页。
④ 章太炎:《语言缘起说》,章太炎撰,庞俊、郭诚永疏证:《国故论衡疏证》(上),中华书局2011年版,第245页。
⑤ 章太炎:《语言缘起说》,章太炎撰,庞俊、郭诚永疏证:《国故论衡疏证》(上),中华书局2011年版,第245页。

对事物具有忠实表达的属性。返回到文字，就是要通过文字来呈现质实的世界，寻找文字形式与对象世界的统一性，或者说，就是在寻求文字与世界在本原上的触受关系，也即在文字的发端处探求与建构人的情性。

三 归本情性

章太炎文学的境界不是兴会神旨，也非虚与委蛇，而是崇尚质实，他试图在情性与文字的发端处立言立命。这也是章太炎对修辞立诚的个性化阐释，他的"修辞"与求真相关，他的"立诚"意味着回归情性，准确地说，是回归文学的情性。章太炎情性的内涵却是值得注意的，一方面，他以古为范，倾慕唐以前的雄壮气概；另一方面，有着对情性理想的坚守，当然，两者应该是可以统一在一起的。章太炎《辨诗》篇中表达了他对文学情性与文字的基本体认：

> 韵语代益陵迟，今遂涂地，由其发扬意气，故感慨之士擅焉。聪明思慧，去之则弥远。《记》称《诗》之失愚，以为不愚固不能诗。夫致命遂志，与金鼓之节相依，是故史传所记，文辞陵厉，精爽不沫者，若荆轲、项羽、李陵、魏武、刘琨之伦，非奇材剑客，则命世之将帅也。由商周以讫六代，其民自贵，感物以形于声，余怒未渫，虽文儒弱妇，皆能自致；至于哀窈窕，思贤材，言辞温厚，而蹈厉之气存焉。及武节既衰，驰骋者至于绝脰，犹弗能企。故中国废兴之际，枢于中唐，诗赋亦由是不竞。五季以降，虽四言之铭，且拱手谢不敏，岂独采诗可以观政云尔。太史公曰："兵者，圣人所以讨强暴，平乱世，夷险阻，救危殆。自含血戴角之兽，见犯则校，而况于人。怀好恶喜怒之气，喜则爱心生，怒则毒螫加，情性之理也。故六律为万事根本，其于兵械尤所重。"自中唐以降者，死声多矣。长子帅师，

弟子舆尸，相继也。①

　　章太炎推崇的文学情性是在致命遂志的雄壮人生中自然萌发的，他欣羡于金鼓之节相依的气概和凌厉精爽的文辞；他颂扬言辞温厚而蹈厉之气留存的哀窈窕思贤材之作；他也叹惋于中唐、五代以降，武节衰微而诗赋不竞的局面，认为"怀好恶喜怒之气，喜则爱心生，怒则毒螫加，情性之理也"。即诚挚地以"好恶喜怒之气"应对现实就是符合情性的。从音律上讲，章太炎认为六律为根本，中唐以后"死声"太多，而日本人所作国歌，也少中夏之气。声律与性情、文字之间关系紧密，章太炎以声律为准，对文学的性情和文辞给予限定，他说："抗而不坠，则暴慢之气从之矣；尨而无守，则鄙倍之辞就之矣。"② 意谓声律片面高扬而不归，容易引发暴戾之气；"汉《郊祀歌》有《日出入》一章，其声熙熙，悲而不伤"③，意谓声律熙和，悲情也不会流于哀伤④。可见，正是情性和声律构成了文学作品的主要情感内容，且声律对情性起着规范作用。

　　章太炎承认有所谓"情性之理"，而声律则随时运更替，他说："吟咏情性古今所同，而声律调度异焉。魏文侯听今乐则不知倦，古乐则卧。故知数极而迁，虽才士弗能以为美。"⑤ 在此，肯定文学基本情性的存在，同时用"数极而迁"来描述因社会风气的循环变更而引起的声律变迁。这一思想倾向体现在其诗歌观念中。最终，章太

---

① 章太炎撰，庞俊、郭诚永疏证：《国故论衡疏证》（下），中华书局2011年版，第575—579页。
② 章太炎撰，庞俊、郭诚永疏证：《国故论衡疏证》（下），中华书局2011年版，第579页。
③ 章太炎撰，庞俊、郭诚永疏证：《国故论衡疏证》（下），中华书局2011年版，第579页。
④ 声律是对情感或艺术的理性化，声律的合理性与天文历法有关，同时又是一种理想的境界。但因时代变迁，气有盛衰，声律也随之变化。
⑤ 章太炎撰，庞俊、郭诚永疏证：《国故论衡疏证》（下），中华书局2011年版，第580页。

炎将声律与性情之关系，转化为诗体与性情之关系。因为四言、五言、七言体现不同声律，声律迁化就表现为四言、五言、七言的变更。章太炎讨论了性情与四言、五言、七言之关系，他说："《三百篇》者，四言之至也"①，"陈子昂、张九龄、李白之伦，又稍稍以建安为本，白亦下取谢氏，然终弗能远至，是时五言之势又尽"②。即是说，因世运变动，声律变迁，每种诗体有其"势尽"的结局，在此过程中必须发挥性情之用，进行正变。落实到诗人情性与文字就是"本情性，限辞语"，他说："本情性，限辞语，则诗盛；远情性，喜杂书，则诗衰。"③ 声律变迁与体制更替是历史的必然，但情性之理将永恒，这是章太炎的态度。假如有情，诗歌即长存，"本情性，限辞语"就是从根本上守护诗歌元声，应时正变。前文提及的注重辨体、雅俗之辨及文字为准均是从修辞形式来建构其文学观念，"本情性，限辞语"的修辞策略则侧重从主体方面寻找文学的正途。

以下几种情况是违反"本情性"原则的。章太炎评价七言诗，"七言在陈、隋气亦宣朗，不杂传记名物之言"④，换句话说，假如"杂传记名物之言"就是有违原则的；而韩愈、孟郊如《急就章》，元稹、白居易之诗如瞽目之诵，在章太炎看来，这些近体诗可谓"凌杂史传，不本情性"⑤；至于宋代，章太炎认为"小说、杂传、禅家、方技之言莫不征引"⑥；追逐曾国藩学江西派者，则是"古诗多诘诎不可诵，近体乃与杯珓谶辞相等"⑦。诗中杂入传记、名物、小说、禅家、方技之语，与作者远离情性存在一定关联，其结果是言辞拗口失律，性情不能宣泄哀乐。对此，章氏有明确主张："盖诗赋

---

① 章太炎撰，庞俊、郭诚永疏证：《国故论衡疏证》（下），中华书局2011年版，第580页。
② 章太炎撰，庞俊、郭诚永疏证：《国故论衡疏证》（下），中华书局2011年版，第586页。
③ 章太炎撰，庞俊、郭诚永疏证：《国故论衡疏证》（下），中华书局2011年版，第593页。
④ 章太炎撰，庞俊、郭诚永疏证：《国故论衡疏证》（下），中华书局2011年版，第587页。
⑤ 章太炎撰，庞俊、郭诚永疏证：《国故论衡疏证》（下），中华书局2011年版，第588页。
⑥ 章太炎撰，庞俊、郭诚永疏证：《国故论衡疏证》（下），中华书局2011年版，第589页。
⑦ 章太炎撰，庞俊、郭诚永疏证：《国故论衡疏证》（下），中华书局2011年版，第591页。

者，所以讼善丑之德，泄哀乐之情也。故温雅以广文，兴谕以尽意。晚世赋颂，苟为饶辩屈謇之辞，竞陈诬罔不然之事，潜夫引以为讥。"① 一方面，主张诗歌应该匡美正恶、感于哀乐；另一方面，又在风格上要求不失温文雅意，这两者似乎可以完美地统合于一，不会因为表达情性而显得肤浅鄙陋。在此方面，魏晋诗堪称典范。确实如此，章太炎偏尚魏晋，苛责唐诗，他说："夫观王粲之《从军》，而后知杜甫卑闾屑也；观潘岳之《悼亡》，而后知元稹凡俗也；观郭璞之《游仙》，而后知李贺诡诞也；观《庐江府吏》《雁门太守》叙事诸篇，而后知白居易鄙倍也；淡而不厌者陶潜，则王维可废也；矜而不疐者谢灵运，则韩愈可绝也。"②

"情性"是章太炎《国故论衡》《辨诗》篇再三提及的重要概念，它既是可"本"的、有恒的人性，又是可"怀好恶喜怒之气"的具体感情③。除上文引用者，还可列举如下用例："在汉则主情性。往者《大风》之歌、《拔山》之曲，高祖、项王未尝习艺文也，然其言为文儒所不能举"④；"由是言之，情性之用长，而问学之助薄也"⑤；"凌杂史传，不本情性"⑥，"如其辞旨，宜本之情性"⑦，等等。章太炎有其复杂的人性论，但在文学上却认同"情性"理想，而且与刘勰《文心雕龙》中的"性情"观念颇为类似。刘勰肯定情性之正，《征圣》曰："陶铸性情，功在上哲。夫子文章，可得而闻，则圣人之情，见乎辞矣"；《宗经》认为"五经"，"义既埏乎性情，辞亦匠于文理"，可见，"性情"理想存在于文学中。《熔裁》篇说："情理设位，文采行乎其中。刚柔以立本，变通以趣时"，即是以易

---

① 章太炎撰，庞俊、郭诚永疏证：《国故论衡疏证》（下），中华书局2011年版，第589页。
② 章太炎撰，庞俊、郭诚永疏证：《国故论衡疏证》（下），中华书局2011年版，第593页。
③ 章太炎撰，庞俊、郭诚永疏证：《国故论衡疏证》（下），中华书局2011年版，第576页。
④ 章太炎撰，庞俊、郭诚永疏证：《国故论衡疏证》（下），中华书局2011年版，第582页。
⑤ 章太炎撰，庞俊、郭诚永疏证：《国故论衡疏证》（下），中华书局2011年版，第582—583页。
⑥ 章太炎撰，庞俊、郭诚永疏证：《国故论衡疏证》（下），中华书局2011年版，第588页。
⑦ 章太炎撰，庞俊、郭诚永疏证：《国故论衡疏证》（下），中华书局2011年版，第608页。

道模式来比拟文道，这里的"情理"也即情性理想，作为文章之乾坤，它在伦理上正直无邪。作者的志气以刚柔来论，强调以禀性气质为根本——在这一点上不同于后来的文气论。如果说刘勰以情理为体，那么，"五情"即是情性之用，《情采》篇曰："五情发而为辞章，神理之数也。"也即丰富的感情发动，甚至慷慨任气、磊落使才也是并不违背正直性情的情感流露。刘勰在强调性情理想的同时，并不排斥情感内容的丰富性，《辨骚》篇称《离骚》是"奇文郁起"，《楚辞》"虽取熔经意，亦自铸伟辞"。《骚经》《九章》"朗丽以哀志"，《九歌》《九辩》"绮靡以伤情"，《远游》《天问》"瑰诡而惠巧"，显然《楚辞》中的所谓哀志伤情是被肯定的，以为它不违性情理想，也属性情的具体表现。

章太炎的"情性"为何物，是讨论其文学观念的关键。章太炎"情性"与刘勰"性情"或"情理"都承认了这一情性或性情理想的存在，同时，对诗歌都抱着"韶响难追，郑声易启"[1]"代益陵迟，今遂坠地"的悲观态度[2]。需要辨析的是，章太炎在情性理想外壳之下，更突出了情感的现实性与民本性。虽然在认同情性理想上，章太炎深受刘勰影响，但刘勰所谓性情具有明道、征圣、宗经的内涵，性情即是道，也是圣人之心，其表现就是圣人之文[3]，道与圣人的存在是刘勰性情理想的主要前提，尽管刘勰也提及先民情性；而章太炎则从民众那里直接体认情性理想，正如前文所引："由商周以讫六代，其民自贵，感物以形于声，余怒未渫，虽文儒弱妇，皆能自致；至于哀窈窕，思贤材，言辞温厚，而蹈厉之气存焉"。由此不难体会，太炎所谓情性，存在于民众的感物而动中，深切蹈厉而又言辞温厚。他从原初的民气中见到了情性，似乎要以民本精神代替儒家长期以来对

---

[1] （南朝梁）刘勰著，范文澜注：《文心雕龙·乐府》，人民文学出版社1958年版，第103页。

[2] 章太炎撰，庞俊、郭诚永疏证：《国故论衡疏证》（下），中华书局2011年版，第575页。

[3] 参李瑞卿《心体的时位关系——〈文心雕龙〉的"文"生成论》，戚良德主编《儒学视野中的〈文心雕龙〉》，上海古籍出版社2014年版，第599—617页。

圣人的信仰，也即于人自身中直接去体证情感的神圣性与现实性。人自身是离不开社会的，"蹈厉之气"反映着人积极进入现实的生命态度，它与个性有关，同时也是一种折射着社会盛衰的气质。章太炎认为这是情性的本色。他称赞《大风》之歌、《拔山》之曲是出于情性之作；评价王粲、曹植、阮籍诸位作家，"其气可以抗浮云，其诚可以比金石"[1]，强调其坚贞有力的情感表达；认为诗赋的功能也在于"讼善丑之德，泄哀乐之情"[2]，即将情感表达与社会批判统一在一起。

章太炎推崇魏晋文学，倡导情性，也是与对"辨名析理"的重视同时并进的，而辨名析理的过程何尝不是论衡时事的现实实践。他说："夫雅而不核，近于诵数，汉人之短也。廉而不节，近于强钳，肆而不制，近于流荡，清而不根，近于草野，唐宋之过也。有其利无有病者，莫若魏晋。"[3] 意谓魏晋文学中的情性与风格在汉、唐之间，得其中道。究其原因，是因为魏晋之文辨理精审，论事有度，所谓"魏晋之文，大体皆埤于汉，独持论仿佛晚周。气体虽异，要其守己有度，伐人有序，和理在中，孚尹旁达，可以为百世师矣"[4]。章太炎强调了文学写作中以学术为本和持理议礼的重要性，他说："夫持论之难，不在出入风议，臧否人群，独持理议礼为剧。出入风议，臧否人群，文士所优为也。持理议礼，非擅其学莫能至。自唐以降，缀文者在彼不在此。观其流势，洋洋缅缅，即实不过数语。又其持论不本名家，外方陷敌，内则亦以自偾，惟刘秩、沈既济、杜佑，差无盈辞。持理者，独刘、柳论天为胜，其余并广居自恣之言也。宋又愈不

---

[1] 章太炎撰，庞俊、郭诚永疏证：《国故论衡疏证》（下），中华书局 2011 年版，第 583 页。
[2] 章太炎撰，庞俊、郭诚永疏证：《国故论衡疏证》（下），中华书局 2011 年版，第 589 页。
[3] 章太炎撰，庞俊、郭诚永疏证：《国故论衡疏证》（下），中华书局 2011 年版，第 556—557 页。
[4] 章太炎撰，庞俊、郭诚永疏证：《国故论衡疏证》（下），中华书局 2011 年版，第 553—554 页。

及唐，济以诙溃。近世或欲上法六代，然上不窥六代学术之本，惟欲厉其末流。"① 他也肯定了刑名之学、天道之学、持理议礼之于文学的重要性，"汉世独有石渠议奏，文质相称，语无旁溢，犹可谓上宗"②，章太炎批评扬雄愤疾名法，"上拟龙、非，则跛鳖之与骐骥也"③，认为"老庄刑名之学逮魏复作，故其言不牵章句，单篇持论，亦优汉世。然则王弼《易例》、鲁胜《墨序》、裴𬱟《崇有》，性与天道，布在文章。贾、董卑卑，于是谢不敏焉"④，而在汉代以后"经术已不行于王路，丧祭尚在，冠昏朝觐犹弗能替旧常，故议礼之文亦独至"⑤。由此可知，章太炎所推重的性情文字与辨名析理、衡论时事是紧密结合在一起的。他对唐宋古文及其后世流派的指摘，也是以议论析理为衡量标准。比如，他认为韩、吕、柳、权、独孤、皇甫诸家，"议事确质不能如两京，辩智宣朗不能如魏晋"，而"晚唐变以谲诡，两宋济以浮夸，斯皆不足邵也"⑥。后人取法唐宋散文是"将千年朽蠹之余，反之正则"，认为张惠言、曾国藩文有诈言，其根本原因在于"忽略名实，则不足以说典礼；浮辞未剪，则不足以穷远致"⑦。

章太炎对文学与名理之关系有着深刻认识，他说："文生于名，名生于形。形之所限者分，名之所稽者理。分理明察，谓之知文。小

---

① 章太炎撰，庞俊、郭诚永疏证：《国故论衡疏证》（下），中华书局2011年版，第544—548页。
② 章太炎撰，庞俊、郭诚永疏证：《国故论衡疏证》（下），中华书局2011年版，第535页。
③ 章太炎撰，庞俊、郭诚永疏证：《国故论衡疏证》（下），中华书局2011年版，第535页。
④ 章太炎撰，庞俊、郭诚永疏证：《国故论衡疏证》（下），中华书局2011年版，第537—539页。
⑤ 章太炎撰，庞俊、郭诚永疏证：《国故论衡疏证》（下），中华书局2011年版，第539页。
⑥ 章太炎撰，庞俊、郭诚永疏证：《国故论衡疏证》（下），中华书局2011年版，第550页。
⑦ 章太炎撰，庞俊、郭诚永疏证：《国故论衡疏证》（下），中华书局2011年版，第550页。

学既废，则单篇掫落；玄言日微，故俪语华靡。"① 指陈俪语华靡之病是针对刘师培的骈文正宗论，刘师培《文说》篇也论述文字对于文章的重要性，但强调的是文字的状物摹写功能，而章太炎除了重视文字的指示功能，还进一步认识到文学与名理的一体性，也即是论证了文学辨名析理的先天理由。章太炎论文学立足情性，留心辨名析理、权衡世事，甚至以魏晋文学为典范，但在实质上又是与魏晋文学不同的。他没有沿着抒发情性、归依自然的思路来范导文学，而是突出了文学的名理世用功能与抒发情性的统一。

更重要的是，"情性"作为章太炎文学观念的重要概念，有着复杂的内涵。它与传统"情性"足以完美衔接，但毕竟不能等同于传统"情性"。如果说传统的"情性"一方面有其具体的情感内容，另一方面意味着儒家心性的理想归宿，那么，章太炎本之的情性则不能排除佛学的色彩。他的本体概念是真如，万事万物皆真如所流变发舒而来，不过，真如并不直接产生事物，阿赖耶识依据真如本体建立起来。真如与道是一个意思，他将《韩非子·解老》篇所说的"道"，训为真如，"此其言道，犹浮屠之言如邪？有差别此谓理，无差别此谓道。死生成败皆道也"②。他也将荀子所谓道心，阐释为真如③。无论是各家之道，章太炎试图以真如名之，他确实有兼综各家的勇气，在他看来这种融合是完全可能的，他说："今之所准，以浮屠为天枢，往往可比合。"他也权衡诸家人性论，《国故论衡·辨性上》中论及秦汉之际五种人性论："无善无不善，是告子也。善，是孟子也。恶，是孙卿也。善恶混，是扬子也。善恶以人异，殊上中下，是

---

① 章太炎撰，庞俊、郭诚永疏证：《国故论衡疏证》（下），中华书局2011年版，第548—549页。
② 章太炎撰，庞俊、郭诚永疏证：《国故论衡疏证》（下），中华书局2011年版，第708页。
③ 章太炎在解释《荀子·解蔽》篇时说："人心者，有生之本，天地万物由此心造，所谓阿赖耶识，所谓依他起自性也。道心者，无生，无有天地万物，所谓真如心，所谓圆成实自性也。"见《菿汉昌言·经言一》，章太炎著，虞云国校点《菿汉三言》，上海书店出版社2011年版，第83页。

漆雕开、世硕、公孙尼、王充也。五家皆有是，而身不自明其故，又不明人之故，务相斩伐。调之者又两可。独有控名责实，临观其上，以析其辞之所谓，然后两解。"① 旨在援引佛学资源以突破儒家千年的人性论中的善恶分歧，在章太炎看来，所谓性善、性恶、善恶相混，"皆不能于阿赖耶识外指之"②。《辨性》中具体阐述了阿赖耶识与意根、意识之相互关系③，"诸言性者，或以阿罗耶当之，或以受熏之种当之，或以意根当之"。④ 意谓孟子、荀子是以意根为性，末那常执阿赖耶识为自我，善与恶来源于末那识执持阿赖耶识以为自我的偏见；告子以生为性，是就阿赖耶识而言，阿赖耶识不自执以为我，也就无善无不善；扬雄和漆雕开言性，是就阿赖耶识受熏之种而言⑤。因为基于这样的批判和辨析，章太炎论情性就不局限在传统的范围内，而是吸纳了传统的精神，又因真如概念的提出，给情性说注入了强烈的时代内涵。

---

① 章太炎撰，庞俊、郭诚永疏证：《国故论衡疏证》（下），中华书局2011年版，第792页。
② 章太炎著，虞云国校点：《蓟汉三言》，上海书店出版社2011年版，第79页。
③ 《国故论衡疏证·辨性上》："人有八识，其宗曰如来藏。以如来藏无所对，奄忽不自知，视若胡、越，则眩有万物。物各有其分职，是之谓阿罗耶。阿罗耶者，藏万有，既分即以起末那。末那者，此言意根。意根常执阿罗耶以为我，二者如束芦，相依以立，我爱、我慢由之起。意根之动，谓之意识。物至而知接，谓之眼、耳、鼻、舌、身识。彼六识者，或施或受，复归于阿罗耶。藏万有者，谓之初种。六识之所归者，谓之受熏之种。"见章太炎撰，庞俊、郭诚永疏证《国故论衡疏证》（下），中华书局2011年版，第792—794页。
④ 章太炎撰，庞俊、郭诚永疏证：《国故论衡疏证》（下），中华书局2011年版，第794页。
⑤ 郭应传：《真俗之境——章太炎佛学思想研究》，安徽人民出版社2006年版，第137页。

第十七章　刘师培中国文学观念的易学阐释

刘师培中国文学观念的建构，是在清末民初随着民族国家意识觉醒，中国士人在文化上寻求自立，保存国粹，在文学上既接受现代观念又正视民族传统的背景下完成的。概括而言，刘师培中国文学观念在学理上面临两个层面的问题。其一，他面对了西方现代文学观念的冲击，以及由之而来的纯文学与杂文学之分。比如，对于文学本质问题的回答，刘师培论文学"隐法《雕龙》"[1]，既探求文之本质，更重视文的体制规范。此外，纯文学与杂文学观念之分涉及如何看待文学的审美性与情感性问题。根据张健的研究，日本人太田善男在《文学概论》（1906 年）中提出"杂文学"与"纯文学"概念，与之呼应，王国维在《论哲学家与美术家之天职》（1905 年）中最早使用纯文学概念，并以戏曲小说为纯文学，而这种纯文学与杂文学的分野，到后代成为不可逆的趋势[2]。但是，刘师培的特出之处在于，他避开了纯杂之分，以骈文为正宗，从语言形式或情性本身内具的秩序感、合理性以及文体传统来定义文学，并强调文学的征实性，从而避免了单纯地从情感或审美角度衡量文学；在审美上与章太炎共同回应

---

[1] 刘师培：《文说·序》，《刘申叔遗书》（上），凤凰出版社1997年版，第700页。
[2] 参见张健《纯文学、杂文学观念与中国文学批评史》，《复旦学报》2018年第2期。

了王国维"兴会神味"的超越性审美①。其二,中国文字学和语言学的民族觉醒给刘师培提供了新的理论视野。他强调了汉字的指实功能,并落实于对文学征实性的追求中,而汉字滋生文学的独特路径也是刘师培推崇的,比如易学阐释方法在文学运思与修辞中的存在。

一 探源求证骈文正宗

刘师培以"骈文为正宗"并非以"骈文"涵盖或凌驾所有文体,而是体现为对文章谱系的辨析、回护,在溯本求源的前提下,试图重建文章秩序,回应文学观念的时代变革。刘师培在十多年的时间里深入地阐发了自己的文学观念。1905年,他在《国粹学报》第1期发表《文章源始》,提出"骈文一体,实为文体之正宗"②;又在《国粹学报》第1期至第10期,发表《论文杂记》;又在《国粹学报》第11期至第14期,连续发表《文说》五篇,辨析文学观念。1912年10月,刘师培在《四川国学杂志》发表骈文体《与人论文书》,1914年以骈文体为吴虞《骈文读本》作序(此序文后来成为《中国中古文学史讲义》的《概论》部分),继续着他对文学观念的探讨。虽然行文中常用"文"或"文章"这些语词,但所探寻的是具有现代色彩的文学观念,比如追求文学的独立性及形式本身之美,等等。

《论文杂记》开篇以中国书籍比类印度佛书。印度佛书可分为经类、论类、律类,而"而中国古代书籍,亦大抵分此三类"③,即文言、语、例。经、论、律有源流轻重之别,刘师培以印度经、论、律来比类文言、语、例,其中也自有轩轾。他说:"一曰文言,藻绘成

---

① "兴会神味"是章太炎所反对的,他针对的是以王国维为代表的文学观念与美学观念。"兴会神味"出现在章太炎《文学论略》(续第22期)中,后来又有"兴会神旨"的说法,出现在《国故论衡》中的《文学总略》(1910年)。
② 刘师培:《刘申叔遗书》,凤凰出版社1997年版,第1646页。
③ 刘师培:《刘申叔遗书》,凤凰出版社1997年版,第711页。

第十七章 刘师培中国文学观念的易学阐释

文,复杂以骈语韵文,以便记诵,如《易经》六十四卦及《书》《诗》两经是也;是即佛书之经类。"① 此外,对语、例的内涵范畴都有界定。他又说:"后世以降,排偶之文,皆经类也;单行之文,皆论类也;会典、律例诸书,皆律类也。"② 将"文言"这一概念超越于六艺之上,儒家传统经典则被归于以"文言"为首的不同门类。兹列中国书籍与印度佛书比类表:

经	文言	易经、诗、书
论	语	春秋、论语、诸子
律	例	周礼、仪礼、礼记

对于经典和诸子,刘师培是尊重的,但他以文言为本源和主体,试图建立自己的文章体系。所谓"后世以降"出现的"排偶"、"单行之文",以及"会典",与"文言"的衍变不可分开,而此进程是渐次退化的,从而来证明文言的正宗性,并给中国文学披上一层悲观主义的色彩。刘师培不惜借用斯宾塞"世界愈进化,则文字愈退化"的观念,这里的"退化"是指"由文趋质、由深趋浅"的变化。他具体分析中国文学演变历史:"上古之书,印刷未明,竹帛繁重,故力求简质,崇用文言。降及东周,文字渐繁"③,随着语言文字的渐次合一,"宋代以下,文词益浅"④。从进化论角度来看,由简到繁是必然的,即所谓"然天演之例,莫不由简趋繁,何独于文学而不然"⑤?而渐趋浅质也是中国近代"必经俗语入文之一级"⑥。刘师培接受进化论观点时,一方面保守国故,渴慕前贤规矩;一方面顺应时势,在"俗语入文"的大潮流中来讨论文学。于是,在古今问题上就有了"一修俗语,以启瀹齐民;一用古文,以保存国学,庶前贤

---

① 刘师培:《论文杂记》,《刘申叔遗书》(上),凤凰出版社1997年版,第711页。
② 刘师培:《论文杂记》,《刘申叔遗书》(上),凤凰出版社1997年版,第711页。
③ 刘师培:《论文杂记》,《刘申叔遗书》(上),凤凰出版社1997年版,第711页。
④ 刘师培:《论文杂记》,《刘申叔遗书》(上),凤凰出版社1997年版,第711页。
⑤ 刘师培:《论文杂记》,《刘申叔遗书》(上),凤凰出版社1997年版,第711页。
⑥ 刘师培:《论文杂记》,《刘申叔遗书》(上),凤凰出版社1997年版,第711页。

矩范，赖以仅存"的态度①。

基于此，刘师培欲从骈文历史演化和本体规定的角度来证明骈文为文章正宗。前者探本求源，梳理源流正变；后者则借易学作本体阐释。"上古之时，先有语言，后有文字。有声音，然后有点画；有谣谚，然后有诗歌。谣谚二体，皆为韵语。"②"厥后诗歌继兴，始著文字于竹帛。然当此之时，歌谣而外，复有史篇，大抵皆为韵语。"③先有语言后有文字，声音在前，谣谚韵语在后，这应该是一种共识。刘师培强调了中国文学中的声韵传统——它与"声教"相关。他说："盖古代之时，教曰'声教'，故记诵之学大行，而中国词章之体，亦从此而生。诗篇以降，有屈、宋《楚词》，为词赋家之鼻祖。"④《文说·和声篇》也说："况三代之时，学凭记诵。师儒之学，口耳相传；经典之文，声韵相叶。"⑤刘师培骈文正宗观是在追溯"声教"传统中提出的，除了证明文章声韵的天然合理性，他还以"发源甚古"作为理由："箴、铭、碑、颂，皆文章之有韵者也，然发源则甚古。"⑥刘师培从文化考古角度来阐明声韵之文是文章正宗，他说："足证上古之世，崇尚文言，故韵语之文，莫不起源于古，昔阮氏《文言说》所言，诚不诬也。"⑦论及上古，人事渺渺，刘师培必须借助文献记述来论证历史真实，考镜源流的过程就成了文化的重新建构过程。"上古"一词意涵丰富，它是刘师培所认为的文献渊薮与文化想象。刘师培承认"六艺之学实始于唐虞"，同时肯定孔子整理之功："盖孔子者，集六艺之大成者也，而六艺者，又皆古圣王之旧典也，岂仅创始于周公哉？"⑧显然否定了周公个人的六艺发明权，而

---

① 刘师培：《论文杂记》，《刘申叔遗书》（上），凤凰出版社1997年版，第711页。
② 刘师培：《论文杂记》，《刘申叔遗书》（上），凤凰出版社1997年版，第712页。
③ 刘师培：《论文杂记》，《刘申叔遗书》（上），凤凰出版社1997年版，第712页。
④ 刘师培：《论文杂记》，《刘申叔遗书》（上），凤凰出版社1997年版，第712页。
⑤ 刘师培：《文说》，《刘申叔遗书》（上），凤凰出版社1997年版，第703页。
⑥ 刘师培：《论文杂记》，《刘申叔遗书》（上），凤凰出版社1997年版，第712页。
⑦ 刘师培：《论文杂记》，《刘申叔遗书》（上），凤凰出版社1997年版，第713页。
⑧ 刘师培：《国学发微》，《刘申叔遗书》（上），凤凰出版社1997年版，第477页。

孔子的作为在于：一方面是文献整理，所谓"征三代之礼，订六经之书，征文考献，多识前言往行"①；另一方面则是"成一家言"，他属于周室东迁，民纲不振之后"各本其性之所近，以自成一家言"的"民间才智之士"②，兼通"九流术数诸学"③，超拔卓越，因而可以"衍心性之传，明道艺之蕴，成一家之言，集中国理学之大成"④。同时，孔子在刘师培这里又是可与西哲比肩者。其实，保存国粹是刘师培"上古"观念滋生的土壤，在此探源过程以及与中西理论互照中，中国精神得以自觉树立。他常有"中儒""西儒"之称，将诸子与西哲类比，这更促使他在思想和学术上追求独创。刘师培尊重原始文献，借鉴西学，重视"学"之本质，也即承认文献中累积了的认识构架与历史经验，如论及古学起源时，有"古学出于宗教""古学出于实验""古学出于史官""古学出于官守"等观念⑤。刘师培又以社会学阐释"古学"，他说："藏往基于探赜，以事为主，西人谓之动社会学；察来基于索隐，以理为主，西人谓之静社会学。"⑥ 所谓"藏往知来"是易学的方法，此论中，易学与社会学互释，斯宾塞"考察万物，由静观而得其真，谓人类举止悉在因果律之范围"的方法论正是社会学与易学的共有特征⑦。刘师培骈文正宗论为探源所得，但也是借易学阐释而成，下文将作专门论述。

此外，刘师培借班固《艺文志》的文体观以佐证其骈文正宗论。刘师培说："观班《志》之叙艺文也，仅序诗赋为五种，而未及杂文；诚以古人不立文名，偶有撰著，皆出入六经、诸子之中，非六经、诸子而外，别有古文一体也。"⑧ 确实如此，从文体学的角度来

---

① 刘师培：《国学发微》，《刘申叔遗书》（上），凤凰出版社1997年版，第478页。
② 刘师培：《周末学术史序》，《刘申叔遗书》（上），凤凰出版社1997年版，第504页。
③ 刘师培：《国学发微》，《刘申叔遗书》（上），凤凰出版社1997年版，第478页。
④ 刘师培：《国学发微》，《刘申叔遗书》（上），凤凰出版社1997年版，第478页。
⑤ 刘师培：《刘申叔遗书》（下），凤凰出版社1997年版，第1472—1492页。
⑥ 刘师培：《周末学术史序》，《刘申叔遗书》（上），凤凰出版社1997年版，第507页。
⑦ 刘师培：《周末学术史序》，《刘申叔遗书》（上），凤凰出版社1997年版，第507页。
⑧ 刘师培：《论文杂记》，《刘申叔遗书》（上），凤凰出版社1997年版，第713页。

看，诗赋文体由来已久，而"古文"一体并不存在。虽然不能借此否认"古文"的合理性，但刘师培为骈文找到了发端上的优势。他认为"论说之体"、"书说之体"、"奏议之体"、"敕令之体"以及"传"、"记"、"箴"、"铭"等，它们"皆探源于六经、诸子者也"①，而诗赋诸体是有韵之文，足以另为一体②。刘师培一再说明"文言"是相对于六经诸子与后世古文的独立体制，并且坚守此种文统，而将唐宋时代的古文辞流变当作文体的淆乱与衰落。《论文杂记》写道："唐、宋以降，诗集文集，判为两途。而文之刊入集中者，不论其为有韵为无韵也，亦不论其为奇体为偶体也，而文章之体，至此大淆。"③刘师培明确质疑了韩柳以来古文家"古文"的合法性，并没有因为韩柳古文试图明道而认同这一文体，他将韩柳的创造看作对文章正轨的偏移。奇偶、有韵或无韵、单行或骈俪成为判断文学的准则，成为讨论文章变迁的关键词。如：西汉文章"大抵皆单行之语，不杂骈俪之词"，东京以降，"论辩诸作往往以单行之语，运排偶之词，而奇偶相生，致文体迥殊于西汉"④。"建安之世，七子继兴，偶有撰著，悉以排偶易单行；即非有韵之文，亦用偶文之体，而华靡之作，遂开四六之先，而文体复殊于东汉。其迁变者一也。"⑤凡此种种，从句式长短、语意繁简、音韵、对偶方面立论，可谓辨析精微。

二 文学本体的易学阐释与文道合一论重构

刘师培以易学阐释骈文形式存在的必然性，其实就是对文学本体

---

① 刘师培：《论文杂记》，《刘申叔遗书》（上），凤凰出版社1997年版，第713页。
② 刘师培《论文杂记》："若诗赋诸体，则为古人有韵之文，源于古代之文言，故别于六艺九流之外；亦足证古人有韵之文，另为一体，不与他体相杂矣。"[《刘申叔遗书》（上），凤凰出版社1997年版，第713页]
③ 刘师培：《论文杂记》，《刘申叔遗书》（上），凤凰出版社1997年版，第713页。
④ 刘师培：《论文杂记》，《刘申叔遗书》（上），凤凰出版社1997年版，第714页。
⑤ 刘师培：《论文杂记》，《刘申叔遗书》（上），凤凰出版社1997年版，第714页。

第十七章 刘师培中国文学观念的易学阐释

的易学阐释。刘师培以易论文受阮元影响，但又有所发挥，形成比较完整的阐释体系①。大约就是在1905年前后，纯文学观念为王国维所接纳，而章太炎发表于《国粹学报》（1906年）的《文学论略》也涉及文学本体论。章氏有论："以有文字著于竹帛，故谓之文"，他主张研论文学"当以文字为主，不当以彣彰为主"②。章太炎这一文学观念独树一帜，并特别反拨了《文选》与阮元以文采为尚的文观念。刘师培与章太炎在文学本体论的思考上形成对话关系。《论文杂记》说：

> 盖"文"训为"饰"，乃英华发外，秩然有章之谓也。故道之发现于外者为文，事之条理秩然者为"文"，而言词之有缘饰者，亦莫不称之为"文"。古人言文合一，故借为"文章"之"文"。后世以"文章"之"文"，遂足该"文"字之界说，失之甚矣。夫"文"字之训，既专属于"文章"，则循名责实，惟韵语俪词之作，稍与"缘饰"之训相符。故汉、魏、六朝之世，悉以有韵偶行者为"文"，而昭明编辑《文选》，亦以沉思翰藻者为"文"。文章之界，至此而大明矣。降及唐代，以"笔"为文，……若以"笔"为文，则与古代"文"字之训相背矣。③

尽管刘师培《论文杂记》发表于1905年，章太炎《文学论略》发表于1906年，刘师培在前，章太炎在后，都是讨论文学之本质，但两者对"文字"的理解不同，似乎章太炎故意赋予刘师培"'文'字"新意。刘师培所谓"'文'字"即是"韵语俪词"，是"言词之有缘饰"；章太炎所谓"文字"，强调文字形式留存于竹帛的书写过

---

① 刘师培受阮元思想影响，创造性地伸张阮义。如阮元《文言说》："凡偶皆文也。于物两色相偶而交错之，乃得名曰'文'，文即象其形也。然则千古之文，莫大于孔子之言《易》。"参见阮元撰，邓经元点校《揅经室集》，中华书局1993年版，第606页。
② 章太炎：《文学论略》，《国粹学报》第21期，1906年。
③ 刘师培：《论文杂记》，《刘申叔遗书》（上），凤凰出版社1997年版，第715页。

程，强调"书契记事之本"，以"命其形质"谓之文。章太炎认为"凡彣者，必皆成文；而成文者，不必皆彣"①；刘师培则强调了文者必彣的必然性，他的基本逻辑是："文"是"英华发外，秩然有章"，"文"也是"道之发现于外者"与"事之条理秩然者"，而言词之"文"也在"文"之范围内，那么，言词之文的本质就是"沉思翰藻""有韵偶行"。刘师培划出了他的文章之界，也即文学之界。

刘师培文学本体论并不排斥"道"，但他要求文的形式即是"道"本身，故而引入易学宇宙观念，从秩序和变化来阐释文与文学的化生，此种化生论也即是本体论。刘师培借助易学论证了上述观点的先天必然性，即文何以是秩然有序、光采外发的；文章何以必然需要有韵偶行。《文说》曰：

> 昔《大易》有言："道有变动故曰爻，爻有等故曰物，物相杂故曰文。"《考工》亦有言："青与白谓之文，白与黑谓之章。"盖伏羲画卦，即判阴阳；隶首作数，始分奇偶。一阴一阳谓之道，一奇一偶谓之文。故刚柔交错，文之垂于天者也；经纬天地，文之列于谥者也。三代之时，一字数用，凡礼乐、法制、威仪、言辞，古籍所载，咸谓之文。是则文也者，乃英华发外、秩然有章之谓也。②

刘师培易学阐释学一方面遵循自然元气论的宇宙观，另一方面则能深刻领会易学阐释中人的主体性，对"伏羲画卦"与"隶首作数"而形成的文化架构进行了揭示。天地变化，圣人作卦，《易》与天地准，人文与自然一体而成。圣人仰观俯察，探赜索隐，知晓自然规律，与此同时又能范围天地，为天地立心。所以，《易》者，象也，爻者，效也，即效天下之动，因而道有变动，爻以仿效；六爻有不同

---

① 章太炎：《文学论略》，《国粹学报》第21期，1906年。
② 刘师培：《文说·耀采篇》，《刘申叔遗书》（上），凤凰出版社1997年版，第707页。

第十七章 刘师培中国文学观念的易学阐释

次序，在不同时位下形成物及其观念，而物之交错即是文。此过程也即是"一阴一阳谓之道，一奇一偶谓之文"，文的产生即是易道，因此也决定了它"经纬天地""秩然成章"的根本属性。在《中国中古文学史讲义》中也有类似论述：

> 《易大传》曰："物相杂故曰文。"《论语》曰："郁郁乎文哉。"由《易》之说，则青白相比、玄黄厝杂之谓也；由《语》之说，则会集众彩、含物化光之谓也。嗣则淡长《说文》，诂道相诠；成国《释名》，即绣为辟。准萌造字之基，顾諟正名之指，文匪一端，殊途同轨。必重明丽正，致饰尽亨，缀兆舒疾，周旋矩规，然后考命物以极情性，观形容以况物宜，故能光明上下，劈措万类，未有志白贲而讥翰如，执素功以该缋事者也。①

刘师培笔下的文字是以易道变化的模式展开的，其中包括对外物的命名与形容，以及情性的表达，乃至礼乐法制的形成。"物相杂故曰文"，即物的交错变化就是文，而这种交错天然地具有秩序，且能光照天地，所谓"青白相比、玄黄厝杂"，"会集众彩、含物化光"。而文章生成必然在一定秩序下"考命物以极情性，观形容以况物宜"。正因为文章的形成是易道变化，所以，它天然地具有着"光明上下，劈措万类"的神圣功能，文章的形式之美也是自然而然，不事雕绘，不假虚灵。即所谓"物成而丽，交错发形，分动而明，刚柔判象，在物佥然，文亦犹之"②。此种阴阳化生思想落实于中国文字便形成骈文特征，刘师培说："是则音泮轩轾，象昭明两，比物丑类，泯踦从齐，切响浮声，引同协异，乃禹域所独然，殊方所未有也。"③确实如此，意象与声韵互照，浮声与切响协和，由是之故，

---

① 刘师培著，刘跃进讲评：《中国中古文学史讲义》，凤凰出版社2011年版，第1页。
② 刘师培著，刘跃进讲评：《中国中古文学史讲义》，凤凰出版社2011年版，第1页。
③ 刘师培著，刘跃进讲评：《中国中古文学史讲义》，凤凰出版社2011年版，第1页。

骈文成为刘师培引以为傲的独特文体。

那么,发端于文字,指示名实、交错成文的作品是否就必然表现为有韵偶行的骈文呢?换言之,阴阳交错、排比成文时必然出现押韵吗?刘师培文论中营构了这一逻辑。其一,文章"奇偶相参,则倅色揣称"①,要求作者析字精审,重视字义,文字在文章生成过程中是至关重要的。其二,"上古造字,以类物情,极意形容,有如图绘:㹴为使犬,䎘训呼鸡"②。即是说,文字与声音存在关联。在遣词造句中,"言必象物,音必附声"③,比如"'依依'绘杨柳之情,'呦呦'学鹿鸣之韵"④。其三,声音先于文字,言出于口,即为有韵之文。《文说·和声》篇说:"上古未有文字,先有语言"⑤,"太古之文,有音无字。谣谚二体,起源最先。谣训'徒歌',谚训'传言'。盖言出于口,声音以成,是为有韵之文,咸合自然之节"⑥。杨万里将《易》分为"天易""竹易""人易"三类⑦,"乾坤定位"即是"天易",在刘师培这里,"太古之文""自然之节"的存在形成了易学阐释结构,也类似于"天易"。人之言语受"天易"阐释而成为有韵之文,也即是说,人之声音一旦存在,必然有韵,合乎自然节奏。此处的"自然节奏"又可阐释为与八音、六律、五声有关的声韵,它是可以度数的。从上述三个层面,刘师培足以论证骈文中声韵存在的必然性,结合前文中对"文"必然性的阐释,可知刘氏文学本体论的易学阐释是可信赖的。

与此同时,刘师培借助易学逻辑建构了新的文道合一观念。他认为,正是骈文之废导致了所谓古文辞的"文道之分",那么对骈文合

---

① 刘师培:《文说·析字篇》,《刘申叔遗书》(上),凤凰出版社1997年版,第701页。
② 刘师培:《文说·析字篇》,《刘申叔遗书》(上),凤凰出版社1997年版,第701页。
③ 刘师培:《文说·析字篇》,《刘申叔遗书》(上),凤凰出版社1997年版,第702页。
④ 刘师培:《文说·析字篇》,《刘申叔遗书》(上),凤凰出版社1997年版,第702页。
⑤ 刘师培:《文说·和声篇》,《刘申叔遗书》(上),凤凰出版社1997年版,第703页。
⑥ 刘师培:《文说·和声篇》,《刘申叔遗书》(上),凤凰出版社1997年版,第703页。
⑦ 杨万里:《诚斋易传》卷17,上海古籍出版社1990年版,第230页。

第十七章　刘师培中国文学观念的易学阐释

理性的易学论证,就是对新的文道合一的建构。他说:"三代文词,句简而语文"①,"秦汉以降,文与古殊,由简而繁,至南宋而文愈繁;由文而质,至南宋而文愈质。盖由简趋繁,由于骈文之废,故据事直书,不复简约其文词;由文趋质,由于语录之兴,故以语为文,不求自别于流俗。此虽文字必经之阶级,然君子之学,继往开来,舍文曷达?若夫废修词之功,崇浅质之文,则文与道分,安望其文载道哉?则崇尚文言,删除俚语,亦今日厘正文体之一端也"②。这就是说,语体渗入文言是必然之事,而废弃修辞之功导致了文与道分,从而也影响到君子继往开来之学。刘师培以易学阐释骈文,寻找文学范型其实就是一种学理上的补救,也即是重整修辞之功,兴复君子之学。易学逻辑的引入就是发自根底的文化再生。文章与性、天道之关系的论述最早见于《论语》,后学解经无法忽略这一哲学公案。《论语·公冶长》篇说:"子贡曰:'夫子之文章,可得而闻也。夫子之言性与天道,不可得而闻也已矣。'"③ 夫子文章与道之关系作为哲学命题,从魏晋到宋明有着著名的讨论④,多数人承认夫子文章与道的统一性,或者说,夫子文章即是夫子之道的一种现实形式。文与道统一始终是儒家学者的理想所在,特别是唐宋古文家以及宋代的理学家们。不过,苏轼在朱熹的眼中却成了"文自文而道自道"⑤;朱熹主张文道一体,但实际上是重道轻文⑥,先理会道理再作文。文道合一

---

① 刘师培:《论文杂记》,《刘申叔遗书》(上),凤凰出版社1997年版,第717页。
② 刘师培:《论文杂记》,《刘申叔遗书》(上),凤凰出版社1997年版,第717—718页。
③ 何晏注,邢昺疏:《论语注疏》,北京大学出版社1999年版,第61页。
④ 王弼、陈祥道、杨时、朱熹、张栻、明代吕柟都讨论过此话题,参见甘祥满《〈论语〉"性与天道"章疏证》,《中国哲学史》2012年第3期。
⑤ 朱熹说:"今东坡之言曰:'吾所谓文,必与道俱。'则是文自文而道自道。待作文时,旋去讨个道来入放里面,此是它大病处。只是他每常文字华妙,包笼将去,到此不觉漏逗,说出他本根病痛所以然处。缘他都是因作文,却渐渐说上道理来。不是先理会得道理了,方作文。所以大本都差。"参见黎靖德编,王星贤点校《朱子语类》,中华书局1986年版,第3319页。
⑥ 莫砺锋有详细论述,见莫砺锋《朱熹文学研究》,南京大学出版社2000年版,第109—116页。

的话题到明代前后七子、唐宋派那里依然是理论焦点。刘师培文道合一论的易学逻辑的特别之处在于：其一，从文字入手，以押韵偶行的方式，指示外物，发抒情性，骈体生成的过程与形式即是道本身，也即文道同一；其二，刘师培对"道""理"作了名学的诠释，因而其"文道合一"的内涵发生了彻底的变革。受《穆勒名学》启示，刘师培在研究方法上重视"循名责实"①。他在《东原学案序》中反对宋儒"高谈义理，以为人同此心，心同此理，以心为至灵至神之物"②，打破宋儒的理、心等形而上概念，以名学阐释理学，条分缕析地界定"道"或"理"。刘师培也是"训理为分"，认为"事事物物莫不有理""理可以分，故曰分理"③，而所谓肌理、腠理、文理、天理、地理、性命之理都是析分而得之理。刘师培将"道"或"理"僵化的、虚幻的神圣意义都剥离了。《理学字义通释》中，刘师培穷究古籍，旁征博引，训诂"理"义之后，对"理"作出了新的阐释。其文曰：

> 是文理、条理为理字最先之训，特事物之理，必由穷究而后明。条理、文理属于外物者也，穷究事物之理，属于吾心者也。《易·系辞》又言穷理尽性，穷理者，即《中庸》所谓慎思明辨耳，然慎思明辨，必赖比较分析之功；理也者，即由比较分析而后见者也，而比较分析之能，又即在心之理也。心理由物理而后起，物理亦由心理而后明。非物则心无所感，非心则物不可知。吾心之所辨别者，外物之理也；吾心之所以能辨别外物者，即吾心之理也。在物、在心总名曰理，盖物之可区别者谓之理；而具区别之能者，亦谓之理。④

---

① 李帆：《刘师培与中西学术》，北京师范大学出版社2014年版，第98页。
② 刘师培：《东原学案序》，《左盦外集》卷十七，《刘申叔遗书》（下），凤凰出版社1997年版，第1759页。
③ 刘师培：《东原学案序》，《左盦外集》卷十七，《刘申叔遗书》（下），凤凰出版社1997年版，第1759页。
④ 刘师培：《刘申叔遗书》（上），凤凰出版社1997年版，第462页。

上文所论之"理"是指心的析理能力与客观之理，刘师培将"理"还原到心物关系中来讨论"理"，即"心理由物理而后起，物理亦由心理而后明"，"理"因比较分析而凸显。刘师培以名学和科学阐释"心"与"理"，同时又推重易简之理，以易学来阐释"心"与"理"（下文涉及）。总之，所谓理或道的显现就是在循名责实、主客体合一的认识与实践中完成的，它先天地和语言形式同为一体，加之被易学所阐释，骈体形式也必然与之为一。一个凸显主体审美动态与文字形式的兼具现代性色彩与民族性特征的文学本体论，借助重构的"文道合一"论，在中西文化与中西文学观念的对话中，以近乎完美的逻辑赫然对立了。

三 "象尽意论" 与文质兼备之美

刘师培说："象态既殊，名称即别，古代鸿文，皆沿此例。流连万象之际，沉吟视听之区；言必象物，音必附声。"[①] "言必象物"是文字指实性的表现，但并不仅仅指文字可以孤立地象物、象声，而且也指在作品生成的整一过程中成为意、象、言系统的有机部分。"流连万象之际，沉吟视听之区"出自刘勰《文心雕龙·物色》篇，"流连万象"也即是"写气图貌，既随物以宛转；属采附声，亦与心而徘徊"的过程[②]。而如何"写气图貌"及"与心徘徊"，在《神思》篇是纳入易学阐释方法，并表现为意、象、言符号系统的。《神思》篇曰："神居胸臆，而志气统其关键；物沿耳目，而辞令管其枢机。枢机方通，则物无隐貌；关键将塞，则神有遁心。"[③] "枢机"一词出现在《周易·系辞上》中，"言行，君子之枢机"，王弼注曰"枢机，制动之主"[④]，即"枢机"是言语行为发动或默处的关键，也即是门

---

① 刘师培：《文说·析字篇》，《刘申叔遗书》（上），凤凰出版社1997年版，第702页。
② （南朝梁）刘勰著，范文澜注：《文心雕龙》，人民文学出版社1958年版，第693页。
③ （南朝梁）刘勰著，范文澜注：《文心雕龙》，人民文学出版社1958年版，第493页。
④ 朱学勤主编，王弼注，孔颖达疏：《周易正义》，北京大学出版社1999年版，第257页。

户,比喻君子出处进退中的合乎易道的阴阳开阖。王弼注"天尊地卑,乾坤定矣"曰"乾坤其易之门户"①,在此将乾坤变化比作门户开合。《神思》篇以易学模式构建了"窥意象而运斤""意授于思,言授于意"的意、象、言关系②,表现为"情理设位"的情感秩序与类似乾坤之化的心物交互模式。正如《文心雕龙·熔裁》所说:"情理设位,文采行乎其中。刚柔以立本,变通以趋时。"③ 因而,刘勰在讨论意、象、言关系时,崇尚言以尽意,主张"无务苦虑""不必劳情"的自然之得④。刘师培接受刘勰论文的易学模式,也依循了刘勰借助易学而构建的文质兼美之理想,即《文说》中所谓"文质相宜"⑤,表现为"文以记事,故事外无文"的意、象、言三者统一的美学境界⑥。

需要特别指出的是,刘师培在易学中提出"象尽意论",步武刘勰,后出转精,愈加完善了以易论文之逻辑,促进了文学史上意、象、言话题的思考。刘师培易学著作较少,主要包括《经学教科书》第二册中对《周易》的全面介绍、单篇文章《连山归藏考》《易系辞多有所本说》《司马迁述周易考》《象尽意论》《易卦应齐诗三基说》《王弼易略例明象篇补释自序》《周易悬象序》等,以及《读书随笔》中的《周易言无定位》《易不言五行》《易言不生不灭之理》等吉光片羽之论。但刘师培易学独自成家,论及易经与文字、数学、科学、史学、政治学、社会学、伦理学、哲学、礼典之关系,不乏深刻之处,其易学有所寄托,显示儒者情怀,《象尽意论》则成为其文论与美论的内在架构:

---

① 《周易·系辞上》,朱学勤主编,王弼注,孔颖达疏:《周易正义》,北京大学出版社1999年版,第257页。
② (南朝梁)刘勰著,范文澜注:《文心雕龙》,人民文学出版社1958年版,第493—494页。
③ (南朝梁)刘勰著,范文澜注:《文心雕龙》,人民文学出版社1958年版,第543页。
④ (南朝梁)刘勰著,范文澜注:《文心雕龙》,人民文学出版社1958年版,第494页。
⑤ 刘师培:《文说·析字篇》,《刘申叔遗书》(上),凤凰出版社1997年版,第702页。
⑥ 刘师培:《文说·记事篇》,《刘申叔遗书》(上),凤凰出版社1997年版,第702页。

第十七章　刘师培中国文学观念的易学阐释

意简之理得,而诚备其中,然则二仪之道,尽妙乾坤;风雨之变,同体巽、坎矣。昔之论者不达圆化,标虚胜者,则以象非意表;骛华辩者,又以名象可忘。必若所言,则是观象非达变所资,圆应非典要所寄。顾所称举往往矛盾,何以明之?易象所综,预笼群有。有之未生,块然而已。然则未备之象,具于妙有之先。缘化之迹,同资所待。得其所待,随感而应。若理以渐萌,则蕴而弗出。是则象余于意,非意溢于象也。其在《易》曰:圣人立象以尽意,系辞焉以尽其言。此言象立而意尽,系立而辞尽也。意尽于象,故无象外之意;辞尽于系,故无系表之辞。亦犹黄钟之律,测以寸管;玑衡之度,审于尺表矣。①

此段文字论及意、象、言关系,这一命题无论在哲学上还是文学上都至关重要。刘师培在批驳两派易学观点的基础上,申说一家之言。所谓"不达圆化,标虚胜者,则以象非意表;骛华辩者,又以名象可忘",大概指向孙盛与王弼。《世说新语》刘孝标注引孙盛《易象妙于见形论》曰:"圣人知观器不足以达变,故表圆应于蓍龟。圆应不可为典要,故寄妙迹于六爻。六爻周流,唯化所适。故虽一画,而吉凶并彰,微一则失之矣。拟器托象,而庆咎交著,系器则失之矣。故设八卦者,盖缘化之影迹也。天下者,寄见之一形也。圆影备未备之象,一形兼未形之形。故尽二仪之道,不与乾、坤齐妙。风雨之变,不与巽、坎同体矣。"② 刘师培《象尽意论》中"风雨之变,同体巽、坎"与此段文字中"风雨之变,不与巽、坎同体"正好相反,刘师培主"同体",孙盛主"不与""同体"。孙盛认为,器物不足以表达变化本身,所以借助蓍龟感应来体现,但此种圆应又不能作为准则,于是通过设立易象来阐释。在这一体系中,八卦之象是变化

---

① 刘师培:《刘申叔遗书》(下),凤凰出版社1997年版,第1303页。
② (南朝宋)刘义庆撰,余嘉锡笺疏:《世说新语笺疏》,上海古籍出版社1993年版,第238页。

与器物的影迹，因而二仪之道不能等同于乾坤变化，风雨之变只是器物之变，不能等同于卦象之变。总之，孙盛将器物（包括自然物）之变与卦象、二仪之道与圣人之意区隔开来，这也就是刘师培所批评的"以象非意"。至于他所批评的"名象可忘"者，则是指王弼；"得象忘言""得意忘象"也为刘师培所不取。《象尽意论》阐释了意、象、言的一致性关系，包含三个层面。其一，意尽于象，无象外之意；言辞一致，辞尽意、象，"无系表之辞"。其二，意、象、言的彼此阐释中有度可寻，"犹黄钟之律，测以寸管；玑衡之度，审于尺表"。"易与天地准"作为易学的原则，表达了易学阐释中的数理主义倾向，在此，刘师培也将意、象、言之间的阐释关系界定为可度可数的，可谓感性与理性结合的审美理论的中国化创构。关于理性，刘师培有"《周易》之义，实与数学相通"之论①，认同易学中以科学为基础的理性；在此又进一步昌明它是源于自然之律、天象之迹的自然理性。其三，在意、象、言的"易象所综，预笼群有"之系统中，自然化生的过程是从无名到有名。即"未备之象"在"妙有之先"，然后"得其所待，随感而应"。这一易道也是"理"的萌生到昌明的过程，即"若理之渐萌，则蕴而弗出"，因而在意与象关系上，"象余于意，非意溢于象"，尽管有"象""意"之分，但最终归于一致。"《易》以感为体"是易学的本质②，刘师培对这一命题的阐释富有创造性，他的"随感而应"不仅指与物相感的感知活动与存在方式，而且指由无名到有名的命名过程。刘师培所阐释的易简之理也是循名责实所得之理，言与意、象具有先天的一体性。在此，语言的指实性不单是局部的，而是在整体上参与命名并照亮世界。综上所论，不难发现刘师培《象尽意论》本身的创造性与严密逻辑，而这一思路位移到文学、美学理论中就更加有力地阐释了他的意、象、言合一的易学诗学系统与文质兼备的审美理想。当然，文质相参之美也用

---

① 刘师培：《经学教科书》，广陵书社 2013 年版，第 97 页。
② 余嘉锡：《世说新语笺疏》，上海古籍出版社 1993 年版，第 240 页。

于评价骈体之外的其他文体，如"文质得中，乃文之上乘"，"盖文章音调，必须浅深合度，文质适宜，然后乃能气味隽永，风韵天成"①。

四 "征实"与"饰观"的两端视域与易学进化论

骈文只是借助易学建构的理想的文学形式、元文学形式或文学本体，这是面对西方与日本文学本体观念输入的回应。刘师培结合中国文字与思维特质，通过易学自证了骈体与文质兼备之美的存在。毋庸置疑，刘师培对中国文学与美学观念的思考是极具理论深度的，它充实和丰富了文学、美学的现代性内涵。因而，在理解刘师培美学主张时，必须置入复杂的文化肌理中。刘师培一方面论证了文质兼备之美的必然性——这一理想是其论美时潜在的文化愿景；另一方面又主张"美术"的独立性，重视"性灵"与"饰观"，而在重视"性灵""饰观"的同时又受到潜在的制约。刘师培说"美术者，以饰观为主者也。既以饰观为主，不得不迁就以成其美"②，"美术"在此包含"书法"与"词章"。他一方面主张"美术以性灵为主，而实学则以考核为凭"③；另一方面又以"发引性灵"为自古文人轻薄之习。他用"征实"与"饰观"构成的"两端"视域来阐释其美学倾向。

刘师培在发表于1905年的《论文杂记》中指出后世文章之士多"浮夸矜诩之词"，并引《颜氏家训·文章》篇说："自古之人，多陷轻薄，原其所积，文章之体，标举兴会，发引性灵，使人矜伐，忽于持操，果于进取。"④矛头所指是自古文人标举兴会的积习，其实也是对王国维建构的现代文学与美学观念作出的灵敏而具民

---

① 刘师培著，刘跃进讲评：《中国中古文学史讲义》，凤凰出版社2011年版，第182页。
② 刘师培：《论美术与征实之学不同》，《刘申叔遗书》（下），凤凰出版社1997年版，第1633页。
③ 刘师培：《论美术与征实之学不同》，《刘申叔遗书》（下），凤凰出版社1997年版，第1634页。
④ 刘师培：《刘申叔遗书》（上），凤凰出版社1997年版，第719页。

族性的回应。1904 年，王国维在《教育杂志》上发表文章，有壮美、优美之论①，其核心就是无意志直观的审美解脱与邵雍"以物观物"摒弃情累、与物自得之美的结合——相比于刘师培崇尚指实的形式论，无非是"兴会""性灵"。刘师培文学中的审美情感是无法孤立于物、凭空玄妙的，因为文字和语言与世界本是一体的。刘师培这一理论得到了章太炎的回应。章太炎 1906 年在《国粹学报》发表《文学论略》，反对论文"多以兴会神味为主"，讽刺以"优美""壮美"为论文之轨是学究村妇之法。其文曰："吾观日本之论文者，多以兴会神味为主，曾不论其雅俗。或取其法泰西，上追希腊，以美之一字横缏结噫于胸中，故其说若是耶？彼论欧洲之文，则自可尔，而复持此以论汉文，吾汉人之不知文者，又取其言相矜式，则未知汉文之所以为汉文也。"② 这里的"兴会神味"与"美"有关，章太炎反对日本及中国学人仿效西方之审美观念、不知文章轨则、不讲雅俗之辨，而将"美"字萦绕于心。这是深中其弊的。章太炎之论实有所指，《文学论略》中说："或云壮美，或云优美，学究点文之法，村妇评曲之辞，庸陋卑俚，无足挂齿。而以是为论文之轨，不亦过乎？"③此处的批判对象应当就是王国维。刘师培、章太炎与王国维在文学、美学观念上的对话或论争，属于中国现代文学、美学理论建构的重要组成部分。章太炎提出以"研论文学，当以文字为主"的文学主张④，以"本情性，限辞语"为策略⑤，试图以其"文字"方式，进入一种廓清迷障、人性凸显的新的审美关系中。与章太炎不同，刘师培只是基于其审美理想而反对"发引性灵"。他设置了文质兼备之理

---

① "优美""壮美"二概念见于王国维 1904 年发表于《教育世界》杂志第 8、9、10、12、13 期的《〈红楼梦〉评论》以及作于同年、后收入《静安文集》的《叔本华之哲学及其教育学说》。
② 章太炎：《文学论略》，《国粹学报》第 23 期，1906 年。
③ 章太炎：《文学论略》，《国粹学报》第 21 期，1906 年。
④ 章太炎：《文学论略》，《国粹学报》第 21 期，1906 年。
⑤ 章太炎撰，庞俊、郭诚永疏证：《国故论衡疏证》（下），中华书局 2011 年版，第 593 页。

想，但又遵循时代的进化规律，而他的"进化论"是斯宾塞进化论与《周易》化生论彼此互释而成的。这也就导致了他一方面以上古为则、以文章生成中的《周易》模式为范型，强调文质之美——"征实"与"饰观"均有；但同时也顺应时势，主张美术以"性灵"为主、以"饰观"为尚。在刘师培看来，"饰观"的凸显是时代推移的结果，但并不意味着以"饰观"为极则，更不主张"饰观"借"征实"来补足。他说："若于美术之微，而必欲责其征实，则于美术之学，反去之远矣。"[1] 刘师培给我们提供了错综的审美反思架构。

《论美术与征实之学不同》论述到"饰观"与"征实"的界域与关系。其文曰："古人之于物也，贵真而贱美；后世之于物也，贵美而贱真。贵真者近于征实，贵美者近于饰观。至于徒尚饰观，不求征实，而美术之学遂与征实之学相违。"[2] 刘师培认为美术（书法、词章）发展是一个与"征实"相违的趋势，即"古人词章导源小学，记事贵实，不尚虚词；后世文人，渐乖此例，研句炼词，鲜明字义，所用之字，多与本义相违"[3]。这种相违是必然的，甚至是非理性的，伴随着所谓"用字之讹""造语之讹""造句之讹""用事之讹"等"四讹"，以及"用事不考其源""记事词过其实"等数端"文人之失"而浮出历史地表[4]。之所以称"讹"称"失"是相对文质兼备而言的，"征实"与"饰观"各自显现，都是文质理想破裂的结果。"文言"与"质言"的分轨而行，也与之同理，但"征实"与"饰观"、"文言"与"质言"的两两存在又是基于对文质理想的坚守。刘师培说："不知文言质言，自古分轨，文言之用在于表象，表象之词愈众，则文病亦愈多；然尽删表象之词，则去文存质，而其文必不工。"[5] 即

---

[1] 刘师培：《论美术与征实之学不同》，《刘申叔遗书》（下），凤凰出版社1997年版，第1634页。
[2] 刘师培：《刘申叔遗书》（下），凤凰出版社1997年版，第1633页。
[3] 刘师培：《刘申叔遗书》（下），凤凰出版社1997年版，第1633页。
[4] 刘师培：《刘申叔遗书》（下），凤凰出版社1997年版，第1633页。
[5] 刘师培：《刘申叔遗书》（下），凤凰出版社1997年版，第1633—1634页。

是说，文言体在表象过程中会出现表象之词泛滥的弊病，但刘师培并不主张去文存质，文质兼备依然是一个潜在的准则。美术以饰观为主，不因美术之微，而责其征实，也是同样的道理。概言之，"征实"与"饰观"的分轨并行，是文质理想破裂与恒在、变易与不易的结果。作为美学批评话语，"征实"与"饰观"的关系模式脱胎于刘师培易学与特别的进化论模式，在此姑且简称为易学进化论。

刘师培《读书随笔》曰："易言不生不灭之理"[1]。在《经学教科书》中也申明"不易"之理，并认为"不易"决定了"儒家'则古称先'、汉儒'天不变，道亦不变'"之说的生成[2]，也即易道变化与上古先王理想是同一的；刘师培又有"易不言五行"说[3]，抛弃了历史哲学上的五德始终说，接受了进化论观念，特别是完成了易学对斯宾塞进化论的阐释。一方面维系上古理想，一方面形成特别的进化论思想。

刘师培认为易经有"不生不灭之说""效实储能之说""进化之说"三个"最精之义蕴"[4]。首先，关于进化之说，刘师培认为："据焦氏之说观之，则《易经》一书，言进化而不言退化，彰彰明矣。"[5]同时，反对"否极泰来"的气化论、循环论，主张"大抵气化皆乱，赖人而治""否、泰皆视乎人，不得委之气化之必然也"[6]，强调人的社会实践中的主观意志。其次，刘师培以易学来阐释"效实储能"，认为"效实、储能之理，《大易》早发明之"[7]。所谓"效实""储能"出自严复对进化论思想的翻译与阐释。严复《天演论下·论一·能实》曰："始以易简，伏变化之机，命之曰储能。后渐繁殊，

---

[1] 刘师培：《读书随笔》，广陵书社2013年版，第20页。
[2] 刘师培：《经学教科书》，广陵书社2013年版，第62页。
[3] 刘师培：《读书随笔》，广陵书社2013年版，第19页。
[4] 刘师培：《经学教科书》，广陵书社2013年版，第112页。
[5] 刘师培：《经学教科书》，广陵书社2013年版，第113页。
[6] 刘师培：《经学教科书》，广陵书社2013年版，第113页。
[7] 刘师培：《经学教科书》，广陵书社2013年版，第112页。

第十七章 刘师培中国文学观念的易学阐释

极变化之致,命之曰效实。储能也,效实也,合而言之天演也。此二仪之内,仰观俯察,远取诸物,近取诸身,所莫能外也。"① 严译中的"效实",原意指"过渡到一种高度分化的类型,本质完全显现出来","储能"就是指"最初的形态是一颗种子,相对简单但蕴藏潜力"②。严复在《译〈天演论〉自序》中将"效实"阐释为"辟以出力",将"储能"阐释为"翕以合质"。他说:"后二百年,有斯宾塞尔者,以天演自然言化,著书造论,贯天地人而一理之,此亦晚近之绝作也。其为天演界说曰:翕以合质,辟以出力,始简易而终杂糅。"③ 严复对斯宾塞进化论进行了易学阐释,刘师培接受严译,并作了新的易学阐释:

> 斯宾塞耳《群学肄言》曰:"一群之中,有一事之效实,即有一事之储能。方其效实,储能以消;而是效实者,又为后日之储能。"其理甚精。盖"储能"即"翕以合质"之说,"效实"即"辟以出力"之说也。近世侯官严氏谓,《易·系辞》言"夫《乾》,其静也专,其动也直",即"辟以出力"之意;又言"夫《坤》,其静也翕,其动也辟",即"翕以合质"之意。其说固然。然吾观《周易·系辞》之言曰:"夫《易》,无思也,无为也,寂然不动,感而遂通天下之故。""寂而不动",即"储能"之义,所谓"翕以合质"也;"感而遂通",即"效实"之义,所谓"辟以出力"也。又如"推显阐幽","推显"即"效实","阐幽"即"储能";"何思何虑"即"储能","一致百虑"即"效实"。是效实、储能之理,《大易》早发明之。④

---

① [英]赫胥黎:《天演论》,严复译,商务印书馆1981年版,第50页。
② 严译类似改写,上述译文参考[英]赫胥黎《进化论与伦理学》,宋启林等译,北京大学出版社2010年版,第22页。
③ 严复:《译〈天演论〉自序》,[英]赫胥黎:《天演论》,严复译,商务印书馆1981年版,第9页。
④ 刘师培:《经学教科书》,广陵书社2013年版,第112页。

· 373 ·

《群学肄言》中的"效实"与"储能"为一物两体,"效实"的过程即是"储能"消解的过程,但能量守恒,"效实"也必将转化为将来的"储能"。刘师培将"储能"阐释为"寂然不动"、无思无为的种子或潜力状态,将"效实"阐释为"感而遂通"的变化显现,这显然是对斯宾塞"效实""储能"关系的易学阐释,形成特别的进化论。其理论融创的结果是:其一,强调了世界变化的必然性,承认变化是进化而非退化并体现不生不灭之理;其二,进化的过程中"效实"显现、"储能"消解的过程,也是完整性的破裂与恒在的过程,故而"效实"之显现有其独立性,但也必然有其尺度;其三,易学的上古理想规范了斯宾塞进化论,进化论的目的性被纳入易学理想模式,即"储能"与"效实"之变化具有理想愿景;其四,易学阐释的进化论突出了人的主体性,反对委之气化的循环论思想。

以刘师培进化论观念来观照"饰观"与"征实"及其关系,以及它们与文质兼备理想之关系,就不难理解刘师培美学观念的复杂逻辑。无论是"饰观"还是"征实",都是作为"储能"的寂然不动的文质理想的"效实"与显现。它们各自独立存在是进化的必然趋势,美术以"饰观""性灵"为主亦然,但"饰观""性灵"必有其度,文质理想始终作为潜在的尺度。而对于"性灵""饰观"的过度之失,从学理上也决定了不能人为地以"征实"补足。

刘师培在面对以情感与审美为主调的西方现代文学观念时,作出了具有前瞻性的深度回应,他借助易学这一文化方式阐释了诸多重要的文学与美学话题,这对于反思中国早期现代文学、美学观念的生成以及在当下重构中国特色的学术话语体系是颇具借鉴意义的。

第十八章 鲁迅对国民性与"知识阶级"的批判

鲁迅是章太炎的学生,他们在语言观念上是不同的。章太炎认为中国文字可以纯粹地去指物表意,在他的《国故论衡》里面有扎实的论证,章太炎肯定了文字对事物具有忠实表达的属性。返回到文字,就是要通过文字来呈现质实的世界,寻找文字形式与对象世界的统一性。或者说,就是在寻求文字与世界在本原上的触受关系,也即在文字的发端处探求人的情性。章太炎在谈如何避免文章"情灵无拥"时,主张要从用字造句的本根处入手。另外他也论证了从文字才可以进入他所谓的情性。他说:"本情性,限辞语,则诗盛;远情性,喜杂书,则诗衰。"[①] 声律变迁与体制更替是历史的必然,但情性之理将永恒,这是章太炎的态度。假如有情,诗歌即长存,"本情性,限辞语"就是从根本上守护诗歌元声,应时正变。章太炎注重辨体、雅俗之辨及文字为准均是从修辞形式来建构其文学观念,"本情性,限辞语"的修辞策略则侧重从主体方面来寻找文学的正途。

章太炎反对中国的五种人性论,他想去佛教那里找到理想情性,在文学上则寄希望于一种民族的、纯粹的文字表达。鲁迅先生

---

① 章太炎撰,庞俊、郭诚永疏证:《国故论衡疏证》(下),中华书局2011年版,第593页。

在精神上是继承章太炎的，他要彻底破除旧文化上的孽障，乃至归罪于中国文字，其中的绝望与无可奈何，我们也只能给予同情的理解。鲁迅先生将批评的矛头指向沉重的历史和现实正是他的伟大之处，在此我们论及两个问题：其一，国民性批判；其二，对知识者的批判。

一　国民性批判

国民性批判是鲁迅杂文中的思想内容之一，国民性的批判更主要的是对政治现实和文化现实的针砭。鲁迅并没有抽象地去讨论这一问题，也不能简单地将它理解为是在西方文明视野下观照中国民众与文化的结果。鲁迅的国民性批判基于他对新精神的呼唤，基于他对中国没落现实、资本主义的重物欲轻精神的腐败趋势的孤身奋战。

鲁迅在《文化偏至论》中认为，文明的发展有其历史延续性，也有其异变性："盖今所成就，无一不绳前时之遗迹，则文明必日有其迁流，又或抗往代之大潮，则文明亦不能无偏至"[1]，"文明无不根旧迹而演来，亦以矫往事而生偏至"[2]。即认为新的文化潮流的出现有其历史根源，也有其现实的针对性，任何先进的文化都不可能是普适的真理。所以，在鲁迅看来，所谓外国文明是难以适应中国的："第不知彼所谓文明者，将已立准则，慎施去取，指善美而可行诸中国之文明乎，抑成事旧章，咸弃捐不顾，独指西方文化而为言乎？"[3]在此，他反对文化上的民族虚无主义和全盘西化，同时也洞察到了当时一些知识者，或以轻才小慧而竞言武事，或留学于外国而得彼尘芥，或提倡制造商估、立宪国会，凡此种种，他们无非是博得"志士"之誉，推行虚假的民权政治。鲁迅沉痛地指出："呜呼，古之临

---

[1] 鲁迅：《鲁迅全集》（编年版）第1卷，人民文学出版社2014年版，第129页。
[2] 鲁迅：《鲁迅全集》（编年版）第1卷，人民文学出版社2014年版，第132页。
[3] 鲁迅：《鲁迅全集》（编年版）第1卷，人民文学出版社2014年版，第129页。

第十八章 鲁迅对国民性与"知识阶级"的批判

民者,一独夫也;由今之道,且顿变而为千万无赖之尤,民不堪命矣,于兴国究何与焉。"[1] 显然,青年时期的鲁迅已经看穿了维新派的阶级本质——他们的举动只是或为个人、或为统治者的缺乏灵魂的近乎无赖的行为。

关于19世纪末兴起的"非物质""重个人"思潮,鲁迅认为这是出于纠正19世纪重物质之弊的,即在文化上反抗"灵明日以亏蚀,旨趣流于平庸"的思想贫弱[2],于是新的思潮就"以反动破坏充其精神,以获新生为其希望",抗俗而生了。基于上述欧洲文化史观念,鲁迅提出颇为中正公允的文化策略。他主张中国明哲之士"洞达世界之大势,权衡校量,去其偏颇,得其神明,施之国中,翕合无间。外之既不后于世界之思潮,内之仍弗失固有之血脉,取今复古,别立新宗"[3],即吸收欧洲文明之精华,延续中国文化之内蕴,创立新的文化,这样可以使"国人之自觉至,个性张"[4],可以使"沙聚之邦,由是转为人国"[5]。"尊个性,张精神"便是鲁迅倡导的精神良药,这样的新精神既是针对中国现实,也是针对西方现代弊病,同时这一新精神又有其本土血脉。正如《摩罗诗力说》中所论述的古之精神和争天抗俗之斗志是存在于古代民众中的。

国民性问题是在新精神指引下,对文化弊端进行的系统批判。当鲁迅以剖析的眼光、先进的理念、现实的关怀来看待中国历史与文化时,便更觉其弊病累累。究其根源,便是在专制体制下独立精神的丧失,甚至做人资格的失去。国民劣根性的根源不在国民,而在于社会专制机制及其帮凶和文化。《忽然想到(1—4)》说:"历史上都写着中国的灵魂,指示着将来的命运。"[6] 鲁迅认为,中国的历史是"独

---

[1] 鲁迅:《鲁迅全集》(编年版)第1卷,人民文学出版社2014年版,第129页。
[2] 鲁迅:《鲁迅全集》(编年版)第1卷,人民文学出版社2014年版,第136页。
[3] 鲁迅:《鲁迅全集》(编年版)第1卷,人民文学出版社2014年版,第138—139页。
[4] 鲁迅:《鲁迅全集》(编年版)第1卷,人民文学出版社2014年版,第139页。
[5] 鲁迅:《鲁迅全集》(编年版)第1卷,人民文学出版社2014年版,第139页。
[6] 鲁迅:《鲁迅全集》(编年版)第3卷,人民文学出版社2014年版,第153页。

夫的家谱"和"相斫书"①,这是对几千年来封建历史的本质性看法,而这种历史性重复作为知识者的伶俐人是难辞其咎的。他进一步指出,当下的"伶俐人"往往用"古已有之"的态度来逃避历史②,模糊现实,将历史在现实中的重演看作司空见惯的老例,于是"中国便永远免不掉反复着先前的运命"③。鲁迅呼唤激进的猛士,《这个与那个·读经与读史》写道:"现在中西的学者们,几乎一听到'钦定四库全书'这名目就魂不附体,膝弯总要软下来似的"④,"史书本来是过去的陈帐簿,和急进的猛士不相干"⑤。但是在中国历史上,"孤独的精神的战士"反倒是遭受着灭亡的命运。《这个与那个·捧与挖》说:

中国的人们,遇见带有会使自己不安的朕兆的人物,向来就用两样法:将他压下去,或者将他捧起来。压下去就用旧习惯和旧道德,或者凭官力,所以孤独的精神的战士,虽然为民众战斗,却往往反为这"所为"而灭亡。到这样,他们这才安心了。压不下时,则于是乎捧,以为抬之使高,餍之使足,便可以于己稍稍无害,得以安心。⑥

国民劣根性的发端与封建势力对"孤独的精神的战士"的打压存在直接关联,如果打压不下,那就是"捧"。"伶俐的人们"为了谋利和免害而"捧",他们捧阔老,捧戏子,捧总长,捧火神,捧财神,"凡有被捧者,十之九不是好东西"⑦。鲁迅精当地概括了中国人

---

① 鲁迅:《鲁迅全集》(编年版)第3卷,人民文学出版社2014年版,第152页。
② 鲁迅:《鲁迅全集》(编年版)第3卷,人民文学出版社2014年版,第153页。
③ 鲁迅:《鲁迅全集》(编年版)第3卷,人民文学出版社2014年版,第154页。
④ 鲁迅:《鲁迅全集》(编年版)第3卷,人民文学出版社2014年版,第413页。
⑤ 鲁迅:《鲁迅全集》(编年版)第3卷,人民文学出版社2014年版,第414页。
⑥ 鲁迅:《鲁迅全集》(编年版)第3卷,人民文学出版社2014年版,第415页。
⑦ 鲁迅:《鲁迅全集》(编年版)第3卷,人民文学出版社2014年版,第415页。

第十八章 鲁迅对国民性与"知识阶级"的批判

在特定机制下精神的丧失和思想沉渣的泛起，其中离不了"伶俐人"的推波助澜。

猛士精神消隐之后，即是"卑怯"心态。《这个与那个·最先与最后》写道："中国人不但'不为戎首'，'不为祸始'，甚至于'不为福先'。所以凡事都不容易有改革；前驱和闯将，大抵是谁也怕得做。"① 旧习惯和旧道德的打压使人们心有余悸，却又不敌人性贪欲的驱使，不敢径取，只能动用阴谋与手段，"人们也就日见其卑怯了"，略微见到危机就"纷纷作鸟兽散"了②。原来"卑怯"的表象之后不仅是恐惧、怕事、不敢担当，而且还潜伏着奔腾的欲望和见不得人的谋划。卑怯之所以为卑怯，是害怕直接受害而卑怯，更是因为担心阴谋的败露而卑怯。也是正直人格偏邪后心无所主的卑怯，使人们几乎成了慌张的鸟兽，就这样做人的资格竟然在不知不觉中没有了。

"流氓"心态的产生也与侠的精神的消亡有关，与巧于算计的势利之心有关，从侠到流氓的变迁可以看到人格的逐渐失去和低劣化。在赫赫威严的权势面前，他们机巧地释放着那虚张的声势，在半殖民地半封建社会的中国土地上流氓便横行了。写于1929年的《流氓的变迁》一文原原本本地呈现了流氓文化的悠久历史：首先是墨子之徒为侠，到后来是"真老实的逐渐死完，止留下取巧的侠，汉的大侠，就已和公侯权贵相馈赠，以备危急时作来护符之用了"③，此时侠的精神已经消失，贪生怕死无异于常人。侠消失后，强盗兴起，强盗去了后，就是奴才。后来这些奴才不敢直接为天子效力，便给官员或钦差大臣作保镖，替他们捕盗，但后来为安全起见，便有了流氓。这些气势凌人、或为渔利、或为逞威以自娱的自由职业者，他们管和尚喝酒，管男女通奸；他们凌辱私娼，欺负乡下人不懂租界规矩，嘲

---

① 鲁迅：《鲁迅全集》（编年版）第3卷，人民文学出版社2014年版，第417页。
② 鲁迅：《鲁迅全集》（编年版）第3卷，人民文学出版社2014年版，第417页。
③ 鲁迅：《鲁迅全集》（编年版）第6卷，人民文学出版社2014年版，第128页。

骂剪发女人；这些流氓以维持风化、宝爱秩序的名义肆意发泄着自己的私欲。流氓的出现是世风日下的表现，流氓的普及也反映了中国封建社会秩序的解体和败坏。从行侠仗义沦为官僚帮凶，乃至欺凌弱小，流氓的变迁是阶级社会的历史现象。

中国式的"面子"其实也是精神败落、趋于势利的一种表现形式，表面看来讲求"面子"关乎人的自尊，不过，当面子是为了满足自己的私欲时，那面子就来得随心所欲。有时来得奴性十足，有时来得虚情假意。《说面子》说，中国人的面子是圆机活法，善于变化，于是就和"不要脸"混起来了①。鲁迅的见解实在是精辟，此种国民性并非与生俱来，而是在恶劣的社会机制和风气中委蛇应和的结果，也是失去人格后又强自充大的表现之一。它与虚伪是孪生的姐妹，它也是一些欧化分子失去民族自信时的狐假虎威。"反虚伪的精神"是瞿秋白对鲁迅杂文价值的判断之一，瞿秋白说："他的神圣的憎恶就是针对着这个地主资产阶级的虚伪社会，这个帝国主义的虚伪世界。"②鲁迅找到了虚伪病症的社会性根源，中国式的"面子"，其病根也与此相同。鲁迅在辛辣的揭示和讽刺中，总是并存着冷静而深入的思考。专横、一盘散沙、作戏、自私、自欺等一系列国民劣根性表现，鲁迅都在批判中给予剖析。国民劣根性有多种，其核心特征是精神的萎靡和人格的贫弱病态，这是专制社会的产物。《谚语》说："专制者的反面就是奴才，有权时无所不为，失势时即奴性十足。"③人正是在专制的体系中找不到人的落脚处，不是成为权势的附庸，就是成为牺牲品；社会险恶不平的运行方式投射于人性，人性便崎岖曲折了。只要社会中有不平等或森严阶级性的存在，国民的劣根性就一定存在，只是表现形式不同罢了。《学界三魂》中提到，国魂中有官魂、匪魂、民魂，这三魂的划分可谓精当。有官则有民，也

---

① 鲁迅：《鲁迅全集》（编年版）第8卷，人民文学出版社2014年版，第264页。
② 鲁迅著，瞿秋白编：《鲁迅杂感选集》，中国致公出版社2009年版，第17页。
③ 鲁迅：《鲁迅全集》（编年版）第7卷，人民文学出版社2014年版，第208页。

第十八章 鲁迅对国民性与"知识阶级"的批判

有被官所称作"匪"的,而在学术界也存在同一的结构。鲁迅说:"中国人的官瘾实在深,汉重孝廉而有埋儿刻木,宋重理学而有高帽破靴,清重帖括而有'且夫''然则'。总而言之:那魂灵就在做官,——行官势,摆官腔,打官话。顶着一个皇帝做傀儡,得罪了官就是得罪了皇帝,于是那些人就得了雅号曰'匪徒'。"① 鲁迅说:"学界的打官话是始于去年,凡反对章士钊的都得了'土匪','学匪','学棍'的称号,但仍然不知道从谁的口中说出,所以还不外乎一种'流言'。"② 反抗者是压迫者造就的,他们甫一出现即被冠以"匪"的称号。压迫者用一个"匪"字,就将自己权力的宝座变成了道德的高地。别人作了他的奴隶,他却作了旧道德的奴隶。长远地看,这些封建的僵尸、专制的刽子手、官僚的帮凶何尝不是病态的国民。

对国民性批评并不意味着否定国民,鲁迅看到了国民中的主体是工农大众,从他早期对中国农民和小知识分子的同情,到后来鲜明地将中国未来寄托于无产阶级可以看出。鲁迅的国民性批判是清理着那个社会沉淀着的所有腐朽的人事和思想,抵抗着在帝国主义大棒指挥下的沉渣泛起的旧文化;他的国民性批判更像是对罪恶的社会现实及其历史源流的分析和审判;他在祛除陈腐的过程中发现了涌动着的历史动力。他在《中国人失掉自信心了吗?》中说:"我们从古以来,就有埋头苦干的人,有拼命硬干的人,有为民请命的人,有舍身求法的人,……虽是等于为帝王将相作家谱的所谓'正史',也往往掩不住他们的光耀,这就是中国的脊梁。"③ 当鲁迅认定无产阶级可以带来光明的未来时,他已经找到了国民性问题的最终根源乃是阶级社会本身;当鲁迅发现"中国的脊梁"时,他的猛士精神就会像星火燎原一样将国民性的劣根烧成灰烬,催发出春草一般的新的精神。

---

① 鲁迅:《鲁迅全集》(编年版)第4卷,人民文学出版社2014年版,第99页。
② 鲁迅:《鲁迅全集》(编年版)第4卷,人民文学出版社2014年版,第100页。
③ 鲁迅:《鲁迅全集》(编年版)第8卷,人民文学出版社2014年版,第252页。

二 对"知识阶级"的批判

国民性问题的出现与知识者在专制社会中独立精神的丧失密切相关。鲁迅对于知识阶级的批判既有着政治上的针砭，更有着深入的文化反思。由于阶级立场和政治态度的水火不容，鲁迅将投枪和匕首射向了反动的知识阶级，同时，也刻画出他们表象之后陈旧而腐朽的灵魂。鲁迅往往能一语中的，使其原形毕露，戴着徽章的"山羊"、资本家"走狗"、会作戏的"二丑"等，都是恰如其分的称谓。这些称谓近取诸物，而又见义深远，触及了这一阶层前世今生的阶级属性和文化属性。辛亥革命后，中国的知识界发生了种种分化，有的保守国故，有的尊崇欧化；这个时代需要革命，但革命以后一切都依然，表面的新色褪去后又旧痕斑驳，一切照旧。鲁迅对世相的观察真有点天才的先知先觉，早年就看穿了维新者所谓立宪国会、民权政治中隐藏的欺骗性。辛亥革命后，他蛰居绍兴会馆，抄碑校书，远离世事，沉寂在死一般的气氛中。此种将自己孤立出来的行为，本身就体现了他对当时统治者和知识阶层的态度，那时期的思想在后来的小说中是有所表现的。在那时，他已经意识到旧文化势力的根深蒂固和国民性的积重难返；任何一般的反抗或许只能是归于荒谬，而只有独立不改的猛士精神才能划破深重的黑暗。五四运动以后，鲁迅呐喊又彷徨，笔下的小知识分子所遭遇的困境就是几千年的积弊。他们身上可怜的文化新质不是被扼杀即是被同化，他们身上无疑有着鲁迅的影子，而此时的鲁迅正逐渐从一个小知识者成长为精神的猛士。作为荷戈战斗的猛士，他投入政治斗争与文化论战中，去刺痛那些依然不觉醒的"伶俐者"的麻木灵魂。

辛亥革命后，传统士大夫阶层分化为国故派和欧化派，国故派宣扬固有道德和文明，提倡所谓国粹，但其实质是知识阶级从自身利益出发幻想着复归正在瓦解的统治秩序。《论"他妈的！"》一文指出，"国骂"与仰仗门第、依赖祖宗的文化有关，他说："中国人至今还

第十八章　鲁迅对国民性与"知识阶级"的批判

有无数'等',还是依赖门第,还是倚仗祖宗。倘不改造,即永远有无声的或有声的'国骂'。就是'他妈的',围绕在上下和四旁,而且这还须在太平的时候。"① 国骂固然卑劣,但"下等人"的卑劣,却是来对付高门大族的森严等级与规矩秩序的;"上等人"的文化孕育了无奈的"国骂",而那些追认祖宗、恢复古礼、近乎荒唐的维护士大夫颜面的文化复辟,其实在剥夺"下等人"的生存权利。国粹主义的虚伪就在这里,鲁迅直揭其秘,针对国粹主义论调,《随感录·三十五》中写道:"前清末年说这话的人,大约有两种:一是爱国志士,一是出洋游历的大官。他们在这题目的背后,各各藏着别的意思。志士说保存国粹,是光复旧物的意思;大官说保存国粹,是教留学生不要去剪辫子的意思。现在成了民国了。以上所说的两个问题,已经完全消灭。所以我不能知道现在说这话的是那一流人,这话的背后藏着什么意思了。"② 清政府的衙门挂上了民国的招牌之后,变化的仅是表面。国粹主义在民国的泛起可以说是旧势力及旧文化的抬头,与其说是国粹,不如叫作沉渣。国粹不是没有,但要看是谁来提倡国粹,在什么样的历史条件下来弘扬来鼓吹。毫无疑问,鲁迅当时的反国粹主义是具有清醒的现实主义精神的。

鲁迅对知识阶级的批评并非反智主义,也非虚无主义。恰恰相反,他在《智识即罪恶》一文中对视知识为脏物、以知识即罪恶的虚无哲学者给以绝妙的讽刺;对在统治秩序中扮演帮凶或清客的知识者又是鄙视的。在《二丑艺术》中,他说二丑属于智识阶级,他们是保护公子的拳师,或者是趋奉公子的清客,有着上等人模样,懂些琴棋书画,依靠的是权门,凌蔑的是百姓,当受着豢养的时候,也装着和这贵公子并非一伙。鲁迅对附属于封建势力或帝国主义势力羽翼下的知识者的肖像描摹,可谓形神兼备,堪称绝妙的文化发现。"世间只要有权门,一定有恶势力,有恶势力,就一定有二花脸,而且有

---

① 鲁迅:《鲁迅全集》(编年版)第3卷,人民文学出版社2014年版,第342页。
② 鲁迅:《鲁迅全集》(编年版)第1卷,人民文学出版社2014年版,第593页。

二花脸艺术"①，这是他明智的论断。据此推论，只要是服务于军阀政府、资本豪门、列强势力的知识阶级一定具有上述劣根性。无论伪装得多么高雅，无论秉持的"公理"和"正义"多么冠冕堂皇，他们总是站在了大众的反面，作着高超的表演。《一点比喻》中，鲁迅所提到的山羊，它们"脖子上还挂着一个小铃铎，作为智识阶级的徽章"②，领着胡羊走向屠场，这是对章士钊、陈西滢等人为军阀辩护、希望学生成为温顺羔羊、以便当权者任意宰割的行径的准确描写。鲁迅将新月派这些知识分子还比作刽子手和皂隶，《新月社批评家的任务》中认为，新月派憎恶嘲骂，反对不满于现状，其实如同刽子手、皂隶一样是做了维持治安的任务，而他们所谓的"思想自由"也将最终落空③。新月人士不是才子，便是名流，欧风美雨沐浴其学，自由思想标榜其魂，但他们在鲁迅眼里却是皂隶一般的人物。当然，这绝非文人相轻，也非睚眦必报，更不是出于个人恩怨，而是看透了这些知识者的致命伤。鲁迅的理想精神容不得那些所谓知识阶级的腐朽意识。这腐朽意识不仅表现于他们在专制政治结构中充当帮凶角色，而且还表现为他们为了自己的私利，时常借力于统治者的权势。《"丧家的""资本家的乏走狗"》中，鲁迅揭露了梁实秋等人借助国民党主子的一臂之力，以通共通苏的罪名打压论敌的下作行为；《论俗人应避雅人》中则讽刺了梁实秋、林语堂等"雅人"的虚伪和恶毒本质，他们表面上的雅实质上是为了挣钱固位，借刀杀人。

国难当头之时，提倡"民族主义文学"的文艺家也遭到了鲁迅的揭露，他们尽管伪装以国粹精神、民族主义等动听的辞令，但这些人在实质上不过一些尽职分的"宠犬"。他在《"民族主义文学"的任务和运命》一文中说："他们所谓'文艺家'的许多人，是一向在

---

① 鲁迅：《鲁迅全集》（编年版）第7卷，人民文学出版社2014年版，第212页。
② 鲁迅：《鲁迅全集》（编年版）第4卷，人民文学出版社2014年版，第107页。
③ 鲁迅：《鲁迅全集》（编年版）第6卷，人民文学出版社2014年版，第130—131页。

尽'宠犬'的职分的，虽然所标的口号，种种不同，艺术至上主义呀，国粹主义呀，民族主义呀，为人类的艺术呀，但这仅如巡警手里拿着前膛枪或后膛枪，来福枪，毛瑟枪的不同，那终极的目的却只一个：就是打死反帝国主义即反政府，亦即'反革命'，或仅有些不平的人民。"① 民族主义文学者是流氓政治下的流尸文学，假借"民族主义"名义，压迫无产阶级文学，他们"以亚细亚勇士"的名义对准了苏联，这正好迎合了日本大唱的日支亲善，同时也为蒋介石的投降卖国政策效劳。

鲁迅的眼光是犀利和深远的，复杂的政治环境中何去何从是当时知识者必须面临的选择。鲁迅站在人民的这一边，将独立的猛士精神与中国的无产阶级革命结合在一起，他从旧的阵营里叛逆出来，为那个时代的知识分子奉献了新的精神。他同时也看到革命者在新旧时代交替中文化上存在的缺陷，他在《现今的新文学的概观》中指出了革命文学的空想性，以及在意识上的陈旧和不彻底："脑子里存着许多旧的残渣，却故意瞒了起来，演戏似的指着自己的鼻子道，'惟我是无产阶级'！"② 认为这样的宣扬就类似奉旨申斥，脱离大众；他还批评郭沫若道："《一只手》也还是穷秀才落难，后来终于中状元，谐花烛的老调。"③ 他主张真正的革命文学需要有对将来的理想。其《文艺与革命》一文则批评革命文学家不敢正视黑暗的现实。当左翼联盟成立后，鲁迅提出了建设性的意见，防止左翼作家变成右翼作家。他在《对于左翼作家联盟的意见》中说："在中国也有过许多新的运动了，却每次都是新的敌不过旧的，那原因大抵是在新的一面没有坚决的广大的目的，要求很小，容易满足。"④ 这是一个身经多次文化革命、看到过多次文化阵营内部走向分裂的文化战士的诚挚忠

---

① 鲁迅：《鲁迅全集》（编年版）第6卷，人民文学出版社2014年版，第559页。
② 鲁迅：《鲁迅全集》（编年版）第6卷，人民文学出版社2014年版，第57页。
③ 鲁迅：《鲁迅全集》（编年版）第6卷，人民文学出版社2014年版，第57页。
④ 鲁迅：《鲁迅全集》（编年版）第6卷，人民文学出版社2014年版，第352页。

告。他期望"造出大群的新的战士",并认为"如果目的都在工农大众,那当然战线也就统一了"①。同时,告戒左翼知识分子:"劳动大众""决不会特别看重知识阶级者的"②。在《上海文艺之一瞥——八月十二日在社会科学研究会讲》中认为,左翼作家都是读书人,是"智识阶级",要写出革命的实际是不容易的,"至少是必须和革命共同着生命,或深切地感受着革命的脉搏的"③。

鲁迅反对国故,反对资产阶级文人,寄希望于左翼知识分子,但也景仰中国历史上那些埋头苦干的人、为民请命的人,他呼唤真正的新的知识阶级的产生。无论是国民性问题,还是知识阶级的局限性,其最终的根源是专制和阶级不平等的存在。所以鲁迅的改造国民性与对知识阶级的批判均与其现实主义的战斗精神结合在一起。他要在新文化领域中开天辟地。

鲁迅向着吃人的社会结构发出呐喊,他向着封建势力、帝国主义势力、资产阶级势力及各色帮凶们彼此交结而成的统治堡垒发出了挑战。他揭开了各色的伪装,直接指向那冠冕堂皇的真相之后被掩盖着的残酷事实,他也清醒地看到积重难返的腐朽的社会意识深刻地纠缠在中国人的心灵;他哀其不幸,怒其不争,但更深刻地注意到这些意识魔障的社会根源;他逐一剖析,让中国人慢慢地从那几乎万劫不复的意识地狱中逐渐苏醒。鲁迅如同精卫填海似地将一篇篇文章投放在波涛汹涌而复杂诡异的思想界,他以勇猛精进的姿态向着那接近于虚无的对象去讨回做人的资格和灵魂。他同那些以文化为标榜而行吃人之实的思想意识彻底开战,他看透了那个时代某些知识阶级的虚伪本质,也提前宣告了某些知识阶级的帮凶式的行事方法、唯利的思维方式、貌似高雅的"文明"腔调终将在未来的中国走向末路。

鲁迅是个思想的天才、实际的行动家,他深刻的思想和猛士的精

---

① 鲁迅:《鲁迅全集》(编年版)第6卷,人民文学出版社2014年版,第354—355页。
② 鲁迅:《鲁迅全集》(编年版)第6卷,人民文学出版社2014年版,第352页。
③ 鲁迅:《鲁迅全集》(编年版)第6卷,人民文学出版社2014年版,第531页。

神是那个时代结出的文化硕果,也是中国文化发展链条上的重要一环,他真正做到了复古取今。

鲁迅哀痛国民之病,探讨国民性的历史文化根源,抨击专制势力及其帮凶,解剖社会弊病,解剖自己。这种决绝的彻底的猛士精神从何而来?说他深受唯意志论者影响,但他的自我谱系又要复杂得多,他的自我如何建立涉及中西文化资源特别是中国近代文化资源,比如龚自珍、魏源甚至晚明心学等,当然更重要的是那个彻底崩溃的社会。我们也不得不去讨论章太炎与鲁迅之间的思想关系。章太炎以真如世界为皈依,鲁迅虽然秉持了这种批判精神,却宁愿留在现实之中。他讲虚无但并不逃避向远方或彼岸世界,也绝对不保持沉默,相反,他在时刻打破这种虚无,"我以我血荐轩辕"。

早在1907年,鲁迅先生26岁时就完成了他的杰作《摩罗诗力说》《文化偏至论》。鲁迅的国民性批判与对"知识阶级"的犀利针砭,一定程度上依然反映了他青年时期形成的进化论、"立人"观以及文艺观念。在《摩罗诗力说》中鲁迅论及宇宙自然与人事变化时,认为"平和之物,不见于人间"[1],"故杀机之旁,与有生偕;平和之名,等于无有。特生民之始,既以武健勇烈,抗拒战斗,渐进于文明矣"[2]。可以说,文明社会产生于武勇的斗争是鲁迅进化论的主旨。他清醒地知道"中国爱智之士"对唐虞时代"人安其天"的想象是虚假的,"其说照之人类进化史实,事正背驰"[3],故而明确反对老子"自致槁木之心,立无为之治"[4],所以,面对无时无物不秉杀机的生命进化与人世之悲,鲁迅推崇"摩罗宗",呼唤属于中国的"精神界之战士"[5]。鲁迅说:"人得是力,乃以发生,乃以曼衍,乃以上征,

---

[1] 鲁迅:《鲁迅全集》(编年版)第1卷,人民文学出版社2014年版,第82页。
[2] 鲁迅:《鲁迅全集》(编年版)第1卷,人民文学出版社2014年版,第83页。
[3] 鲁迅:《鲁迅全集》(编年版)第1卷,人民文学出版社2014年版,第83页。
[4] 鲁迅:《鲁迅全集》(编年版)第1卷,人民文学出版社2014年版,第83页。
[5] 鲁迅:《鲁迅全集》(编年版)第1卷,人民文学出版社2014年版,第115页。

乃至于人所能至之极点。"① 这种"摩罗"力量就是促进人类进化的动力与精神,所谓"摩罗之言,假自天竺,此云天魔,欧人谓之撒但,人本以目裴伦(G. Byron)"②。确实如此,在现实世界中,拜伦、雪莱、普希金、莱蒙托夫、密茨凯维支等即是立意反抗、争天抗俗的诗人们的典范。

鲁迅推崇此种立足天地的圣人式人物,他们能"扬宗邦之真大",审己知人,乃至"自觉","自觉之声发,每响必中于人心,清晰昭明,不同凡响"③;他们或以"伟大壮丽之笔,宣独立自繇之音,国人得之,敌忾之心大炽"④;他们或是"吾之吟咏,无不为宗邦神往。吾将舍所有福祉欢欣,为宗国战死"⑤;他们也如《海贼》中的主人公康拉德一样,"于世已无一切眷爱,遗一切道德,惟以强大之意志"⑥;他们抵御外族,发扬国民精神,甚至与上帝抗争,他们以文章启示民众,"凡一字一辞,无不即其人呼吸精神之形现,中于人心,神弦立应"⑦;他们甚至最终以死亡来解脱其身,诠释人生之秘⑧,比如雪莱。在此,显然突破了中国易学中传统的圣人观念,但撒旦、摩罗、拜伦、雪莱等未尝不是新的圣人,在发挥人性、崇尚自由、革新文化、唤醒国民等方面与古圣人血脉相通。在鲁迅的诠释中,他悲叹"文事式微,则种人运命亦尽"⑨,期望怀古开新,国民发展应"思理朗然,如鉴明镜,时时上征,时时反顾,时时进光明之长途,时时念辉煌之旧有,故其新者日新,而其古亦不死"⑩。因

---

① 鲁迅:《鲁迅全集》(编年版)第1卷,人民文学出版社2014年版,第84页。
② 鲁迅:《鲁迅全集》(编年版)第1卷,人民文学出版社2014年版,第82页。
③ 鲁迅:《鲁迅全集》(编年版)第1卷,人民文学出版社2014年版,第81页。
④ 鲁迅:《鲁迅全集》(编年版)第1卷,人民文学出版社2014年版,第86页。
⑤ 鲁迅:《鲁迅全集》(编年版)第1卷,人民文学出版社2014年版,第86页。
⑥ 鲁迅:《鲁迅全集》(编年版)第1卷,人民文学出版社2014年版,第91页。
⑦ 鲁迅:《鲁迅全集》(编年版)第1卷,人民文学出版社2014年版,第98页。
⑧ 鲁迅:《鲁迅全集》(编年版)第1卷,人民文学出版社2014年版,第102页。
⑨ 鲁迅:《鲁迅全集》(编年版)第1卷,人民文学出版社2014年版,第79页。
⑩ 鲁迅:《鲁迅全集》(编年版)第1卷,人民文学出版社2014年版,第81页。

而，鲁迅虽然自谓"今且置古事不道，别求新声于异邦"①，但依然是在古今中西间进行着文化互释，其中不能排除圣人观念的互释。比如，鲁迅承认"先民神思"功能或圣人之存在，其文曰："盖人文之留遗后世者，最有力莫如心声。古民神思，接天然之閟宫，冥契万有，与之灵会，道其能道，爰为诗歌。其声度时劫而入人心，不与缄口同绝；且益曼衍，视其种人。"②再比如，在鲁迅的哲学与美学中固然推崇拜伦"趁其神思而奔神思之乡"，获得"美之本体"，"出人间而神行，冀自达其所崇信之境"③，但他依然保持对"天然"理想的崇尚。鲁迅批判"智力集于科学，则思制天然而见其法则"的现代文明之弊④，念恋"天然之怀""婴儿之笑"的人之天性⑤。需要指出的是，鲁迅之"天然"与中国古代的自然或天然不同。它不是静态的平和，而是在抗争外物中保有的，鲁迅说："其独慰诗人之心者，则尚有天然在焉。人生不可知，社会不可恃，则对天物之不伪，遂寄之无限之温情。一切人心，孰不如是。"⑥总之，鲁迅认同的人的"天然"的"神思""灵会""冥契万有"等能力显然是古代圣人所具有的，而他赋予"天然"以新意，则是顺应时代潮流的理论创造。在《摩罗诗力说》中，鲁迅多次用到"两间"一词，颂扬立足天地间的发为雄声，以起国人的人格精神。在《文化偏至论》中鲁迅先生描述了"生存两间"的"明哲之士"："此所为明哲之士，必洞达世界之大势，权衡校量，去其偏颇，得其神明，施之国中，翕合无间。外之既不后于世界之思潮，内之仍弗失固有之血脉，取今复古，别立新宗，人生意义，致之深邃，则国人之自觉至，个性张，沙聚之邦，由是转为人国"⑦，

---

① 鲁迅：《鲁迅全集》（编年版）第1卷，人民文学出版社2014年版，第82页。
② 鲁迅：《鲁迅全集》（编年版）第1卷，人民文学出版社2014年版，第79页。
③ 鲁迅：《鲁迅全集》（编年版）第1卷，人民文学出版社2014年版，第101页。
④ 鲁迅：《鲁迅全集》（编年版）第1卷，人民文学出版社2014年版，第101页。
⑤ 鲁迅：《鲁迅全集》（编年版）第1卷，人民文学出版社2014年版，第101页。
⑥ 鲁迅：《鲁迅全集》（编年版）第1卷，人民文学出版社2014年版，第101页。
⑦ 鲁迅：《鲁迅全集》（编年版）第1卷，人民文学出版社2014年版，第138—139页。

"是故将生存两间,角逐列国是务,其首在立人,人立而后凡事举;若其道术,乃必尊个性而张精神"①。在"明哲之士"权衡较量、取今复古的"翕合无间"中,我们仿佛看到了中国古代圣人的价值观、易道本体论与方法论的投影。当然这仅仅是一种文化想象,希望明哲之士在国运衰败、文事式微时代里生成"尊个性而张精神"的人格与事业正是鲁迅所深切期望的。

---

① 鲁迅:《鲁迅全集》(编年版)第1卷,人民文学出版社2014年版,第139页。

主要征引书目

一　原典与专著

（明）艾南英：《天佣子集》卷五，（台北）艺文印书馆 1980 年影印道光本。

陈来：《宋明理学》（第 2 版），华东师范大学出版社 2004 年版。

陈荣捷：《王阳明〈传习录〉详注集评》，重庆出版社 2017 年版。

陈雪虎：《"文"的再认：章太炎文论初探》，北京大学出版社 2008 年版。

陈子龙著，王英志辑校：《陈子龙全集》（中），人民文学出版社 2011 年版。

成中英：《易学本体论》（增订版），商务印书馆 2020 年版。

成中英主编：《本体与诠释：美学、文学与艺术》，生活·读书·新知三联书店 2000 年版。

（宋）程颐撰，王孝鱼点校：《周易程氏传》，中华书局 2011 年版。

（明）邓豁渠：《南询录》，明万历二十七年刊本。

丁福保辑：《历代诗话续编》，中华书局 1983 年版。

（西汉）董仲舒：《春秋繁露》，清乾隆抱经堂丛书本。

（唐）房玄龄等撰：《晋书》，中华书局 1974 年版。

龚杰：《张载评传》，南京大学出版社 2011 年版。

［日］沟口雄三：《李卓吾·两种阳明学》，孙军悦、李晓东译，生活·读书·新知三联书店2014年版。

［日］沟口雄三：《中国前近代思想之曲折与展开》，陈耀文译，上海人民出版社1997年版。

郭齐勇：《中国哲学史十讲》，复旦大学出版社2020年版。

郭庆藩：《庄子集释》，中华书局1961年版。

郭应传：《真俗之境——章太炎佛学思想研究》，安徽人民出版社2006年版。

韩经太：《理学文化与文学思潮》，中华书局1997年版。

（唐）韩愈著，刘真伦、岳珍校注：《韩愈文集汇校笺注》，中华书局2010年版。

（唐）韩愈著，马其昶校注：《韩昌黎文集校注》，上海古籍出版社1986年版。

（清）何文焕辑：《历代诗话》，中华书局1981年版。

［英］赫胥黎：《进化论与伦理学》，宋启林等译，北京大学出版社2010年版。

［英］赫胥黎：《天演论》，严复译，商务印书馆1981年版。

侯外庐：《中国思想史纲》，中国青年出版社1981年版。

（宋）胡仔：《苕溪渔隐丛话》，清海山仙馆丛书本。

华东师范大学古籍整理研究室编：《历代书法论文选》，上海书画出版社1979年版。

黄侃著，吴方点校：《文心雕龙札记》，中国人民大学出版社2004年版。

（清）黄宗羲著，沈芝盈点校：《明儒学案》，中华书局2008年版。

嵇文甫：《晚明思想史论》，北京出版社2016年版。

（明）焦竑撰，李剑雄点校：《澹园集》，中华书局1999年版。

金景芳：《〈周易·系辞传〉新编详解》，辽海出版社1998年版。

金景芳讲述，吕绍纲整理：《周易讲座》，广西师范大学出版社2005

年版。

［德］康德：《判断力批判》，邓晓芒译，杨祖陶校，人民出版社2002年版。

（宋）黎靖德编，王星贤点校：《朱子语类》，中华书局1986年版。

李帆：《刘师培与中西学术》，北京师范大学出版社2014年版。

（明）李梦阳：《空同集》，四库全书本。

（明）李攀龙著，包敬第校：《沧溟先生集》，上海古籍出版社2014年版。

李小荣：《〈弘明集〉〈广弘明集〉述论稿》，巴蜀书社2005年版。

李修生主编：《全元文》，江苏古籍出版社1999年版。

李学勤主编，（魏）王弼注，（唐）孔颖达疏：《周易正义》，北京大学出版社1999年版。

李震：《曾巩年谱》，苏州大学出版社1997年版。

（明）李贽：《初潭集》，中华书局1974年版。

（明）李贽：《焚书》，中华书局2009年版。

梁启超：《梁启超论儒家哲学》，商务印书馆2012年版。

（宋）林希逸著，周启成校注：《庄子鬳斋口义校注》，中华书局1997年版。

（南朝宋）刘劭著，梁满仓译注：《人物志·九征第一》，中华书局2014年版。

刘师培：《读书随笔》，广陵书社2013年版。

刘师培：《经学教科书》，广陵书社2013年版。

刘师培：《刘申叔遗书》，凤凰出版社1997年版。

刘师培著，刘跃进讲评：《中国中古文学史讲义》，凤凰出版社2011年版。

（南朝梁）刘勰著，范文澜注：《文心雕龙注》，人民文学出版社1958年版。

刘再复：《李泽厚美学概论》，生活·读书·新知三联书店2009年版。

卢雪昆：《常道——回到孔子》，广西师范大学出版社2016年版。

罗宗强：《明代文学思想史》，中华书局2019年版。

鲁迅：《鲁迅全集》（编年版），人民文学出版社2014年版。

鲁迅著，瞿秋白编：《鲁迅杂感选集》，中国致公出版社2009年版。

陆世仪：《复社纪略》，清钞本。

（宋）吕祖谦：《吕氏家塾读诗记》，四库全书本。

罗钢：《传统的幻象——跨文化语境中的王国维诗学》，人民文学出版社2015年版。

敏泽：《中国美学思想史》，中国社会科学出版社2014年版。

莫砺锋：《朱熹文学研究》，南京大学出版社2000年版。

牟宗三：《圆善论》，吉林出版集团2010年版。

［日］内山精也：《传媒与真相——苏轼及其周围士大夫的文学》，朱刚等译，上海古籍出版社2013年版。

聂振斌：《中国近代美学思想史》，中国社会科学出版社1991年版。

（宋）欧阳修著，李逸安点校：《欧阳修全集》，中华书局2001年版。

彭富春：《论中国的智慧》，人民出版社2010年版。

（宋）彭叔夏：《文苑英华辨证》，清武英殿聚珍版丛书本。

（明）瞿汝稷：《指月录》，清乾隆八年明善堂刻本。

（唐）瞿昙悉达：《开元占经》，九州出版社2012年版。

戚良德主编：《儒学视野中的〈文心雕龙〉》，上海古籍出版社2014年版。

（清）阮元著，邓经元点校：《揅经室集》，中华书局1993年版。

［美］撒穆尔·伊诺克·斯通普夫、詹姆斯·菲泽：《西方哲学史》（第7版），丁三东等译，中华书局2005年版。

（南朝梁）释僧祐撰，李小荣校笺：《弘明集校笺》，上海古籍出版社2013年版。

尚秉和：《周易尚氏学》，中华书局1980年版。

（宋）邵雍：《皇极经世书》，四库全书本。

（宋）邵雍：《击壤集·自序》，四库全书本。

沈有鼎：《沈有鼎集》，中国社会科学出版社2006年版。

（宋）施元之、顾景蕃合注：《增补足本施顾注苏诗》，宋景定补刊本。

［德］叔本华：《作为意志和表象的世界》，石冲白译，商务印书馆1982年版。

（唐）司空图：《司空表圣文集》，四库全书本。

［美］苏珊·桑塔格：《疾病的隐喻》，程巍译，上海译文出版社2003年版。

（宋）苏轼：《东坡全集》，四库全书本。

（宋）苏轼：《东坡易传》，四库全书本。

（宋）苏轼：《东坡易传》，上海古籍出版社1989年版。

（宋）苏轼著，王其和校注：《东坡画论》，山东画报出版社2012年版。

（宋）苏轼著，王文诰辑注，孔凡礼点校：《苏轼诗集》，中华书局1982年版。

（宋）苏轼撰，孔凡礼点校：《苏轼文集》，中华书局1986年版。

（宋）苏辙著，陈宏天、高秀芳点校：《苏辙集》，中华书局1990年版。

（明）谭元春著，陈杏珍标校：《谭元春集》，上海古籍出版社1998年版。

汤用彤：《汉魏两晋南北朝佛教史》，北京大学出版社1997年版。

（明）唐顺之：《荆川先生文集》，上海涵芬楼藏明刊本。

（明）唐顺之：《重刊荆川先生文集》，四部丛刊本。

（晋）陶潜著，龚斌校笺：《陶渊明集校笺》，上海古籍出版社1996年版。

［法］汪德迈：《中国思想的两种理性：占卜与表意》，金丝燕译，北京大学出版社2017年版。

（宋）王安石：《临川先生文集》，上海涵芬楼藏明刊本。

（魏）王弼注：《老子道德经》，清古逸丛书本。

（魏）王弼注，孔颖达疏：《周易正义》，北京大学出版社1999年版。

（魏）王弼撰，楼宇烈校释：《周易注校释》，中华书局2012年版。

（清）王夫之：《张子正蒙注》，中华书局1975年版。

王国维著，谢维扬、房鑫亮主编：《王国维全集》，浙江教育出版社、广东教育出版社2009年版。

王国维著，姚淦铭、王燕编：《王国维文集》，中国文史出版社1997年版。

（明）王畿：《王龙溪先生全集》，明万历间刻本。

（明）王世懋：《王奉常集》，明万历刻本。

（明）王世贞：《读书后》，四库全书本。

（明）王世贞：《弇州山人续稿》，明万历间王氏世经堂刻本。

（明）王世贞：《弇州四部稿》，四库全书本。

王水照主编：《历代文话》，复旦大学出版社2007年版。

王先谦集解：《庄子集解》，中华书局1987年版。

文心雕龙学会编：《文心雕龙学刊》（第2辑），齐鲁书社1984年版。

（元）吴澄：《吴文正集》，四库全书本。

吴林伯：《〈文心雕龙〉义疏》，武汉大学出版社2013年版。

（南北朝）谢灵运著，李运富编注：《谢灵运集》，岳麓书社1999年版。

（明）谢榛著，李庆立、孙慎之笺注：《诗家直说笺注》，齐鲁书社1987年版。

徐复观：《中国文学论集》，九州出版社2004年版。

许苏民：《李贽评传》，南京大学出版社2011年版。

（清）严可均校辑：《全上古三代秦汉三国六朝文》，中华书局1958年版。

（宋）严羽著，郭绍虞校释：《沧浪诗话校释》，人民文学出版社1961年版。

（南北朝）颜之推：《颜氏家训》，明辽阳傅氏刊本。

杨明：《文心雕龙精读》，复旦大学出版社2007年版。

杨松冀：《苏轼和陶诗编年校注》，人民文学出版社2016年版。

（宋）杨万里：《诚斋易传》，四库全书本。
（宋）杨万里著，辛更儒笺校：《杨万里集笺校》，中华书局 2007 年版。
叶嘉莹：《词学新诠》，北京大学出版社 2008 年版。
余敦康：《内圣外王的贯通——北宋易学的现代阐释》，学林出版社 1997 年版。
余嘉锡笺疏：《世说新语笺疏》，上海古籍出版社 1993 年版。
（元）脱脱等撰：《宋史》，中华书局 1985 年版。
（明）袁宏道著，钱伯城笺校：《袁宏道集笺校》，上海古籍出版社 2008 年版。
（清）袁枚：《随园诗话》，清乾隆五十五年至五十七年小仓山房刻本。
（明）袁宗道著，钱伯城标点：《白苏斋类集》，上海古籍出版社 2007 年版。
（宋）曾巩撰，陈杏珍、晁继周点校：《曾巩集》，中华书局 1984 年版。
张建业：《李贽评传》，首都师范大学出版社 2018 年版。
张建业主编，邱少华注：《李贽全集注》，社会科学文献出版社 2010 年版。
（清）张鉴：《冬青馆集》，民国四年刘氏嘉业堂刻吴兴丛书本。
（明）张溥：《七录斋诗文合集》，明崇祯九年刻本。
张少康：《古典文艺美学论稿》，中国社会科学出版社 1988 年版。
张少康：《刘勰及其〈文心雕龙〉研究》，北京大学出版社 2010 年版。
张少康：《中国古代文学创作论》，北京大学出版社 1983 年版。
张少康、刘三富：《中国文学理论批评发展史》，北京大学出版社 1995 年版。
张祥龙：《从现象学到孔夫子》（增订版），商务印书馆 2011 年版。
张跃：《唐代后期儒学》，上海人民出版社 1994 年版。
（宋）张载：《张载集》，中华书局 1978 年版。
张政烺：《论易丛稿》，中华书局 2012 年版。
章太炎：《菿汉三言》，辽宁教育出版社 2000 年版。

章太炎撰，庞俊、郭诚永疏证：《国故论衡疏证》，中华书局2011年版。
章学诚著，袁瑛校注：《文史通义校注》，中华书局1985年版。
赵汀阳：《天下的当代性——世界秩序的实践与想象》，中信出版社2016年版。
郑午昌：《中国画学全史》，上海古籍出版社2001年版。
郑昕：《康德学述》，商务印书馆2011年版。
（汉）郑玄注，（唐）孔颖达正义，吕友仁整理：《礼记正义》，上海古籍出版社2008年版。
（宋）周敦颐：《周元公集》，四库全书本。
（宋）朱熹：《四书集注·孟子集注》，中华书局1983年版。
（宋）朱熹：《朱子语类》，四库全书本。
宗白华：《宗白华全集》，安徽教育出版社2008年版。
邹同庆、王宗堂：《苏轼词编年校注》，中华书局2002年版。
祖保泉、陶礼天笺校：《司空表圣诗文集笺校》，安徽大学出版社2002年版。
左东岭：《王学与中晚明士人心态》，商务印书馆2014年版。
（周）左丘明传，（晋）杜预注，（唐）孔颖达正义，浦云忠等整理：《春秋左传正义》，北京大学出版社1999年版。

二 期刊

北京师范大学古籍与传统文化研究院编：《中国传统文化与元代文献国际学术研讨会会议论文集》，中华书局2009年版。
甘祥满：《〈论语〉"性与天道"章疏证》，《中国哲学史》2012年第3期。
郭勇健：《王国维境界说的现象学诠释》，《中国美学研究》第3辑，商务印书馆2014年版。
蒋寅：《至法无法：中国诗学的技巧观》，《文艺研究》2000年第6期。

李锐：《"横渠四句教"小考》，《史学史研究》2017年第3期。

鲁洪生：《论郑玄〈毛诗笺〉对兴的认识》，《文学遗产》2006年第1期。

倪南：《易道象数之维的图式结构》，《孔子研究》2004年第3期。

钱志熙：《杜甫诗法论探微》，《文学遗产》2001年第4期。

汪正龙：《艺术与物性——对海德格尔引发的一个争论的考察》，《文艺理论研究》2018年第1期。

王新春：《"横渠四句"的生命自觉意识与易学"三才"之道》，《哲学研究》2014年第5期。

王运熙：《文质论与中国中古文学批评》，《文学遗产》2002年第5期。

翟奎凤：《神化体用论视域下的张载哲学》，《社会科学辑刊》2020年第5期。

张清宇：《周易卦序结构分析》，《毕节学院学报》2011年第9期。

赵建章、赵迎芳：《"言不尽意"论的传统误区及出自语言哲学观的修正》，《文艺理论研究》2017年第4期。

赵宪章：《"文学图像论"之可能与不可能》，《山东师范大学学报》2012年第5期。

朱志荣：《〈文心雕龙〉的意象创构论》，《江西社会科学》2010年第1期。

后　记

　　《中国诗人易学与诗学续编》中的大部分篇章是在北京语言大学完成的，这是一个令我感恩的地方。在这片学术的乐土与思想者的家园中，我进入更为单纯的教学与研究工作，业务上获得长进，自我认识也渐次清晰。一直以来自己以浅薄的学术见解授业解惑，出于对青年学生们宽容之心的回报，所以在北语的教学中就有了比较深刻的反省和慎重的态度。教学需要科研来支撑，科研应当服务于教学；教学中的说教，唯有落实为文字才会科学谨严，科研中的发现需要返回到课堂思辨的现场。《续编》正是在此种教学相长中应运而生的。

　　"绪论"部分初步论证了易学阐释的可能性，算作本书的纲领。在本书中笔者论述了刘勰、张载、苏轼、曾巩、李攀龙、王世贞、王世懋、谢榛、李贽、王国维、刘师培等人的易学与诗学，可以带领读者从最为简捷的途径了解中国诗学，了解诗人们的思想与精神。关于李攀龙、王世贞、王世懋易学与诗学的论述采用简版，目前还没有精力将相关长文修改出来。王国维一文最初版在 2007 年撰成，并参加了小型学术会，今年春节补缀完成。在写作过程中我切实感到静安先生在中国现代美学上的原创性贡献。李贽一文用力较多，他的自我意识从诸多的思想纠葛和人生遭际中破茧而出，不愧一位了不起的哲学家。为此曾经写下"李贽异端色彩的哲学与诗学思想成为后来公安派性灵说的先导，但其深刻缜密、富有批判性的哲学洞见却成为那个时代的绝响"这样的话，后来又改成了："尽管他们在文学思想上提供了新的可能与开出了新的面目，但他们的思想锋芒与思维品质与李贽相较依然稍逊一筹，李贽哲学与文学思想的真正回应者应当是300年以后的王国维吧。"但最近又将"李贽哲学与文学思想的真正回应者应当是300年以后的王国维吧"这句删掉了。原因是李贽不奢求以学问为人生目标，他是在"饥饿于学"的生命历程中获得真知，而且他在探索真知的过程中所调动的思想资源、处理的思想难题要比王国维更为庞杂。李贽一文最初写成5万多字，后来几经删减，现在保留不到2万字的篇幅。通过对李贽学问的体察，我也明白了一个道理：空头的哲学家和文论家是不存在的，新的思想的产生只能寄生在对经典的解读中。于是，我也就放弃了做空头文论家的想法。读人家的书，能有多少心得就写多少心得方是正途，比如张载这部分内容保留了讲义痕迹。每年为北京师范大学中国文化国际传播研究院博士研究生讲"横渠四句"，历时十年。关于鲁迅国民性批判和知识者的批判的内容似乎游离于本书，论证也相对单薄，但与守护天地秩序的古典思考者形成鲜明对照，这是在呼唤一个重建乾坤的新世界。

书中所表达的观点有的新颖，有的素朴，但这并不重要，如何将其论证出来才是至为重要的。我常常感叹于自己在学力上的先天不足，无法对涉及的哲学问题、语言问题、审美问题作彻底的论证。但一直在尝试，在课堂的每一分钟里都和研究对象以及当下学术界作隔空对话。对话的困难不在于材料的匮乏、才思的笨拙、创造欲的贫弱，而是苦于思维架构的简陋与单薄。正如杜甫诗所云"艰难苦恨繁霜鬓，潦倒新停浊酒杯"是也。

文学理论为文学论辩，文学又不受论辩限制。文学有时会落入玄妙，但文学的情感又是拒绝玄妙的真诚。于是我们只好在作家思想与意识的层面上梳理其诗性逻辑，如同手术大夫一样将他们的思维谱系、意识形式剥离出来。因而，本书在史学方面的论述极少——主要是学殖浮浅又无暇顾及，有限的学力和精力用在了意识分析方面。本书也试图引入现象学、阐释学、语言哲学来解析古人的易学与诗学逻辑，尽管效果平平，但我相信这是中国诗学无法避开的方向，更何况易学、易学阐释学与西方哲人那里的现象学、阐释学存在某种一致性。他们都预设了理想，他们都在心物的本原关系中求得真谛，但西方哲学悬崖撒手式的自由意识如何达成，使我们又不得不重新认识易学哲学、佛禅哲学。本书中关于李贽、王国维的论述涉及上述问题。尽管思考与表述得无比艰难，但我们发现了中西现象学得以深入对话的可能。

本书或许有一些学术价值。它最直接的价值是如同一面镜子照出我的本相，让我看到自己的徒劳与无奈，但也有一些欣慰，毕竟还是在纸上勾画了一些痕迹。不敢奢望在学术上能有多少成就，但对学术的亲近能启示我的每一天。本书的另一个价值是有益于教学。我用简捷的办法推介给学生几位人物，缩短了学生与他们神交的心路历程。当然本书的写作初心有所寄托，试图思考诗学研究中的基本问题，突破中西古今诗学融通的瓶颈，建构新的话语，也试图借助诗学思考维度来阐释中华传统文化之精神，来质询生命之意义。千古不可磨灭之精神、古人之精神一定是存在的，如何存在是应该探讨和实践的主题。此种精神的存在形式应该与学问有关，但徒有形诸文字的学问也无法让它安身；此种精神青睐于孤独者，但它不过是孤独者在历史洪流中的一声叹息。这让我们知道真理永存，逝者如斯，生活的潮流还在继续奔腾。感谢张少康先生对我在学术和人生上的全面影响。父母、祖父母在事业上对我的支持和督促。内子刘淑丽与我在学术上疑义相析、在生活上相濡以沫，并悉心校对全稿。还有我的高中生儿子每天给我带来的幸福感，也是在这里要感谢的。感谢韩经太先生的支持与帮助。感谢本书的责任编辑郭晓鸿编审的耐心与严谨，感谢北京语言大学给我教学和研究的平台，而诸多师长的提携与厚爱是永远要铭记的。我的博士研究生华夏、高文绪，硕士研究生程露欧、刘鸿源、王宇昕核对了部分引文，也在此鸣谢！

2023 年 12 月于北京东城